Fronteiras do pensamento

Gunter Axt e Fernando Luís Schüler
Organizadores

Fronteiras do pensamento

Ensaios sobre
cultura e estética

CIVILIZAÇÃO BRASILEIRA

Rio de Janeiro
2010

Copyright © Gunter Axt, 2010
© Fernando Luís Schüler, 2010

PROJETO GRÁFICO DE MIOLO
Evelyn Grumach e João de Souza Leite

DIAGRAMAÇÃO
FA Editoração

CAPA
Sérgio Campante

CIP-BRASIL. CATALOGAÇÃO-NA-FONTE
SINDICATO NACIONAL DOS EDITORES DE LIVROS, RJ

F959 Fronteiras do pensamento : ensaios sobre cultura e estética / organizadores Gunter Axt e Fernando Luís Schüler. — Rio de Janeiro : Civilização Brasileira, 2010.
    Trabalhos apresentados no Seminário Fronteiras do Pensamento, edição 2008, realizado em Porto Alegre, RS

    Inclui bibliografia
    ISBN 978-85-200-0973-4

    1. Cultura — Aspectos sociais. 2. Pluralismo cultural. 3. Civilização. 4. Relações culturais. 5. Antropologia cultural. I. Axt, Gunter, 1969-. II. Schüler, Fernando Luís, 1965-. III. Título: Ensaios sobre cultura e estética.

10-311   CDD: 306
         CDU: 316.7

EDITORA AFILIADA

Todos os direitos reservados. Proibida a reprodução, armazenamento ou transmissão de partes deste livro, através de quaisquer meios, sem prévia autorização por escrito.

Texto revisado segundo o novo Acordo Ortográfico da Língua Portuguesa.

Direitos desta edição adquiridos pela
EDITORA CIVILIZAÇÃO BRASILEIRA
Um selo da
EDITORA JOSÉ OLYMPIO LTDA.
Rua Argentina 171 — 20921-380 — Rio de Janeiro, RJ — Tel.: 2585-2000

Seja um leitor preferencial Record.
Cadastre-se e receba informações sobre nossos lançamentos e nossas promoções.

Atendimento e venda direta ao leitor:
mdireto@record.com.br ou (21) 2585-2002

Impresso no Brasil
2010

Sumário

INTRODUÇÃO   7

1968-2008: o mundo que eu vi e vivi   25
EDGAR MORIN

Como foi inventada a teoria francesa   45
SYLVÈRE LOTRINGER

A transcendência ética na modernidade e na contemporaneidade: de Graham Greene a Philip K. Dick   59
JURANDIR FREIRE COSTA

Multiculturalismo, etnicidade e integração: desafios contemporâneos   75
TARIQ MODOOD

Cruzando fronteiras: a história de Nasra e seus irmãos   93
AYAAN HIRSI ALI

Nasra e seus irmãos: sobre os limites da tolerância   107
RENATO MEZAN

A literatura e a arte na cultura da imagem   129
BEATRIZ SARLO

Arte e calamidade   147
SIMON SCHAMA

Alguma coisa não vai bem. Na proa do Titanic. *Em busca de outra episteme*   167
AFFONSO ROMANO DE SANT'ANNA

Criatividade e colaboração   183
PHILIP GLASS

*Diálogos sobre arte e contemporaneidade: o olhar do artista
e do curador*   209
RICHARD SERRA E LYNNE COOKE

*1 — "Você já esteve aqui antes?" 2 — "Não, esta é a primeira vez"
Uma noite com Bob Wilson.*   237
BOB WILSON

O encenador de si mesmo   267
GERALD THOMAS

Do surrealismo à patafísica: onde está a vanguarda da arte?   289
FERNANDO ARRABAL

As palavras são meu álbum de família: ecologia poética   303
FABRÍCIO CARPINEJAR

Vida e literatura   315
PEDRO JUAN GUTIÉRREZ

Cadernos de encargos (ofícios compartilhados)   325
SERGIO RAMÍREZ

Passagens entre a vida e a literatura   345
MILTON HATOUM

Filme livro, Filmo livre   359
BETO BRANT

*Representação da realidade e distanciamento crítico
no cinema brasileiro contemporâneo*   373
JOSÉ PADILHA

Cinema além-fronteiras   389
WIM WENDERS

Em águas profundas: criatividade e meditação   405
DAVID LYNCH

Breaking ground — pedra fundamental   423
DANIEL LIBESKIND

Introdução

A aventura intelectual iniciada pelo seminário Fronteiras do Pensamento em 2007 chegou à sua segunda edição em 2008, em plena vitalidade, reunindo um elenco de palestrantes de escol. A ideia da curadoria foi focar esses debates na relação entre a cultura contemporânea e as artes, procurando, assim, desenvolver com mais vagar um dos aspectos tratados na primeira edição do evento.

A especificidade dessa matéria determinou alguns ajustes no formato das conferências. Houve recuo do academicismo e cresceu o tom de informalidade das falas, cuja dinâmica, em muitos casos, foi abrilhantada por recitais de música, declamação de poesia e projeções de imagens ou vídeos. Algumas das participações, inclusive, abandonaram o modelo das conferências para seguir a fórmula das entrevistas ou debates. As contribuições tiveram lugar no auditório do Salão de Atos da Universidade Federal do Rio Grande do Sul, em Porto Alegre, chegando a ser assistidas por até 1.300 pessoas.

Muito embora tenhamos optado por editar o excesso de coloquialidade, vertendo-o para os cânones da linguagem escrita, essa espontaneidade fundante segue preservada na compilação do conjunto das falas que animaram o Fronteiras do Pensamento. No intuito de concorrer para situar o leitor, sumariamos e relacionamos os debates então transcorridos e aqui reproduzidos.

O ponto de partida para nossa reflexão foi o balanço dos 40 anos do Maio de 1968, tema enfrentado pelo sociólogo francês Edgar Morin. Segundo Morin, os anos 1960 assistiram a uma verdadeira expansão dos limites do conhecimento, transmutando a visão de mundo que se tinha até então. Contribuíram para essa ebulição dos sentidos a emergência de novas disciplinas, como a ecologia; as novas descobertas da astronomia, que expandiram o nosso horizonte; o avanço do ateísmo e do cientificismo combinado com a débâcle das metanarrativas e das explicações de mundo totalizantes condensadas na utopia comunista e socialista, de um lado, ou na crença inabalável na ideia de progresso impulsionado pelo capitalismo, de outro, corroendo o sentido da esperança entre os humanos; o desmoronar dos últimos bastiões do colonialismo, fincando poderosa cunha no eurocentrismo; a crise da ciência, desdobrada da percepção de que ao mesmo tempo em que o conhecimento traz progresso, ele também pode engendrar a destruição em massa. Morin vê 1968 como o produto de uma revolução sem igual nos costumes, cujo corolário cinzelou-se no feminismo e na autonomização da adolescência.

Como revolta de jovens, 1968 investiu contra a autoridade, qualquer que fosse ela. E revelou que onde se conquistara o bem-estar material instalara-se um mal-estar moral, psicológico. A violenta irrupção de inconformismo desnudou infelicidades e insuficiências, sinalizando para a crise da civilização. Foi uma revolta plurinacional de estudantes e cuja alma inspiradora conectou-se à emergência da contracultura, isto é, a tentativa dos jovens de fazer uma cultura diferente.

De lá para cá, Morin viu o incremento do processo de globalização, ao qual não atribui, todavia, homogeneidade. Considera haver uma globalização técnica e econômica essencialmente aplastante, que nem sempre anda em sintonia com a política, na qual vem se dando o brotar do multilateralismo, o qual, no limite, confunde-se com a reação identitária, mais atávica, à globalização econômica, perfilada na eclosão de violência étnica de conflitos como o da ex-Iugoslávia.

Morin fala ainda de uma complexa globalização cultural, resultado da expansão de uma indústria cultural global, que se por um lado reforça o *mainstream*, por outro permite a reabilitação de práticas que estavam fenecendo, propiciando um ambiente favorável à diversidade, mas também à aceleração sem precedentes da simbiose, da mestiçagem, cultural. Esse universo simbólico contraditório, para Morin, confunde-se com o inusitado retorno do religioso e do mágico, resultado, justamente, da erosão da esperança.

Morin não tem dúvidas de que o atual modelo de desenvolvimento e de sociedade é insustentável. Que a Humanidade chegou, enfim, a um impasse sem precedentes e de escala planetária. Acredita que estamos caminhando para um desastre global, cuja inexorabilidade é inescapável. Mas não é de todo pessimista. Invoca a metáfora da metamorfose, confiando na capacidade de reinvenção e de autorrecriação de um sistema em crise. Sua fé na Humanidade repousa no potencial criativo dos Homens, revelado especialmente nas artes. Morin acredita que quanto mais formos capazes de nos conscientizar da iminência do desastre, tanto mais ampliaremos as possibilidades do novo, pois, a despeito do condão alienante do sistema, a criatividade permanece viva.

A certeza do desastre global que nos espera é também o tema de Sylvère Lotringer. Sua fala é uma tentativa de síntese da teoria francesa pós-68, cujo propósito teria sido desenvolver estratégias para jogar o capitalismo contra ele mesmo, a fim de libertar o ser humano da lógica da alienação do capital. Da emergência da sociedade do simulacro, na esteira da cultura de massas, passando pela ritualização cotidiana do espetáculo, pelos micropoderes e biopoderes, até a convicção de que a aceleração da técnica e do tempo produziram uma distopia desterritorializante, impôs-se por única certeza o inescapável destino do acidente total.

Mas Lotringer admite que o alcance da teoria é menos totalizante num presente cada vez mais espremido pela velocidade. Na contemporaneidade, o futuro já é passado antes mesmo de compreendermos o seu sentido, o que nos limitaria ao breve ensaio de alguns conceitos e de algumas visões fugidias. Eis o único antídoto ao seu pessimismo.

Jurandir Freire Costa não se desespera diante do diagnóstico de um mundo sem vínculos. No momento em que se corporifica a asserção da perda do sentido dos valores morais, ele segue acreditando ainda pisarmos em terreno sólido no atinente aos assuntos éticos. A partir da análise das obras de dois romancistas, Graham Greene e Philip Dick, Jurandir mostra como a sociedade contemporânea, apesar das bruscas transformações que vivencia, ainda dispõe do ferramental para decidir o que nos convém moralmente. Seu ponto de partida é a aceitação de que se tornou difícil atender às demandas contraditórias dos desejos e vontades de cada indivíduo. Segundo Jurandir, Greene reconhece não ser fácil a descrição e a prática de um ato ético. Não obstante, a própria incerteza que o cerca seria a "condição imprescindível de sua execução, isto é, de nossa capacidade de optar pelo bem em vez do mal". Já para Dick, a realidade seria "um excesso impossível de ser inscrito na esfera do sentido, condição indispensável à ação ética", donde, por consequência, "não poderíamos nos apoiar no conhecimento da realidade para saber como agir segundo o bem". Como então resolver o risco da decisão ética sem critérios indubitáveis? É nesse ponto, como mostra Jurandir, que Greene e Dick se associam. Para ambos, "a saída é a atenção que oscila entre a ideia de justiça devida a todos e o amor devido a cada um". Mas, enquanto a primeira não pode revogar o cuidado para com a singularidade, a fim de se evitar que a justiça se torne uma abstração cruel que sacrificaria a sensibilidade em relação à liberdade do próximo, a ameaça, por outro lado, de precipitação no relativismo da diversidade também deve ser combatida. Diante desse impasse, Jurandir é otimista: "O agir ético encenado pelos dois mostra que os conflitos que vivemos — políticos, religiosos, amorosos, culturais ou de qualquer outra ordem — podem ter uma resolução 'suficientemente boa' se nos mantivermos atentos à observância de nossos melhores ideais". E esses devem ser buscados na tradição grega do logos, isto é, do diálogo por excelência; na ideia judaica de justiça, segundo a qual todos carregamos a essência do divino e somos, portanto, guardiães do bem comum; e no sentido de inclusão e de comum ampliado, próprio da tradição cristã.

A tensão entre o universalismo humanista e a diversidade cultural é o tema enfrentado por Tariq Modood, Ayaan Hirsi Ali e Renato Mezan.

Para Modood, a composição étnica e cultural da Europa está mudando rapidamente. Em capitais como Londres, Berlim, Paris e Amsterdã, os não brancos já seriam cerca de 15% a 30% dos habitantes, exemplifica. Assim, a Europa Ocidental no século XXI tende cada vez mais a se parecer com as cidades norte-americanas do século XX. É por isso que ele discute os diferentes modos de integração, admitindo que as sociedades basculam da assimilação ao multiculturalismo, que seria uma forma pluralística de integração. Modood entende que a experiência americana carrega um caráter dual: ao permitir aos imigrantes desenvolver identidades hifenizadas, exclui e marginaliza, concomitantemente, os não brancos. A resposta a essa contradição foi a ação afirmativa.

Já na Europa não seria a cor da pele a linha divisória mais forte, mas a xenofobia e, num segundo nível, a cisão entre muçulmanos e não muçulmanos, polarização que, no seu entender, cresce em importância. Países como a Holanda, a Inglaterra e a Suécia produziram experiências de integração multicultural. Na Holanda foi onde essa experiência mais avançou, com garantias à escolaridade diferenciada e canais de TV e rádio capazes de ajudar a preservar o *background* cultural das minorias. Todavia, recentemente teria havido forte reversão dessa tendência.

Modood identifica uma reação contra o multiculturalismo em toda a extensão da Europa Ocidental, sobretudo depois do 11 de Setembro. Nos últimos dez anos, os discursos nacionalistas têm ressurgido, na contramão do processo de integração europeia. Ele acredita que pode se tratar de uma reação ao ressurgimento da identidade muçulmana, um dos desdobramentos da revolução iraniana de 1979. O desconforto para os europeus aumentou, porque não estavam mais preparados para negociar sua identidade religiosa, vez que essa experimentara contínuo declínio histórico. Contudo, percebeu-se que as minorias étnicas eram capazes de se articular, de forma a exercer pressão política. Eis que, no plano popular, um movimento de renovação do cristianismo como referência cultural difunde-se hoje na Europa, também como parte dessa reação à presença muçulmana, ao passo que no nível intelectual reforça-se a tese do secularismo. Modood lamenta que países com tradição liberal, como a Holanda, estejam atualmente determinando o que as mulheres podem ou não vestir. Ele acredita ser muito difícil prever o futuro, mas defende que as questões relativas à cultura e à segurança nacional não sejam embaralhadas.

Em frontal oposição à bandeira de Modood, Ayaan Hirsi Ali testemunha o quanto o multiculturalismo intoxicou os serviços sociais dos governos europeus, em especial na Holanda, de forma a não ape-

INTRODUÇÃO

nas não ajudar no processo de integração dos imigrantes, mas, ainda, a contribuir para o seu isolamento e sofrimento. Ayaan traz sua experiência pessoal de vida para a reflexão, invocando o depoimento de uma refugiada somali. Descreve o flagelo da guerra civil no seu país de origem, a difícil convivência entre os clãs, a lei dos clãs sobrenadando a vontade dos indivíduos e a própria lei do país de acolhimento. Ela desenha o despreparo dos homens para cuidar das tarefas domésticas e critica a resistência cultural a aceitar a integração por parte dos próprios refugiados, reforçada pelos malefícios do multiculturalismo. Para ela, a modernidade liberta e as tradições, por si só, aprisionam e subjugam. Ela defende a atualização das tradições à luz da modernidade e do liberalismo político, acolhe o universalismo dos direitos humanos e rejeita a eficácia do multiculturalismo.

Renato Mezan converge com Ayaan nessa apreciação. Ele acredita que o tema do confronto entre culturas foi exacerbado pela migração e historia a noção de tolerância e de multiculturalismo desde a Antiguidade: "O que diferencia o século XIX e a primeira metade do XX dos tempos atuais é que naquela época a Europa não se sentia culpada por considerar sua cultura superior às demais". Mezan avalia não se ter encontrado um meio termo, pois houve um deslocamento do eurocentrismo e do racismo para o relativismo cultural do multiculturalismo. Como exemplo de integração, Mezan cita o caso dos judeus alemães, que, muito embora tenham sido colhidos tragicamente pelo antissemitismo, contribuíram em larga medida para a cultura alemã, pois se identificaram com a construção do Estado nacional: "A assimilação dos judeus alemães implicava necessariamente a valorização positiva da cultura local e a desvalorização concomitante das suas tradições". Conclui que, podendo a experiência de imigração ser desestabilizadora do ponto de vista do conflito de identidades, é, justamente por isso, fundamental se identificar com algo da cultura hospedeira.

Beatriz Sarlo aborda a reflexão sobre o novo mercado cultural na sociedade contemporânea de massas, introduzida por Morin. Para ela a atualidade debate-se num paradoxo: se por um lado evidencia-se uma verdadeira inflação do cultural, diante da crise do político, por outro os meios de comunicação ocupam-se da arte reproduzindo o que o mercado em linhas gerais propõe. Nessa reorganização profunda da esfera cultural, os meios audiovisuais estariam implantando a sua hegemonia. Beatriz nota que atualmente abunda o pessimismo quanto à capacidade da arte de se tornar o centro de reflexão dos problemas presentes. No contexto da globalização, o mundo é, bem antes do universal, a aldeia e a comunidade colocados em primeiro plano no imaginário das pessoas. Donde conclui ser o *glamour* popular muito localizado. Ela reconhece a existência de nichos de excelência e tribos de consumo ultrassegmentado, não somente na cultura pop, mas também na cultura erudita. Contudo, aqueles indivíduos capazes de compor o seu próprio cardápio cultural — televisivo, musical etc. — constituem uma minoria. Para Beatriz, o mercado impõe o *mainstream*, porque a produção e a difusão são onerosas. Assim, se por um lado a edição e difusão de um CD ou de um livro estão ao alcance de muitos, certos públicos são diminutos e altamente especializados, como o que se sente atraído pela música erudita contemporânea. O cinema de arte estaria sobrevivendo no circuito de festivais, cinematecas ou projetado em janelas não ocupadas pela produção de entretenimento de massas. Também, para a literatura latino-americana, é imperativo perguntar-se por que os escritores contemporâneos não logram a popularidade daqueles do chamado *boom*, de meados do século XX. Para Beatriz, a exceção constituída pela popularidade das artes plásticas contemporâneas se explica em função do *marketing* dos museus, construções estrelas da arquitetura atual. Além disso, a figura do curador tornou-se quase tão importante quanto a do próprio artista que está sendo exibido. Procura-se ainda fazer com que a arte seja explicada e a visita a um museu converta-se em uma experiência "divertida".

Diante desse cenário, Beatriz é econômica nas mensagens ao futuro. Mas ressalta a premência de se investir na "função igualitária da escola" e na facilitação do acesso material às tecnologias. Aos intelectuais que se ocupam da arte, Beatriz acredita que provavelmente cabe a resignação diante do fato de que se trata de discurso minoritário em relação aos dos meios de comunicação. Porém, apesar disso, é uma perspectiva que preserva "dimensão crítica indispensável, tanto diante do pessimismo histórico, que ressoa em ecos quase sempre elitistas, quanto diante do otimismo que confia que o mercado ou a tecnologia venham a oferecer a cada um de nós a pequena ilha estética onde gostaríamos de viver".

Otimista com relação à capacidade da arte de se tornar um espaço de reflexão sobre os dramas contemporâneos, Simon Schama fala de como a arte vem, historicamente, representando a calamidade. Instiga-o a capacidade de uma obra de arte moderna atrair centenas de pessoas, captando a sua atenção, transmitindo-lhes um sentido que não consegue ser alcançado pelo excesso de exposição à imagem fotográfica ou fílmica, a propósito de uma calamidade, que é próprio da cultura imagética que vivemos na contemporaneidade. Schama percebe, assim, a linguagem da arte com uma poderosa capacidade de significação e a vê quase como um contraponto às limitações realísticas da fotografia, do cinema e das imagens convencionais das notícias. A arte, sem se confundir com a verdade, teria, portanto, uma capacidade única de fixar a verdade.

Para Schama, a morte da versão nobre da arte ocidental, tradicionalmente focada na perfeição do corpo humano, foi decretada por Goya, quando ele representa corpos maravilhosamente perfeitos, mas sobre os quais se abatem crueldades terríveis. É por isso que Schama acredita que parte considerável da força da arte está na sua capacidade de convocar, de forma ímpar, o testemunho de memórias individuais e coletivas. Assim procedendo, a arte revelaria a natureza frágil do que entendemos por civilização, nos alertando para a possibilidade sempre posta de colapso.

Em extremidade oposta, fazendo coro àqueles que descreem da capacidade das artes de se tornarem um centro de reflexão na contemporaneidade, Affonso Romano de Sant'Anna acredita que estaríamos vivendo uma exaustão de certo paradigma que dominou o pensamento moderno e pós-moderno, cujo sintoma mais evidente seria a existência de obras que nada dizem no contexto de uma "epidemia de objetos dessagradáveis". Segundo Affonso, nossa cultura teria decidido ser o mal-estar ótimo. E, sustenta, discutindo a função social do crítico, teria conferido aptidão para discutir a arte a apenas alguns iniciados. Nesse quadro, afirma que o domínio da incerteza instaurado habilidosamente pela moderno-contemporaneidade é contraditório. E pergunta-se: a negação do paradigma não pertenceria a outro tipo de paradigma? A apologia do caos na arte expandiu suas fronteiras, decretando que tudo é arte, que a história chegou ao fim e o relativismo deve imperar como objeto de culto. Affonso diagnostica uma "irremissível poética da dispersão", em face da qual esgrime a necessidade de reação, sobretudo pela volta aos negligenciados problemas de linguagem. Propõe, assim, uma atualização da crítica a Marcel Duchamp, pois nem tudo pode ser considerado arte, como estabeleceria a apropriação superficial dele feita pelo século XX. Para Affonso, a arte, submetida a um "sadomasoquismo teórico", tornou-se irreconhecível, sendo preciso recuperar os seus paradigmas.

Posto o debate teórico nesses termos, o Fronteiras do Pensamento ouviu diversos artistas de nomeada, alguns dentre os quais expoentes que participaram ativamente da ebulição dos anos 1960/70 em Nova York, quando se fez a transição da arte moderna para a contemporânea e expandiram-se os horizontes da estética. Philip Glass, Richard Serra, Bob Wilson e Gerald Thomas colaboraram, em diferentes momentos e situações, intimamente entre si em seu processo criativo comum. Assim, as falas aqui reproduzidas ganham um colorido especial quando compreendidas nesse contexto colaborativo, o qual, enfim, é um dos traços que estão na origem da arte contemporânea. A célebre ópera *Einstein on the Beach*, por exemplo, é avaliada separadamente por Bob Wilson e Philip Glass.

Philip Glass comenta, na perspectiva de sua própria experiência, as mudanças que se processaram nas últimas décadas no mundo das artes e da música. Testemunha que, no princípio, em pleno processo experimental, não se tinha consciência do alcance das transformações que estavam efetivamente em curso. Aborda esse cenário a partir da relação entre plateia e performance, da noção de colaboração artística e, finalmente, da percepção do *performer* como intérprete. Philip releva o processo de desconstrução da relação sujeito/objeto na obra de arte. Historia sua vivência com a emergência da arte experimental e interdisciplinar na Nova York dos anos 1960/70, registra a influência da dramaturgia de Beckett em seu trabalho e desenvolve o surgimento

INTRODUÇÃO

de uma curiosa interseção de teatro experimental, música experimental e registros culturais não ocidentais. Expansão da consciência cósmica, fim do eurocentrismo, experimentação comportamental, afirmação de uma cultura jovem animam a aventura contracultural e se condensam na elaboração estética em curso. Segundo Philip, a célebre *Einstein on the Beach* trata da ciência sendo julgada pela cultura pop numa posição de expectativa com relação à interatividade potencial do público. Philip ilustra a sua ideia de arte colaborativa — talvez aqui apresentada como metáfora para uma sociedade mais colaborativa — com a produção do filme *Koyaanisqatsi*: não se tratava de vestir uma película com a música, mas de criar uma verdadeira síntese de imagem e música. Nesses e em outros exemplos, Philip identifica um conteúdo marcadamente político na obra de arte, já que o conteúdo social torna-se parte do trabalho.

Richard Serra, entrevistado por Lynne Cook, também fala de colaboração, ambiente e geração. Relata que ao chegar a Nova York havia uma poderosa cultura de experimentação. Não se verbalizava, então, a ideia de geração ou de nicho estético: simplesmente as pessoas queriam mostrar umas para as outras as coisas que faziam. Porém, de fato, acabaram se tornando um grupo. Serra acredita que os principais ingredientes da criação são a obstinação e a curiosidade. Nesse sentido, ele recomenda a um jovem artista não se preocupar muito com a permanência, pois essa sensação pode inibir a criatividade. Serra acredita que a comodização da arte, a recente conversão da arte em mercadoria em todas as escalas, pode subsumir potências criativas juvenis à lógica do mercado, o que poderia enfraquecer o processo criativo. Para Serra, a arte procede de forma não linear, talvez aqui invocando a Thomas Kuhn. Não é, assim, o *establishment* que renova a arte; ela tende a avançar por meio do exagero, da zombaria e da paródia sobre a história e a tradição, numa clara adesão ao princípio de Marcel Duchamp.

Serra aponta Brancusi e Giacometti como inspiração para seu trabalho, sobretudo pelo foco dado às propostas tridimensionais, ainda que parecessem tradicionais em termos de entalhe ou modelagem. Sobre o princípio de sua carreira, disse estar atraído pelo processo de execução de uma obra. Em peças inicialmente bastante experimentais, utilizou materiais diversos, mais tarde abandonados, como a borracha. Também fez experiências com a palavra. Com o tempo, concluiu interessar-se mais pela matéria-prima manipulada do que pela linguagem. Dedicou-se a investigar a noção de linha e a ideia de linearidade. Afirma ter começado a se levar a sério como escultor quando passou dos trabalhos com borracha para as peças de chumbo, porque se desconectou da parede.

Mas não acredita haver uma hierarquia de materiais ou na forma de se fazer algo. Serra entende que as artes plásticas incorporaram muito de um sentido de teatralidade, com ênfase em cenários e palcos. Disse se interessar atualmente por como as pessoas se estruturam em relação ao espaço à medida que caminham, pela forma de se tornarem sujeitos de sua própria experiência. O descentramento, a desorientação, a perda de direção, a bifurcação de direções despertam a sua curiosidade. A fragmentação do espaço e todo um conjunto de noções a respeito do como existimos em relação à subjetividade do tempo converteram-se em seu foco. Serra acredita que os indivíduos diferenciam-se entre si pela relação com o tempo, isto é, o local de nascimento, o contexto de criação e aculturação, a forma de organização das memórias. Quando começou seu trabalho, estava mais interessado na organização do material. Hoje, sente-se envolvido pela maneira como o tempo do contexto impulsiona a noção de espaço.

Bob Wilson parece concordar com Serra quando afirma que a razão do seu trabalho como artista é poder fazer perguntas. Mas é prerrogativa do artista não ser constrangido a responder, pois se soubesse o que está fazendo, não haveria necessidade de fazê-lo. Portanto, uma profissão de fé no experimentalismo. A interpretação, segundo Bob, é para o público e a razão de se fazer teatro é o público, mas o que sustenta a relação da arte com o público é a pergunta sem obrigação de resposta. Bob Wilson, ao falar das grandes influências sobre seu trabalho, presta tributo a Merce Cunningham e John Cage. Neles, apreciou em particular o espaço mental, virtual. Fazendo um retrospecto de sua carreira, Bob conclui haver uma linguagem do corpo, na qual nem sempre prestamos atenção, pois esperamos nos comunicar preponderantemente pela palavra. Ao perceber a linguagem do corpo, notou a existência de formas alternativas de linguagem, falada ou não. Seu depoimento é um testemunho de pesquisa sobre formas alternativas da linguagem, sobre o desejo de dar voz àqueles que normalmente não a têm. O ponto de partida de suas montagens, explica, é a imobilidade e o movimento que existe na imobilidade. Seu método é encenar primeiro a peça inteira só com movimentos, para depois acrescentar texto e música, como se fizesse um livro em movimento. Para um artista que parece beirar o surreal, Bob Wilson elabora filosoficamente o seu trabalho e o transmite conceitualmente para as pessoas de forma organizada e compreensível. Em sua conferência, ele explica seu processo criativo e o porquê de muitos objetos e cenários enigmáticos que colocou nos palcos em suas montagens. Conclui repelindo a ideia de decoração no palco e defendendo um teatro arquitetural.

O teatro é também o tema de Gerald Thomas, tratado num depoimento contundente, constituído de uma entrevista e de um post publicado no seu blog, no qual se despede dos palcos e da vida artística. Gerald fala das influências que recebeu, dos pontos de contato entre a experiência pessoal de vida e sua obra e da crise de criação que então atravessava. Como Wilson, afirma que o compromisso da arte não é com a verdade, mas com a fantasia. Um pouco, talvez, como propusera Gertrude Stein em seu *Fausto*, Gerald abraça a convicção de que é por intermédio da arte que alcançaremos uma nova consciência. É, certamente, esse senso de responsabilidade para com a arte que o coloca em crise com a sua própria linguagem.

Seu texto é um poderoso desabafo de um artista que se despe e se expõe em público por inteiro. É corajoso ao compartilhar com seus leitores e sua plateia a sua crise pessoal e profissional com o teatro. Mas a morte de uma obra em tempo real, on-line, quando no passado a crise dos grandes artistas com sua arte poderia demorar décadas para ser publicizada, talvez amplie as chances de renascimento e renovação.

A peculiar proximidade com Samuel Beckett talvez tenha feito desse autor uma espécie de *alter ego* para Gerald, que, entre outras coisas, incorpora no seu depoimento o pessimismo para com a condição humana, cujo destino se afiguraria melancólico e desamparado, proclamando, como Schopenhauer, que a vida mais parece uma catástrofe e que a salvação, embora prometida, jamais chegará. A instabilidade absoluta do Humano colocou o Homem pela primeira vez na História integralmente diante de si mesmo, sem a âncora identitária do passado a lhe guiar os passos para o futuro, precisando, por isso mesmo, de uma nova revelação. Beckett, antecipando um mundo onde a verdade estaria erodida e a relatividade do signo estabelecida, viu que o absurdo limiar do pensamento racional pode se converter em poderosa ferramenta de libertação, pela confrontação do *establishment*, pela desestabilização dos sentidos.

Por que confrontar pela desestabilização do signo se ele já se tornou instável, se o relativismo já se tornou regra, se a verdade deixou de existir? Qual é a linguagem capaz de reconhecer as mudanças que aconteceram com a necessidade de manter viva a herança libertária dos anos 1960? Eis as indagações que pulsam sob o depoimento dramático de Gerald Thomas, para quem o teatro, na contemporaneidade, perdeu a importância que tinha no século XX. Em tal perspectiva, a despedida dos palcos, como libertação de um compromisso de vida com o teatro, talvez seja o primeiro passo rumo à descoberta de uma nova linguagem para o artista, pois, como também disseram Serra e Wilson, o compromisso com a permanência e com a resposta inibe a potência criadora.

A transição do teatro para a literatura, em nosso debate, foi feita pelo dramaturgo Fernando Arrabal, mais um protagonista do horizonte expandido dos anos 1960. Numa fala irreverente, o título foi contemplado no formato surreal que a reveste, mas a pergunta, talvez propositadamente, não foi respondida. Em seu lugar, uma conversa sobre a validação ou não de sua própria genialidade, temperada com a menção a alguns grandes artistas modernistas com os quais conviveu ocasionalmente ou que então representariam a antecipação de sua própria genialidade revolucionária no teatro. Ironia ou convicção? Impossível de se afirmar. Arrabal confirma ser todo escritor imaginação, que enigmaticamente descreve como uma força feminina e sedutora e uma arte de combinar lembranças. Sobre sua obra, disse acreditar que suas peças costumam ser mal encenadas, por exagerarem na representação do pornográfico.

Imaginação e lembranças integram, de fato, o motor da criação literária para Fabrício Carpinejar, para quem os lugares no mundo informam as letras. Assim como o jantar é o centro da convivência em família, que seria a base da formação do indivíduo, Fabrício percebe que nossa memória se constrói pela memória dos outros, pela lembrança que compartilhamos com os outros, como aqui recuperando Maurice Halbwachs. Para Fabrício, a poesia não é difícil, pois não há maior e melhor compreensão do que emocionar. E desenha a literatura como as fundações de uma cultura, de uma nação. Uma língua, segundo ele, para ser capaz de gerar identidades, precisa da multiplicidade de sentidos que a literatura e a poesia conferem às palavras.

Já para Pedro Juan Gutiérrez, o escritor escreve para encontrar respostas às perguntas que se faz desde a infância. A escrita seria, assim, uma forma de encarar medos e desejos mais interiores. Em sintonia com Gerald Thomas, Gutiérrez acredita que o artista é alguém que se expõe. A literatura brilha quando o escritor vence suas vergonhas, abandona o sentido de autopreservação normal a todo o ser humano. Menos atento em significar múltiplos sentidos, Gutiérrez vê a literatura brotando da explicitação das próprias perversões do autor. As obsessões, o desejo e o prazer sexual são sua matéria.

Gutiérrez acredita que a verdadeira história da literatura ainda está por ser escrita, pois seria uma narrativa feita à base de censuras e pequenos escândalos. Para ele, os grandes escritores trabalham com emoção, não pelo dinheiro, como fariam muitos editores. Um escritor precisa ter a coragem de assumir o risco de publicar algo que gerará um pequeno escândalo. E não pode esperar. É movido por um sentido de urgência, no qual o cálculo não tem vez. Admitindo que cada leitor faz uma leitura, Gutiérrez afirma que "o escritor está obrigado a mover com cada livro um pouquinho a fronteira do silêncio" e reconhece que "o ofício de escrever nem sempre é agradável", porque o escritor escarafuncha seus medos e terrores internos. Algo fatalista, conclui que "muitos escritores terminaram loucos, bêbados ou suicidas".

A reflexão que propõe sobre a relação entre vida e obra dos autores que analisa em sua fala pode servir como uma metáfora para os desafios que sua própria obra conheceu. Desafios que poderiam passar também pela aceitação, pela ruptura dos silêncios, pelos pequenos escândalos e pela censura.

Fronteiras como passagens entre a vida e a literatura são descritas por Sergio Ramírez, que se pergunta: como é possível misturar ofícios tão alheios, os de político e escritor? Responde com a sua própria vida: "José Saramago disse uma vez que não acreditava no papel do escritor como missionário de uma causa, mas que, de qualquer maneira, ele tem deveres de cidadão". Ramírez compartilha com Galdós a crença no poder regenerador da literatura: "Se na América Latina os escritores carregamos a paixão da vida pública, é porque a vida pública encontra em nós uma qualidade incontornável. Afastar-se dela seria deixar um vazio sem-fim na paisagem". Assegura que jamais teria sido atraído pela política se a revolução na Nicarágua não tivesse, efetivamente, acenado com a possibilidade concreta de derrubar um "poder obsceno e sanguinário". Ramirez, aqui, vê a urgência da qual falou Gutiérrez se manifestando num transcurso entre literatura e ação política. Mas sublinha que a influência direta da política na sua produção literária não é apreciável, pois sua literatura não é militante. O amor, a loucura, a morte e o poder são os temas centrais que movem qualquer obra literária, em sua opinião. E Ramírez os desenvolve com uma convicção humanística na utopia.

Para Milton Hatoum, também é impossível identificar fronteiras fixas ou rígidas na literatura. O que há "são passagens entre a vida e a literatura". Assim, "a literatura é a transfiguração do vivido, é a transcendência dos fatos, da vida", mas jamais a crônica dos fatos. Funcionando como "um diálogo com o mundo e com nós mesmos", a literatura faz atravessar fronteiras entre os mundos, entre as culturas. Filho de imigrantes libaneses, Milton enfrenta o tema da identidade cultural com otimismo, concluindo que a imigração permite construir uma dimensão mais complexa do lugar e do país onde se vive. O escritor bebe na fonte da identidade cultural, mas, ao mesmo tempo, o distanciamento de sua identidade original é fundamental para percebê-la com mais nitidez. E toca no tema da interculturalidade ao destacar o Brasil da diversidade de falas e culturas, onde imigrantes de vários locais convivem entre si imantados por um incomum senso de tolerância religiosa.

Milton lamenta que a contemporaneidade venha corroendo o lugar social da literatura. A TV, diz, é uma das grandes concorrentes da literatura: "Uma concorrente muito poderosa, porque reduziu o contato das crianças com a palavra oral". Em seu processo criativo, Milton referiu que o mais difícil foi encontrar a voz do narrador, questão central na obra romanesca. Finalmente, avalia que "apesar do esforço físico e mental (pessoal), a literatura justifica a vida".

Da literatura para o cinema, Beto Brant também não escapa a esse engajamento. Em sua fala, relaciona as múltiplas influências que orientaram a sua vida e a sua obra, tais como a visão de história de Eric Hobsbawn, as lembranças de vivências familiares nos quais o contato com a terra aflui como enlevo, os ícones do cinema do século XX. Novo cinema alemão, existencialismo, bandidos populares, crítica social — tintas do horizonte que o anima. Sua obra frequentemente retrata a preocupação com a corrupção do sistema político e discute a injustiça social. Beto enfrentou várias vezes o tema da violência. E conclui com veemente defesa da liberdade criativa.

Para José Padilha, o cinema de ficção, assim como o teatro de Gerald Thomas, não reproduz a verdade. Quando muito, traduz e representa uma realidade por meio do filtro da dramaturgia. Padilha insiste não poder ser o cinema tratado como etnografia. Detém-se a comentar filmes brasileiros que dramatizam o problema das drogas e da violência social, caracterizando, cada qual ao seu modo, quatro grupos sociais distintos: os usuários de drogas, os traficantes, a polícia e as forças especiais da polícia. Seu filme *Tropa de elite* procuraria falar sobre esses quatro universos, a partir dos olhos de um membro do quarto grupo e mostra como a carta branca que o Estado lhe dá para combater o crime por meio da violência apenas gera mais violência. Padilha conta como construiu a narrativa de *Ônibus 174* e *Tropa de elite*, transitando do documentário para a ficção. Sobre a violência, conclui que o que transforma miséria em violência no Rio de Janeiro é o Estado agressivo, autoritário, corrupto e excludente. Padilha deseja envolver o espectador em seus filmes o máximo que puder e não pretende fazer juízo moral de seus personagens.

De volta para a reflexão sobre a identidade e o mercado cultural, Wim Wenders testemunha ter-se tornado um viajante por desejar escapar do clima triste do pós-guerra em seu próprio país. Assim, atravessou muitas fronteiras ao longo da vida. Ao fazê-lo, pacificou-se com sua alma alemã e se reconciliou com o passado do país. Por isso, o cinema ao qual se dedicou é o que transpõe fronteiras. Wenders percebe a existência de cinema mundial. Mas há os filmes que funcionam como um produto internacional, precursor da globalização, e aqueles que ao serem caracterizados por um forte "sentido de lugar", contribuem para diversificar a globalização e garantir territorialidades. Wenders aborrece-se com filmes feitos em verdadeiras terras de ninguém, anônimos, sem territorialidades e identidades. Ele se diz viciado pelo "sentido de lugar". Vale a pena seguir sendo cineasta, em sua percepção, enquanto os filmes puderem falar de experiência e sentido de lugar: "Nosso 'sentido de lugar' é apenas um de nossos sentidos, como cheirar, tocar, escutar etc., mas é o primeiro que estamos prestes e perder nos tempos da globalização". Wenders, assim, acredita que o cinema tem uma enorme tarefa: ser local, ser regional, em defesa do imaginário próprio e em oposição ao simples entretenimento. Essa missão, sustenta, deve ser defendida por políticas próprias, promovidas pelo Estado e pelos artistas.

O enigmático David Lynch também reage contra as imposições do mercado. Repudia o *merchandising* no cinema, qualificando-o de interferência criminosa, e defende o total controle sobre sua criação. Acredita que a televisão está migrando para a Internet e lamenta que a experiência compartilhada do cinema, com a tela grande e o som envolvente, esteja fenecendo. Lynch ancora seu processo criativo na prática da meditação transcendental. Considera ser a negatividade inimiga da criatividade. Afirma que a meditação amplia a criatividade e, mais uma vez, testemunha ser o artista pura fantasia. O artista não precisa sofrer para mostrar o sofrimento, exemplifica. Em seu método, defronta-se com ideias cujo significado imediato lhe escapam, mas que fazem sentido posteriormente, se o foco for mantido. A intuição, conclui, é a ferramenta número um do artista.

O arquiteto Daniel Libeskind comenta vários de seus projetos. Especialista na criação de museus, sustenta que a cidade pode se transformar a partir da construção de um prédio. Para Libeskind, a arquitetura contemporânea está mais pluralística, mais democrática. Ele, a propósito, nega-se a trabalhar em países não democráticos. Construir um edifício, para Libeskind, é como contar uma história. A arquitetura, assim, narra histórias, porque fala sobre o passado e sobre o momento presente. Ela confere identidade e descortina um futuro, operando como uma combinação de poesia, de filosofia, de música, de dança, de astronomia, de todas as coisas, enfim, que matizam a civilização. Eis por que a arquitetura não seria apenas construção, mas, sobretudo, uma experiência, uma forma de transmissão de experiência cultural. Libeskind se diz interessado em eliminar categorias em suas construções: "Os museus precisam ser bem-sucedidos comercialmente, ao passo que os espaços comerciais precisam ter uma dimensão cultural, um componente cultural". Justamente por causa da globalização, registra, em sintonia com Wim Wenders, é preciso que cada lugar possa contar a sua história e emular uma identidade. Criticando o modernismo, Libeskind crê não ser possível repetir as experiências do Humano. Eis por que os museus não devem existir apenas para eles mesmos, mas sim atender às necessidades éticas de uma comunidade. Otimista, percebe que a arquitetura pode gerar crescimento para uma cidade, e não apenas econômico, mas também cultural.

Gunter Axt

Porto Alegre, junho de 2010

1968-2008
O mundo que eu vi e vivi

Edgar Morin

Edgar Morin

Sociólogo, antropólogo, historiador e filósofo francês, nascido em 1921. É doutor *honoris causa* por 17 universidades e um dos últimos grandes intelectuais da época de ouro do pensamento francês do século XX. Escritor infatigável, é autor de mais de 60 livros sobre temas que vão do cinema à filosofia, da política à psicologia, da etnologia à educação. Participou da resistência armada à ocupação nazista da França e foi um dos primeiros intelectuais a romper com o Partido Comunista Francês em nome da liberdade de espírito e da recusa do stalinismo. É diretor emérito do Centro Nacional de Pesquisa Científica, fundador do Centro de Estudos Transdisciplinares da Escola de Altos Estudos em Ciências Sociais de Paris. Sua trajetória de vida é marcada por um firme posicionamento nas questões cruciais de seu tempo, o que se reflete em grande parte da sua produção intelectual. É o idealizador de uma reforma do pensamento e da educação. Suas ideias expressam sua paixão pelo que chama de transdisciplinaridade e resumem-se em conceitos como ecologia da ação, identidade transcultural e antropoética. Entre seus livros, destacam-se os seis volumes de *O método* e obras-primas da interpretação cultural, como *As estrelas, O cinema e o homem imaginário* e *Cultura de massa no século XX*.

Antes de abordar a mudança ocorrida nos 40 anos entre 1968 e 2008, gostaria de assinalar que, durante os anos 1960, as fronteiras do pensamento se deslocaram e houve mudanças importantíssimas em nossa visão do mundo. Do mundo e do próprio universo. Já estava formulada, por Hubble, a hipótese de que o universo se dispersava, as galáxias se afastavam umas das outras.

Essa hipótese foi confirmada no início dos anos 1960 pela descoberta da radioatividade isotrópica vinda de todos os cantos do universo, indicando que, originalmente, houve uma espécie de explosão, chamada de Big Bang. Em outras palavras, compreendemos que nosso universo tinha uma história e que essa história tinha começado com a formação de partículas, de átomos, de estrelas, de galáxias.

Logo, nosso mundinho, que era confinado à Via Láctea, cresceu e a Terra se tornou um pequeno planeta minúsculo numa galáxia periférica de um universo desprovido de centro. É preciso dizer ainda que a Terra, a visão da Terra, se modificou nos anos 1960. Naquele momento, as ciências da Terra eram uma reunião de disciplinas que não se comunicavam. Entendemos que a Terra talvez tenha nascido dos detritos de uma antiga explosão, de um sol anterior ao nosso, e que esses detritos se juntaram numa espécie de lixeira cósmica e interferiram uns nos outros, para finalmente constituir nosso planeta, que se formou e que tem sua história, história essa que comporta o nascimento da vida.

Além disso, no final dos anos 1960, houve o desenvolvimento de uma ciência iniciada no fim do século XIX, mas que ainda permanecia bem marginal: a ecologia. A ecologia rapidamente se expandiu e nos mostrou que nosso desenvolvimento técnico, econômico e social produzia degradações na biosfera, nosso meio nutritivo, e que se essa degradação continuasse, estaríamos apostando no suicídio humano. Foi em 1970 que apareceu um artigo de Ehrlich sobre a morte dos oceanos e, creio que em 1971 ou 1972, foi publicado o relatório *Meadows*, do Clube de Roma, mostrando que o conjunto do sistema da Terra está ameaçado de degradação. A tomada de consciência aconteceu muito lentamente ao longo dos anos e das dezenas de anos que se seguiram e ainda hoje é insuficiente.

Existe ainda outra transformação no campo do conhecimento da vida. A vida, sabemos desde 1950; mas foi nos anos 1960 que se desenvolveram a biologia molecular e a genética, que permitiram não apenas um conhecimento novo da organização viva, mas também intervenções — umas médicas, outras salvadoras e outras que ocasionam perigo de manipulação de nós mesmos.

Ainda na biologia, aconteceu uma grande revolução no conhecimento do mundo animal. De fato, não se tinha conhecimento dos chimpanzés, por exemplo. Conheciam-se apenas as experiências que se faziam nas jaulas. Com enorme paciência, Jane Goodall instalou-se no Quênia e assim pôde observar que os chimpanzés constituíam uma sociedade muito complexa, com relações diferenciadas, sem a presença do incesto. A partir daquele momento compreendemos que o que acreditávamos ser um fosso gigantesco entre o mundo animal e o mundo humano tinha diminuído muito. Ainda em 1960, Richard Leakey descobriu no leste da África o fóssil de um bípede que é um de nossos ancestrais. Em seguida, descobriu-se Lucy, também no leste da África, e depois Douman, no Sahel, achados ainda bem recentes, que fazem remontar a humanidade a sete milhões de anos, quando até então se acreditava que tínhamos saído bruscamente da natureza como Minerva saindo da coxa de Júpiter. Logo, percebemos também que nossa relação com a vida e com o mundo animal é muito mais rica e muito mais próxima do que se acreditava.

Agora, quando observamos os anos 1960 do ponto de vista da história da humanidade, da história humana no planeta, vemos que, nesses anos, com a guerra da Argélia, dominada pela França, e com a Revolução dos Cravos, em Portugal, em 1974, termina o período da colonização que os europeus impuseram ao mundo, notadamente a partir da conquista das Américas. A partir de então, temos três mundos: o ocidental, o oriental, extremamente poderoso com a União Soviética e a China maoísta, e um terceiro que chamamos de Terceiro Mundo. A palavra já aparecera antes, por ocasião da conferência de Bandoum. Chama-se o restante do mundo de Terceiro Mundo, conceito que abarca, é claro, realidades extremamente diferentes. Mas o que se pode dizer é que, durante essa época, permanece a ideia de que a salvação do mundo está no desenvolvimento e que o desenvolvimento tem por único motor a evolução da técnica e da economia, que vai, como uma locomotiva, arrastar o vagão do desenvolvimento da democracia, da humanidade, do bem-estar, da felicidade humana, tendo sempre como tema comum, no Oriente, no Ocidente, no Terceiro Mundo, o crescimento. De fato, o que continua é o desenvolvimento de uma época que começou com a conquista das Américas e que eu chamo de era planetária, e essa era planetária se realiza com a continuação do desenvolvimento da civilização tecnocientífica, quer dizer, da ocidentalização do universo.

É nesse contexto que surge 1968. O que é 1968? É uma revolta plurinacional, multinacional, de estudantes que acontece em países tão diferentes quanto os Estados Unidos, a Alemanha, o Egito, a Polônia, e, de certo modo, no mundo todo vê-se, pois esse movimento estudantil, já nos anos 1960, na Califórnia, se manifestava por meio de uma cultura que viria a se chamar contracultura, tentativa dos jovens de fazer uma cultura diferente da do mundo em que viviam, criando comunidades. Em compensação, na França, será sobretudo uma explosão que vai durar pouco mais de um mês e durante a qual acontecerá toda uma série de fenômenos importantes. Interessa também saber qual é a característica comum a todas essas revoltas em países tão diferentes uns dos outros. A característica comum é, evidentemente, a revolta contra a autoridade, quer a autoridade dos mestres, quer a autoridade do Estado, quer a autoridade da família tradicional. Mesmo assim, o curioso é que, embora haja uma defasagem histórica, quando se pensa na revolução cultural na China, essa revolução, embora iniciada por Mao Tsé-Tung contra seu comitê central, foi realizada por estudantes e colegiais que então manifestavam uma violência incrível, inclusive por meio de assassinatos e da humilhação dos professores, mas ainda aí vemos a característica de revolta do adolescente. E por que os adolescentes se revoltam contra as autoridades, por mais diversas que sejam?

Inicialmente, é preciso dizer que também nesse caso, durante os anos 1960, produziu-se um fenômeno histórico extremamente importante. A autonomização da adolescência. O que é a adolescência? É uma categoria que se pode situar entre o fim da infância amparada, quando se está protegido no casulo familiar, e a entrada no mundo da vida adulta, com uma carreira, uma profissão, o casamento etc. Esse intervalo não existe sociologicamente nas sociedades tradicionais. Numa sociedade tradicional, ainda hoje, em numerosos países, as crianças são postas para trabalhar em tenra idade. A adolescência é eliminada. Em sociedades ainda mais antigas, não havia adolescência, mas cerimônias de iniciação que faziam a criança passar à categoria de homem. No nosso caso, a adolescência se desenvolve como um corpo autônomo e se constitui numa cultura. Essa cultura não é apenas o rock, a música, nem apenas agrupamentos em torno de uma música, mas é também um modo comum de se vestir, hábitos comuns, quase as mesmas buscas, as mesmas aspirações. E, de certo modo, pode-se dizer que 1968, com as revoltas estudantis, marca a irrupção, na vida política e social, de um novo tipo de classe que não é uma classe social, mas, digamos, uma bioclasse. É uma classe que tem um caráter biológico e que, tornada autônoma, aspira a se libertar e mostra algumas de suas aspirações profundas. Que aspirações são essas?

Pois bem: mais autonomia e mais comunidade; duas coisas que parecem contraditórias, opostas: de um lado, o desejo de ser livre, do outro, o desejo de uma comunidade calorosa. Essas aspirações são vividas simultaneamente porque existe ao mesmo tempo o sentimento de que não há mais comunidade numa sociedade atomizada, reduzida ao individualismo, reduzida a formas, à procura do lucro, e o sentimento de que as liberdades foram reduzidas.

Então, essa aspiração que aparece nas revoltas estudantis é encorajada, de certa forma, pelas revoltas que acontecem no mundo. Por exemplo: o Vietnã que se revolta contra o Ocidente, em especial contra a presença norte-americana. Che Guevara, que também manifesta uma revolta contra esse mundo. Na realidade, esses exemplos estão aí para dizer que a própria juventude deve se revoltar. Além do mais, o que aconteceu na Alemanha, na Itália e na França foi que essa aspiração, no início espontânea, em determinado momento, na França, por exemplo, foi animada por libertários como Cohn-Bendit, os trotskistas, os maoístas. Eles diziam aos adolescentes: "Suas aspirações, mas somos nós que vamos realizá-las, fazendo a revolução e fazendo o socialismo." E se certamente confiscaram o movimento de 1968 em alguns países, sua ideologia exprimia de certo modo essas aspirações, assim como o faziam então o comunismo e o socialismo, a um mundo de harmonia, fraternidade e liberdade. Aliás, pode-se dizer que é uma aspiração que remonta ainda mais longe; pode-se dizer que o cristianismo e o islamismo exprimem essa ideia, mas a transportam para depois da morte, no paraíso, onde tudo é harmonia. E pode-se dizer que essa aspiração existia nas sociedades arcaicas, há oito mil anos, quando, efetivamente, havia sociedades sem Estado, sem hierarquia, sem organização especializada do trabalho, sem autoridade opressora; quando se experimentava o sentimento da comunidade com certa autonomia. Então, pode-se dizer que essa aspiração evidentemente foi recalcada, negada, oprimida com o surgimento das grandes sociedades, com o Estado, as classes sociais e, na Antiguidade, frequentemente com a escravidão. Tudo isso oprimiu essa aspiração que continuamente tenta renascer. E, é preciso dizer, a sociedade industrial moderna, quando democrática, ao mesmo tempo em que introduziu liberdades que inexistiam nas sociedades autoritárias e escravagistas, trouxe suas próprias coerções: a aplicação de uma visão determinista e mecanicista do indivíduo, a lógica da hiperespecialização, a lógica da cronometria, a lógica do trabalho controlando toda a vida social e humana, o que na França se chamava de *métro-boulot-dodo*,[1] ou seja, uma vida cada vez mais prosaica, cada vez mais anônima.

E, evidentemente, ao passo que em nossa sociedade há essa coerção que os adolescentes recusam-se a aceitar, no mundo adulto ten-

---

[1] A expressão designa "metrô, trabalho, dormir" e costuma ser utilizada, sobretudo, pelos franceses do interior para criticar o estilo de vida parisiense, cidade na qual as pessoas consumiriam a sua vida deslocando-se de metrô, dedicando-se ao trabalho e descansando em casa. (N. do O.)

ta-se encontrar escapatórias. O que fazem as pessoas quando podem? Elas tiram férias e são donas do próprio tempo, vestem-se como querem, vivem entre amigos ou em família, procuram o lazer. Existem as festas, o futebol, os amores, as amizades e, evidentemente, encontram-se pequenos bocados, "pedaços" de harmonia, no cotidiano, momentos de poesia na vida. Mas o que quero dizer é que se eu quisesse falar hoje do sentido profundo, do sentido antropológico, seria exatamente desse movimento, dessa aspiração tão profunda da humanidade, que os adultos esquecem, abandonam, por conformismo; seria exatamente dessa aspiração que desperta e que eu acredito que ainda vai se exprimir de um modo novo no futuro.

Mas, ao mesmo tempo, Maio de 68 foi a revelação de uma carência da civilização ocidental. Estou falando de todo o mundo ocidental. Ela mostrou que onde havia abundância de bens materiais, onde havia abundância de bens de consumo, onde havia, portanto, bem-estar material, não havia bem-estar moral, não havia bem-estar psicológico; havia, ao contrário, infelicidade, insuficiências tratadas privadamente, quer dizer, recorrendo-se aos soníferos, às drogas, ao psiquiatra, ao guru etc. Há um novo mal-estar, produzido pela nossa civilização, que, no entanto, produziu virtudes e qualidades, mas que gera cada vez mais essas características negativas que, de certo modo, Maio de 68 aponta. E se falou justamente de crise de civilização, da insuficiência dessas civilizações e, repito, de aspiração a outra vida. Falou-se ainda em mostrar que, enquanto muitos teóricos de antes de 1968 pensavam que a civilização, nossa civilização ocidental, iria cada vez mais resolver os problemas mais graves da humanidade, a desigualdade, o desemprego, o mal-estar, a infelicidade etc., percebia-se que, ao contrário, esses males tinham se agravado. Percebeu-se que nossa civilização era uma superfície, uma camada sobre um subsolo que estava cada vez mais minado. Tudo acontecia — de acordo com a expressão do filósofo alemão Hegel — como se houvesse uma velha toupeira cavando uma galeria subterrânea sob nosso solo e esse solo talvez desabasse. Mas o solo não desabou porque, de algum modo, houve o restabelecimento, depois de explosões diversas, da antiga ordem. Pode-se dizer que tudo mudou. Pode-se dizer, de preferência, que nada mudou, embora tudo se tenha modificado. O que se modificou? Como acabei de dizer, o mito da sociedade industrial, avançada, que se pode chamar de capitalista burguesa, e também o mito do mundo soviético, esses mitos entraram em crise. Há também a crise do mito de que a civilização ocidental iria resolver todos os problemas humanos e pode-se dizer que Maio de 68, nos diferentes países, foi o desencadeador dos movimentos feministas que reivindicaram, para as mulheres, direitos que elas não tinham no reino da dominação masculina machista. Um movimento feminino e um movimento, uma autoafirmação dos diferentes movimentos das minorias, étnicas ou sexuais. E também se pode dizer que foi possível ver, pelo menos na França, onde havia uma forte influência do Partido Comunista, de influência soviética, o início do declínio do mito do socialismo, do comunismo.

Mas é em 1977 que tem lugar um acontecimento capital, ainda que não tenha sido percebido como tal: a crise do comunismo e, consequentemente, do marxismo como explicação geral do mundo. Por que essa crise se inicia? Pois bem, é por uma coincidência histórica: é o momento em que, na China, a lenda do presidente Mao, adorado por um milhão de chineses, desaba com as histórias do Bando dos Quatro, de Lin Piao e, finalmente, com a nova orientação, sob a liderança de Deng Xiaoping. É o Vietnã, que é saudado como um heroico movimento que se libertou e que se torna opressor do Camboja; é o próprio Camboja, que provoca uma espécie de autogenocídio com o regime de Pol Pot; e é o regime de Cuba, que aparece como um dos apêndices desse sistema. Mesmo assim, o prestígio de Cuba permanece forte, notadamente na América Latina, porque ele se ergue resolutamente contra a dominação norte-americana.

O que se pode dizer é que, durante a década de 1960, vê-se o fim de uma esperança e o fim de um desespero. É o fim de uma esperança, ou seja, havia algo, uma fórmula, um mundo que estava transformando a humanidade, criando um homem novo, uma sociedade nova. Isso desaba, percebe-se que o sistema criou uma nova dominação, uma nova servidão, e chegou a uma série de impasses econômicos. Logo, é o fim de um desespero e de uma esperança; é o fim do desespero de populações que viviam nesse sistema ou que eram oprimidas, ainda que o fim desse desespero não se traduza no nascimento de uma nova esperança. Descobre-se que o mundo não tem esperança, o que é confirmado em 1989 com a implosão da União Soviética, que revela todos os vícios do sistema. E não há mais sistema, fórmula nem via que pareça orientar a humanidade; logo, é uma mudança extremamente importante.

Mas é preciso dizer que em 1989, 1990, isso marca — como alguns disseram em outra ocasião — o verdadeiro fim do século XX, o fim do século XX que começa tardiamente com a Primeira Guerra Mundial em 1914. Esse século XX que então se manifesta com as hecatombes das duas guerras mundiais, que se manifesta com o surgimento do fascismo, do nazismo e do comunismo stalinista, esse século XX parece terminar em 1989 e, ao mesmo tempo, inicia-se uma nova etapa na era planetária, que se pode chamar de globalização. O que caracteriza essa etapa? É inicialmente a real globalização do mercado, da economia liberal, do capitalismo que se expande não apenas na ex-União Soviética, mas na China, no Vietnã, em todos os países em que se mantém a ditadura do partido, mas onde a ditadura do partido se ajusta muito bem ao capitalismo. De resto, temos um belo exemplo de escravidão, ou seja, que país é melhor para o investimento capitalista do que a China? Porque lá não há greves, não há revolta operária. Até mesmo os capitalistas indianos gostam muito de investir na China, porque na Índia há movimentos sindicais, movimentos operários. Portanto, isso significa que assistimos à expansão da economia liberal e, ao mesmo tempo, o que é um fenômeno nos anos 1990, ao extraordinário desenvolvimento das técnicas de comunicação, que permitem conectar instantaneamente um ponto a outro do planeta, por telefone, transformado em telefone móvel, fax e, atualmente, correio eletrônico, além de tudo o que a Internet traz. Temos então a globalização técnica, econômica, que se espraia pelo mundo, e, ao mesmo tempo, uma segunda globalização mais fraca, mas real, uma globalização de democratização e dos direitos do homem. Aliás, essa globalização se manifesta de modo muito claro em toda a América Latina: é o fim das ditaduras militares que castigaram esses países, inclusive o Brasil. Na África, essa onda de democratização é extremamente enfraquecida.

Então podemos pensar que houve duas globalizações em uma e, de resto, pode-se dizer que foi assim, desde o início, mas era muito pouco visível. É que a primeira globalização, repito, foi a que se manifestou na conquista do mundo realizada pelos pequenos Estados europeus, que se manifestou na opressão, na escravidão, no saque. Mas é preciso dizer que, na mesma época, nos mesmos países dominadores, notadamente na França e na Espanha, duas vozes se ergueram: uma, a de Bartolomeu de Las Casas, para dizer que os índios da América tinham alma, enquanto a Igreja pensava que eles não eram humanos, já que o Cristo não tinha viajado à América Latina; outra, a de Montaigne, que diz que "chamamos de bárbaros as pessoas de outra civilização". No capítulo sobre os canibais, nos *Ensaios*, ele afirma: "Dizem que os índios da América são bárbaros porque comem seus inimigos mortos, mas já que esses inimigos estão mortos, eles não lhes fazem mal. Enquanto nós, nós torturamos os vivos, nós os espoliamos, nós os martirizamos." E assim, as primeiras ideias de um pensamento humanista e universal começam fragilmente, mas vão se desenvolver por meio de Montesquieu, da filosofia das Luzes, da Revolução Francesa, das Internacionais, e são essas as ideias que os colonizados vão defender para se revoltar, dizendo: "Nós também temos direitos. Nós também somos humanos, nós também temos direito a ter uma nação." E é assim que, de certa forma, houve duas globalizações em uma, mas a segunda, a globalização humanista, era muito frágil.

Então, o que é preciso observar é que a globalização se traduz por uma unificação técnica, econômica, um tipo de ocidentalização. Mas, em inúmeras regiões do globo, o medo de perder a própria identidade provoca uma recusa, um fechamento em si. E é mesmo muito interessante que, nos anos 1990, quando se desencadeia a globalização técnica e econômica, surjam as primeiras guerras de natureza étnica e religiosa que fazem o mundo explodir, que o balcanizam em pequenas unidades. Isso começa com a guerra de um país que estava quase acabado, a Iugoslávia. E a guerra que o dilacera é feita por regiões que querem ser nações: uma, a Croácia, católica; a Sérvia, ortodoxa; a Bósnia, muçulmana; temos uma guerra de dilaceramento e de deslocamentos. Depois, mais tarde, o Kosovo. A Tchecoslováquia se divide em duas com a dissolução da União Soviética e temos conflitos entre a Armênia e o Azerbaijão, e depois todos os conflitos étnico-religiosos que se desencadeiam atualmente na África e também no Sudão. Então, o paradoxo é que o mundo se unifica e ao mesmo tempo se desmembra em pequenos pedaços. Não apenas porque existe o medo de perder a identidade, de entrar num universo anônimo. Até mesmo em países desenvolvidos como a França, a Alemanha ou a Espanha, vemos muito claramente que as províncias querem ter uma vida nova, querem salvaguardar sua autonomia para não serem homogeneizadas arbitrariamente, perdendo a própria identidade.

Temos, portanto, quase por toda parte, a reivindicação de uma identidade que, com ou sem motivo, teme ser sufocada. Mas temos um segundo elemento que explica tudo isso; é, como acabo de dizer, a perda do futuro. Por quê? Porque o mundo viveu com a ideia de que o progresso era uma lei histórica, quer dizer, que amanhã seria melhor do que hoje. E talvez houvesse algumas perturbações, mas essa lei era certa. Mas a partir justamente dos anos 1970, 1980, 1990, evidencia-se cada vez mais que o progresso não é absolutamente certo, que os próprios motores do progresso são ambivalentes. A ciência, que deveria trazer o progresso humano e intelectual, traz também as armas de destruição em massa, operando não apenas a sujeição das energias físicas, mas também submetendo os que trabalham com essas máquinas. Pois a economia, que desenvolve e fortalece o bem comum, não é controlada, não é regulada e vive, também, suas crises. Além disso, percebe-se que as guerras de religião, que parecem coisa do passado, voltam na atualidade. Logo, todos esses fatores parecem indicar que o progresso está minado, já que se acreditava que eram a ciência, a razão, a técnica e a economia que iriam guiar a humanidade em direção a ele e se toma consciência da profunda ambivalência desse guia.

Então, crise do futuro, crise do progresso; quando se perde a esperança do futuro se instauram a angústia e a neurose. Então, a crise do futuro, quando se tem um mínimo de presente a ser vivido, provoca um recolhimento no presente. A vida no presente, um dia de cada vez. E quando toda uma parte do mundo ocidental vive um dia de cada vez, quando a política se faz um dia de cada vez, quando não se pensa mais no futuro, não há mais perspectiva, ou melhor, quando o presente é ruim, infeliz, o que resta? Resta o passado, restam as raízes, as raízes da identidade e as raízes religiosas, porque elas restituem uma mensagem de esperança. Assim, recorremos ao céu para captar uma esperança cuja comprovação é fluida. A força das religiões está justamente nessa promessa de harmonia.

Podemos falar também de uma globalização cultural, que, aliás, já tinha sido anunciada por Karl Marx, que dizia que o capitalismo, ao unificar o planeta, iria provocar uma cultura mundial. No plano literário, isso se verifica porque, para os europeus, para um francês, por exemplo, não eram apenas os grandes escritores franceses, eram também os escritores ingleses, eram Shakespeare, Cervantes, Tolstoi, Dostoievski, mas, enfim, a cultura permanecia europeia. Hoje em dia, conhece-se a cultura, a literatura japonesa, a antiga literatura chinesa, agora se conhecem escritores latino-americanos. Há, efetivamente, pelo menos para os que têm a possibilidade de adquirir cultura, a possibilidade de uma cultura mundial no plano literário.

No campo do cinema, existe até mesmo um fenômeno que não existia desde a época de Hollywood. O cinema é uma máquina feita à imagem da indústria, ou seja, com a divisão de trabalho, o cenógrafo, o decorador, os músicos, o montador etc. Bem, uma espécie de produção quase industrial do filme, tendo por finalidade o lucro, evidentemente. Era um sistema animado pela produção, no sentido econômico do termo. Ora, por que aconteceu de haver mesmo assim filmes que são obras-primas? Porque a produção não basta para uma obra de arte. É preciso criação, é preciso originalidade. Não se pode fazer dois filmes exatamente iguais como se fazem automóveis exatamente iguais. Logo, sempre houve necessidade de originalidade, e houve um conflito e, ao mesmo tempo, uma complementaridade entre produção e criação que por vezes tornam possíveis as obras-primas. A produção, porém, elimina os grandes criadores, como eliminou Orson Welles, por exemplo, e Eric Von Stroheim. Logo, temos esse fenômeno que vale para o cinema, para o rock, para a música, para a canção etc. Tem-se um sistema de produção, mas também a criação, que são antagônicos e complementares.

Para estudar o plano da cultura mundial, vou tomar como exemplo o flamenco, que é uma arte do canto, da guitarra e da dança, praticada pelos ciganos da Andaluzia. Ora, o flamenco é uma música muito bonita, com um canto profundo, que, aliás, tem origens múltiplas, é uma simbiose. Tem origens indianas — já que os ciganos vêm da Índia — e origens árabes, celtas, judaicas, fazendo uma espécie de síntese. Mas estava em decadência nos anos 1950, prestes a desaparecer. E que o fez renascer foi, por um lado, o desejo das jovens gerações de ciganos e andaluzes de conservá-lo. E como ainda havia velhos mestres e discos, gravações dos anos 1930 etc., a partir daí operou-se o renascimento do canto e da arte flamencos. As produtoras de discos puderam publicar antologias, especialmente uma primeira em Barcelona e em Madri; as colônias andaluzas retomaram esse canto, que ressuscitou no mundo todo, e hoje até no Japão as pessoas se iniciam na arte do flamenco, na dança, na música.

Logo, tem-se uma arte que ressuscita, inicialmente, porque há um desejo de conservar as raízes e também porque se criou uma audiência globalizada que permite aos amadores descobrirem algo que lhes toca o coração, que lhes concerne diretamente. Há, evidentemente, uma tendência à degeneração do flamenco, à banalização. Ao mesmo tempo, há uma tendência de volta à autenticidade e uma tendência à mestiçagem. Há o flamenco Raí, que se mestiça com a música norte-africana; o flamenco dos Gipsy Kings, que se mestiça com o rock. Logo, observa-se, nesse fenômeno de globalização cultural, um pouco de todos os aspectos possíveis desde a degradação e da banalização até a ressurreição, até a universalização e a mestiçagem.

A globalização cultural, portanto, é um fenômeno efetivamente complexo e pode-se dizer que, durante esses anos, vê-se que há várias globalizações na globalização que não são propriamente complementares, mas antagônicas, e evidentemente não se sabe qual delas vai triunfar.

Durante os anos 1990 até o ano 2000, quer dizer, durante o real nascimento do século XXI, a crise da civilização ocidental se acentua, tanto mais que o desenvolvimento técnico e econômico implica a degradação da ecologia, é um fato evidente. Vê-se que o desenvolvimento da ciência produz armas de destruição em massa. Logo, essa crise da civilização — e não se vê solução, não se vê saída, não se vê remédio, ao contrário, continuamos na via do crescimento — é também a crise do planeta, porque todas as megalópoles do planeta, Xangai, São Paulo ou outra parte, se ocidentalizaram; é a crise da humanidade que não consegue nascer, crise do progresso, incerteza quanto ao futuro, volta das religiões.

É assim que se pode situar a tragédia desta época e o futuro é, a partir de agora, desconhecido. A aventura da humanidade, percebe-se retrospectivamente, é uma aventura desconhecida. O mundo, a ideia de Terceiro Mundo explodiu. Percebe-se que o Brasil não é o Congo, o Quênia, nem o Sudão; percebe-se que há diversidade. Vê-se que a hegemonia norte-americana, que parecia reinar, encolheu progressivamente; é certo que os Estados Unidos ainda estão na vanguarda econômica, técnica e científica, mas notamos muito bem que seu poder diminui, que a tentativa de impor a vontade, seja no Iraque, seja no Afeganistão, fracassa e vemos surgir o que se chama de mundo multipolar. Vemos o renascimento da Rússia como uma realidade importante, assim como a China, a Índia, o Brasil. Tudo confirma a ideia de que este mundo se unifica apenas tecnicamente, economicamente, mas não se unifica política, cultural e humanamente. Portanto, temos este mundo em explosão.

E o que significa o termo "crise"? Uma crise significa perigo e oportunidade. Uma crise pode provocar desintegrações e até mesmo regressões. Mas uma crise também pode levar a novas soluções.

Quando um sistema não pode mais tratar seus problemas vitais, o que acontece? Ou o sistema se desintegra ou dá origem em si a outro sistema mais rico, capaz de tratar de seus problemas vitais. Ora, hoje em dia, o sistema Terra, o sistema humano Terra não pode tratar de seus problemas vitais. Não pode tratar de seus problemas de vida e morte, quero dizer, esse perigo provocado ao mesmo tempo pelas novas armas, as armas de destruição, pela degradação ecológica, pela desordem econômica e pelas violências religiosas e ideológicas. E sabe-se que há uma interdependência entre tudo isso. Basta lembrar que quando houve a grande crise de 1929-30, essa crise provocou a ascensão legal, ou seja, pela via eleitoral, de Hitler e do partido nazista, porque ela havia atingido duramente a Alemanha, deixando milhões desempregados. Além disso, havia um clima de humilhação nacional em consequência do Tratado de Versalhes, que tinha fechado a Primeira Guerra Mundial e amputado alguns territórios da Alemanha. Logo, pode-se dizer que uma crise econômica em determinadas condições pode provocar formidáveis regressões políticas.

O sistema Terra, portanto, é incapaz de lidar com seus problemas fundamentais, seus problemas de vida e morte. Atualmente, há até mesmo, o alarme. Descobre-se que a fome existe de um lado ao outro do planeta e que somos incapazes de cuidar dela. Cada vez mais, a incapacidade do sistema atual nos faz temer a desintegração, ou então o metassistema, o sistema capaz de se metamorfosear. É possível?

Primeiramente, observemos as metamorfoses que ocorrem no universo dos insetos. Vemos a lagarta que entra no casulo, que se fecha. Pois bem, a lagarta começa a se autodestruir, para se autoconstruir como libélula ou borboleta. Ela se destrói. A única coisa que ela não destrói é o sistema nervoso — transforma até mesmo o sistema digestivo. E eis a borboleta, que é outro ser, mas que, ao mesmo tempo, é o mesmo, quero dizer, a metamorfose é o mesmo todo sendo outro, porque a forma mudou, mas não apenas a forma, há qualidades novas. A lagarta só pode rastejar; a borboleta voa. As metamorfoses existem, mas também aconteceu uma metamorfose na história da humanidade. Durante talvez cem mil anos, a Terra foi povoada por sociedades que chamamos de arcaicas. Eram pequenas sociedades de algumas centenas de indivíduos, caçadores, colhedores sem agricultura, sem Estado, sem cidades, sem religiões, sem classes sociais. Depois, em alguns pontos do globo, no Oriente Médio, na bacia do Indo, na China e em seguida no México e no Peru, não se sabe como exatamente, um determinado número de sociedades se agrupou; houve um fator demográfico. Depois, a agricultura surgiu, as cidades apareceram, o Estado se constituiu e nossas sociedades históricas se espalharam durante oito mil anos, destruindo e provocando um verdadeiro culturicídio, porque nós destruímos quase todas as pequenas sociedades. Restam ainda apenas algumas na Amazônia e em outras poucas regiões.

Portanto, às vezes temos metamorfoses para pior, outras vezes para melhor, já que a humanidade criou sociedades de milhões de habitantes, mas, evidentemente, repito, com Estado, com classe social, com religião, com escravidão etc.

Será que hoje uma metamorfose não seria possível, dado que, efetivamente, as sociedades rumam para a morte com o desenvolvimento de armas de destruição? Hiroshima, que fecha a Segunda Guerra Mundial, não seria apenas um pequeno elemento destruidor entre as grandes destruições de uma eventual nova guerra? O problema do fim da história se apresenta, mas não no sentido proposto pelo senhor Fukuyama, o teórico que disse que chegamos ao fim da história porque a humanidade encontrou solução para seus problemas, a democracia liberal e a economia liberal. Eu digo que se chegará ao fim da história porque as sociedades históricas, incapazes de encontrar soluções, rumam para a morte. E então, podemos perguntar, esses oito mil anos de história não são o destino da humanidade? Houve dezenas de milhares de anos antes da história e pode haver outros anos depois da história, quero dizer, depois das guerras, depois das sociedades fechadas umas nas outras, uma sociedade de tipo novo que jamais existiu, que seria uma sociedade-mundo, produto dessa metamorfose. Isso é possível? Então, examinemos a questão sob o ângulo da probabilidade. O que é uma probabilidade?

É quando um observador, num dado lugar e num dado momento, de posse das melhores informações possíveis, pode tentar estabelecer desdobramentos futuros a partir dos que ocorrem no presente. Logo, as probabilidades são extremamente ruins. Evidentemente, elas são catastróficas, mas há a improbabilidade, e a improbabilidade surge na história de modo salvador. Existe um exemplo famoso na Antiguidade. Há seis séculos, antes da era cristã, um império gigantesco, o império persa, quis absorver uma pequena cidade grega, Atenas. Os persas atacaram Atenas, mas o pequeno exército ateniense, auxiliado pelos espartanos, os rechaçou em Maratona. O império persa voltou uma segunda vez e tomou Atenas, saqueou-a, queimou-a, destruiu-a. Mas a frota ateniense preparou uma armadilha para a frota persa e derrotou-a durante essa armadilha, rechaçando o invasor, e o resultado foi que, 50 anos depois, nasciam a democracia e a filosofia. Portanto, o improvável pode acontecer e o extremamente curioso no caso é que quanto mais caminhamos para as catástrofes, mais pode acontecer a tomada de consciência de que caminhamos para a catástrofe em vez de vivermos um dia de cada vez. Quanto mais nos conscientizarmos de nossa comunidade de destino planetário, mais seremos capazes de resistir, de impedir e de caminhar no sentido da metamorfose. Isso significa que o princípio da esperança é inseparável do princípio do desespero. E por que se pode pensar que a esperança é possível? Porque restam as possibilidades criativas da humanidade, quer dos indivíduos, quer das sociedades. Quando as sociedades são bloqueadas, rígidas, enrijecidas, fechadas, as capacidades criativas se manifestam à margem, nos artistas, nos pintores, nos poetas, nos músicos, nos cientistas. Quando as sociedades estão em crise, é a sociedade como um todo que pode criar as novas condições de criatividade. São essas capacidades criadoras que estão adormecidas, mas que podem ser despertadas à maneira das células-tronco que os biólogos descobriram recentemente nos organismos adultos.

Antes se acreditava que, uma vez que essas células-tronco tinham fabricado um ser humano, elas estariam mortas, teriam desaparecido, mas se descobriu que temos células-tronco na medula espinhal, no cérebro. Isso significa que temos células capazes de nos regenerar, mas elas estão adormecidas. É por isso que essas células são uma das grandes esperanças da medicina e da biologia: elas permitirão lutar contra o envelhecimento, por meio da regeneração dos órgãos doentes e envelhecidos no plano médico, individual. É uma metáfora que lhes apresento para dizer que existem capacidades criadoras, regeneradoras, adormecidas nas sociedades e são essas capacidades que podem despertar. Continuamos na pré-história do espírito humano, temos uma frágil capacidade, uma pequena parte de nossas capacidades cerebrais se encontra ativa. Há cem mil anos, quando apareceu o *Homo sapiens*, nossa espécie, ele já tinha o mesmo crânio, o mesmo cérebro, ou seja, o mesmo cérebro de Mozart, o mesmo cérebro de Michelangelo, o mesmo cérebro de Dostoievski, o mesmo cérebro, também, de Hitler. Mas quem poderia pensar naquela época pré-histórica que havia tal possibilidade de criação?

Ou de destruição? Ainda estamos na pré-história do espírito humano e na Idade de Ferro planetária.

Disse o poeta T. S. Eliot: "No meu fim está o meu começo." Isso quer dizer que talvez não seja o fim do mundo; talvez seja o fim de um mundo e o começo de outro, porque, numa época como a nossa, vemos muitas forças de destruição que agem como a lagarta que se autodestrói, mas não vemos as forças de criação que, talvez, já estejam em movimento por aí. Logo, em meu fim, talvez, esteja o meu começo. E o filósofo Heidegger diz: "A origem não está atrás de nós, ela está diante de nós." Isso quer dizer, mais uma vez, que talvez haja uma nova aventura, uma nova humanidade, um novo começo possível.

Então o mundo que morre seria simplesmente um mundo que morre para que outro nasça. Não é uma profecia, é uma possibilidade, é o que se pode concluir do exame desses 40 anos que transformaram o mundo.

Como foi inventada a teoria francesa

Sylvère Lotringer

Sylvère Lotringer

Professor de literatura e filosofia na Universidade de Colúmbia, Califórnia, é um filósofo francês com mais de 30 anos de residência nos Estados Unidos. Foi aluno de Roland Barthes e Lucien Goldman, é fundador e atualmente editor da revista independente norte-americana *Semiotext(e)*. A publicação, desde seu início, em 1974, tem por objetivo introduzir o pensamento francês nos EUA e analisar as principais diferenças entre as filosofias dos dois países, assim como relacionar as descobertas teóricas do pós-estruturalismo com as manifestações urbanas de violência nos Estados Unidos. A revista já publicou textos de nomes como Gilles Deleuze, Félix Guattari, Jean Baudrillard, Paul Virilio e Michel Foucault. Esses três últimos dividiram a autoria de algumas obras da extensa bibliografia de Sylvère Lotringer.

Em um ensaio sobre William Faulkner, Jean-Paul Sartre imaginou o escritor americano atado com um cinto a um carro veloz. O banco onde está sentado está virado para trás, então tudo o que ele pode ver de ambos os lados são as sombras que passam; ele só conseguirá apreender a verdadeira natureza dessas imagens fugidias quando elas se estabilizarem na distância.

O presente oferece imagens fugidias que só adquirem contorno e consistência quando recuam para o passado. Mas não vivemos mais no condado de Faulkner e não podemos esperar que o presente se acomode para sabermos o que era, sem falar que ele avança sobre nós a plena velocidade. Isso é ainda mais verdadeiro hoje, quando tudo a nossa volta desaparece em tempo real, na tela da realidade. Estamos amarrados no banco de passageiros sem ninguém na direção, fazendo um grande esforço para identificar qualquer coisa à nossa frente antes que seja engolida pelo buraco negro do presente. O futuro já é passado antes mesmo de podermos perceber de que se trata. O máximo que podemos fazer é ensaiar alguns conceitos, algumas visões também fugidias que servem de lanternas em nossa busca. Foi nisso que se transformou a "teoria" em um mundo sem vínculos. Tentativas de descobrir para onde estamos indo vêm sendo ensaiadas há algumas décadas, portanto não pertencem mais ao domínio da ficção científica. Estamos habitando este mundo, tendo ou não consciência disso. E essas imagens são a avaliação mais próxima que podemos fazer da viagem vertiginosa em que todos embarcamos coletivamente, viagem cujo propósito maior e cujo destino permanecem desconhecidos.

Tudo começou na França, em 1962, logo depois de terminada a última guerra colonial travada pelos franceses contra os rebeldes argelinos. De um dia para o outro, a sociedade de consumo assumiu seu lugar. "O sentimento generalizado de que tinha ocorrido uma verdadeira invasão que forçava as pessoas a levarem suas vidas de maneira totalmente diferente estava então disseminado", lembram o situacionista internacional Guy Debord em 1988, "mas isso foi vivido mais como uma inexplicável mudança no clima... e pior, muitos o veem como uma invasão civilizatória, algo inevitável, chegando até a querer colaborar. Essas pessoas preferiam não saber o real objetivo daquela invasão nem como ela avançava."[1] A teoria francesa foi uma espécie de reação tardia (*après-coup*) a essa mudança paradigmática. Mal chegou a haver uma batalha entre o Tratado de Paz de Evian e essa súbita invasão civilizatória, como se o consumismo estivesse à espreita e viesse correndo ocupar seu espaço na sociedade à primeira oportunidade. A guerra da Argélia tinha levado a França à beira de uma guerra civil, mas não parou aí, apenas mudou de forma e continuou de outras maneiras, mais sutis. Ela se transformou em "endocolonização", uma guerra de pacificação que mirava a própria sociedade com o propósito oculto de acabar com a luta de classes, e, eventualmente, conseguiu transformar trabalhadores insatisfeitos em ávidos consumidores. O futuro começava a alcançar o presente.

No seu livro *Crítica da vida cotidiana*, publicado em 1945, o filósofo marxista liberal Henri Lefebvre foi o primeiro a perceber que a luta de classes estava chegando ao cotidiano, tornando obsoleta a ideia de revolução. O consumismo estava a caminho para remodelar toda a arquitetura da vida social. Os situacionistas chamavam de "sociedade do espetáculo", mas o que tinham em mente não era uma relação entre imagens, e sim "uma relação social entre pessoas mediatizada por imagens". O espetáculo tinha o propósito de integrar as pessoas no sistema de consumo, homogeneizando as relações sociais

---

[1] Guy Debord, *Comentários sobre a sociedade do espetáculo*, tradução de Malcolm Imrie, Nova York, Verso, 1990, p. 4. (*N. do O.*)

por meio de imagens que impedem qualquer experiência direta. Ao mesmo tempo, reforçava a separação e o isolamento social por meio do avanço da técnica. A comunicação instantânea que começou a se desenvolver com a tecnologia moderna apenas amplificaria esse efeito. Debord via esses movimentos como um meio de impedir o real diálogo, substituindo-o por um "monólogo sem fim". A principal função do espetáculo era fabricar "alienação". Os situacionistas ainda acreditavam na possibilidade de resgatar sua consciência. Praticavam manobras e intervenções na cidade, construíam "situações" que permitissem sobreviver ao espetáculo e preparar a revolução dos trabalhadores.

O primeiro sintoma da mudança foi o estudo estruturalista de Claude Lévi-Strauss sobre parentesco, em meados da década de 1950. Paradoxalmente, foi entre os "selvagens" do Amazonas que o antropólogo francês encontrou uma lógica mais apropriada para a sociedade francesa. E não foi nenhuma surpresa: Lévi-Strauss tinha levado o estruturalismo na bagagem. A introdução do modelo linguístico nas ciências humanas havia precedido o consumismo, mas os dois eventualmente se fundiram na mesma lógica de relações. O *Curso de linguística geral*, de Ferdinand de Saussure, publicado pela primeira vez em 1916 e posteriormente redescoberto,[2] forneceria as ferramentas que permitiriam aos críticos e sociólogos analisar a nova cultura do consumo. Tal como a linguística saussuriana, o consumismo separava os signos de seus referentes. Mas a maior contribuição do linguista seria sua percepção de que o "valor" do signo reside não no próprio signo, mas na sua diferença — na capacidade de ser "decodificado" e incessantemente substituído por outros signos, tais como ações na bolsa. (O próprio Saussure faria essa conexão.) A linguística, em outras palavras, introduziu o capital na linguagem, promovendo a desterritorialização de todas as "ciências humanas". Foi a primeira produção cultural do espetáculo.

---

[2] Ferdinand de Saussure, *Curso de linguística geral*, tradução de Roy Harris, Chicago, Open Court Publishing, 1986. (Edição brasileira: Cultrix, 2006.) (*N. do O.*)

Seria essa lógica binária que Jean Baudrillard analisaria em seu primeiro livro, O *sistema dos objetos* (1968), observando que no consumismo "tudo é signo, puro signo. Nada tem presença ou história".[3] Da mesma forma, não eram os objetos propriamente ditos que as pessoas consumiam, mas signos diferenciais que reforçavam seu prestígio. Os objetos de consumo não têm importância em si mesmos, apenas no sistema que formam. A necessidade de se diferenciar dos vizinhos ou rivais frequentemente substitui os antigos rituais simbólicos baseados no nascimento, na religião ou nas castas. Não era a realidade dos objetos que contava, nem mesmo a natureza dos signos que os representavam, mas o código que permitia que existissem. Considerados um sistema autônomo, os signos apenas se referem a eles mesmos, negando a existência de qualquer princípio de realidade. Com essa intuição, Baudrillard abriu uma nova era "metafísica", uma realidade do consumidor, que ele chamou de "simulação". Na sociedade contemporânea, o simulacro refere-se apenas ao código, ao sistema de diferenças abstratas por ele gerado e a outros simulacros da mesma ordem. Não podemos mais falar de original ou realidade, apenas da "precedência dos simulacros".[4] O princípio da realidade (que não era mais real no sentido tradicional de um DNA, por exemplo) só poderia ser encontrado no próprio código.

Henri Lefebvre posteriormente denunciaria o estruturalismo como o nascimento de uma "sociedade tecnocrática", e ele não estava errado a esse respeito. Inspirado por Saussure, o estruturalismo introduziria a lógica da equivalência inerente ao capital nas ciências humanas. A hegemonia estruturalista na cultura francesa teria curta duração, entretanto; seria superada alguns anos antes da eclosão do Maio de 68 na França, deixando para trás essa construção convenientemente "universalista", forçando os teóricos — inclusive o próprio Baudrillard — a romper com o modelo semiótico que havia sido erigido como parâmetro para o comportamento humano.

---

[3] Jean Baudrillard, *O sistema dos objetos*, Londres, Verso, 1996, p. 236. (Edição brasileira: Perspectiva, 1997.) (N. do O.)

[4] Jean Baudrillard, *Simulations*, tradução de Paul Foss, Paul Patton e Philippe Beitchman, Nova York, Semiotext(e), 1983.

Em 1968, o sociólogo Lucien Goldmann declarou triunfante que as estruturas haviam tomado as ruas. E de fato tomaram. A rebelião dos estudantes, entre outros fatores, foi uma revolta contra a nova sociedade de consumo e efetivamente deu fim à era do estruturalismo. Ninguém, incluindo o grupo de estudantes que dispararam a revolta em Nanterre, poderia ter antecipado que aquelas manifestações virariam uma bola de neve que iria provocar uma greve geral que afetaria o país inteiro. O Maio de 68 não tinha uma meta predefinida ou uma ideologia comum, tampouco um partido constituído que o respaldasse. Alimentou-se de seu próprio *momentum*, conseguindo alcançar, em pouco tempo, o que qualquer revolução que faça jus a seu nome deve fazer — colocar a população de pé e o governo de joelhos. E dissolveu-se tão rapidamente quanto tinha começado, sem nenhuma razão aparente. A revolução girou sobre si mesma e apagou seus próprios rastros, deixando atrás de si uma pergunta insistente: poderia ser replicada? Seria ela "a última revolução poética do século XIX", como declararia mais tarde o chefe da polícia de Paris, ou seria o anúncio de uma nova era? Depois que terminou, a França nunca chegou a se recuperar totalmente daquela primavera intempestiva e o país sempre resistiu a qualquer tentativa de assimilá-la.

O Maio de 68 foi o sintoma de algo ainda imperceptível na época: uma mudança paradigmática. Os filósofos italianos Antonio Negri e Paolo Virno falam da passagem do fordismo para o pós-fordismo. Na Itália, essa mudança tinha sido disparada pelos jovens trabalhadores da Sicília, que se recusavam a trabalhar na linha de montagem da Fiat no norte do país, nos anos 1970. Os industriais italianos precisavam se haver com o avanço tecnológico e substituíram muitas linhas de montagem por máquinas, provocando o êxodo de trabalhadores das fábricas para as cidades. Em resposta a isso, toda a sociedade se transformou em uma "fábrica social". Em vez de produzir mercadorias, a fábrica começou a produzir em série desejos que tinham de ser satisfeitos por signos. Dali em diante, o capital começou a extrair sua mais-valia não do trabalho nas fábricas, mas diretamente do cotidiano, não mais da produção, mas do consumo. E é exatamente disso que trata a sociedade do consumo. O "pós-fordismo" significava que não era mais preciso subordinar as pessoas nas fábricas, podia-se fazer isso com as pessoas em suas próprias casas e com a aquiescência delas. Os trabalhadores foram substituídos por consumidores e o trabalho material pela produção imaterial — signos imagéticos que criam sua própria realidade, seu próprio espetáculo.

Em termos políticos, o que o Maio de 68 forçosamente viria demonstrar era que não se podia mais contar com partidos institucionalizados, especialmente o Partido Comunista, e com os sindicatos, para encabeçar a transformação revolucionária. Eles eram agora parte do espetáculo e sua principal preocupação era se autopreservar. Só se podia contar com as novas forças liberadas pelo sistema — estudantes, jovens trabalhadores, desempregados — para fazer a revolução. Essa constatação obrigou os filósofos franceses a repensar a política e o legado do marxismo. O Maio de 68 não duraria muito tempo, mal durou um mês, e não deixou nada atrás de si, a não ser uma coisa: dessa turbulência emergiriam as teorias mais potentes que o Ocidente havia conhecido nos últimos 50 anos, como se a criatividade do maio francês, impedida e obstaculizada em todas as outras vias, tivesse encontrado na filosofia sua mais potente saída.

A maioria dos intelectuais pós-1968 pertencia à extrema-esquerda, mas a retórica marxista na política finalmente chegara ao fundo do poço e todos eles buscavam alternativas revolucionárias. Os tradicionais aliados haviam-nos traído e eles se voltaram para o próprio capitalismo, ansiando por extrair de seus fluxos decodificados a energia subversiva não mais encontrada na luta de classes. Mas seria possível fazer o sistema capitalista voltar-se contra si mesmo? Um conjunto de estratégias alternativas e, por vezes, antagônicas foi vislumbrado na época, com o objetivo de desafiar o capitalismo de dentro ou redirecionar sua energia. Contudo, seria primeiro necessário compreender o que o capital realmente era e como estava operando.

Marx assumira que existia um limite que o capital não poderia ultrapassar sem desmoronar completamente. Ao atingir sua capacidade plena, a produção iria dialeticamente conduzir à situação revolucionária e à instauração do socialismo. Mas o capital não opera de maneira uniforme ou racional, muito menos dialética. Em 1972, no *Anti-Édipo*,

Gilles Deleuze e Félix Guattari o haviam definido como fluxos "desterritorializados" movidos a permutabilidade e não produção, que simplesmente "reterritorializa" o capital. Como consequência, tudo o que pertencia ao mundo da produção ou às relações conflituais e constituía um obstáculo para o capital — o trabalho, a classe trabalhadora, a luta de classes e a negatividade associada em termos de alienação ou repressão — tornou-se secundário para essa poderosa liquidez codificada pelo sistema financeiro. A passagem da produção à circulação provocou o colapso de todas as distinções marxistas, da oposição entre valor de uso e valor de troca à distinção entre supra e infraestrutura. Até o trabalho, no pós-fordismo, se transformou em circulação (trabalho imaterial), fluxos de signos substituindo a produção viva. Impulsionado por contínuos fluxos de transformação, o capital continua abstraindo tudo que encontra pela frente, transformando dinheiro em máquinas, trabalho em salário, objetos em *commodities*, *commodities* em signos e assim por diante, simplesmente aplicando a lei do valor. Tudo pode sempre ser trocado, de acordo com o princípio da equivalência, e o capital, consequentemente, inunda por todos os lados. Contudo, nunca se permite ir além de seus próprios limites "esquizofrênicos" e vive recriando limites internos, por medo de sua própria liquidez.

Em vez de bater de frente com esses fluxos, Deleuze e Guattari viram a possibilidade de ultrapassar o capitalismo em seu próprio jogo, estimulando mais fluidez do que ele era capaz de suportar e propondo uma abordagem micropolítica para se esquivar das oposições binárias e das estruturas hierárquicas que tentavam reterritorializá-las. O objetivo, nesse caso, era resgatar as singularidades do movimento de indiferenciação inerente ao capital. Em vez de esperar por uma revolução praticamente inconcebível naquele momento, Deleuze e Guattari defendiam a entrada em um processo de "devir revolucionário", no qual acontecimentos imprevisíveis poderiam ocorrer e afetar radicalmente a sociedade.

Michel Foucault seria o primeiro a sugerir que o modelo simbólico da monarquia não se encaixava mais na definição contemporânea do poder. Nas sociedades modernas, o poder não é exercido de cima, mas produzido de baixo e disseminado pelo *socius*. As sociedades disciplinares do final do século XVIII haviam substituído as práticas da tortura por um poder que não era mais definido pela repressão, mas que atuava também de maneira inventiva, *criando* seu próprio objeto. O poder disciplinar era secretado em uma contínua rede de instituições, que iam das mais aparentemente positivas — como escolas e universidades — ou curativas — hospitais — às mais ostensivamente punitivas, como as prisões. O tipo específico de disciplina que recaía sobre os corpos permitiu também acumular um determinado conhecimento e esse interjogo assumiu uma função social complexa que não tinha apenas implicações negativas, mas efeitos "positivos" sobre as populações a ele submetidas.[5] Foi uma revolução copernicana em termos de política, que mudaria radicalmente a ideia de poder. A exclusão e a repressão, por muito tempo consideradas os principais elementos de regulação social, deixaram de ser aplicadas, sendo substituídas por táticas de poder mais fluidas e diversificadas. Essas táticas funcionavam pelas mesmas redes não lineares e rizomáticas concebidas por Deleuze e Guattari. Consequentemente, não seria mais possível conter a repressão frontalmente e mesmo a "emancipação" não era suficiente para libertar alguém do poder. Os indivíduos não eram apenas controlados, mas *criados* pelo poder. No limite, o poder agia como "biopoder", uma força capaz de estender seus domínios, ao mesmo tempo "controlando a vida e os processos biológicos do homem enquanto espécie e assegurando que a vida não seja disciplinada, mas regularizada".[6]

Mas se o poder está em toda parte, isso significa que não está em parte alguma, como objetaria Jean Baudrillard em *Esquecer Foucault*;[7] ele está, na verdade, dissolvido, difratado no tecido social. A inversão

---

[5] Michel Foucault, *Vigiar e punir*, tradução para o inglês de Alan Sheridan, Nova York, Pantheon, 1977. (Edição brasileira: Vozes, 1977.) (N. do O.)

[6] Michel Foucault, *É preciso defender a sociedade*, tradução para o inglês de David Macey, Nova York, Picador, 2003, p. 246-247. (Edição brasileira: Livros do Brasil, 2006.) (N. do O.)

[7] Jean Baudrillard, *Esquecer Foucault*, tradução para o inglês de Nicole Dufresne, Nova York/Los Angeles, Semiotext(e)/The MIT Press, 2007. (Edição brasileira: Rocco, 1984.) (N. do O.)

do poder feita por Foucault, apesar de admirável e sem dúvida muito mais adequada à natureza fluida do capital, pode não ter conseguido mudar nada, no fim das contas. Apesar de micropolitizado e rizomatizado, o *princípio do poder* permaneceu o mesmo. O velho poder do soberano de "fazer morrer" ou "deixar viver" foi simplesmente substituído por um poder que alimenta a vida e, portanto, desqualifica a morte e o próprio Foucault reconheceria que esse poder simbólico subsistiria nas sociedades contemporâneas, embora de forma "relativa e limitada".[8] São precisamente esses elementos residuais de "troca simbólica" que ainda operam no capital que Baudrillard decidiu eliminar, invertendo a própria inversão de Foucault. Deixando para trás a ideia de "simulação", Baudrillard invocou a reversibilidade da morte, que "pertence a uma ordem mais além do código" e é capaz de fazer com que esse se rompa. A única forma de desafiar a lei da equivalência geral imposta pelo capital seria oferecer um presente excessivo, um presente ao qual ele não possa responder, a não ser com o seu próprio colapso.[9] Por trás dessa estratégia há uma tradição venerável, que vai dos rituais do *potlatch* do sociólogo Marcel Mauss (em *Gift, Gift*) até a noção de dispêndio de Georges Bataille. A troca "simbólica" (destruição através da reversibilidade) torna impossível a intercambialidade regular. É um "presente" que só pode ser devolvido ritualisticamente, morte contra morte, usando a própria lógica do sistema como arma suprema. A virada de Baudrillard envolvia outra definição do que é o poder. A dominação, para Baudrillard, não depende apenas da imposição do poder, ela resulta do monopólio do sistema de presentes — que proíbe qualquer "contrapresente". Quando um guerreiro poupa a vida de seu prisioneiro, ele o transforma em escravo. Mas o mesmo acontece, segundo Baudrillard, quando o patrão *presenteia* o trabalhador com o emprego. O presente da segurança (Hobbes)

---

[8] Michel Foucault, *História da sexualidade 1: A vontade de saber*, tradução para o inglês de Robert Hurley, Nova York, Pantheon, 1980, p. 138. (Edição brasileira: Graal, 1988.) (N. do O.)

[9] Jean Baudrillard, *Troca simbólica e a morte*, tradução para o inglês de Iain Hamilton Grant, Londres, Sage, (1976) 1993, p. 5. (Edição brasileira: Loyola, 1986.) (N. do O.)

é uma chantagem com a sociedade por meio da qual a mídia condena as massas à passividade. Nenhum desses presentes pode ser devolvido, exceto através de um ritual de sacrifício ou uma revolução violenta. Essa hipótese paradoxal encontrou uma confirmação inquestionável nos ataques ao World Trade Center, quando um punhado de terroristas conseguiu desafiar simbolicamente o superpoder global de maneira fulgurante, usando a própria lógica do sistema como arma.

De acordo com Baudrillard, o pior inimigo do capitalismo é o próprio capitalismo. Desafie-o a ir até o limite e um simples empurrão o fará sair girando. Apesar de essa estratégia ir contra tanto Deleuze e Guattari quanto Foucault, conectando Baudrillard aos "hipermodernistas" dos anos 1940 (Georges Bataille, Antonin Artaud), essa reversão simbólica fez com que seu trabalho fosse considerado um legítimo participante da teoria pós-68, cujo propósito era jogar o capitalismo contra ele mesmo. A principal diferença é que, ao contrário dos outros autores, em sua teoria Baudrillard não deixa espaço para o agenciamento humano. O mesmo poderia ser dito de Paul Virilio, um teórico "extrapolador" em direito próprio. Em vez de extrair forças moleculares do capital e procurar raízes que pudessem eventualmente fazer florescer acontecimentos, ambos, Virilio e Baudrillard, querem provocá-lo a subir a aposta em sua própria lógica.

Virilio não dá muita atenção ao capital. Seu único adversário é a guerra que a tecnologia promove contra a sociedade. Para ele, a verdadeira virada paradigmática ocorreu durante a Primeira Grande Guerra, quando as novas tecnologias puseram fim ao beco sem saída da trincheira. Ficou claro então que as guerras não poderiam ser simplesmente vencidas nos campos de batalha, a vitória depende de preparo e organização. A invenção dos tanques e dos gases letais durante a Grande Guerra conseguiu o que soldados a pé ou a cavalo jamais tinham conseguido — quebrar o impasse. A transformação logística que possibilitou essa "surpresa tecnológica" resultou numa economia de guerra que continua perseguindo a guerra por outros meios, tanto em tempos de guerra quanto em tempos de paz. Um exemplo perfeito de uma guerra vencida simplesmente por meios logísticos é a Guerra Fria. Para Clausewitz, a guerra sempre tem a tendência de ultrapassar todos os limites e pode levar à destruição total, a não ser que a política entre para evitar sua total liberdade de ação. Mas o que acontece quando nem a guerra nem a tecnologia podem impedir essa infernal tendência à fuga?

Virilio seria o primeiro teórico a levantar a questão da velocidade, que tinha permanecido como o lado desconhecido da política. Deu a ela o nome de "dromologia", de *dromos*, aceleração. Dromologia é a lógica da aceleração da velocidade. A revolução dos transportes no século XIX inaugurou a fabricação da velocidade, primeiramente com a máquina a vapor, depois com o motor a combustão. A revolução *dromocrática* inauguraria a era da aceleração, que moldou completamente a sociedade contemporânea. O tecnocapitalismo parece estar trabalhando a nosso favor, eliminando as distâncias, curando doenças, melhorando a vida de milhares de maneiras, mas, ao mesmo tempo, lança uma enorme sombra sobre nós. Todo invento tem seu lado destrutivo. Locomotivas e aviões aceleram o transporte, mas multiplicam as possibilidades de acidentes. Virilio sustenta que esses acidentes são inventos por méritos próprios e que somente quando as duas dimensões dos inventos são consideradas em conjunto é que a natureza do progresso pode ser avaliada de maneira adequada. O progresso não apenas trabalha a nosso favor, ele pode também trazer a nossa ruína. A velocidade está na raiz de todas as invenções que transformaram a natureza da sociedade contemporânea, da energia nuclear ao telefone celular. Mas a corrida armamentista que coloca a decisão de uma "guerra total" nas mãos de instrumentos eletrônicos e computadorizados invadiu nossos corpos e nossas vidas, colocando a temporalidade humana em perigo.

Dentre todos os teóricos franceses pós-1968, o trabalho de Paul Virilio poderia ser lido como uma potente reescritura de *Sociedade do espetáculo* à luz do impacto das novas tecnologias na vida diária. Não se trata apenas de acumulação de imagens, como Debord acreditava, mas da *velocidade de transmissão*, que se traduz em "concreta fabricação de alienação". A homogeneização do espaço sociopolítico pela telepresença e a ilusão de ubiquidade foram produzidas pela velocidade e velocidade é uma forma de violência. A resposta instantânea elimina o espaço, a instantaneidade cancela a memória e a história, provocando uma desrealização generalizada da realidade. As transformações momentâneas que afetam nossa sociedade global e policêntrica, a revolução tecnológica permanente que tomou o lugar do mítico "momento revolucionário" e o movimento sem meta, sem sentido, cada vez mais acelerado que o substituiu estão neutralizando o futuro e o passado na evanescência do presente. Tornou-se óbvio que a pura intercambialidade dos signos está cada vez mais colocando de lado as fronteiras, as identidades, transformando o indivíduo em "divíduos", eliminando os limites entre política e tecnologia, comércio e arte, público e privado.

As mídias e a comunicação em "tempo real" impõem uma total mobilização das populações. A globalização e a intensificação das comunicações mundiais permitiram o acesso a tudo ao mesmo tempo, mas reduziram o globo a nada. A ecologia *cinza*, ou a poluição das *distâncias*, é o mais recente desastre na destruição do ambiente humano. A única maneira de conter a multiplicação dos efeitos da velocidade seria uma política de *desaceleração*, mas é pouco provável que possa ser implementada em uma sociedade que continua aumentando a velocidade em detrimento do espaço e da *própria vida*. Os sinais, porém, são muito claros e não podem mais ser ignorados. Virilio trabalhou por alguns anos em um livro chamado *O acidente total* e a crise financeira sistêmica ainda em andamento foi um aviso bem próximo que fez com que se precisasse adotar uma série de medidas sem precedentes e contrárias ao receituário liberal defendido pelo capitalismo. A questão do acidente total hoje não é se ele vai acontecer, mas quando e como. Como disse Sloterdijk em *Infinita mobilização*, o que nos diferencia das gerações passadas é que não consideramos as catástrofes ou os apocalipses como acontecimentos motivados pela religião, mas como parte de nosso horizonte. "A catástrofe se tornou uma categoria que não requer visão, mas percepção. Hoje, qualquer pessoa capaz de contar até três pode se tornar um profeta."[10] A teoria francesa é certamente profética nesse sentido.

---

[10] Peter Sloterdijk, *La Mobilisation infinie*, Paris, Christian Bourgois, 2000, p. 90. (Edição brasileira: *Mobilização infinita: para uma crítica da cinética política*, Relógio D'Água, 2004.) (N. do O.)

A transcendência ética na modernidade e na contemporaneidade
De Graham Greene a Philip K. Dick

Jurandir Freire Costa

Jurandir Freire Costa

Médico e psicanalista brasileiro, membro do Círculo Psicanalítico do Rio de Janeiro e professor da Universidade do Estado do Rio de Janeiro, no Instituto de Medicina Social, onde desenvolve suas pesquisas e orienta trabalhos acadêmicos. Pesquisa assuntos como a violência contra as minorias, a psicoterapia de grupos, as instituições psiquiátricas, a identidade homoerótica e a transcendência como forma de subjetivação, entre outros. É autor de diversos livros, como *O risco de cada um — e outros ensaios de psicanálise e cultura*; *Razões públicas, emoções privadas*; *Violência e psicanálise*; *A inocência e o vício: estudos sobre o homoerotismo*, e do documentário *História da psiquiatria no Brasil*.

Pretendo discutir questões relativas à ética pelo viés da ideia do transcendente. Para isso usarei o comentário das obras literárias de Graham Greene e Philip K. Dick. Greene e Dick são autores reconhecidos por terem escrito obras de entretenimento. Aventura e espionagem, no caso de Greene; ficção científica, no caso de Dick. O que me levou a escolher os dois como objeto desse tipo de discussão é o fato de retratarem, de forma impactante, os dilemas éticos contemporâneos. Greene explorou o tema do prisma do sujeito da modernidade, isto é, os conflitos éticos de seus personagens têm como epicentro as tradicionais figuras de Deus, da política e do amor. Dick, por sua vez, abordou a ética do ângulo do sujeito pós-moderno, cujos dilemas giram em torno da natureza da realidade, da subjetividade ou da divindade, que não é o mesmo que o Deus do monoteísmo judaico-cristão.

Ambos me interessam porque, no momento em que muitos afirmam que perdemos o sentido dos valores morais, continuo a crer que ainda pisamos em terreno sólido em assuntos éticos. Dispomos ainda de elementos para decidir o que nos convém moralmente e os autores debatidos representam bem esse ponto de vista. Em outros termos, sustento a opinião de que os fundamentos morais de nossa sociedade, apesar das mudanças bruscas pelas quais estamos passando, não estão perdidos. Podemos recorrer a eles com razoável probabilidade de que, providos desse apoio, garantiremos a retidão e a justeza de nossas deliberações.

Isso dito, começo pela obra de Greene. Greene é um inglês prolífico. Seu primeiro grande romance foi *O poder e a glória*, de 1940, e o último, *Monsenhor Quixote,* de 1982. No intervalo, inúmeros outros romances, novelas, ensaios e críticas literárias e cinematográficas foram escritos. Todos se desenrolam no pano de fundo que seus comentaristas apelidaram de "greenelândia". A greenelândia é o mundo dos desenraizados. O que, de certa forma, corresponde à experiência real de Greene, que teve uma vida conturbada e movimentada. Trabalhou para o Serviço Secreto Britânico, viveu no sudeste da Ásia, na África, na América Latina e no Caribe, lugares descritos em muitos de seus trabalhos. Quando escrevia histórias que se passavam na Europa, o *establishment* econômico, social ou cultural nunca era o centro do enredo. Seus personagens eram sempre traidores, contrabandistas, espiões, adúlteros, pequenos marginais, ou seja, criaturas que habitavam os recônditos da sociedade. É disso que ele extrai a matéria-prima de sua reflexão ética; a substância de suas preocupações com Deus, com a política e com o amor.

Greene se ocupa de personagens nessas situações porque suas vidas atribuladas lhe permitem fazer uma pergunta difícil de ser respondida: que realidade secular ou religiosa permite a existência de criaturas que vivem no limite da decadência moral e, aos olhos de muitos, no universo do mal? Para responder à pergunta, Greene interroga duas venerandas instituições da cultura ocidental, a Igreja e o Estado. A religião judaico-cristã e a política encarnam, em seus romances, o poder temporal e espiritual aos quais ele pede contas.

No âmbito da política, expõe o lado sombrio do liberalismo vigente nas democracias capitalistas e dos regimes socialistas realmente existentes em seu tempo. Ambos são comparados com os respectivos princípios doutrinários, a fim de exibir suas inconsistências. No âmbito da religião, a prática institucional da Igreja é cotejada com os textos bíblicos; na política, as democracias liberais e os sistemas socialistas são cotejados com o ideário igualitarista reivindicado por seus defensores.

Estabelecida a equação, Greene desenvolve as intrigas, mostrando a distância entre o que é dito na letra da lei e o que é praticado por seus porta-vozes. O balanço é implacável. No que concerne ao liberalismo capitalista, Greene mostra a diferença entre metrópole e colônia e, no interior da metrópole, a diferença entre o tratamento dado aos ricos e influentes e aos miseráveis. O mesmo acontece na exploração literária das contradições entre o credo marxista e a realidade humana vivida pelos que estão submetidos aos regimes comunistas. Os revolucionários, diz ele, uma vez no poder, podem se mostrar tão truculentos como seus inimigos ideológicos, contrariando tudo o que pregam de maneira abstrata.

Ao tratar da religião, o procedimento retórico é o mesmo. Tanto a da Igreja oficial, dogmática, que descansa à sombra do poder, quanto a dos padres revolucionários — como a da América Latina — são viradas pelo avesso e exibidas nas entranhas de suas contradições. Greene pergunta, então, de onde emerge o lado obsceno, violento, de todos os ideários que pretendem defender o bem comum. A resposta é antropológica, psicológica ou ontológica, como se preferir. No fundo, diz ele, se todos esses artefatos culturais religiosos e leigos são construções humanas, suas falhas devem refletir as falhas de seus construtores. O mal, portanto, está no coração do sujeito e nada que surja de sua mente ou de suas mãos deixa de portar a marca daquilo que o habita. Mas o que seria o mal no sujeito? Engana-se quem imagina Greene recitando a ladainha hobbesiana do "homem lobo do homem". O caminho escolhido para a demonstração da existência do mal é, no mínimo, desconcertante. Greene se empenha em mostrar, com uma engenhosidade admirável, que o mal vem do próprio fato de sermos capazes de amar.

É no amor, em especial no amor romântico, que podemos ver como o impuro nasce do puro. Onde o bem parece ao abrigo da nódoa humana, o mal reaparece, brotando em suas frestas. Ao amar sofremos e fazemos sofrer. O amor e o sofrimento são irmãos gêmeos. Dada a inconstância de nossos sentimentos e a imprevisibilidade de nossas ações, frequentemente traímos a nós mesmos ou a quem amamos. Muitas vezes, fazemos o que não queremos fazer e ferimos quem não queremos ferir. É o paradoxo que ele enuncia ao dizer que "só podemos trair verdadeiramente quem podemos amar".

Nos romances, de fato, ele mostra que amar não é garantia de fazer o bem a quem se ama. Mais do que isso — e aí surge uma reviravolta interessante na escrita do autor — muitas vezes só conhecemos o bem depois da fazermos mal a quem amamos. Presos nesses dilemas, os personagens de Greene terminam por afirmar que viver é dar um salto no escuro, confiando no que não se conhece com clareza. É nesse ponto que Deus surge em sua obra como avalista do que não temos meios próprios de avalizar. Mas, pergunta Greene, se Deus é responsável pela existência da criatura humana, que imagem podemos ter d'Ele ao conhecermos aquilo de que os humanos são capazes? Seria Deus uma entidade que, numa espécie de brincadeira maligna, teria criado um ente que sabe o que são o bem e o mal, mas quase sempre é impotente para fazer o bem que gostaria de fazer e para impedir o mal que não teve a intenção de provocar? Por que Deus criou uma criatura que só pode sonhar com o céu depois de ter provado o gosto do inferno?

A essa altura, Greene introduz outra figura dramática, a do ser humano que duvida de tudo e que, não obstante, tem fé. Em sua leitura, nem o próprio Jesus Cristo teria sido poupado da dúvida; o que, no entanto, não o levou a perder a fé. Para Greene, fé é a crença que resta depois de esgotados os argumentos que poderiam fundamentá-la do ponto de vista racional. Fé é a confiança de quem passa no teste da dúvida, ou seja, de quem aposta na escolha que faz, mesmo sem evidências suficientes para justificar o que escolheu. Esse é o critério prático, no sentido moral, que ele utiliza para distinguir entre o bem e o mal. Com base nesse critério, Greene tenta compreender, caso a caso, o que leva o outro a pensar, sentir, desejar e agir como o faz. O verdadeiro pilar de sua ética é esse exercício, o único tipo de amor possível em seu agônico e torturado vocabulário moral. É o que lhe permite entender o gesto amoroso como um gesto concreto, dirigido para pessoas singulares em situações singulares, e não uma intenção dirigida a um ser abstrato ou a um bem abstrato.

Dou exemplos extraídos de dois de seus romances, *O cerne da questão* e *Fim de caso*. No primeiro, o personagem Scobie trai a mulher, que, para pôr à prova sua fidelidade, pede-lhe que vá com ela à missa e comungue sem se confessar. Scobie sabe que se não fizer isso vai denunciar seu caso adúltero e fazer sofrer tanto a mulher quanto a amante. Resolve, então, comungar sem se confessar, embora saiba que, dada sua crença, isso significa a danação eterna. Comunga e, depois, atormentado pelo remorso, se suicida. Após a morte, a mulher conversa com o padre na missa fúnebre e diz: "Que pena, ele foi para o inferno porque eu sei que ele havia me traído." O padre, horrorizado com a frieza, responde que ninguém conhece os desígnios divinos. Na ética de Greene, Scobie morreu na dúvida quanto à generosidade de seu ato, mas agiu com a intenção de não fazer a mulher e a amante sofrerem. A ideia de que o amor é algo que se sente por alguém de carne e osso, e não por uma noção abstrata, levou-o a sacrificar sua alma. A atitude é oposta à da esposa, que, amparada na certeza do que era o bem, mostrou-se capaz da mais crua indiferença e maldade.

Em *Fim de caso*, o problema é similar. Sarah, a personagem central do romance, trai o marido Henry com o escritor Maurice Bendrix. A ação se passa em Londres, sob o bombardeio nazista. Um dia, o hotel em que os amantes costumavam se encontrar furtivamente é bombardeado. Sarah pensa que Maurice está morto. Mesmo sendo ateia, ela se ajoelha e pede a Deus que o salve. Se isso acontecer, ela renunciará ao seu amor por ele. Ao acabar de rezar, vê que Maurice está vivo, tinha sido apenas ferido. Fiel à promessa, afasta-se do amante, que passa a viver num pesadelo, já que não entende as razões do afastamento de Sarah. Na sequência, Maurice descobre os verdadeiros motivos de sua conduta enigmática. Revolta-se, então, contra ela e contra Deus, a quem elege como seu maior e pior inimigo. Finalmente, Sarah volta a se encontrar com Maurice. Logo depois, adoece e morre, cuidada por Henry e por Maurice.

Novamente, Greene nos deixa pouco à vontade para saber de que lado está o bem. Do lado de Henry, o estoico marido traído? Ou do lado de Sarah, que fez Henry sofrer horrivelmente, e depois também o próprio Maurice, com seu pacto sigiloso com Deus? No fim das contas, só temos uma convicção: compreendemos as razões dos três atores do drama e chegamos a simpatizar com a atitude de todos eles, ao entendermos como é difícil atender às demandas contraditórias de nossos desejos e de nossas vontades. Resta, assim, perceber que generosidade é um ato absolutamente inclassificável. Quem o pratica, no mais das vezes, não sabe que o está praticando e quem o recebe muitas vezes não é capaz de reconhecê-lo. É, portanto, um dom reconhecido *a posteriori*, cujas características são a gratuidade e a intransitividade. Em suma, a convicção de Greene é a de que o ato ético não é fácil de ser descrito e ainda menos de ser praticado. Mas a própria incerteza que o cerca é a condição imprescindível de sua execução, isto é, de nossa capacidade de optar pelo bem em vez do mal.

Passemos agora ao caso de Dick. O percurso biográfico e literário de Dick foi muito diferente do de Greene. Dick, além de mais jovem, morreu mais cedo. Nasceu em 1928 e seu último grande romance, *A transmigração de Timothy Archer*, foi escrito em 1982. Greene, em contrapartida, nasceu em 1904, faleceu em 1991 e seu último grande romance, como disse anteriormente, também foi escrito em 1982. Malgrado a defasagem de gerações e de visões de mundo, os dois convergem quando se trata de conceber o bem como o desfecho da travessia pela experiência do mal.

O curioso, entretanto, é que essa convergência se dá não obstante a diferença de percurso literário. A produção de Dick, tanto pelos temas explorados quanto pelo tratamento dado à narrativa, situa-se quase no polo oposto à de Greene. O tom melodramático de Greene é abolido; nada de emoções sem rédeas ou de sentimentalismos. O mundo de Dick é a Califórnia dos anos 1950/1960, no qual o sofrimento humano pouco tem a ver com os enfrentamentos com o Deus judaicocristão, com as decepções políticas ou com os dilaceramentos do romantismo amoroso. No centro das tramas estão os experimentos de alteração senso perceptiva — de caráter psicopatológico ou farmacológico — e os experimentos de pensamento científicos, filosóficos ou espiritualistas, incluindo a espiritualidade asiática, sobre a natureza do sujeito e da realidade. Na aparência, portanto, Dick se distancia das preocupações de Greene. De perto, contudo, a impressão se desfaz. Dick, como Greene, se interessava por política, mas passou rapidamente da preocupação política para as especulações ontológicas. As considerações sobre a natureza da subjetividade e da realidade lhe pareciam mais relevantes, pois no domínio ontológico ele acreditava encontrar um solo firme para o julgamento ético das diversas formações sociopolíticas. É nisso que sua ficção científica se assemelha à literatura de Greene.

Vejamos um exemplo. Em um de seus primeiros romances, *Loteria solar* (1955), Dick descreve um mundo socialmente controlado por grandes corporações econômicas. Nesse mundo, a cidadania está atrelada à condição do emprego em uma das corporações. Os empregados possuem um número de identificação que lhes permite gozar da proteção dos direitos individuais; os desempregados são criaturas sem identidade social, entregues à própria sorte. Paralelamente à brutalidade da anomia social, a irrelevância da política é figurada no modo pelo qual se costuma "eleger" os presidentes desse Estado mundial. O presidente é escolhido aleatoriamente pelo resultado de um jogo lotérico. E, uma vez eleito, o embate político consiste numa sinistra perseguição do tipo gato e rato. Todos os habitantes do planeta estão livres para caçá-lo e matá-lo e ele, por sua vez, trata de escapar com os meios de que dispõe.

Como se vê, a regra violenta do convívio social era denunciada por Dick, segundo a clássica leitura da alienação política. Como Greene, ele pensava, nesse período, que o mal jazia na capacidade dos poderosos de manterem o estado de injustiça social em benefício próprio. Bastaria, portanto, desalienar o indivíduo e a sociedade para que a justiça triunfasse. Mas, assim como Greene se desprendeu da aparência política para observar a origem do mal no coração do humano, Dick afastou-se da aparência da injustiça para interrogar a verdadeira natureza da maldade na realidade do mundo e na constituição de nossa subjetividade. À diferença de Greene, todavia, observou que o mal não é uma essência oculta, subtraída à nossa consciência pelas astúcias do poder político. Sua tese é outra. O poder político é alienante e perverso porque se manifesta à luz do dia na natureza da realidade e da subjetividade, tal como as concebemos.

No que concerne à realidade, Dick diz, por exemplo, que não existe uma realidade una por trás da qual se possa vislumbrar o rosto do mal que nos faz sofrer. A concepção político-ideológica do mal — presente em romances como no citado *Loteria solar* ou, em certa medida, no *Homem do castelo alto* (1962) — dá lugar, nas demais obras, à concepção ontológica do mal. A partir de certo momento, ele passa a afirmar que a concepção de realidade que podemos ter é necessariamente distorcida. Seria impossível, por isso, saber o que existe de verdadeiro ou falso nela. As razões da distorção seriam de três ordens.

A primeira de ordem epistemológica, o que quer dizer que, entre as informações sensório-motoras recebidas, só podemos conhecer aquilo que é filtrado pelo sistema neural e pelo sistema linguístico. A segunda de ordem psicológica, ou seja, sem a filtragem epistêmica descrita seríamos soterrados por informações que não teríamos como reconhecer e tipificar. Do ponto de vista psicológico, portanto, só podemos conhecer a realidade aos pedaços. Conhecê-la na totalidade seria uma tarefa incompatível com nossa capacidade físico-mental. A limitação epistêmica é uma necessidade psicológica. A terceira razão, por fim, seria de ordem ontológica. Dick pergunta qual o verdadeiro "ser", em que consistiria aquilo que denominamos "realidade"?

Duas respostas são oferecidas por ele. Na primeira, a realidade, em última instância, é puro movimento; é um nada em perpétuo andamento. O que chamamos "realidade" sensível ou inteligível são simples pontos de fixação, de coagulação de uma mesma matéria que flui de um estado a outro da mudança, mas que permanece incognoscível pelo fato mesmo de estar sempre em mutação. A segunda resposta é ainda mais desnorteante. A realidade, diz ele, em sua irracional instabilidade, mutabilidade, precariedade ou multiplicidade, é o próprio mal. Dito de outra forma, o mal é a loucura da realidade. O que pensamos ser fruto de nossa limitação epistêmica ou psicológica é, na verdade, um efeito secundário do impacto que a realidade enlouquecida exerce sobre nós. O universo, o mundo, possuiria certa malignidade intrínseca, ao fazer-nos sofrer o impacto de suas mutações desregradas sem nos deixar a saída de compreender ou controlar o que nos acontece. A realidade seria, então, um excesso impossível de ser inscrito na esfera do sentido, condição indispensável à ação ética. Consequentemente, não poderíamos nos apoiar no conhecimento da realidade para saber como agir segundo o bem.

Sem encontrar apoio na realidade, Dick volta-se para a compreensão da subjetividade. Sua questão é: embora desconheçamos a natureza última da realidade do mundo, não poderíamos agir eticamente conhecendo apenas o que somos como seres humanos? Dick, entretanto, se depara com obstáculos parecidos, pois sempre que procuramos enquadrar a natureza do sujeito em descrições cognitivo-racionais terminamos por produzir caricaturas monstruosas do que somos. A ficção de Dick, ao tratar desse tópico, torna-se vertiginosa. Para mostrar que o mal não vive nos porões de nossas almas, mas na superfície das visões unidimensionais que temos de nós mesmos, Dick inventa criaturas subjetiformes, que se tornam monstruosas por reduzirem o sujeito à banalidade de alguma de suas expressões particulares. Entre os artefatos imaginados por ele encontra-se a panóplia de objetos materiais falantes e raciocinantes. Por exemplo, Dick cria portas atrevidas que contrariam os comandos de seus proprietários humanos por não estarem de acordo com o código político-jurídico dominante. Táxis automáticos, alto-falantes ou maletas-computadores-psiquiatras que recitam fórmulas estereotipadas de aconselhamento, à revelia do desejo daqueles que aconselham e sem consideração pela peculiaridade da situação em que vivem etc.

Com a metáfora dos objetos materiais falantes e raciocinantes, Dick visa a mostrar que a lógica do cálculo dos meios adequados aos fins ou da linguagem das premissas axiomáticas que exigem sempre as mesmas conclusões é uma lógica instrumental desumana ou inumana. Reduzir o sujeito a esse esquema cognitivo significa torná-lo uma criatura mecânica.

Ao prosseguir na tentativa de produzir literariamente tantos seres subjetiformes quantos a imaginação autorize, Dick inventa ainda indivíduos que não sabem se estão vivos ou mortos; se estão dormindo ou acordados; se estão presos no próprio pesadelo ou no pesadelo de outra pessoa etc. Vai além e inventa telepatas e pré-cogs, seres com a capacidade de presentificar o futuro por meio de dons premonitórios excepcionais. Nesses casos, o problema não é da lógica mecânica, e sim da incapacidade de agir de forma imprevisível. Sem saber se estamos na realidade ou no sonho, e sem o horizonte do futuro — que é a intenção de fazer qualquer coisa que ainda não é e que ainda não conhecemos — estamos condenados à inação. Nada de novo pode surgir no mundo se não formos capazes de agir. E essa paralisia é causa de um enorme padecimento e de uma angústia descomunal.

Por fim, Dick pergunta se a natureza do sujeito está não na habilidade de pensar de forma lógica e racional ou na habilidade de agir imprevisivelmente, mas na posse da memória. Aqui, também, a resposta é negativa. A memória não garante a humanidade do sujeito. Como prova, ele cria a figura do androide, talvez o mais conhecido de seus seres literários, pelo sucesso que teve em versões cinematográficas, como o célebre filme *Blade Runner*, de Ridley Scott. O que é o androide para Dick? É um ser que possui a memória da vida de outro, mecanicamente enxertada. O resultado da operação é que ele usa a memória para desconhecer quem é verdadeiramente, e não para rememorar a história de quem teria sido. O presente do androide é um presente sem passado, programado para se esvair na sombra de um passado alheio. O passado artificial é sempre o mesmo e o presente é sempre recomeço do zero. O androide é um ser sem história e, por conseguinte, sem marcas duráveis de sua relação com os outros. Donde a frieza emocional, a incapacidade de valorar fatos vividos, enfim, a indiferença para com tudo que não seja sua exclusiva sobrevivência.

Órfão de certezas sobre a realidade e a subjetividade, Dick volta-se para a divindade. Sua divindade, todavia, nada tem a ver com a clássica ideia do Deus judaico-cristão de Greene. Em Dick, a imagem da divindade não assume a feição de um Deus soberano, uno ou trino, onipotente, benevolente, anterior, exterior e mais elevado do que o sujeito criado por ele. A divindade dickiana é plural, fragmentada, situada em muitos suportes materiais ou mentais, como hologramas, tubos de spray, animais, vegetais como líquens e cogumelos, seres inanimados como nuvens e feixes luminosos, ou ainda seres humanos frágeis e deficientes, como meninos débeis mentais que ignoram ou esqueceram a própria natureza divinal. Por que a escolha de tais figuras de Deus? Dick não é ateu. Sua intenção não é ridicularizar as crenças religiosas de sua cultura, mas mostrar a imagem de um Deus que pede, solicita, exige a contribuição dos seres humanos para existir como fonte dispensadora do bem. O Deus de Dick é um ser interativo, cooperativo, que só se revela através dos seres humanos. Em síntese, é um Deus que só se atualiza pela mediação da humanidade criada por ele.

Em conclusão, se mesmo Deus não prescinde do sujeito para dispensar o bem, como então resolver o risco da decisão ética sem critérios indubitáveis? É nesse ponto que Greene e Dick se associam. Para ambos, a saída é a atenção que oscila entre a ideia de justiça devida a todos e o amor devido a cada um. A ideia de justiça devida a todos, por exemplo, não deve revogar o cuidado para com a singularidade de cada um, pois, tomada dessa forma, a justiça se torna uma cruel abstração. O caso dos objetos raciocinantes e dos androides ilustra o que Dick quer dizer. Os dois seres subjetiformes possuem o que ele chama de "espírito mecânico", cuja característica é obedecer cegamente às regras de conduta prescritas para todos, sem se perguntar se existem exceções à regra. Por mais correta que seja, e por mais bem-intencionada que tenha sido em sua origem, qualquer regra deve estar aberta à transformação, em virtude da capacidade humana de criar o inédito. O mal, para Dick, portanto, reside na insensibilidade que possamos vir a ter para com aquilo que não se deixa tipificar no modelo ideal de conduta prescrito pelo Estado, pela Igreja, pela cultura, pela sociedade, pela família, pela ciência ou por qualquer instância de poder.

Em resumo, sacrificar a sensibilidade em relação ao particular, em nome de um código abstrato, insensível às exceções, ao sofrimento e à liberdade do próximo, é o signo patognomônico da maldade. A sintonia com Greene é clara. Nesse acordo eles se apresentam como representantes da ética clássica ocidental, que diz que devemos permanentemente atender ao imperativo transcendental dos deveres para com todos e à obrigação imanente de respeitar as vidas singulares em sua irredutibilidade à legalidade instituída.

Pode-se perguntar, entretanto, qual o critério que temos para saber se o respeito pelo singular não é o respeito pelo aberrante? Afinal, existem singularidades e "singularidades". Nesse ponto, os dois não têm como responder, salvo situando-se na perspectiva da tradição ética greco-judaico-cristã. Qual é essa herança? A primeira, do lado grego, é a ideia de que a incerteza ética se resolve pelo diálogo permanente com o outro. O diálogo, e não a violência bruta, deve ser o meio de negociação de nossas aspirações morais. É a ideia da persuasão como via privilegiada da resolução de conflitos. No entanto, à diferença dos gregos, que reservaram o direito ao diálogo apenas à pequena elite dos cidadãos, o direito à persuasão deve estender-se a todos. Essa é a segunda face da herança, de origem judaica. A ideia judaica de justiça compreende a totalidade das criaturas candidatas a participar da comunhão com o Deus monoteísta. Para garantir a participação nesse direito, o pressuposto compulsório é o direito à vida. O mandamento "não matarás" equivale ao respeito à vida de cada ser humano como um suporte da prática da justiça. Ou seja, a vida de cada um de nós é sagrada não em sua nudez biológica, mas em sua qualidade de agente de manutenção da justiça que deve ser herdada pelos que virão depois. Cada um de nós é uma espécie de guardião do bem comum que deve ser partilhado por todos.

Finalmente, a terceira herança é a cristã, que se insere da tradição judaica, da qual é um prolongamento. O cristianismo como visão de mundo é uma criação de Paulo de Tarso, São Paulo, para os religiosos. A característica fundamental do cristianismo paulino é que a lei não pode prever todos os casos em que devemos praticar o amor ao próximo. A lei paulina, portanto, não revoga a lei judaica, mas a amplia, estendendo-a, além da comunidade judaica, a todos que se deixem tocar pela mensagem evangélica de Jesus de Nazaré. Amar o próximo, no cristianismo, significa, antes de tudo, não saber de antemão quem vai ser o próximo! O próximo são todos os "convocados"; todos os "*kletos*", palavra grega da qual deriva o substantivo "eklesia", raiz do termo "igreja", que significa comunidade dos *kletos*, dos chamados. Ora, a qualidade central na vida messiânica dos *kletos* é que eles têm o que poderíamos chamar no vocabulário secular de uma *identidade pessoal em aberto*. Identidade aberta, por sua vez, quer dizer que nada do que somos ou do que possuímos dever ter caráter definitivo. Ser cristão, na doutrina paulina, é "ser como se não fosse" e possuir algo é apenas "fazer uso", sem se julgar proprietário do que é passageiro e fugaz.

Essa ideia cristã permaneceu no ideário democrático leigo como sinônimo de respeito ao próximo e de irredutibilidade do que somos àquilo que atualmente estamos sendo e àquilo que porventura possuímos. A comunidade democrática — como sua antecessora histórica, a comunidade cristã — é uma comunidade sempre por vir; uma comunidade à espera do próximo que ainda não é conhecido. Nela cabem todos os que queiram exercitar as virtudes democráticas, independentemente de etnia, posição social, status econômico, particularidade linguística etc. No universo leigo, o próximo a quem devemos respeito é o sucessor de todos os marginais incluídos pelo cristianismo original na comunidade dos eleitos: órfãos, viúvas, publicanos, samaritanos, adúlteros, leprosos, aleijados, cegos etc. Essa capacidade de fazer exceção à aplicação da lei e de expandir os direitos humanos a quem ainda não tinha direito a seu usufruto é uma conquista democrática fundada na prática judaica da justiça, revista e ampliada pelo cristianismo. Somente com essa disposição para incluir o estrangeiro, para aumentar, como diz Richard Rorty, cada vez mais "a referência do pronome nós", podemos renunciar ao devaneio narcísico de sermos os representantes exclusivos da humanidade.

A ética de Greene e Dick, por isso, prolonga uma tradição que estamos longe de fazer caducar. O agir ético encenado pelos dois mostra que os conflitos que vivemos — políticos, religiosos, amorosos, culturais ou de qualquer outra ordem — podem ter uma resolução "suficientemente boa" se nos mantivermos atentos à observância de nossos melhores ideais. A balança entre as vísceras e o código, como disse Charles Taylor, entre a generalidade da aspiração à justiça e o princípio do amor à singularidade de cada um, ainda é uma bússola segura para a orientação no país da ética. Não sem razão, Dick, em um de seus textos de 1964, escreveu quase uma súmula desse espírito ético greco-judaico-cristão, ao dizer: "Eu não sou um 'homem branco'. Meus amigos alemães não são 'alemães', como meus amigos judeus não são 'judeus'. Eu sou um nominalista. Para mim, só existem entidades individuais, e não entidades coletivas como aquelas definidas por raça, sangue, povo etc. [...] Eu não sairia de um lugar se um alemão entrasse, como não sairia se um judeu entrasse. Assim como não permitiria que meus amigos judeus me considerassem um 'gentio', isto é, um membro de uma 'raça'. Se eles não gostam de mim, que me deem um direto na cara, como um indivíduo, olhos nos olhos. Vejamos se eles conseguem bater numa 'raça' — como os nazistas tentaram fazer — olhos nos olhos. Isso não vai funcionar. Os nazistas fracassaram: Israel existe e os judeus existem. E vejamos as coisas cara a cara: a

Alemanha existe. Vivamos para o presente e para o futuro, sem nos instalar como neuróticos nos ultrajes do passado. Ludwig von Beethoven não acendeu os fornos de Dachau. Leonard Bernstein não feriu a mão deste violinista judeu com um pedaço de cano de chumbo, ok? E *salve,* como diziam os romanos. Ou como nós católicos anglicanos dizemos: que a paz e o amor de Deus estejam convosco. Alemães, inclusive. E, por favor, os judeus também."

Multiculturalismo, etnicidade e integração
Desafios contemporâneos

Tariq Modood

Tariq Modood

Sociólogo paquistanês, teórico do multiculturalismo e professor da Universidade de Bristol, na Inglaterra. É autor de *Church, State, and Religious Minorities*. Professor de sociologia e diretor do Centro Universitário de Estudos da Etnia e Cidadania, é uma das principais autoridades em questões étnicas. Modood trabalha na pesquisa de temas como a teoria e a política do racismo, a igualdade racial, multiculturalismo e secularismo, com especial referência aos muçulmanos britânicos asiáticos. Em conjunto com colegas de diferentes países, é um dos diretores do Leverhulme Programme on Migration and Citizenship, que analisa oito situações distintas quanto às imigrações dos seres humanos e suas consequências para a sociedade.

O meu foco de interesse é a Europa Ocidental; e por Europa Ocidental estou me referindo ao que designamos localmente como União Europeia 15, ou seja, os 15 países membros da União Europeia antes da recente inclusão de novos países da Europa Central e do Leste. A situação desses últimos integrantes é bem diferente do tema que vou discutir; como não pretendo fazer generalizações sobre a Europa como um todo, e para tornar mais clara minha exposição, usarei o termo Europa Ocidental para designar minha área de interesse.

Interesso-me pelas populações que já se estabeleceram e, em grande medida, hoje fazem parte da Europa Ocidental, embora não tenham origem europeia. Muitas dessas pessoas têm nacionalidade europeia, o que significa que são nacionais de países como Alemanha, Inglaterra, França, Holanda e assim por diante. Mesmo que os números precisos não sejam conhecidos, representam algo como 6% ou 7% da população total da Europa Ocidental, mas o que é interessante é que são populações altamente concentradas nas grandes cidades europeias, sobretudo em capitais como Londres, Berlim, Paris e Amsterdã, onde já são cerca de 15% a 30% dos habitantes. Refiro-me a essas pessoas como não brancas, o que quer dizer que não têm descendência europeia direta, mas, evidentemente, muitas delas nasceram e tiveram filhos na Europa Ocidental. E essas proporções aumentarão ainda mais, por pelo menos uma geração antes de estabilizarem, atingindo ou excedendo nas próximas décadas 50% da população em cidades como Bruxelas, Amsterdã, Londres, Lyon, Marselha etc.

A Europa Ocidental do século XXI, portanto, se parecerá com as cidades americanas do século XX, especialmente na segunda metade do século, em termos de mistura racial e étnica, mas com uma importante diferença: no caso europeu, mais da metade da população à qual estou me referindo é muçulmana ou vai se tornar muçulmana. Esse não foi, certamente, o caso dos Estados Unidos. Lamento dizer que sei muito pouco sobre o Brasil; é a minha primeira visita ao continente e não estou só, muitos de nós são completamente ignorantes sobre a América do Sul e o Brasil. Assim, quando pensamos sobre nosso futuro, quase sempre olhamos para os Estados Unidos como termo de comparação e até mesmo como possível antecipação de para onde estamos indo; e também tendemos a tomar algumas de suas ideias, alguns de seus conceitos. Neste momento, na Europa Ocidental, é consenso — entre políticos, acadêmicos, intelectuais e mídia — que temos um problema de integração, temos problemas para integrar essas populações e seus descendentes que emigraram para a Europa nos últimos 50 anos. É isso que gostaria de discutir e acredito que o melhor ponto de partida seja nos perguntarmos o que queremos dizer com integração.

MODOS DE INTEGRAÇÃO

Existem pelo menos três aspectos diferentes que precisam ser distinguidos, três diferentes modos de integração. Historicamente, Estados-nação como Inglaterra, França, Estados Unidos, Austrália, para mencionar apenas alguns, vêm demandando e buscando a assimilação dos imigrantes e de seus filhos e netos, ou seja, vêm solicitando aos recém-chegados que se tornem o mais parecidos possível com a população já estabelecida, muitas vezes referida como população de acolhida. Pedem aos que vêm de fora para se tornarem parecidos com essa população o mais rápido possível, para não perturbar o *status quo*. Muitas pessoas, porém, estão começando a perceber que esse procedimento não é satisfatório. Eu diria que, desde a década de 1960, quando nossas ideias de igualdade foram colocadas em xeque por ideias de indiferenciação, de respeito à diferença e de não exigência de conformidade e assimilação, muitos países não acreditam mais em assimilação, ou pelo menos são incapazes de praticá-la, são incapazes de impô-la. Eu diria que, ao menos em parte — de forma alguma totalmente — na Europa Ocidental estamos migrando para outro tipo ou modalidade de integração, uma evidência de que a integração é um processo de mão dupla, e não unilateral, como a assimilação, com os novos habitantes se tornando mais parecidos com a população existente. A integração é processo no qual deve haver mudança, adaptação, sensibilidade de ambas as partes e, em particular, cabe às instituições da sociedade fazerem o maior esforço no sentido de mudar para se acomodar a esses novos indivíduos, cujas sensibilidades, cujas experiências e cujos conhecimentos têm pouca chance de serem incluídos. De modo geral, essas instituições, direta ou indiretamente, tendem a discriminar as pessoas que não parecem "normais", que não se encaixam nos padrões. Com efeito, há muitas histórias de racismo na Europa, herança da era colonial. Muitas pessoas reconhecem que a integração tem de ser uma via de mão dupla, ou seja, não é algo que os imigrantes possam fazer sozinhos. A sociedade, os governos, os empregadores, as universidades, as igrejas, todos estão envolvidos na integração.

O multiculturalismo também é uma modalidade de integração, uma modalidade que considero particularmente interessante. O multiculturalismo também reconhece a importância de um processo de mão dupla, mas vai além ao perceber que não estamos lidando com indivíduos, estamos lidando com grupos. Trata-se de pessoas que possuem um sentido de identidade grupal, seu próprio senso de vínculo, de pertencimento, sua própria noção de excluídos e sua própria disposição a se unirem para demandar que sua inclusão se dê de forma igualitária, e que essas identidades possam ser várias, múltiplas, plurais, sejam elas étnicas, sejam religiosas, sejam misturas desses elementos. Além disso, os grupos não são homogêneos; alguns enfatizam a cor, de modo que as pessoas possam dizer algo positivo sobre o fato de serem negras; outros grupos de origem não europeia não valorizam particularmente a cor ou a aparência, mas o país de origem; outros ainda enfatizam a cultura, que pode vir, por exemplo, do Punjab ou da China; e existem aqueles que valorizam a identidade religiosa, que pode estar relacionada ao hinduísmo, ao islamismo, à religião dos *sikhs* e assim por diante. Os grupos, portanto, são muitos, o que é capturado pelo termo "multi". Não são homogêneos e a sociedade não pode ser simplesmente dividida em dois, o predominante constituindo a maioria, e o singular, a minoria. Existem muitas minorias e, na verdade, até mesmo a maioria é diversa em seu interior. Assim, o multiculturalismo é uma forma de integração, mesmo que muitas pessoas, hoje em dia, tanto na Europa quanto em outros continentes, o critiquem por não ser suficientemente sensível às questões da integração, por dificultá-la e até por rivalizar com ela. Nenhuma dessas críticas é correta, na minha opinião, porque o multiculturalismo é uma forma de integração, uma forma pluralística de integração.

A EXPERIÊNCIA AMERICANA

Como tomamos os Estados Unidos por referência, convém perguntarmo-nos sobre a experiência americana. Acho que se considerarmos a experiência americana ao longo de todo o século XX, e mesmo antes, desde o século XIX, veremos que na virada para o século XX enfatizou-se uma determinada forma de integração, designada "americanização", uma maneira de fazer com que os novos imigrantes que chegavam de países como Itália, Alemanha, Polônia, Rússia etc. se tornassem cidadãos americanos. E como pensavam fazer isso? Basicamente, a partir de uma perspectiva de assimilação, assimilação prevista em lei. Os imigrantes tinham de frequentar aulas para aprender como era ser americano. E eram submetidos a testes para verificar se tinham adquirido conhecimento suficiente antes de receberem o estatuto de cidadão dos Estados Unidos da América. Depois da Primeira Guerra Mundial, porém, essas ideias foram de alguma maneira se enfraquecendo e se tornaram ainda mais frágeis depois da Segunda Guerra Mundial, quando o pensamento corrente era de que o Estado não tinha de se ocupar em dizer às pessoas qual deveria ser sua identidade. Elas mesmas deveriam ter condições de desenvolver livremente suas identidades, associando-se ou interagindo com outras pessoas. Passou-se, então, a uma visão mais *"laissez-faire"* e começou-se a constituir algo a que algumas pessoas referem como o "paradoxo étnico". Etnicidade paradoxal, porque se não tentarmos fazer com que as pessoas se tornem americanas, mas, em vez disso, dissermos a elas: "Sintam-se à vontade, sejam vocês mesmos", deixando-as à vontade para se integrarem ao *american way of life*, sem que se sintam forçadas, essas pessoas acabarão se orgulhando de serem americanas e isso é parte significativa da experiência americana do século XX. Os Estados Unidos têm sido bem-sucedidos em produzir patriotismo e identidades orgulhosamente americanas a partir das ondas migratórias vindas das mais diferentes partes do mundo. Esse patriotismo ou nacionalismo é geralmente designado como nacionalismo hifenizado, porque as pessoas sentem orgulho de serem americanas, mas não no singular, não ao custo de abrir mão de outras identidades que são importantes para a sua autoestima, para o sentido de si mesmas. Então, alguns desses indivíduos se apresentam como irlandeses-americanos, poloneses-americanos, afro-americanos e, mais recentemente, sino-americanos, coreano-americanos e assim por diante. Resumidamente, é essa a experiência americana com os imigrantes ao longo do século XX.

A experiência americana, entretanto, não se limita à imigração; no que diz respeito às minorias, também tem a ver com os americanos nativos e com os africanos que foram levados como escravos aos Estados Unidos, criando uma linhagem de cor no país que perdura até hoje. Dessa maneira, a experiência americana tem caráter dual: permite que os imigrantes desenvolvam identidades hifenizadas e, ao mesmo tempo, exclui e marginaliza os negros em espaços muito limitados, bastante restritos em termos de oportunidades (a despeito da eleição de Barack Obama à presidência do país). Outro aspecto da experiência americana é que, pelo menos desde 1965, os Estados Unidos vêm desenvolvendo o que costuma ser chamado de explicitação racial e étnica. Ou seja, nos termos clássicos do liberalismo, todos somos supostamente indivíduos, cidadãos, cidadãos do Brasil, cidadãos dos Estados Unidos, cidadãos do Reino Unido. Contudo, a convivência social não opera assim; discriminamos alguns grupos de cidadãos, corpos de cidadãos, pelas mais variadas razões: porque são negros, porque vêm da Ucrânia, porque são do operariado e assim por diante. Os Estados Unidos decidiram, a despeito dessa espécie de ideologia liberal de cegueira com relação aos indivíduos, que a única forma de encaminhar os problemas da exclusão racial, do racismo, seria explicitar a raça e assim começaram a ser desenvolvidas políticas de ação afirmativa. Outros países também o fizeram, alguns inclusive começaram antes dos americanos, mas os Estados Unidos provavelmente são o caso mais famoso, provavelmente o mais notório caso de um país liberal democrático que supostamente tem um compromisso com a uniformidade entre seus cidadãos, todos com direitos iguais previstos na Constituição, e, no entanto, reconhece que, em razão da acumulação histórica de desvantagens sofridas por alguns, haveria necessidade de selecionar e implementar ações de reparação.

HAVERÁ UMA LINHA DIVISÓRIA?

Fiz referência à experiência americana com a intenção de lançar luz no caso europeu, que iremos examinar agora. Na Europa Ocidental estamos nos defrontando com quatro mudanças significativas, quatro questões importantes. A primeira mudança, a primeira questão importante é: "Vamos ter uma linha divisória?" Já mencionei que nos Estados Unidos essa linha divisória é a linha da cor. Será que algo semelhante vai acontecer na Europa? Acho que estaria correto dizer que neste momento existe sim, em alguma medida, divisão de cor. Talvez não tão forte quanto nos Estados Unidos, e provavelmente o país europeu onde essa divisão exista de maneira mais intensa seja a Grã-Bretanha. No Reino Unido, quando se fala sobre raça, racismo ou igualdade racial, a ideia que imediatamente vem à mente é a da divisão entre brancos e negros, europeus e africanos. Mas essa não é necessariamente a imagem que vem à mente dos habitantes dos países vizinhos. Frequentemente, nos países da Europa continental, quando falam de racismo as pessoas estão na verdade falando do Terceiro Reich. Ou seja, quando pensam sobre o racismo, estão, na maioria das vezes, se referindo ao antissemitismo e ao Holocausto. Mas na Grã-Bretanha, quando alguém fala de racismo, não está pensando no Holocausto, não é a primeira ideia que vem à mente. A linha de cor de fato existe na Europa Ocidental e creio que de maneira mais evidente na Grã-Bretanha, apesar de operar bem menos como a divisão rígida que costumava ser há 20 anos. Estamos nos afastando de uma distinção estrita de cor, mas ainda a fazemos na maior parte da Europa, particularmente na Grã-Bretanha.

Talvez o novo padrão seja diferente, talvez tenha a ver com xenofobia, termo que a Comissão Europeia e vários cientistas sociais europeus preferem adotar. Para eles, o preconceito, a hostilidade, não se dirige à cor da pele das pessoas, à raça, não se dá em razão de aspectos biológicos, mas porque essas pessoas são de fora, são estrangeiras. Assim, a fobia, o medo, é com relação ao estranho, ao estrangeiro, xenofobia. E a xenofobia pode fazer vítimas também entre os brancos. No racismo, em geral os brancos estão no comando e as vítimas não são brancas, mas na xenofobia os imigrantes de outros países europeus como a Polônia, por exemplo, podem sofrer com a discriminação e os estereótipos na Europa Ocidental. Nativos da América do Sul que vão para a Espanha ou outras partes da Europa são discriminados. Então talvez a xenofobia seja a linha divisória mais forte, mais incisiva, na Europa. Ou então, e esta é uma terceira possibilidade, a divisão seja entre muçulmanos e não muçulmanos, divisão que está em foco nas últimas décadas. Mesmo na Inglaterra, onde a linha divisória tinha muito mais a ver com brancos e não brancos. (Com não brancos quero dizer as pessoas de ascendência africana, sul-asiática, pretos, marrons, amarelos etc.) Hoje, muitas pessoas, quando pensam sobre as minorias, sobre igualdade, integração, multiculturalismo, segregação, guetos, praticamente estão pensando nos muçulmanos. É um deslocamento que vem tendo lugar nos últimos 20 anos na Europa Ocidental. Não se trata de algo irreversível, o mundo pode mudar novamente e daqui a 20, 30 anos podemos nos voltar para outro grupo e colocá-lo na linha de fogo. Minha visão pessoal, no entanto, é a de que, em razão de várias questões que têm a ver com números, geopolítica, história da Europa e sua memória recente e passada dos muçulmanos, a polarização muçulmano/não muçulmano terá um papel bastante significativo na formação da Europa Ocidental deste século. Não quero dizer com isso que haverá *uma* linha divisória, da mesma forma que não existe apenas uma linha de divisão nos Estados Unidos ou em qualquer outro lugar. Podem existir várias e elas podem vir juntas ou se apresentar isoladamente. Mas acho que, de qualquer forma, a divisão que hoje se tornou mais evidente é a divisão entre muçulmanos e não muçulmanos.

QUE TIPO DE INTEGRAÇÃO?

Que tipo de integração estamos buscando? Mencionei anteriormente que existem pelo menos três diferentes tipos de integração e a assimilação tem sido o padrão predominante na Europa Ocidental, especialmente na França, mas também na Inglaterra. França e Inglaterra são os dois países europeus com fluxos imigratórios históricos mais expressivos, populações que se deslocam há mais de cem, 150 anos, sejam os judeus e irlandeses que foram para a Inglaterra, sejam os milhares de europeus do leste que emigraram para a França depois da Primeira Guerra Mundial.

Acho que seria apropriado dizer que a França, em todo o continente europeu ocidental, nos primeiros anos do século XX, foi o país que provavelmente começou a desenvolver uma ideologia de integração antes de qualquer outro. Essa ideologia é basicamente assimilacionista, mas os franceses não têm mais conseguido praticá-la desde o fim da Segunda Guerra. Considerando um primeiro momento, quando as pessoas emigraram das antigas colônias da África do Norte, da região do Magreb, como Argélia e Marrocos, muitos dizem que a França precisa ter outra perspectiva com relação à integração. Mas acredito que esse não seja um problema apenas da França, mas um problema de todos os países da Europa Ocidental, incluindo a Inglaterra.

E o que dizer da integração multicultural? O que vem acontecendo na Europa Ocidental em termos de integração multicultural? Em pelo menos três países europeus tem sido tentado algo que identifico como integração multicultural. São eles a Holanda, a Inglaterra e a Suécia. A Holanda é provavelmente o país que mais avançou em termos de medidas culturais, ou seja, medidas para garantir que grupos de imigrantes muçulmanos, molucanos da Indonésia, surinameses recebam escolaridade diferenciada. Esses grupos imigrantes podem escolher para seus filhos escolas que mantenham vínculos com seu *background* cultural ou religioso, se assim o preferirem. Se desejarem, podem dispor também de canais de televisão e rádio com programas transmitidos em seu próprio idioma. A Inglaterra não avançou tanto nesse sentido, mas, diferentemente da Holanda, inicialmente os programas de igualdade e inclusão ingleses eram focados na integração econômica, na criação de oportunidades iguais em termos de emprego, acesso ao espaço público, moradia etc. E, claro, também na questão da segurança dessas pessoas em suas comunidades. Acredito que talvez essa tenha sido a melhor abordagem. Existe uma reação muito forte contra o multiculturalismo na Inglaterra, mas não tão forte quanto na Holanda, país que, paradoxalmente, mais avançou em direção ao multiculturalismo, mas teve uma reversão acentuada, um conjunto de políticas nada progressistas que foi sendo introduzido no país em um curto tempo. Existe uma reação contra o multiculturalismo em toda a extensão da Europa Ocidental, sobretudo depois do 11 de Setembro, e essa reação tem sempre algo que ver com os muçulmanos.

INTEGRAÇÃO, MAS EM QUE NÍVEL?

Muitos países europeus privilegiam hoje a identidade nacional e a cidadania, e isso vale para França, Inglaterra, Alemanha, Holanda, Espanha etc. O que não deixa de ser irônico, uma vez que cerca de dez, talvez 15 ou 20 anos atrás, os mesmos políticos, os mesmos intelectuais, diziam que o nacionalismo e a identidade nacional estavam ultrapassados, que todos seríamos europeus. Talvez com a exceção da Grã-Bretanha, porque os britânicos não são europeus tão entusiásticos. Apesar de nossos vizinhos insistirem em que somos todos europeus, o que se entende por integração na França ou na Alemanha não inclui formar cidadãos europeus. Eles estão dizendo aos árabes na França: "Vocês têm de se transformar em franceses." Na Alemanha, não estão dizendo aos trabalhadores turcos e aos que nasceram no país, mas são de origem turca: "Vocês têm de se tornar europeus", mas sim: "Vocês têm de se transformar em alemães; a cultura alemã é a cultura dominante e se querem viver aqui, se querem fazer parte desta sociedade, têm de se tornar totalmente alemães."

Assim, nos últimos dez anos, os discursos nacionalistas têm tido ampla disseminação na Europa, à custa de uma identidade europeia. E o foco tem se direcionado cada vez mais para os problemas relacionados com a integração, em consequência do fato de a crise atual ser percebida por todos como falha nesse processo. Por outro lado, existem evidências de que muitas pessoas, inclusive as minorias, os imigrantes, especialmente da segunda geração em diante, têm mais facilidade para se identificar com suas cidades. Então, se vivem em Roterdã, por exemplo, é mais fácil se sentirem roterdameses do que holandeses. Porque ser holandês soa mais como possuir uma espécie de identidade branca, com sua própria história, possivelmente uma história imperial, colonial, de exploração. De modo semelhante, na Inglaterra, as pessoas, principalmente os jovens, sentem que pertencem a Manchester, ou Londres, são manchesterianos ou londrinos, mas com relação ao Império Britânico, à Union Jack,[1] já não têm tanta certeza, porque tem a ver com império, com exército, com alta política etc. Dessa maneira, as pessoas sentem que pertencem a suas cidades, ou mesmo a seus bairros, e é nesses lugares que estabelecem seus vínculos, que têm uma vida em comum com as outras pessoas próximas. A integração, nesse caso, pode acontecer em diversos níveis e, neste momento, existe na Europa uma certa indefinição a respeito do nível em que essa integração deveria acontecer. Acredito que, em termos práticos, grande parte dessa integração está acontecendo no nível das cidades, mas no que diz respeito às preocupações dos políticos, e às preocupações da população já instalada, ou seja, ingleses brancos, holandeses brancos etc., eles sentem como se suas identidades nacionais não estivessem sendo suficientemente ou adequadamente abraçadas pela segunda ou até pela terceira geração. De qualquer forma, a iden-

---

[1] Um dos nomes da bandeira do Reino Unido, que é feita a partir da sobreposição de três elementos centrais: a cruz de São Jorge, da bandeira da Inglaterra; a cruz de Santo André, da bandeira da Escócia; e a cruz de São Patrício, representando a Irlanda. (N. do T.)

tidade europeia, que era considerada uma identidade de alto nível, já não é mais tão valorizada, pelo menos pelos imigrantes e por seus filhos. O que leva a uma situação irônica, uma vez que se pode dizer na França: "Nós, franceses brancos, precisamos ser europeus, mas vocês, árabes marrons, precisam ser franceses, porque se não forem suficientemente franceses, não terão condições de serem considerados europeus. Por favor, sejam mais franceses."

RELIGIÃO E SECULARISMO

Já disse algumas vezes, e creio não ser novidade, que todos os discursos sobre integração e sobre a crise da identidade nacional na Europa neste momento têm como alvo os muçulmanos, que, evidentemente, são um grupo religioso, que possui uma identidade grupal religiosa. Quando digo identidade grupal religiosa, não quero dizer que todos que fazem parte desse grupo sejam muito religiosos ou que orem o tempo todo, frequentando a mesquita diariamente ou mesmo semanalmente. Não estou falando de religiosidade, e sim de um tipo de identificação com uma comunidade. Será que essas pessoas se definem por sua nacionalidade, pela cor da pele ou por uma identidade que lhes foi imposta, um rótulo atribuído pela sociedade dominante, como negro?

O que está acontecendo na Europa, muito espontaneamente, apesar de estar relacionado aos recentes acontecimentos no mundo, é que tem havido um ressurgimento da identidade muçulmana. Provavelmente o primeiro grande evento histórico que virou a maré a favor dos muçulmanos tenha sido a revolução iraniana de 1979, que não aconteceu nos moldes ocidentais — de acordo com os quais uma revolução tem de ser marxista, socialista, liberal, social-democrata ou anticapitalista. Foi uma revolução que se alimentou de um conjunto de fatores, mas no final o fundamentalismo islâmico assumiu o controle. E certamente não são os muçulmanos do Irã ou de outras partes do mundo que sustentam isso; muitas pessoas são bastante críticas com relação à falta de democracia e de respeito aos direitos humanos, assim como à repressão e à perseguição política que existem em países como o próprio Irã e outros governados pelo fundamentalismo islâmico. A revolução, na verdade, tornou muitos muçulmanos bastante conscientes de si mesmos como muçulmanos, como parte de uma comunidade islâmica global, e orgulhosos por pertencerem a um pequeno país do Terceiro Mundo que foi capaz de enfrentar os Estados Unidos e obrigá-lo a sair de seu território. Depois disso, claro, os afegãos expulsaram os russos. E de repente as pessoas começaram a pensar: "Espere um pouco, por que eu teria de me envergonhar de ser muçulmano? Muçulmanos são capazes de dobrar as superpotências do mundo. Os iranianos fizeram os americanos saírem, os afegãos expulsaram os russos. Talvez nós sejamos o futuro." Desde então, uma espécie de orgulho romântico do Islã tem circulado pelo mundo.

Ao mesmo tempo, percebe-se um renascimento que tem a ver com religião também, embora sejam duas coisas diferentes. Para algumas pessoas, o Islã é uma identidade política, para outras, uma identidade de fé, para outras ainda é ambas as coisas. O que isso significa para os europeus? Países da Europa Ocidental como a Inglaterra pareciam aprovar quando as pessoas faziam demonstrações nas ruas a favor dos direitos dos negros, manifestações nas quais se dizia frases como "somos negros, queremos nossos direitos", "direitos para as minorias étnicas" ou "queremos que certas línguas ou heranças culturais sejam ensinadas em nossas escolas". Os governantes respondiam: "Ok, vamos sentar e conversar sobre isso." Mas quando as pessoas começaram a afirmar sua identidade religiosa, dizendo coisas como "Não nos tratem como paquistaneses, isso não importa, podemos ter nascido no Paquistão, nossos pais e avós podem ter vindo de lá, mas somos ingleses e muçulmanos. São duas identidades importantes para nós e como muçulmanos queremos ser reconhecidos pela sociedade britânica e ser tratados com respeito, como muçulmanos, não como negros ou amarelos, não como paquistaneses", isso trouxe muito desconforto para os britânicos e para as pessoas de outros países europeus, porque não esperavam ter de negociar sua identidade religiosa, uma vez que essa identidade havia experimentado um contínuo declínio ao longo da história na Europa Ocidental. Com efeito, práticas e crenças religiosas haviam se tornado elementos secundários na vida cotidiana europeia. Defendo a existência de três tendências distintas para responder à questão da identidade religiosa, particularmente a identidade muçulmana. São tendências que podem se apresentar simultaneamente, mesmo que venham a competir ou entrar em conflito umas com as outras; existe uma disputa envolvida e elas não estão em harmonia. A primeira tendência é por vezes apoiada pelo eleitorado, por vezes não, e os políticos têm de negociar. Se um grupo de muçulmanos diz "Precisamos de um terreno para erguer nossa mesquita", a primeira reação dos políticos em geral era dizer "Sinto muito, não temos nada a ver com religião, não queremos nos envolver nessas questões, procurem outras pessoas para conversar sobre isso. É um tema privado, não queremos interferir." Mas não puderam sustentar essa posição durante muito tempo, porque as pessoas continuavam pressionando politicamente dizendo: "Se não apoiarem nossas demandas políticas, nós não os apoiaremos como nossos representantes, retiraremos nossos votos nas próximas eleições". Como mencionei anteriormente, a população não branca, sobretudo a população islâmica, não é muito grande na Europa Ocidental, fica em torno de 5% ou 6% (percentual que talvez dobre nos próximos 20 ou 30 anos, mas mesmo assim estaríamos falando de algo como 10%, 12%, 13%). Entretanto, é uma população muito concentrada, o que significa que tem condições de se mobilizar politicamente, eleitoralmente, e derrubar candidatos. Assim, as minorias étnicas, em especial na Grã-Bretanha, um pouco menos em outros países europeus onde não tem havido a mesma mobilização política e os mesmos direitos políticos, as minorias étnicas têm sido capazes de se articular e exercer muita pressão sobre os partidos políticos. Mesmo sem fazer pressão política, muitas pessoas acreditam que é muito justo, por exemplo, que os estudantes cristãos tenham direito a frequentar escolas públicas financiadas pelo governo, como na Inglaterra, ou que as escolas católicas gozem de benefício fiscal, como na França (em termos gerais, cada país europeu, além da França, outorga reconhecimento fiscal e legal a organizações religiosas, especialmente as cristãs e, em certa medida, também às entidades judaicas, a despeito dos diferentes arranjos institucionais em cada país). Muitas pessoas acreditam, portanto, que nada mais justo, já que se beneficiam católicos e cristãos, que o mesmo seja feito pelos muçulmanos. Nesse caso, por uma questão de justiça, de coerência, os muçulmanos devem receber os mesmos benefícios que os demais. Essa é a primeira tendência.

A segunda tendência é a renovação do cristianismo como referente cultural. Não tem a ver com a observância de uma fé religiosa, nem mesmo com uma crença, mas com uma referência cultural. Na Europa Ocidental, ao longo dos últimos cem anos, tem-se verificado um contínuo declínio na fé católica; na Inglaterra, apenas cerca de 10%, talvez 8% da população frequentam a Igreja uma vez por mês ou mais. Em 2001 foi realizado um censo no qual se perguntou às pessoas se tinham religião e, em caso positivo, qual. Mais de 70% dos entrevistados afirmaram: "Sim, minha religião é o cristianismo". Essa porcentagem ficou muito acima do que qualquer pesquisa anterior tinha detectado e ninguém conseguiu explicar inteiramente o fenômeno, mas creio que muitos de nós, quando olhamos para esses números, pensamos que é possível que seja uma reação à presença da identidade muçulmana, porque as identidades costumam reagir umas às outras.

Quando milhares de pessoas afirmam que são negras, outras pessoas respondem "Claro, então somos brancos, e nesse caso queremos direitos para as pessoas brancas", ou então "Somos ucranianos, estamos em grande desvantagem, então também vamos nos mobilizar para exigir que isso mude". Mas quando uma minoria é bastante enfática sobre sua condição, bastante enérgica com relação a sua identidade religiosa, é possível que isso desencadeie uma dinâmica, que outras pessoas redescubram uma identidade religiosa. Um país onde isso tem acontecido de maneira bastante contundente é a Dinamarca, amplamente agnóstica, mas onde uma percepção muito forte da Igreja como parte da cultura e da identidade nacional está em ascensão. Há vários outros exemplos que ilustram essa segunda tendência. Acho que seria prematuro afirmar que seja uma tendência muito forte, mas existem, como acabei de mostrar, evidências de que é algo que está emergindo. Então preferiria dizer que é uma tendência emergente.

A terceira tendência, que é em vários sentidos mais forte, pelo menos entre determinados segmentos da população, é a reafirmação, a ênfase renovada — poderíamos até dizer uma chamada de ordem secular — dos que afirmam: "Esperem um pouco, a tradição política da qual fazemos parte não é tolerante com identidades religiosas no espaço da cidadania, na esfera política, no âmbito de constituição das leis, na esfera governamental; já expulsamos a Igreja Católica, a Igreja Anglicana, a Igreja Luterana da nossa vida política. E agora que os muçulmanos querem invadir esse espaço político, devemos nos levantar para impedi-los." Portanto, tem havido um fortalecimento do secularismo; não é tão forte ainda, mas está crescendo, e é particularmente forte entre intelectuais, entre os autores de livros, entre os que escrevem ou emitem opinião nas colunas de jornais e assim por diante. Acredito que a primeira tendência seja mais forte entre os políticos, porque são pessoas pragmáticas, procuram encontrar soluções institucionais em vez de reafirmarem ou reforçarem um determinado posicionamento. Acho que temos um determinado número de padrões e tendências para lidar com o problema; o último talvez seja, em termos de expressão institucional e política, mais forte na França, onde as meninas muçulmanas que cobriam a cabeça com um lenço — o que no mundo árabe é chamado de *"hijab"* — foram expulsas das escolas; pouco tempo depois, foram expulsas também das escolas em alguns estados alemães. O *"niqab"* — o véu que cobre o rosto — foi banido de algumas universidades holandesas e existem propostas e projetos, que podem até não passar, mas estão suscitando discussões no Parlamento da Holanda, de abolir o uso do *niqab* em todos os espaços públicos, como já ocorre na Turquia, país de reconhecida intolerância. É estranho ver um país como a Holanda, que se orgulha de sua tradição liberal, determinar às mulheres o que elas podem e o que não podem vestir nos espaços públicos. Esse é o grau de preocupação que cerca a questão da identidade religiosa, em particular a identidade islâmica. É difícil antecipar, dentre essas diferentes correntes apresentadas, qual será a tendência dominante. Meu sentimento pessoal é o de que, justamente por termos de viver uns com os outros, será o caminho da negociação, da coexistência, da acomodação dos muçulmanos no mesmo contexto de soluções de compromisso que os próprios Estados europeus construíram no passado com a Igreja Católica, com a Igreja Protestante e com o povo judeu; acredito que essa provavelmente seja a tendência dominante, mas ninguém pode garantir, especialmente quando se sabe que as questões de integração, particularmente quando dizem respeito aos muçulmanos, são questões que também envolvem geopolítica, terrorismo e segurança. É muito difícil prever o futuro, mas certamente podemos separar as questões relativas à integração e à identidade das questões que dizem respeito à política exterior, à segurança e ao terrorismo. Seria um erro terrível juntar todas essas coisas, porque significaria tratar os muçulmanos como uma espécie de inimigo em território nacional, o que só levaria a mais divisão e conflito no futuro. Assim, não posso dizer exatamente para onde estamos indo, mas espero ter podido dar uma ideia de quais são as nossas principais questões.

Cruzando fronteiras
A história de Nasra e seus irmãos

Ayaan Hirsi Ali

Ayaan Hirsi Ali

Mulher. Negra. Muçulmana. Seu pai foi preso pelo ditador Siad Barre na Somália e a família foi obrigada a se exilar. Por causa de uma tradição local, Ayaan se submeteu a uma clitoridectomia. Em 1992, o pai de Ayaan arranjou seu casamento com um primo canadense. Depois do casamento, Ayaan conseguiu fugir do marido em um aeroporto na Alemanha, pegou um trem e chegou à Holanda, onde pediu asilo político. Lá, cursou ciência política, ingressou no Partido Trabalhista Holandês e começou a fazer uma severa crítica ao islamismo. Produziu, com o cineasta Theo van Gogh, o filme *Submission*, uma crítica à situação das mulheres no Islã. Van Gogh foi assassinado em Amsterdã em 2 de novembro de 2004 — uma represália fundamentalista ao filme. Em *Infiel. A história de uma mulher que desafiou o Islã*, Ayaan narra a trajetória de sua vida. Desde setembro de 2006, mora na capital dos Estados Unidos, após a situação se tornar insuportável na Holanda. De um dia para o outro, ficou sem a cadeira de deputada no Parlamento holandês e sem nacionalidade, porque a ministra da Imigração retirou seu passaporte, alegando que havia mentido ao solicitar o asilo. Ameaçada de morte, Ayaan luta pelos direitos das mulheres muçulmanas e pela liberdade. Em 2005, a revista *Time* a incluiu entre as cem pessoas mais influentes do mundo.

O multiculturalismo afeta minha vida diária. Gostaria, assim, de relatar a história de uma jovem mulher somali que encontrei há cerca de oito anos, quando trabalhava como intérprete para refugiados da Somália na Holanda. Darei a essa jovem mulher o nome de Nasra.

Como intérprete, tinha de levar em conta cada palavra, mas tive também de aprender a incluir o silêncio. Aprendi a comunicar da maneira mais precisa possível o desespero, a raiva e a confusão das pessoas que caíam em armadilhas por não saberem falar a língua dos holandeses. Aprendi também a manter em segredo os registros médicos de cada um, seus atos de transgressão social, vícios e até mesmo registros criminais. Era uma testemunha silenciosa da incompetência de profissionais especializados em multiculturalismo que eram pagos para ajudar ou curar, mas, em vez disso, tornavam a situação daqueles refugiados ainda pior. Houve muitas vezes em que eu deveria ter falado. Uma dessas vezes foi diante da situação de Nasra e seus irmãos, quando um grupo de burocratas tomou uma terrível decisão. Hoje, gostaria de convidá-los a imaginar que a própria Nasra está aqui para contar sua história. Ela fala inglês fluentemente, assim, para esta ocasião, vai precisar de um bom intérprete de português. Assim começa a sua história.

A HISTÓRIA DE NASRA

Moro no quarto piso de um prédio de cinco andares em Haia. É uma das áreas mais pobres da Holanda. O primeiro aspecto da pobreza que se pode observar nessa parte do mundo é a arquitetura sem linhas retas:

tijolos amontoados em quadrados ou retângulos, esquadrias de plástico duro emoldurando janelas altas demais para serem limpas, tonalidades tristes e escuras de marrom e cinza.

Os estrangeiros, como nós, e alguns poucos nativos que vivem em nosso bairro não chegam a formar uma verdadeira comunidade. Não compartilhamos quase nada além do fato de não sermos holandeses (no caso dos estrangeiros) e dependermos (todos) da assistência do governo. As áreas comuns dos edifícios são feitas de um cimento cinza, frio e duro e sempre exalam odores fortes. Nas manhãs de segundas-feira, sente-se um forte cheiro de água sanitária, tão forte que chega a arder a garganta; em outros momentos, cheiro de comida sendo feita, de urina, suor e lixo. Bem-vindos a nossa casa.

Em minha família, somos dez. Meu pai e minha madrasta, Haddiyo, são os adultos. Eu, que tenho 22 anos, sou a filha mais velha. Tenho duas irmãs, Maryan e Shukri, de 16 e 14 anos, respectivamente, e cinco irmãos, Mahamed (20), Sa'eed (18), Abdillahi (12) e os gêmeos Hassan e Hussein (9).

Divido o quarto com Maryan, Shukri e os gêmeos. Durmo numa cama de solteiro e os outros dormem em beliches. O pouco espaço que sobra é coberto por um tapete barato que Haddiyo nos trouxe de presente. Meus irmãos mais velhos, Mahamed, Sa'eed e Abdillahi, dividem outro quarto. A mulher de meu pai, Haddiyo, já está pensando em como irá resolver o problema que certamente surgirá quando os gêmeos atingirem a puberdade. Até lá Mahamed já terá se mudado e o mais provável é que eles dividam o quarto com Sa'eed e Abdillahi.

Meu pai e sua esposa têm seu próprio quarto e banheiro, enquanto os demais dividimos o outro banheiro. Há um quarto aposento, mas Haddiyo o converteu em "sala de estar das mulheres". É nessa sala que ela recebe as amigas, com quem passa os dias fofocando. A sala de estar oficial da casa é para os homens que meu pai convida para mascar o *qaat* até a madrugada chegar. Minha função, assim como das minhas duas irmãs, é fazer serviços domésticos e cuidar da casa até nos casarmos com os maridos que nosso pai irá escolher para nós.

Meu pai e minha madrasta sabem que sou bastante trabalhadeira, muito ligada a meus irmãos para ir embora. Eles me exploram por isso, o que me magoa, mas vou ficando e cuidando da família. Meu pai é um homem alto e magro, quase sem queixo. Para disfarçar, deixa uma barba curta, cuidadosamente aparada, emoldurando o rosto. É bastante vaidoso, gasta um bom tempo cuidando da aparência: longas chuveiradas, cortes de cabelo caros. Escova os dentes três vezes ao dia com medo de que todo o *qaat* que ele masca e os chás pretos que bebe possam manchá-los definitivamente. Nunca se cansa de nos contar como era importante antes da guerra civil na Somália, como sua família era rica e como seus descendentes merecem ser tratados com todo o respeito e toda a consideração. Culpa a má sorte por tudo o que acontece e vive prometendo que um dia voltaremos para nossa terra, onde seremos acolhidos com festa, em vez de termos de viver da assistência do governo. Não tenho ideia se ele sente saudades da minha mãe, que morreu afogada há mais de 17 anos. Ele também nunca fala sobre seus sentimentos por Haddiyo, a mulher com quem se casou há oito anos. É essa mulher que eu culpo pela nossa miséria atual.

Haddiyo também é viúva. Seu marido não conseguiu escapar de Mogadíscio e levou três tiros na cabeça, disparados pelos soldados do general Aideed. Haddiyo era recém-casada quando isso aconteceu e ainda não tinha tido seus próprios filhos. Conseguiu escapar com os irmãos e as cunhadas para o Iêmen, onde comprou um passaporte falso e arranjou um "atravessador" para levá-la a Amsterdã. Passou quase dez anos perambulando pela Holanda, esperando que o governo holandês lhe concedesse estatuto de refugiada e lhe desse o visto de residência, mas todos os pedidos e apelações foram recusados: ela foi declarada imigrante ilegal e seria, portanto, deportada. Mas o clã encontrou uma solução. Os parentes de Haddiyo (que, no fim das contas, são nossos parentes também) se reuniram e concluíram que ela e meu pai poderiam ajudar um ao outro. Ele precisava de uma mulher para ajudá-lo a dar conta de oito filhos — pobre homem, como ia fazer? Ela, por sua vez, precisava do reconhecimento legal do governo, o que estaria resolvido quando se casassem.

Para nós, ser pobres na Europa é mais suportável do que ser pobres na África. Na África um bairro ou comunidade pobre é chamado de favela, não de zona ou projeto. Favelas não são planejadas e não têm linhas retas. As pessoas vivem em barracos, tendas, casas feitas de papelão e esterco de vaca. Se você vive numa favela, tem de tapar o nariz o tempo todo. O dejetos humanos se mesclam com excrementos de galinhas e cães. Epidemias irrompem de tempos em tempos: cólera, tifo e doenças piores. Quem sobrevive às doenças pode morrer na próxima enchente ou por consumir bebida alcoólica em excesso. Crianças cheiram cola ou outras substâncias tóxicas para escapar de sua terrível realidade. Os homens prestam pequenos favores às mulheres em troca de sexo e as mulheres engravidam. Assim, há bebês por toda parte. Frequentemente as pessoas que vivem em favelas transmitem aos demais doenças como Aids e tuberculose, da mesma forma que passam uns aos outros cobertores velhos ou a substância intoxicante do momento.

Minha família teve sorte. Se não tivéssemos sido resgatados como refugiados do Quênia pelo governo holandês, provavelmente teríamos ido parar em uma das várias favelas quenianas. Vou contar como conseguimos chegar à Holanda.

Era uma manhã quente como qualquer outra manhã em Malindi, no Quênia. Meu cabelo estava úmido de suor, meu vestido de *batik* grudava nas costas. Acho que eu devia estar com uns 12 anos, os gêmeos ainda engatinhavam. Estávamos num acampamento com outros sobreviventes da guerra civil, em grandes barracas montadas num extenso campo de areia distante da cidade. Chegáramos ali de barco com centenas de outros refugiados. Após a chegada, esperamos por duas semanas, vigiando todas as tardes e noites até o último barco aportar no cais. Meu pai e eu esperávamos minha mãe. Outros sobreviventes haviam contado ao meu pai que ela embarcara em Kismaio e estava a caminho de Malindi.

Finalmente, chegaram notícias, mas eram más notícias. Minha mãe, grávida, tinha se afogado no Oceano Índico junto com outras 129 pessoas depois que o barco onde estavam bateu em uma pedra, perto de Malindi. Meu pai não conseguia expressar sua tristeza. Talvez por ignorância, por estar em estado de choque, ou talvez tivesse escolhido o silêncio propositalmente, sabendo que as palavras são inúteis diante de uma guerra civil com milhares de mortos, mutilados, desabrigados. Meu pai estava viúvo, perdera tudo e tinha oito bocas para alimentar. Mas e daí? Havia uma multidão, centenas de milhares de outras crianças miseráveis, tão aflitas e desamparadas quanto nós.

Em maio de 1991, dois meses depois da morte de minha mãe, o governo da Holanda aprovou nosso pedido de asilo. Viajamos primeiro de Malindi para Mombassa e depois seguimos para Nairóbi, onde vi um avião pela primeira vez. Mahamed zombava de minha irmãzinha caçula e a amedrontava, dizendo que o avião poderia cair e então todos nós iríamos ao encontro de nossa mãe no além. Meu pai não achava a menor graça e fez meu irmão parar com aquela brincadeira apenas olhando para ele de rabo de olho. E assim chegamos à Holanda.

Só depois de desembarcarmos no aeroporto em Amsterdã compreendemos o que as pessoas queriam dizer quando se referiam à Holanda como um país rico. O aeroporto parecia uma verdadeira cidade, parecia maior do que o acampamento de refugiados em Mombassa. Em vez de areia, barracas e um amontoado de pessoas, caminhávamos sobre ladrilhos limpos e lisos. As paredes eram de vidro e parecia que estávamos lá fora, mesmo que estivéssemos dentro. Não havia gritos nem empurrões. Mas a coisa mais impressionante era a mudança na cor das pessoas. Horas antes, com exceção dos agentes humanitários, todos eram negros. Ali, além da minha família e de algumas poucas pessoas, todo mundo era branco. Meu pai dizia que estávamos em Qurbe, terra estrangeira, terra dos *gaalo*, os infiéis. E insistia para que mostrássemos o quanto éramos pessoas distintas e nobres. Também nos dizia que devíamos cuidar para não perder nossa identidade imitando aquela gente.

Três pessoas tinham ido nos buscar no aeroporto. Dois deles, um homem e uma mulher, eram brancos e, para mim, pareciam gigantes, porque eram muito altos e tinham mãos enormes. A terceira pessoa era uma tradutora somali contratada para o dia. Fomos conduzidos a um centro de refugiados chamado Luttlegeest e lá nos acomodaram em uma barraca retangular; conseguimos uma bem grande, já que éramos muitos. Era impossível comparar o centro com o campo de refugiados de Mombassa: havia um refeitório, um centro médico, um posto policial, uma guarita; assistentes sociais e voluntários nos ensinavam holandês; havia uma área de recreação e um playground para crianças. Lá estavam somalis do clã inimigo que nos expulsaram de Mogadíscio e pessoas vindas de outras partes da África, como Serra Leoa, e também de países da Ásia e até da própria Europa.

Assim que chegamos e nos instalamos, meu pai teve de enfrentar o desafio de cuidar de suas crianças. Não tinha a menor ideia de como iria dar conta das tarefas de limpar, cuidar, alimentar, acalentar, dar limites, enfim, educar os filhos. Fomos matriculados numa escola temporária, mas não chegamos a assistir às aulas de verdade. Para nós, era muito mais divertido ficar correndo com outras crianças pelo centro. Formamos pequenos grupos e disputávamos uns com os outros. Fazíamos bastante barulho e sempre tinha gente reclamando de nós. Estávamos constantemente de pés no chão e malvestidos e os refeitórios por onde passávamos ficavam a maior bagunça. Os gêmeos atiravam comida um no outro e em outras crianças. Os adultos gritavam com eles e chamavam os seguranças e assistentes sociais para tentar impor ordem. Chegaram a ter de formar um comitê para encontrar uma solução. Havíamos causado tanta confusão em Luttlegeest que teríamos de ser deslocados para outro centro, como punição.

No período de um ano passamos por quatro centros de triagem. Nossa reputação já havia se espalhado de tal forma que o pessoal da administração dos diversos campos para refugiados começava a ter dificuldades de encontrar um lugar que nos aceitasse. Abdullahi, incentivado por Sa'eed, começou a furtar objetos toda vez que entrávamos em uma loja.

Quando meu pai já estava achando que estávamos predestinados a viver no caos, recebemos um providencial chamado da administração. Éramos os primeiros na lista para moradia e eles tinham encontrado um lugar conveniente para nós, grande o suficiente para acomodar uma família de nove pessoas. A casa, que tinha até um pequeno jardim, ficava numa pequena localidade chamada Ter Aar, a cerca de uma hora de Haia. Fomos levados por uma rua bem cuidada até um portão de madeira, onde a mesma mulher que nos dera as boas-vindas ao chegarmos à Holanda nos esperava com um sorriso. Ela nos apresentou a Margriet, uma voluntária do Serviço de Acolhimento aos Refugiados de Ter Aar. Margriet fora encarregada de nos ajudar a nos instalar.

Ela primeiro nos mostrou toda a casa, explicando para que servia cada objeto e utensílio. Havia uma sala mobiliada com sofás e cadeiras feitas de madeira escura e pesada, com confortáveis assentos de couro. Na sala de jantar, uma mesa de madeira oval circundada por 12 cadeiras, também de madeira. A cozinha era toda equipada com armários cheios de utensílios e eletrodomésticos. Margriet mostrou uma lavadora de louça e uma enorme geladeira. A sala tinha portas de correr que abriam para um jardim interno, uma parte ladrilhada e outra metade formada por canteiros com todos os tipos de flores. Dali subia-se para o segundo andar. O quarto de meu pai era amplo, arejado e tinha seu próprio banheiro privativo. Havia outros cinco quartos de tamanhos variados e tetos inclinados. Subindo mais um lance de escadas chegava-se a um sótão tão grande quanto a casa. O sótão era a área destinada aos *hobbies*, como explicou Margriet, podendo também funcionar como depósito para brinquedos velhos e roupas fora de uso.

Pela primeira vez em nossas curtas vidas encontrávamos ordem e organização em Ter Aar. Margriet havia se inteirado, através de relatórios, de nosso passado selvagem. Ela nos fez sentar e explicou que nada disso seria tolerado naquele lugar. Os quartos foram repartidos entre os filhos. Margriet chegava todos os dias às 6 da manhã e quando não podia ir, mandava uma de suas ajudantes, Rita ou Liesbeth. Ela nos fazia sair da cama, lavar o rosto, escovar os dentes e pentear o cabelo. Insistia para que puséssemos roupas limpas e adequadas ao clima. Ela me levou para a cozinha e me ensinou a colocar a mesa; aprendi a função de cada acessório: jogo americano, guardanapos, porta-guardanapos, pratos, tigelas, canecas e copos; pequenos suportes para as canecas e os copos, grandes descansos para panelas e frigideiras; facas, garfos e colheres de sobremesa, garfos, facas e colheres de mesa. Ensinaram-nos o lugar correto de cada utensílio e depois aprendemos a colocar os guardanapos no colo.

Não aprendemos apenas boas maneiras à mesa: Margriet, Liesbeth e Rita eram muito exigentes com tudo. Ensinaram-nos a dizer "por favor" e "obrigado"; aprendemos a ver as horas no relógio, a controlar os horários da escola, respeitar a hora de ir para a cama e ser pontuais nos compromissos. Aprendemos a lidar com o dinheiro e a ser frugais. Uma das coisas de que meu pai mais se ressentia era a desaprovação de Margriet quando ele gastava nossa mesada do *welfare* logo no início do mês. Depois de muita discussão e tensão, ela conseguiu fazer com que ele pagasse as contas e não estourasse o orçamento.

Liesbeth e Rita se revezavam para nos ensinar a brincar com os brinquedos recebidos de donativos dos moradores da cidade. Ensinaram-nos também a resolver os conflitos por meio da conversa, aprendendo a negociar. Cuidaram para que fizéssemos pequenos serviços e tarefas, como ajudar a secar a louça no café, consertar bicicletas ou passar as peças para os mecânicos nas oficinas de automóveis. Rita dizia que esses pequenos serviços eram bons para nós, porque nos ensinavam o valor do trabalho, e nossa participação na comunidade faria com que os moradores nos aceitassem. Às vezes Mahamed e eu reclamávamos da dificuldade para nos enturmar na escola porque éramos insignificantes demais para sermos incluídos. Todas as outras crianças sabiam de nossa condição de refugiados que viviam da caridade e viam que nossas roupas eram dos bazares mais baratos. Nessas horas, os adultos que cuidavam de nós nos abraçavam e nos confortavam, dizendo que assim que terminássemos a escola e tivéssemos uma profissão poderíamos comprar roupas novas.

Cinco anos depois de termos chegado a Ter Aar o destino nos mostrou sua horrível face mais uma vez. Dessa vez, personificada na pessoa de Haddiyo. Depois de ter aceitado se casar com meu pai, ela nos fez uma visita. Para ela, meus irmãos, minhas irmãs e eu estávamos à beira de perder nossa nobreza e distinção e, pior, nossa fé: o Islã. Os gêmeos não falavam somali; Sa'eed e Abdillahi mal conseguiam entender meu pai quando se dirigia a eles; Mohammed e eu falávamos somali bem o bastante para servir de tradutores entre os agentes humanitários e assistentes sociais e nosso pai. Haddiyo se exasperava com o fato de os filhos mais velhos terem de servir de intérpretes entre meu pai e as crianças pequenas e desaprovava abertamente o jeito autoritário de Margriet, dando a entender que meu pai negligenciava a educação das filhas a ponto de permitir que nos transformássemos em — e ela franzia a cara como se tivesse cheirado ovo podre — *gaalo*, não muçulmanos, holandeses, cristãos! Tínhamos de ser salvos dessa decadência e reintegrados em nossa comunidade para resgatar nossa identidade.

Além de Haddiyo, havia outro problema: o pai estava aborrecido e solitário em Ter Aar. No início, vivia como sempre tinha vivido. Acordava cedo de manhã, se vestia e partia dizendo que tinha um dia cheio de coisas para fazer. Na verdade, eu sabia que ele ia ficar batendo papo com seus amigos somalis, mascando *qaat* até tarde da noite. Meu pai sentia-se triste por Ter Aar ter frustrado seus hábitos, pois sem carro era muito difícil voltar para casa depois da meia-noite. Ele se recusava a aprender a andar de bicicleta e não podia bancar um carro com a ajuda de custo que recebia. Além disso, nossos cuidadores se certificavam de que o dinheiro fosse empregado em comida e necessidades básicas das crianças. Não ocorria ao meu pai tentar arranjar um emprego.

Margriet, Rita e Liesbeth — que para mim eram a nossa verdadeira família — organizaram uma espirituosa campanha. Quando o conflito atingiu proporções irracionais, o problema foi levado a um comitê que lidava com questões de minorias étnicas e crianças sob custódia.

Haddiyo e as pessoas que a apoiavam diziam que nossa língua, nossa etnicidade e nossa religião eram sagradas e tínhamos de ter a oportunidade de viver entre nossos iguais e aprender nossa religião e nossos rituais. Usavam como argumento o fato de que falávamos em holandês com nosso pai, que não sabíamos mais fazer as orações diárias nem nos lavar como muçulmanos. Haddiyo pintava um quadro terrível do que poderia acontecer quando nos tornássemos adultos sem um sentido de pertencimento, sem raízes, sem conhecer a cultura de nossos ancestrais. Seu prognóstico era o de que, com identidades tão frágeis, haveríamos de nos tornar adultos doentes, mentalmente doentes; poderíamos começar a roubar ou a fornicar de maneira descontrolada. Por fim, acusava o Serviço de Acolhimento aos Refugiados de Ter Aar de possuir um plano secreto para nos converter ao cristianismo. O comitê ia anotando todas as "preocupações" de Haddiyo.

Depois foi a vez de Margriet falar. Ela contou sobre o tempo que vivera conosco na Somália: o caos e a negligência que nos rodeavam, os problemas causados porque não havia ninguém para nos ensinar a discernir o certo e o errado. Descreveu nossa vida em Ter Aar, como passamos a ter uma rotina estável e ordenada, como toda a cidade tinha nos acolhido. Havíamos nos tornado fluentes em holandês. Margriet também descreveu nossas atividades na cidade: eu cantava no coral; Muhammad e Sa'eed tinham se transformado em celebridades no time de futebol dos meninos; os gêmeos filhos do prefeito eram os melhores amigos dos nossos gêmeos. Depois desse relato, Rita e Liesbeth detalharam como tinha sido difícil fazer com que chegássemos até ali e as consequências de interromper tudo para que fôssemos morar com nossos parentes somalis. Alertaram o comitê a respeito das condições de moradia em Haia: projetos apertados, blocos de apartamentos insalubres e abundantes de problemas sociais. Escolas inadequadas, lotadas de crianças se arrastando para concluir a educação. Eram chamadas de *"black schools"* pelos holandeses nativos, que não queriam mandar seus filhos para estudar nelas. Margriet contrastou essas escolas com os parques de Ter Aar, o ar saudável do campo, as flores, as abelhas, a natureza. Concluiu dizendo que os voluntários de Ter Aar não iam roubar nossa identidade, ao contrário, eles nos respeitavam como indivíduos, respeitavam nossa capacidade e nos ajudavam a nos tornar cidadãos bem integrados. Após os membros do comitê terem anotado todas essas informações, olharam silenciosamente para Margriet. Em seguida, o coordenador chamou meu pai e perguntou o que ele pensava de tudo aquilo, porque sua opinião ia contar muito. Ele disse: "Eu confio em Deus. Ele, e só Ele, pode antecipar o futuro. O destino quis que eu reunisse a família e educasse minhas crianças de acordo com a tradição da minha fé e de meus ancestrais."

Duas semanas depois saiu o veredicto. Levei a carta a Liesbeth e ela a leu para mim. Quando ouvi o que estava escrito, caí em prantos. Sugeri que escondêssemos a carta de meu pai. Margriet, Liesbeth e Rita choraram junto com a gente, mas disseram que o certo seria mostrar a carta ao meu pai. No dia de nossa despedida do único lugar onde tínhamos sido verdadeiramente felizes, os nossos amigos queridos ficaram em silêncio.

Já faz dez anos desde que partimos de Ter Aar e estamos novamente à deriva. O destino deu a última palavra. Meu pai se casou com Haddiyo. Seu falatório fez com que meu irmão fugisse para a rua e se juntasse a outros garotos de sua idade, também de lares infelizes, para matar aula e se vingar destruindo tudo o que encontram pela frente. Haddiyo trata minhas irmãs e eu como empregadas. Não sei o que vai ser de meus irmãos mais novos. Será essa nossa identidade? Nossa origem nobre? Servidão, opressão, miséria? Cada vez que olho para meu pai, fico imaginando como ele pôde acreditar que estaríamos melhores nesses lugares sórdidos do que em Ter Aar. A resposta que não ouso verbalizar, mas que já admiti para mim mesma há muito tempo, é que não existe nenhuma dignidade na preservação nem na promoção da nossa identidade.

Essa é a história de Nasra.

Penso, infelizmente, ser muito parecida com a de milhares de outras histórias pela Europa. Quando a conheci, quando trabalhava como intérprete, não fui capaz de dizer nada. Hoje, tenho a sorte de poder falar. Posso contar, em primeira mão, que não fazemos nenhum favor aos imigrantes encorajando-os a se aferraram a hábitos, tradições e dogmas religiosos de seus países de origem. O multiculturalismo é algo tão central em várias sociedades ocidentais que você pode ser acusado de racismo ou de cometer um crime de consciência se o viola. Contudo, parece-me que nenhuma tradição ou cultura merece, *per se*, respeito. Somente as ações que promovem o bem-estar e o desenvolvimento humano merecem ser cultivadas, sejam ou não tradicionais.

Acho um erro mandar crianças como Nasra viverem em guetos para mantê-las inseridas em comunidades cujas práticas são perniciosas e violadoras da liberdade. Ela e seus irmãos teriam sido mais bem atendidos se tivessem podido permanecer naquela comunidade saudável e respeitadora — embora não somali — à qual já estavam integrados. Sempre que o respeito à tradição ou à religião entra em conflito com as necessidades e os direitos humanos, os direitos individuais devem ser privilegiados. E as sociedades modernas e seculares da Europa preservam esses direitos melhor do que as comunidades fechadas e opressivas de imigrantes, que tanto sacrifício fizeram para levar suas famílias para essas sociedades e, de maneira contraditória, tentam desesperadamente não se deixar afetar por seus valores.

A doutrina do multiculturalismo é uma ilusão cruel que tem levado muitos dos imigrantes que tiveram a sorte de escapar das favelas do Terceiro Mundo a serem aprisionados pela pobreza em conjuntos habitacionais europeus, onde constituem uma subclasse de excluídos da sociedade. A doutrina do multiculturalismo aprisiona as meninas no tráfico e no abuso sexual e coloca nas mentes de muitas crianças as limitações da tradição e do dogma religioso. Há muitas maneiras de salvar pessoas da pobreza. Pode-se dar a elas comida, água, assistência, remédios. Mas há também a oferta de um modo de vida novo e melhor. Um modo de vida que introduza esses imigrantes na modernidade e apresente a eles uma nova — e, em geral, melhor — identidade.

É mais vantajoso ter escolha e pensar por si mesmo do que ser doutrinado e sofrer lavagem cerebral. A igualdade é melhor do que a escravidão. A liberdade é melhor do que a prisão. E o multiculturalismo legitima prisões e escravidão. A modernidade — e falo aqui a partir de uma experiência amarga — liberta. Queria compartilhar a história de Nasra com aqueles que poderiam pensar que os imigrantes possuem apenas uma identidade, que precisa ser preservada a todo custo. Se algum dia fizerem parte de um comitê que avalia questões de minorias étnicas, procurem não tomar decisões como a do comitê holandês que deixou Nasra e seus irmãos nas mãos de um destino cruel.

Nasra e seus irmãos
Sobre os limites da tolerância

Renato Mezan

Renato Mezan

Psicanalista e filósofo brasileiro, professor titular no Departamento de Psicologia Social da Pontifícia Universidade Católica (PUC-SP), membro do Departamento de Psicanálise do Instituto Sedes Sapientia. Além de psicanalista, é graduado, mestre e doutor em filosofia pela Universidade de São Paulo. É coordenador de *Percurso*, revista semestral de psicanálise. Alguns de seus livros, traduzidos em diversas línguas, são referência internacional na área. É autor de *Freud, pensador da cultura*; *Figuras da teoria psicanalítica*; *Escrever a clínica*; *Freud: a conquista do proibido*; *Interfaces da psicanálise* e *A sombra de Don Juan e outros ensaios*. É considerado um dos mais importantes especialistas brasileiros na obra de Freud.

Agradeço pela oportunidade de estar ao lado de uma figura humana da estatura de Ayaan Hirsi Ali[1]. A trajetória dela é um exemplo de integridade e de coragem que só pode inspirar admiração. As perseguições que vem sofrendo, e que colocam em risco a sua vida, devem ser condenadas com o máximo vigor, pois não representam apenas ameaças a uma pessoa isolada: atingem a maior contribuição que a civilização ocidental deu à Humanidade — as liberdades básicas de pensar e agir como sujeito político.

A história que Ayaan nos contou sem dúvida comoveu a todos, mas é preciso ir além da emoção e refletir sobre o que ela envolve. A meu ver, o que aconteceu com Nasra e seus irmãos apresenta duas dimensões: uma sociopolítica, a outra de ordem propriamente psicológica.

A primeira nos faz questionar pontos como os limites do processo de integração dos imigrantes ao seu novo ambiente, o choque inevitável entre esse ambiente e os costumes e as crenças tradicionais do imigrante e os papéis do Estado e da comunidade nas políticas de absorção. As questões psicológicas dizem respeito à manutenção da identidade pessoal e ao trabalho psíquico imposto aos imigrantes para conseguir conciliar aspirações legítimas mas por vezes contraditórias, para se integrar à sociedade hospedeira e usufruir de seus benefícios e ao mesmo tempo preservar as tradições que valorizam.

Um terceiro problema deriva do fato de que essas situações são vividas de modo diferente pelos adultos que decidiram emigrar e por seus

---

[1] Renato Mezan e Ayaan Hirsi Ali conferenciaram na mesma sessão do Fronteiras do Pensamento. (N. do O.)

filhos, quer tenham nascido na antiga pátria, quer na nova: para essa geração, elas se inscrevem na conflitiva edipiana e nas maneiras pelas quais ela é (ou não) superada no curso do desenvolvimento do indivíduo.

Para compreender o que está em jogo nas dificuldades vividas pelos mulçumanos na Holanda, convém olhar para o passado, pois eles estão longe de constituir o único caso de confronto entre culturas. Convido-os então a um excurso histórico que, espero, nos ajudará a situar de modo mais preciso a forma que tal choque assume nos dias atuais. Em seguida, examinaremos o caso das jovens somalis, para o qual, segundo penso, haveria soluções menos equivocadas do que a adotada pelo comitê holandês.

UM POUCO DE HISTÓRIA

Para o Ocidente, a experiência do multiculturalismo começa com a expansão da civilização grega pelo Oriente Médio, consequência das campanhas de Alexandre Magno (século IV a.C.). Dá-se então um processo de helenização nas terras submetidas e por esse motivo os séculos seguintes são conhecidos como Época Helenística.

Embora egípcios, babilônios, persas e hebreus nada tivessem de "bárbaros" — tinham construído culturas bastante ricas e complexas — os conquistadores consideravam sua civilização superior à deles. Não é preciso dar-lhes razão nesse ponto, mas por outro lado é verdade que naquelas regiões inexistiam certos elementos essenciais no modo de viver e de pensar dos gregos: a filosofia e as ciências nascentes, os esportes, a valorização da vida pública. Era de certo modo natural que atraíssem o interesse das camadas superiores das sociedades dominadas e foi o que aconteceu: esses povos começaram a assimilá-los, servindo-se do idioma dos vencedores, vestindo-se como eles e, de modo geral, adotando muitos dos novos costumes e ideias.

Na Bíblia temos um exemplo de reação a esses processos: a história dos macabeus. Quando o rei Antíoco quis instalar no Templo de Jerusalém uma estátua de Zeus, ofendendo a sensibilidade religiosa da população local, viu-se a braços com uma revolta de grandes proporções, que resultou na derrota da sua pretensão e na preservação do culto tal como era.

O ato arrogante de Antíoco constitui uma exceção no mundo antigo, que se caracterizava pelo que hoje chamamos de "tolerância". Não que a tolerância fosse um valor político e ético, como veio a ser no mundo moderno: tratava-se antes de uma medida de prudência por parte dos governantes,[2] baseada no respeito (ou talvez na indiferença) pelos deuses dos povos subjugados. O Pantheon, que ainda hoje pode ser visto em Roma, destinava-se precisamente a honrar todas as divindades conhecidas, latinas ou não, e até as desconhecidas: assim como hoje há monumentos ao Soldado Desconhecido, nele havia um nicho vazio consagrado ao *deus ignotus*.

Foi o cristianismo que deu início ao movimento de homogeneização em matéria de crenças religiosas, primeiro convertendo os habitantes do Império Romano e depois os bárbaros que o destruíram. Durante a Alta Idade Média, a Igreja se empenhou em trazê-los para a religião dominante, que aos poucos se espalhou por toda a Europa. Somente os judeus se mostraram refratários à conversão e, como sabemos, isso deu origem a inúmeras perseguições contra eles, que se intensificaram após as Cruzadas e culminaram com os horrores da Inquisição espanhola e portuguesa.

Em contraste com essa política de uniformidade, que na época dos descobrimentos conduziu à catequese dos índios da América, no mundo muçulmano prevaleceu um clima relativamente tolerante em relação às minorias cristã e judaica. O caso da Espanha é exemplar: enquanto os maometanos a governaram, foi palco de uma convivência razoavelmente tranquila entre as três religiões, o que sem dúvida contribuiu para avanços nas ciências, nas artes e na filosofia. Não se falava ainda em multiculturalismo, mas na prática ele vigorava nos

---

[2] Isso vale para todos os impérios antigos — egípcio, assírio, babilônio, persa, grego, romano — e também para os que se constituíram em outras partes do mundo, como o chinês e o inca. Também se aplica à dominação de certas tribos africanas sobre outras e, como veremos adiante, ao mundo muçulmano.

califados e sultanatos que se estendiam do Iraque ao Marrocos, permanecendo em vigor durante todo o período da dominação otomana, ou seja, até o fim da Primeira Guerra Mundial.

No século XVI, a unidade religiosa da Europa foi rompida pela Reforma, à qual se seguiram as guerras de religião que ensanguentaram o continente por mais de cem anos. Ao final desses conflitos, em meados do século XVII, estabeleceu-se nos países protestantes a liberdade de crença e de culto — não sem idas e vindas, diga-se a bem da verdade: muitas foram as tentativas de impor restrições aos que praticavam o cristianismo de modo diferente do da maioria. A colonização da América do Norte, como se sabe, está ligada às perseguições contra os puritanos movidas na Inglaterra e mesmo na Holanda, que se constituiu como país independente lutando contra os católicos espanhóis; as lideranças calvinistas se empenharam inúmeras vezes em romper o pacto de tolerância e limitar os direitos das outras denominações reformistas. O *Tratado teológico-político* de Espinosa foi escrito em meio a esses confrontos e um dos objetivos do filósofo ao publicá-lo era precisamente provar que a liberdade de crença, longe de ameaçar a República, constituía na verdade o seu esteio mais sólido.

Como vemos, a ideia de que existe somente uma verdade em matéria de doutrina, e portanto de cultura, impregna a tradição europeia desde os tempos do imperador Constantino, que tornou o cristianismo a religião oficial do Império Romano. A razão pela qual a tolerância acabou por triunfar é simples: nenhuma das seitas combatentes conseguiu impor-se às demais e, exaurida pelas lutas, a Europa do Norte teve de aceitar esse fato. Contudo, o direito de acreditar no que se quisesse, e — desde que se respeitasse a ordem pública — de praticar as cerimônias correspondentes, acabou por constituir o primeiro passo para a consolidação das liberdades civis e políticas, que ao longo dos séculos XVII e XVIII foram paulatinamente se implantando nessas regiões.

Esse processo se deu primeiro na Inglaterra e na Holanda, mais uma vez não sem impasses e retrocessos. A Revolução Gloriosa de 1688 instalou na Grã-Bretanha um regime que limitava severamente o poder da realeza; as instituições inglesas suscitaram a admiração dos filósofos iluministas, que delas se serviram para criticar o despotismo vigente na

França e em outros países. A independência dos Estados Unidos e a Revolução Francesa levaram a novos avanços na direção da democracia; a princípio de modo apenas formal, depois, mais e mais concretamente, os direitos fundamentais acabaram por ser estendidos a toda a população: trabalhadores, mulheres, minorias étnicas foram obtendo-os ao longo do tempo, às vezes por meio de manifestações pacíficas (o voto para as mulheres), às vezes como consequência de combates sangrentos (os direitos dos trabalhadores e das minorias étnicas, por exemplo, no Império Austro-Húngaro). Esse movimento culminou, após a Segunda Guerra Mundial, na Declaração Universal dos Direitos do Homem; embora muito ainda reste por fazer, reconheceu-se que sem eles não há vida política civilizada e países que não os respeitam são por vezes alvo de sanções internacionais, como ocorreu com a África do Sul por causa do *apartheid*.

Mais uma vez, convém insistir que essa postura não se deve ao fato de o ser humano ser por natureza generoso para com seus semelhantes. A segunda metade do século XIX presenciou o surgimento dos impérios coloniais inglês, francês, belga, holandês e de outras potências europeias que visavam a assenhorear-se de fontes de matérias-primas e de rotas estratégicas para o comércio, bem como de mercados cativos para seus produtos industriais. Foi assim que os europeus vieram a dominar vastas porções da África, do Oriente Médio, da Ásia e da Oceania, levando para essas regiões — assim como na Antiguidade ocorrera com os gregos — o que parecia ser o estágio mais avançado da civilização.

Naturalmente, o poderio dessas nações impressionou certos setores das sociedades às quais se impôs. O exemplo do Japão mostra isso com clareza: obrigada pelos canhões do comodoro Perry a se abrir para o comércio com o Ocidente, sua elite percebeu que se não aderisse à modernidade teria o mesmo destino que a vizinha China, então pouco mais do que um protetorado britânico. A vitória nipônica na guerra contra a Rússia (1905) mostrou que seus líderes estavam certos: pela primeira vez desde a tomada de Constantinopla pelos turcos, uma nação não europeia levava a melhor contra um adversário do Velho Continente.

Surgiram então os movimentos nacionalistas, que, começando com os de Sun Yat-Sen (China) e Kemal Atatürk (Turquia), expandiram-se durante a primeira metade do século XX e a partir de 1945 conduziram à independência dos povos colonizados (Índia, Argélia e os demais países árabes, Indochina e nações africanas). Tais movimentos visavam a mais do que a autonomia política: tinham por objetivo modernizar as respectivas sociedades, o que na prática significava a sua ocidentalização. Os ideais laicos, e por vezes socialistas, porém, esbarraram na força dos costumes e das estruturas de poder tradicionais; a oposição a eles — e às mazelas dos regimes nacionalistas, muitas vezes ditatoriais e corruptos — acabou por tomar a forma dos fundamentalismos religiosos, particularmente nas nações islâmicas.

Embora pareçamos ter nos afastado do nosso tema, na verdade o estamos circundando, pois é precisamente em nome do integrismo muçulmano que Ayaan Hirsi está sendo perseguida e foi a ele que as assistentes sociais holandesas entregaram os jovens cuja história ela nos contou. É evidente que os radicais religiosos não valorizam a herança liberal, que a seus olhos corresponde a uma degradação dos valores locais, cujos responsáveis são aqueles que se deixaram iludir pelas instituições ocidentais. Não é de admirar, portanto, que quando a presença dos muçulmanos toma as proporções que tomou na Europa Ocidental surjam os problemas dos quais Ayaan falou — e isso devido tanto às atitudes dos hospedeiros quanto às convicções dos imigrantes.

Não é inútil recorrer a mais dados históricos e é o que farei antes de me voltar para o relato de Ayaan Hirsi. O que diferencia o século XIX e a primeira metade do XX dos tempos atuais é que naquela época a Europa não se sentia culpada por considerar sua cultura superior às demais. Não existia o politicamente correto, conceito do qual faz parte a postura dita multiculturalista. Os europeus estavam convencidos do seu direito de dominar o mundo, convicção que chegou a ser justificada por teorias racistas de vários tipos. Os antropólogos, por exemplo, estudavam a "mentalidade primitiva"; o evolucionismo de Darwin serviu como pretexto para se falar de "raças inferiores"; e mesmo no Brasil tivemos a ideologia do branqueamento, segundo a qual o país só progrediria em se livrando da herança africana (algumas pessoas achavam conveniente devolver à África os descendentes dos escravos!). Entre os próprios europeus, prevaleciam atitudes xenófobas e uma das mais arraigadas atingia a minoria judaica: os nazistas a levaram ao paroxismo, organizando durante a Segunda Guerra Mundial o extermínio de populações inteiras (principalmente judeus e ciganos, que consideravam *Untermenschen*, ou sub-homens) e projetando a escravização dos povos eslavos no Reich de Mil Anos.

O antissemitismo é antigo na Europa: tem raízes na doutrina da Igreja e por muitos séculos foi o fator religioso que o alimentou. O século XIX presenciou o surgimento de um antissemitismo laico, mais condizente com o espírito da época, e suscitado em parte pela emancipação dos judeus, ou seja, pela concessão a eles de direitos civis e políticos na esteira da Revolução Francesa, graças ao que se iniciou o processo conhecido como "assimilação".

Na Inglaterra, onde as instituições liberais se enraizavam mais profundamente nas ideias e nos costumes, não houve manifestações sensíveis de antissemitismo; podia haver preconceito, mas isso não impediu Benjamin Disraeli de ser primeiro-ministro, nem cientistas judeus de ocuparem cargos importantes nas universidades. Na França, o catolicismo e os partidários da monarquia tinham mais força, como ficou patente com o Caso Dreyfus. Mas foi na Alemanha e no Império Austro-Húngaro que ocorreu com mais intensidade um fenômeno cujo estudo pode nos ajudar a compreender o que está em jogo na absorção dos imigrantes islâmicos, tanto no plano das identidades quanto no dos fatos sociais.

Refiro-me à ampla assimilação dos costumes e das ideias germânicas pelos judeus locais, que os levou a tomar parte na construção da cultura alemã de um modo que não tem paralelo nos demais países do continente. Talvez isso se deva ao fato de que na mesma época a Alemanha estava se constituindo como Estado, enquanto na França e na Inglaterra a unificação se dera séculos antes; também deve ter influído nesse processo o fato de a emancipação dos judeus ter ocorrido simultaneamente à industrialização e às importantes mudanças sociais por ela acarretadas: eles puderam aproveitar as oportunidades educacionais e econômicas que se abriam para toda a população alemã.

O fato é que a contribuição judaica à cultura germânica ultrapassa em muito a dos judeus franceses e ingleses para suas respectivas sociedades. Em seu belo prefácio à coletânea *Entre dois mundos*,[3] Anatol Rosenfeld escreve: "É preciso mencionar só nomes como os de Heine, Schnitzler, Holfmannsthal, Kraus, Kafka, Wasserman, Feuchtwanger, Broch, Döblin, Stefan e Arnold Zweig para ter uma ideia dessa contribuição, que não inclui a filosófica, científica e artística." Sem nos alongarmos nesse tópico, basta lembrar — nessas outras áreas — o papel de Husserl, Cassirer e Hannah Arendt na filosofia, de Einstein e Freud nas ciências, de Mahler, Klemperer e de tantos outros músicos, cineastas e diretores de teatro, para nos darmos conta do vulto que atingiu a participação dos judeus na vida cultural alemã e austríaca.

É claro que nem todos os cidadãos israelitas desses países eram criadores tão originais; a grande maioria era formada por comerciantes, profissionais liberais, empregados em companhias de todo tipo ou no serviço público, que atuavam nos respectivos setores de modo mais ou menos rotineiro. O que importa destacar é que a integração deles na sociedade mais ampla não se fez sem conflitos, e não apenas por causa das barreiras do preconceito. A assimilação, ou seja, a adoção dos comportamentos e das atitudes próprios à maioria não judaica, implicou o abandono dos seus equivalentes tradicionais — e esse movimento produziu consequências complicadas para os indivíduos nele envolvidos.

Ocorrendo como ocorreu na segunda metade do século XIX e na primeira do século XX — portanto na época que caracterizei há pouco como "não culpada" — a assimilação dos judeus alemães implicava necessariamente a valorização positiva da cultura local e a desvalorização concomitante das suas tradições. O judaísmo não é apenas um sistema de crenças, mas também de práticas, e são essas as primeiras a serem sacrificadas no altar da integração: os cachos rituais, a alimentação *kasher*, a observância do sábado e das festividades religiosas, a

---

[3] São Paulo, Perspectiva, 1975. Trata-se de uma coleção de contos que tematizam de vários modos a experiência da assimilação às sociedades europeias e norte-americana. A leitura dessas histórias é muito esclarecedora para o nosso tema, pois a situação dos judeus naqueles tempos tem muito em comum com a dos imigrantes muçulmanos na Europa atual.

frequência aos cultos — tudo aquilo que tornava o judeu *diferente* — passou a ser considerado um obstáculo no caminho da germanização.

Vemos que esse processo nada teve de "multicultural": tratava-se de algo tipo "ou ou". Ainda que a grande maioria dos israelitas não se convertesse às denominações cristãs, o próprio fato de a religião se tornar um assunto privado é prova de que seus praticantes já não a viviam como seus antepassados, nem como os judeus da Europa Ocidental, que não haviam passado pela emancipação política nem pela assimilação cultural.

As sinagogas continuaram a existir, mas pouco diferiam dos templos protestantes: eram locais em que cidadãos se reuniam para celebrar seu culto. Os "alemães de fé mosaica" não se viam mais como membros de um povo coeso, e sim como fiéis de uma religião análoga às dos seus vizinhos luteranos, calvinistas ou católicos.

É difícil exagerar a importância desse fato, que marca a entrada dos judeus na modernidade. Do ponto de vista que nos interessa, o que a caracteriza é a promoção do indivíduo à categoria de sujeito político, fruto das condições que resultaram das revoluções burguesas. Enquanto no *ancien régime* cada pessoa pertencia antes de tudo a um grupo — nobreza, campesinato, burguesia, facção religiosa ou étnica — que determinava de modo quase absoluto o seu lugar na sociedade, com o advento do capitalismo e do Estado constitucional ela se vê livre das amarras determinadas por seu nascimento. É ela, e não o grupo, que goza de direitos civis, da liberdade de crença e de opinião e de modo geral das prerrogativas da cidadania.

Se por um lado isso ampliou muito as possibilidades de avanço econômico, social e cultural abertas ao indivíduo — judeu ou não — por outro o privou do lastro representado pela pertinência a um conjunto claramente definido, tanto para si mesmo quanto para os demais. As dificuldades decorrentes desse processo afetaram todos os estratos da sociedade, mas é verdade que para os membros das minorias assimiladas pela cultura dominante ele foi mais agudo e doloroso.

Não é difícil entender por que: a mobilidade social não exilava do terreno seguro da sua origem quem pertencia à maioria. Fritz e Hans podiam se mudar do campo para a cidade, enriquecer, mandar seus filhos para boas escolas e ainda assim não se envergonhar do seu sotaque ou de suas maneiras talvez rudes, mas o judeu que desejasse se integrar plenamente à sociedade circundante precisava se desenraizar da sua cultura de origem. A obra de Franz Kafka tem nesse fato uma das suas determinações: os que leram *O castelo* hão de lembrar-se da perplexidade do personagem central diante dos mais insignificantes hábitos e expressões dos habitantes da aldeia a que chega.

SITUAÇÃO EMOCIONAL DO IMIGRANTE

Com essas observações, podemos adentrar a dimensão propriamente psicológica dos problemas com que se defronta quem se vê obrigado a deixar seu país. O que acabo de descrever ocorreu com todos os que mudaram de pátria; mesmo no Brasil sabemos bem como isso foi difícil. O fato de os judeus do século XIX não terem precisado se deslocar fisicamente para experienciar as agruras da assimilação é irrelevante: a viagem do gueto para a sociedade capitalista revelou-se tão traumática quanto a de um continente para outro, porque abalava os alicerces da identidade. Não é à toa que no século XIX surge o termo *déraciné* (desenraizado) para designar a pessoa que, tendo repudiado sua origem, se vê à deriva por não poder se assentar em outro chão.

É mais uma vez a Anatol Rosenfeld que recorro para descrever alguns aspectos dessa experiência:

> Esta coletânea de contos e novelas (...) documenta de modo impressionante aspectos centrais da existência de um grupo disperso entre as nações. Entre esses aspectos ressaltam tanto os problemas daqueles que procuram manter plenamente a sua identidade judaica num ambiente mais ou menos adverso como os daqueles que, em sociedades mais acolhedoras, vivem em várias fases e graus de adaptação. (...)
>
> As dificuldades da geração dos imigrantes talvez sejam mais drásticas e dramáticas, mas elas continuam de um modo diverso,

mais sutil e mais sub-reptício, na geração dos filhos e netos (...). Os choques da primeira geração transmitem-se, atenuados embora, através de uma espécie de acústica familial, aos jovens, que por sua vez, já muito mais adaptados ao novo ambiente, facilmente se distanciam dos pais.

Todos esses fenômenos decorrem, de um ou outro modo, das relações mais ou menos normais, mais ou menos precárias ou tensas entre o grupo marginal e o mundo ambiente. (...) O sociólogo e o psicólogo podem extrair desta coletânea dados de grande interesse sobre as múltiplas facetas de semelhante situação (...) e de que forma ela repercute nas relações entre os membros do próprio grupo (...) e na vida das pessoas que vivem sob vários graus de pressão.[4]

O psicanalista pode se sentir à vontade, pois o que nosso autor descreve é algo que ele conhece bem: o conflito identitário. Nossa identidade — aquilo por meio do que nos reconhecemos como "nós mesmos" — resulta de um amálgama de identificações, ou seja, da incorporação de modelos oferecidos pelo ambiente em que vivemos. Tais modelos veiculam valores, comportamentos e atitudes que precisam ser investidos pelos membros de uma sociedade para que ela possa funcionar adequadamente. Também se referem a pertinências: para sentir-se parte de um grupo social, é preciso não apenas adotar seu nome ("sou corintiano", "sou advogado"), mas os emblemas que o caracterizam, tanto concretamente (ir ao jogo com a camisa do time, usar terno e gravata) quanto metaforicamente (agir e pensar como os demais integrantes do grupo, vibrar com as mesmas coisas que eles, detestar o mesmo que os aborrece).

"Ser judeu", "ser alemão", "ser somali" ou "ser holandês" é consequência de identificações cujo conteúdo não é o mesmo, mas que

---

[4] Anatol Rosenfeld, introdução a *Entre dois mundos*, op. cit., p. 7. Para maior clareza, tomei a liberdade de reordenar ligeiramente a sequência das frases do último parágrafo.

são idênticas quanto à forma. E aqui vemos, por assim dizer, o retorno do reprimido, ou a revanche da tribo sobre os mecanismos que visavam a neutralizar as particularidades, deixando frente a frente o indivíduo isolado e a instância do Estado. Esse pode não reconhecer a existência legal dos grupos tradicionais, reservando-a para os indivíduos e para as associações voluntárias por eles formadas (empresas, clubes, sindicatos e demais "pessoas jurídicas"), mas nem por isso desaparecem as lealdades e os afetos que por séculos os haviam cimentado. Refiro-me a coisas como nacionalidade, religião, crenças políticas, modos de vida que consideramos desejáveis e outros fatores do mesmo gênero, cuja influência sobre as pessoas se enraíza em setores do psiquismo muito mais profundos do que o ego consciente e racional.

É por esse motivo que a experiência da imigração costuma ser desestabilizadora, como ilustra de modo exemplar a história que nos contou Ayaan. Para adaptar-se ao "mundo-ambiente", o recém-chegado precisa identificar-se com determinados aspectos dele e, por menos que deseje abandonar os equivalentes desses aspectos na cultura da qual provém, terá de renunciar a eles em alguma medida para não permanecer um marginal no país hospedeiro. Precisa aprender a expressar-se em um novo idioma, habituar-se a outras formas de convivência e de polidez, enfrentar situações que podem chocar sua sensibilidade — numa palavra, a lidar com o inusitado — e isso tem um custo psíquico nada desprezível.

Para proteger tanto quanto possível sua identidade de origem, os imigrantes recorreram desde sempre ao convívio com os compatriotas e à criação de espaços nos quais pudessem sentir-se à vontade. Aqui convém distinguir os refugiados daqueles que pretendem fixar-se definitivamente no lugar onde aportam: enquanto para aqueles a imigração tem o sentido de um exílio temporário, esses logo percebem a necessidade de criar instituições que possam ajudá-los a preservar o essencial da sua cultura e a transmiti-lo às gerações futuras. Surgem assim escolas, locais de culto, jornais, clubes recreativos, restaurantes típicos, cuja função é atrair os membros da comunidade minoritária e assim contribuir para manter a sua coesão.

A manutenção de costumes e tradições visa igualmente a criar um ambiente propício para que os jovens se interessem por eles, sem o que o grupo desapareceria junto com a geração dos expatriados. Celebram-se as festividades do calendário, contam-se lendas e histórias, ensinam-se canções, danças, técnicas de artesanato e de culinária; o cultivo dessas tradições na forma do folclore atrai também o interesse de pessoas não pertencentes à comunidade, o que reforça a valorização delas por parte dos seus integrantes: é o caso do ano-novo chinês e das festas italianas em São Paulo, da parada de São Patrício em Nova York, dos desfiles das escolas de samba no Rio de Janeiro, da *Oktoberfest* de Blumenau e de outros exemplos que seria ocioso evocar.

Tendo como pano de fundo as observações precedentes, que esboçam de modo muito sumário as condições históricas e psicológicas do contato entre culturas diversas, podemos agora nos voltar para a situação dos muçulmanos na Europa e, em particular, para o caso de Nasra e seus irmãos.

A esta altura do nosso percurso, espero que esteja claro o motivo pelo qual — no que se refere ao tema que nos ocupa — considero que nossa época se distingue bastante das anteriores. Vimos como foi longo e penoso o caminho que conduziu da intolerância em relação à diferença a uma atitude de mais respeito e mesmo de interesse pela diversidade cultural: de início restrita à dimensão religiosa, ela veio a se inscrever no quadro mais amplo dos direitos do cidadão e aos poucos passou a incluir o direito das comunidades minoritárias de preservar parte significativa da sua herança e, portanto, da sua identidade.

É essa a postura que subjaz à política holandesa para com os imigrantes dos países subdesenvolvidos, mas ela tampouco está isenta de contradições. A meu ver, a principal delas provém da dificuldade de conciliar dois ideais opostos: a integração tão completa quanto possível do *indivíduo* à sociedade circundante e a convicção de que a *comunidade minoritária* tem o direito de estimular esse mesmo indivíduo a manter-se dentro dos seus padrões. Longe de estigmatizar como bárbaros as crenças e os costumes dos imigrantes, a tendência — condizente com os princípios de uma sociedade liberal avançada — é permitir que sejam vivenciados e transmitidos à nova geração.

Mas isso só funciona enquanto tais costumes e crenças não entram em conflito com os valores essenciais da sociedade hospedeira. Suponhamos por um momento que dez mil charagundianos aportem no Brasil e que na Charagúndia esteja em vigor a escravidão. Os recém-chegados trazem consigo seus escravos e não têm intenção de abdicar desse traço essencial da sua cultura. Devem por isso as autoridades brasileiras tolerar a compra e a venda de seres humanos, o registro dos filhos das escravas em nome dos donos delas e outras práticas que aos charagundianos parecem perfeitamente naturais e legítimas? É óbvio que não. Da mesma forma, se eles fossem canibais, ou se sua religião exigisse sacrifícios humanos, com toda a certeza lhes seria proibido manter tais costumes, por violarem preceitos fundamentais da Constituição brasileira.

Ou seja, a tolerância para com o diferente não é nem pode ser absoluta. Quem emigra para uma nova terra tem de se dispor a respeitar seus usos e suas leis, pela simples razão de que sem isso não poderá usufruir as vantagens de viver nela. Se tal não for a convicção de quem quer ou precisa sair do seu país, é melhor que fique por lá ou escolha um lugar mais parecido com ele.

Sem pretender comparar os costumes muçulmanos aos dos nossos imaginários charagundianos, é preciso reconhecer que algumas de suas instituições estão em completo desacordo com as liberdades individuais tão duramente conquistadas no Ocidente, em particular no que se refere ao estatuto da mulher. É de se esperar, portanto, que surjam situações nas quais é impossível evitar o conflito — e toda a obra de Ayaan Hirsi testemunha isso com eloquência.

A louvável postura de aceitar o outro não pode nos levar a fechar os olhos diante das violências relatadas em seus livros e artigos. Aqui o problema é de natureza política e toca o cerne do modo de vida ocidental. A história dos jovens somalis evidencia os limites além dos quais a tolerância se transforma em cumplicidade com a opressão e com o obscurantismo, negando a pessoas que têm tanto direito quanto qualquer outro habitante da Holanda a possibilidade de viver suas vidas como melhor lhes parecer.

ANGÚSTIAS E DEFESAS

Recapitulemos brevemente os fatos que Ayaan Hirsi narrou. Por motivos políticos, um militante tem de deixar a Somália e fugir para o Quênia, mas sua esposa morre antes de conseguir alcançar a família. Após alguns meses, recebem um visto de asilo e vão viver em Haia, na Holanda; embora melhores do que na África, as condições materiais permanecem precárias, pois moram numa zona da cidade pobre e deteriorada.

Confrontado com a tarefa de cuidar de oito filhos, o pai "não sabe o que fazer" — não procura trabalho, não aprende a língua do lugar, não os manda para a escola. A comunidade somali local tampouco oferece às crianças um ambiente favorável. Ao que parece, os primeiros a chegar não haviam logrado construir nem mesmo um esboço das instituições das quais falei anteriormente, o que garantiria aos seus compatriotas o mínimo de ajuda para se adaptar ao novo meio. Deixadas à deriva, as crianças reagem como se poderia esperar: procurando chamar a atenção dos adultos para a angústia que as invade, tornam-se agressivas e bagunceiras.

Um golpe de sorte as faz serem transferidas para um centro de absorção na cidadezinha de Ter Aar, onde encontram uma assistente social que se empenha em ajudá-las. O primeiro movimento dela é fazê-las entender que se quiserem ser aceitas no novo ambiente precisam acatar as regras que o organizam: dos horários às maneiras à mesa, do asseio pessoal ao incentivo para que resolvam os incidentes da vida cotidiana por meio de conversas, e não de socos, Margriet as persuade de que na Holanda é necessário comportar-se como os holandeses.

Os efeitos dessa postura não tardam a se fazer sentir. As meninas se inscrevem no coro local, os garotos começam a jogar futebol com os colegas e, como as outras crianças da aldeia, os pequenos somalis passam a ajudar os vizinhos em tarefas simples. Nada de extraordinário — mas, pela primeira vez desde que deixaram seu país, Nasra e seus irmãos adquirem um marco definido e estável, que lhes oferece *segurança interna* para se desenvolverem normalmente.

"O destino, porém, mostrou sua face cruel." O pai se casa de novo e a segunda esposa, fundamentalista até a raiz dos cabelos, condena a "frouxidão" dele no que se refere à educação das filhas: elas precisariam ser "resgatadas" do convívio com os infiéis e devolvidas à reclusão em que devem viver as boas muçulmanas. Haddiyo mobiliza as autoridades encarregadas do bem-estar das crianças, que, apesar dos protestos delas e de Margriet, decidem que devem regressar a Haia. Resultado: perdem tudo o que haviam conquistado e voltam a viver num meio que as priva de todo estímulo intelectual e afetivo.

As razões do comitê se apoiam no respeito aos usos das comunidades imigrantes, o que condiz com a postura liberal da sociedade holandesa. É evidente que tal diretriz é preferível a impor-lhes uma "nederlandização" forçada, mas será que entre o porrete e a atitude de Pilatos não existiriam soluções intermediárias? Não deviam ter sido levados em conta a vontade das crianças e o parecer das assistentes sociais que as conheciam bem? Devolvê-las ao gueto era mesmo a única saída?

Emprego deliberadamente o termo *gueto*, pois é atrás de uma muralha (invisível, voluntária, mas ainda assim uma muralha) que, a julgar pela história contada por Ayaan, vivem os integristas muçulmanos. É compreensível que imigrantes queiram preservar sua identidade, mesmo que para isso exacerbem certos reflexos defensivos: ao desembarcar no aeroporto de Amsterdã, o pai de Nasra disse aos filhos que eles deveriam "mostrar aos infiéis como somos nobres". O narcisismo do refugiado é de fato submetido a duras provas: ele se sente humilhado e ameaçado e é natural que procure na idealização um modo de combater esses sentimentos penosos.

Mas nesse caso a "nobreza" consiste apenas na recusa a admitir qualquer concessão. Um detalhe revelador é que esse homem considera — na Holanda! — que aprender a usar uma bicicleta está "abaixo da sua dignidade". O psicanalista não pode deixar de ver nisso um gesto de rejeição à realidade, que só pode ter consequências graves para a mente de quem recorre a um mecanismo de defesa tão maciço.

Detenhamo-nos um momento nesse ponto, pois talvez pareça que estou exagerando. Não estou: com toda a evidência, o receio de "perder a dignidade" recobre aqui o pavor de perder a *identidade*. Ora, acaso alguém deixa de ser o que é por usar o meio de transporte mais popular no país que o acolheu? Não se está pedindo ao pai de Nasra que abjure suas convicções religiosas ou políticas, nem que abandone seus gostos e costumes: trata-se apenas de reconhecer que na Holanda as coisas se fazem de modo diverso da Somália. Recusando-se a guiar uma bicicleta, o que ele está fazendo é negar que tenha precisado emigrar, como se tudo não passasse de um sonho horrível do qual o despertar o salvará.

O fato de ser um líder político — portanto, provavelmente um homem inteligente — não o impede de recorrer a uma defesa desse vulto e pelo que sabemos não é a primeira vez que isso acontece. Nasra conta a Ayaan que o pai não expressou a dor que com certeza sentiu pela morte da mulher e, acrescentaria eu, não parece ter entendido a necessidade de ajudar os filhos a superar o fato mais importante de suas jovens vidas — a perda da mãe. Tampouco parece ter pensado em conversar com eles acerca do que seria viver num país estrangeiro, sobre as dificuldades que enfrentariam e como poderiam vencê-las. O silêncio em relação a questões tão importantes não só não as ajudou, mas *agravou* a sensação de desamparo das crianças, como se nota pelo comportamento que tiveram no cortiço de Haia e nos primeiros tempos no abrigo de Ter Aar.

Seria o recurso sistemático ao repúdio uma característica da personalidade desse senhor ou algo mais amplo? É difícil não ligá-lo a certas peculiaridades da cultura islâmica, sobre as quais, para concluir, gostaria de dizer algumas palavras. Para isso, baseio-me numa obra cuja leitura recomendo vivamente: *La Psychanalyse à l'épreuve de l'Islam*,[5] de Fathi Benslama. Benslama, analista tunisino que vive e leciona na França, debruça-se sobre a civilização muçulmana com o olhar de um *insider* e sugere algumas hipóteses para os motivos que

---

[5] Paris, Flammarion, 2005. O livro aborda o papel das mulheres na teologia islâmica e na legislação do Corão, bem como os processos mentais e sociais que conduziram às violências denunciadas por Ayaan Hirsi Ali.

subjazem à opressão das mulheres no Islã. Como esse é o tema dos escritos de Ayaan, parece-me interessante ouvir o que ele tem a dizer.

Falando do *hijab* — o véu que oculta o rosto da fiel — Benslama observa que sua função manifesta é defender a modéstia da mulher, mas na verdade serve para proteger os homens do poder de encantamento e fascínio atribuído ao corpo feminino: ele é "um filtro que evita seus poderes de perturbação". É, portanto, um instrumento de controle, assim como o harém, o "véu de pedra que prolonga o de tecido". A mulher é inconscientemente temida, pois sua sensualidade seria de tal ordem que, se se mostrasse como é, levaria os fiéis a agir de modo pecaminoso. "Os olhares sobre os atrativos femininos são as flechas de Satã", diz Ali, o genro do Profeta.[6]

Não é preciso ser um especialista em psicanálise para perceber a enorme angústia implicada nessa ideia. É ela que conduz ao repúdio do feminino e às medidas de opressão das mulheres que, correndo os riscos que conhecemos, Ayaan tem a coragem de denunciar — e, mais do que isso, de analisar:

> No que se refere à sexualidade, a cultura islâmica vê os homens como feras temíveis, irresponsáveis e imprevisíveis, que perdem de imediato todo autocontrole ao ver uma mulher (...). Um homem muçulmano não tem por que aprender a se controlar. Não precisa e não é ensinado a fazê-lo (...). Desde muito cedo, as meninas estão envoltas numa atmosfera de desconfiança. Logo aprendem que são seres indignos de confiança e que constituem um perigo para o clã. (...)
> A jaula das virgens tem consequências para as mulheres, mas também para os homens e para as crianças. (...) Na verdade, as mulheres enjauladas exercem sobre as crianças uma influência nociva, especialmente sobre os meninos. Excluídas da educação e mantidas na ignorância, ao dar à luz e ao criar seus filhos, a maioria das muçulmanas só pode transmitir seus limitados conhecimentos.[7]

---

[6] Benslama, *op. cit.*, p. 195.
[7] "A virgem na jaula", no livro do mesmo nome (São Paulo, Companhia das Letras, 2007), p. 43 e 49.

Ou seja: o repúdio não é bom para ninguém — nem para as vítimas, nem para os algozes. Em outra parte do mesmo livro, Ayaan faz observações muito pertinentes sobre a miséria afetiva dos rapazes e homens educados por essas mulheres, que não respeitam e com quem não podem aprender a lidar com suas emoções. O resultado é que ficam limitados a um único modo de se defender da insegurança que isso provoca: a agressividade, frequentemente colorida por uma culpa esmagadora, da qual ela também fala em outras passagens do livro.

Não será por ter sido criado em tal atmosfera que o pai de Nasra não consegue elaborar os traumas pelos quais passa? Não será pela mesma razão que não consegue ter com seus filhos mais do que um contato superficial e, apesar dos discursos sobre a nobreza da cultura da qual provêm, mostra-se incapaz de transmitir a eles as belezas que ela encerra? Não terá isso algo a ver com a insegurança que o faz considerar o simples ato de pedalar uma bicicleta uma ameaça intolerável à sua "dignidade"?

A dificuldade para inventar um modo de ser muçulmano na Holanda não é, evidentemente, exclusiva desse homem: ele a compartilha com muitos outros seguidores da religião islâmica (felizmente, como também vemos nos escritos de Ayaan Hirsi, não com todos). Tal dificuldade aponta para o *repúdio ao diferente* enraizado na ideologia fundamentalista, que na verdade contradiz a abertura ao novo que em tempos passados tanto enriqueceu a civilização islâmica. A atitude defensiva diante do suposto poder de perversão encarnado no corpo feminino é apenas mais uma manifestação dessa postura, responsável igualmente pela hipersensibilidade que faz se eriçarem os turbantes diante de qualquer crítica ao modo de vida tradicional.

O que contei no início, sobre como foi difícil ao Ocidente livrar-se do obscurantismo religioso, faz pensar que o Islã não o superará se não passar por processos análogos ao Renascimento e ao Iluminismo, ao cabo dos quais a tolerância se impôs na Europa como primeiro passo na conquista dos direitos individuais. Para avaliar as chances de isso ocorrer, seriam necessários mais conhecimentos do que aqueles dos quais disponho, mas creio que já dispomos de elementos para refletir sobre o tema.

A literatura e a arte na cultura da imagem

Beatriz Sarlo

Beatriz Sarlo

Escritora e crítica literária argentina, ajudou a desvendar a escrita latino-americana. Nascida na capital portenha no começo da década de 1940, é professora de literatura argentina da Universidade de Buenos Aires. É uma das mais proeminentes críticas da sociedade argentina, conhecida por seus estudos sobre literatos latino-americanos, como Pedro Sarmiento, Esteban Echeverría, Juan José Saer, Julio Cortázar e Jorge Luis Borges. Analisando de forma incisiva diversas facetas da arte e da cultura de seu país, mostrou força ao criar em 1978 — no auge da ditadura de Jorge Videla — a revista *Punto de Vista*, a qual dirigiu até 2008. Também esteve à frente de cursos em importantes instituições de ensino norte-americanas, como as universidades de Berkeley e Colúmbia. Os ensaios de Beatriz Sarlo atravessam as fronteiras disciplinares: da literatura à sociologia, da filosofia ao urbanismo, passando pelas crises que abalaram seu país e a reflexão sobre o cenário cultural. Publicou em português os livros *Cenas da vida pós-moderna*; *Paisagens imaginárias: intelectuais, arte e meios de comunicação*; *Tempo presente: notas sobre a mudança de uma cultura*, *A paixão e a exceção* e *Tempo passado: cultura; da memória e guinada subjetiva*.

A atualidade nos apresenta uma situação paradoxal. Por um lado, assistimos a uma espécie de inflação cultural; diante da crise do político, a cultura parece desempenhar um papel central no cenário contemporâneo e os meios de comunicação escrita ocupam-se de arte e literatura, reproduzindo muitas vezes o que o mercado propõe como linhas fundamentais. Por outro lado, abundam as perspectivas pessimistas sobre a capacidade atual da arte de transformar-se em um poderoso centro de reflexão sobre as condições presentes. Por um lado, os artistas são cortejados, por outro, duvida-se (com razões de sobra) de que sua prática tenha um impacto social significativo. A dúvida surge de uma reorganização profunda da esfera cultural, na qual é inegável que os meios audiovisuais têm implantado sua hegemonia, dirigindo ou aconselhando as grandes audiências e o grande público.

Para entender a cultura hoje, é necessário tentar compreender o conjunto de transformações que, vivenciadas no presente, muitas vezes parecem ter acabado de acontecer e são completamente originais de nosso tempo. Quando colocadas em perspectiva histórica, porém, descobre-se que em outros momentos houve transformações igualmente profundas.

Atualmente, falamos de uma cultura da imagem e de uma civilização da imagem, e isso nos impacta como a novidade do contemporâneo. Mas poderíamos dizer que, na história da cultura ocidental, ao passo que muitos foram os séculos da imagem, houve apenas dois séculos, o XIX e o XX, que foram dominados pelas letras. Até o final do século XVIII, a cultura comum (especialmente a cultura que chegava aos setores camponeses, aos artesãos, aos setores populares e aos ainda incipientes setores operários) era, sobretudo, uma cultura da imagem, acompanhada, de maneira muito dispersa e sintética, pela escritura. Os almanaques camponeses que circularam na Europa e na América consistiam fundamentalmente em imagens para as quais a escritura funcionou como nota de rodapé ou epígrafe.

A grande novidade, o grande salto foi dado quando a cultura da letra transmitida pelos meios impressos alcançou os setores populares, artesãos, operários e, finalmente, camponeses — a revolução dos jornais e editoriais populares do fim do século XIX e das primeiras décadas do século XX.

Por que então essa impressão de novidade radical que experimentamos hoje? Porque vivenciamos o presente como o que acontece a nós e somente a nós. Experimentamos o presente como atualidade, aquilo que Walter Benjamin[1] chamou de *Jeztzeit* ou tempo-presente. Temos a impressão de estarmos vivenciando uma transformação da dimensão simbólica do mundo social. E essa impressão poderia ser correta, não apenas porque a imagem tornou-se cada vez mais dominante (uma experiência já conhecida), mas por outras razões.

A novidade com a qual vivemos o presente é uma história que começa com o rádio. Por volta de 1930, o rádio tornou possível, pela primeira vez na história, que se acompanhasse em tempo real o que estava acontecendo: um concerto, um discurso político, um jogo de futebol. De modo imperfeito e ainda com grandes dificuldades técnicas, começou a transmissão ao vivo. Evidentemente não em todos os casos, pois os correspondentes de guerra que estavam no *front*, por exemplo, não podiam transmitir instantaneamente ao público os brutais acontecimentos. Mas os cabos, que se conectavam aos jornais, permitiam conhecer o dia a dia da guerra. Menciono as guerras porque, como assinalou Paul Virilio,[2] foram acontecimentos de interesse planetário, ao

---

[1] Walter Benedix Schönflies Benjamin (1892-1940), ensaísta, crítico literário, tradutor e filósofo judeu-alemão. Associado à Escola de Frankfurt, à Teoria Crítica e ao marxismo. A filosofia da história de Walter Benjamin alimenta-se de três fontes: o romantismo alemão, o messianismo judeu e o marxismo. Foi um dos pensadores mais influentes da primeira metade do século XX. (*N. do O.*)

[2] Paul Virilio (1932) é filósofo e urbanista francês. Influente crítico da cultura, tem uma percepção crítica com relação à cultura de massas contemporânea e é cético com relação às conquistas da sociedade da informação. Tende a destacar o teatro e a dança como manifestações artísticas do corpo presente, capazes de estabelecer barreiras ao progresso do mundo virtual. Percebe na Internet o avanço de um processo de alienação e de ampliação do controle sobre a sociedade civil. (*N. do O.*)

longo dos quais grandes inovações nas comunicações foram introduzidas: criaram-se as agências de fotografia, consolidaram-se os noticiários cinematográficos e afirmou-se a figura do correspondente no exterior.

Pela primeira vez, teve-se a sensação de que se testemunhava, sem defasagem de tempo, um acontecimento. Essa simultaneidade, que permite remeter ao acontecido quase em tempo real, representou uma mudança assombrosa para várias gerações. Os que nasceram em 1910 ou mais para a frente foram a primeira geração a assistir a essa mudança, primeiro com o rádio, depois com a televisão; os jornais do começo do século XX tematizavam essa mudança como "o maravilhoso técnico". Umberto Eco,[3] em um ensaio sobre a televisão escrito nos anos 1960, assinalou que a característica mais própria da televisão é a forma direta, que não exclui de modo algum a manipulação, porque a edição implica uma grande quantidade de trabalho em simultâneo sobre as imagens produzidas por várias câmeras, processo que acontece ao vivo (não estou me referindo à manipulação no sentido ideológico, mas aos cortes e à escolha da câmera que mostra o acontecimento que está sendo transmitido). Os processos técnicos, é claro, possibilitam o trabalho da ideologia, sobretudo no que diz respeito ao tipo de imagem, à proximidade com a situação real, ao texto em *off* que a acompanha, às reiterações e às elipses. Mas todos esses recursos, que podem ser utilizados em diferentes direções ideológicas, possuem, em primeiro lugar, uma base técnica.

As grandes transformações nesse sentido são tecnológicas. E a última delas seria a digitalização e a transmissão praticamente instantânea de sons, textos e imagens, não só por meio de um pesado computador, como também com o uso de telefones e monitores pequenos e portáteis. A Internet liberta os usuários dos postos fixos de televisão e ace-

---

[3] Umberto Eco (1932), semiólogo, filósofo e linguista italiano, professor da Universidade de Bolonha, autor de obras destacadas, de ficção e não ficção, como *Tratado geral de semiótica*, *O nome da Rosa* e *O pêndulo de Foucault*. Seus primeiros trabalhos debruçaram-se sobre Santo Tomás de Aquino. Nos anos 1960 passou a estudar a relação entre a poética contemporânea e a pluralidade de significados. A partir dos anos 1970, atualizou o conceito e consolidou a disciplina da semiótica. (*N. do O.*)

lera a simultaneidade do "direto", ultrapassando limites até há pouco impensáveis. Sem dúvida, hoje se produz, se consome, se age em uma cultura da aceleração e isso apresenta uma quantidade de interrogações em aberto sobre esse processamento, a tão alta velocidade, questões estéticas ou políticas, morais ou ideológicas muito complexas. A pergunta que deveria ser feita é se os públicos têm os instrumentos e as habilidades simbólicas para poder decifrar a trama de mensagens sobrepostas e, sobretudo, para decidir entre elas. Essa pergunta não se responde nos meios, mas pode (ou não) encontrar resposta nas instituições, em primeiro lugar na escola. O problema não é a tecnologia, mas sim a destreza do público para ler a informação em ritmo acelerado e, sobretudo, a possibilidade de acesso igualitário aos aparelhos (na América Latina e na África esse acesso não está garantido como direito e bem comum).

O problema real suscitado pela tecnologia é o do acesso material e das destrezas necessárias. Nesse sentido, o mundo globalizou-se para os que podem se colocar numa posição material e simbólica que os permita captar uma trama de relações internacionais e nacionais de um novo tipo. Isso é o novo, mas essa nova dimensão inclui uma quantidade de dobras, clivagens e desigualdades.

Por outro lado, inclusive em posições que permitam apreender os processos globalizados (e não simplesmente sofrer suas consequências), existe uma esfera local que não perdeu todos os seus sentidos. A despeito do que é identificado como atributos da "cultura global", a experiência ainda está localizada, inclusive no caso dos imigrantes internos e externos que vivenciam uma dupla localização: a do lugar que abandonaram e com o qual se comunicam virtualmente e a do lugar aonde chegaram, que é o novo contexto em que vivem, incluindo os casos em que se envidam esforços para manter os respectivos patrimônios culturais e linguísticos. A partir de Appadurai, todos os teóricos da globalização cultural concordam que ela implica um processo de regionalização em sentido contrário, tão forte quanto o da globalização.

No contexto da globalização, o mundo é, em primeiro lugar, a minha aldeia e o meu povo; e nesse marco o mundo é também o conjunto de produtos do mercado cultural global que chegam a cada uma das regiões. Na América Latina, os grandes públicos não estão preocupados e tampouco se manifestam sobre as celebridades de Bollywood, na Índia, ou de Seul, na Coreia do Sul, apesar de esses serem centros de produção em massa tão importantes quanto os ocidentais. As celebridades são fortemente locais. É claro que há celebridades globalizadas. Mas o *glamour* popular é muito localizado.

O mercado simbólico, especialmente a televisão, produz *mainstream*. Muito tem-se falado sobre os nichos de mercado, dos consumos culturais por meio da Internet ou da televisão paga, como construtores desses segmentos, que não se tocam nem constituem uma mesma esfera de público. Entretanto, os grandes capitais do mercado se interessam pela existência de núcleos fortes, com capacidade para coagular uma parte muito importante da opinião e do interesse de massa.

Certamente, há nichos, tribos de consumo ultrassegmentado, não somente na cultura pop e na cultura popular, mas também na cultura erudita (seria preciso questionar se não existiram desde sempre; e é muito provável que a resposta seja afirmativa). Contudo, os que compõem seu próprio cardápio televisivo ou seu menu musical constituem uma minoria. Quando se examinam as listas das músicas no formato mp3 mais vendidas, os downloads concentram-se em dez artistas. O mercado não permite que se disperse o consumo. O mercado quer ter uma dúzia de grandes cantores pop internacionais — é o que lhe traz eficiência do ponto de vista econômico; não é conveniente para o mercado fazer 60 mil lançamentos de cantores para que todo mundo baixe em mp3. O mercado quer que o *mainstream* permaneça *mainstream*, porque a produção e sobretudo a difusão e a publicidade custam muito dinheiro.

Quantas pessoas acessam páginas onde podem ser baixadas canções de jazz de graça, na razão de dois temas por dia? Pouquíssimas (basta ver os anúncios que conseguem essas *web pages*). Então, a forma pela qual se acessam músicas e filmes tem variado do ponto de vista do suporte material; mas a concentração em certos produtos subsiste, porque o grande público deseja mais se parecer do que se diferenciar, o que é conveniente para o mercado. As grandes gravadoras, por outro lado, podem manter produtos para públicos muito pequenos, insignificantes, porém prestigiosos. Nichos diminutos superespecializados, que não significam nada no âmbito de massa nem disputam faixas do mercado com as celebridades. São os selos de prestígio, os que editam Boulez[4] e Ligeti,[5] e junto com eles, com o barateamento das técnicas de gravação e multiplicação, estão os selos bem menores que editam a vanguarda mais jovem.

Essas, sim, são grandes transformações, mas têm a ver com os artistas que as impulsionam, não com um público de massa; não é o que esse público consome, mas sim o que responde às iniciativas dos artistas, que podem fazer chegar a audiências muito reduzidas, mas intensamente comprometidas, seus vídeos e CDs, de uma maneira que antes nem podiam nem sonhar. Hoje, qualquer um, literalmente, pode editar um CD e difundi-lo entre dezenas ou centenas de pessoas. Mas quem faz parte do público habitual de música contemporânea sabe que integra um grupo diminuto, uma elite que se conhece e conhece os mesmos músicos, como acontece também com o público das leituras de poesia.

Quem vai assistir a teatro *underground*? Quem vai ouvir música contemporânea? Muito poucos, se comparados aos grandes números dos meios audiovisuais. São frações que não afetam a cultura de massa. Afetam a cultura das elites e fortalecem a vitalidade dessa cultura em alguns campos. Mas acredito que a ela não se refere à hipótese de que cada um pode montar, do seu computador (e com seu cartão de crédito), seu próprio menu cultural. Não tem nada a ver com a tecno-seleção com que cada um arma a colagem individual de seu menu cotidiano e o transporta no interior de seu iPod para consumir nos mais variados lugares.

Por outro lado, tem se aprofundado uma divisão entre os públicos, Esse processo de diferenciação não é novo e atravessa todo o século XX.

---

[4] Pierre Boulez (1925), maestro e compositor francês, um dos mais proeminentes nomes da música erudita contemporânea. (*N. do O.*)

[5] György Sándor Ligeti (1923-2006), compositor húngaro judeu, reconhecido como uma das grandes referências da música erudita do século XX. Ganhou celebridade junto a um público mais amplo com a composição da trilha sonora do filme cult *2001, uma odisséia no espaço*. (*N. do O.*)

Há 150 anos era possível que um grande poeta romântico, como Victor Hugo, Byron ou Wordsworth, fosse reconhecido pelas minorias mais letradas e pelo público que, vindo de outras camadas sociais, começava a comprar e ler livros. Já não se deu isso com Flaubert ou Baudelaire, embora sim com Gorki e Zola. Contudo, a partir das vanguardas das primeiras décadas do século XX, o que fora um desentendimento incipiente se transformou em um conflito e um cisma.

A música contemporânea apresenta a fratura mais aguda entre públicos, porque nela o prazer e a dificuldade são quase inseparáveis. Por isso, quase toda a música que se escuta nas rádios e nas salas de concertos é música do passado, como se toda a literatura que hoje se lê fosse romances de Balzac ou de Tolstoi ou sonetos de Petrarca. Diante das programações da música que costuma ser designada como "clássica" ou "europeia", alguém poderia chegar à conclusão de que, para a maioria do público que aprecia essa música, acaba sendo mais simples o século XVIII de Mozart do que o de Diderot.

Se assim é, devemos nos interrogar também sobre as razões pelas quais as artes plásticas, incluindo a performance e todas as formas de videoarte, não têm padecido desse mesmo processo de divisão de públicos. Poderíamos tentar uma resposta que é externa à dinâmica estética e que tem mais a ver com as modalidades e com os espaços de consumo. Em primeiro lugar, esclareçamos que as artes plásticas conservam um público mais extenso do que o clube de iniciados e a elite socioeconômica de colecionadores, embora somente alcance grandes números por ocasião de algumas exposições excepcionais, geralmente internacionais, que têm a chancela dos grandes museus. Entretanto, ao redor da parcela de entendidos, há uma periferia muito mais ampla do que a da música contemporânea ou do cinema de vanguarda.

O fator de popularidade é o *marketing* dos museus, que são as construções estrelas da arquitetura atual. Nos últimos anos, publicaram-se projetos de museus antes mesmo de os construírem e os ergueram antes que se houvesse adquirido as coleções ou se assegurado os financiamentos para abrigá-las. O museu é o logotipo de muitas cidades;

pensemos no Guggenheim, primeiro em Nova York depois em Bilbao; no Museu de Arte Contemporânea de Santiago de Compostela; e no Tate Modern, de Herzog e De Meuron,[6] ou na galeria Clore, de Stirling,[7] em Londres. O museu define ou completa uma imagem urbana e atrai investimentos turísticos.

Ademais, já não se exibem as obras como se fazia há meio século; a figura do curador é quase tão importante quanto a do artista que está sendo exibido; pautam-se percursos para os não especialistas; estabelecem-se comparações oportunas, curiosas ou disparatadas entre as obras; procura-se fazer com que a visita seja uma experiência "divertida". Há atividades para crianças, inevitáveis projeções de vídeos, restaurantes e, sobretudo, aquele lugar onde a arte acaba perdendo sua aura e se aproxima de nós convertida em mercadoria: as lojinhas dos museus, onde o uso industrial da obra a torna imediatamente familiar. O museu atual tem a jovialidade distendida de um pequeno parque temático.

Por outro lado, a arte pop introduziu os objetos do cotidiano na arte de um modo muito mais radical do que o realismo e de maneira mais reconhecível do que as citações de objetos cotidianos do cubismo. E, junto a esse mundo prosaico, levou para a arte as técnicas de representação tomadas da ilustração comercial, da publicidade, do *packaging*. O cotidiano, com a intervenção de artistas como Warhol, conserva um resquício de acessibilidade que nunca teve, por exemplo, o expressionismo abstrato. Duchamp ficou com as palmas da vitória: todo

---

[6] Jacques Herzog (1950) e Pierre De Meuron (1950), arquitetos suíços associados, agraciados com o Prêmio Priztker de 2001 e com a Gold Medal de 2007. São autores de projetos icônicos como a Tate Modern e o Laban Centre (Londres), a Allianz Arena (Munique), o Ninho do Pássaro (Pequim), a expansão do Walker Center (Minneapolis), o Museu CaixaForum (Madri) e a Elbe Filarmônica (Hamburgo). (*N. do O.*)

[7] James Stirling (1926-1992), conceituado arquiteto britânico, premiado com a Gold Medal of the Royal Institute of British Architects (1980) e com o Pritzker, em 1981. Sua fama baseia-se numa longa série de importantes prédios pós-modernos. Dentre seus projetos mais célebres estão o Engineering Department, da Universidade de Leicester, o History Building, da Universidade de Cambridge, a Staatsgalerie, de Stuttgart, e a Clore Gallery Expansion, da Tate Gallery. (*N. do O.*)

objeto exposto em uma galeria é arte, pela força instituinte do artista ou do sistema estético. Além do mais, muitas das obras contemporâneas vêm acompanhadas de sua própria explicação, algo que as torna imediatamente legíveis em termos de programa estético, ou melhor, de intervenção ideológica. E se tal explicação não for proporcionada pelo artista, o curador está ali para pregá-la nas paredes. Essa pedagogia impede que as artes visuais sofram, no que diz respeito ao grande público, uma fratura tão profunda como a que afeta a música ou o cinema.

O caso do cinema é curiosamente paradoxal. A partir dele estabeleceu-se a ideia de uma arte do século XX para as massas, que interessava, ao mesmo tempo, aos artistas (expressionistas e surrealistas) e a ensaístas como Krakauer[8] e Benjamin. E, com efeito, um filme como *Cidadão Kane* parecia ter conseguido a junção da investigação estética (modos narrativos, tipos de enquadre, lentes, profundidade de campo nunca antes vista) e de um público muito mais amplo do que aquele que seguia essas experimentações em outras artes. Diretores de Hollywood como John Ford, Douglas Sirk,[9] Howard Hawks,[10] John Huston,[11] Vincent Minelli[12] e Stanley Donen[13] tiveram uma recepção europeia culta na *Cahiers du Cinema*, a revista que seria o órgão crítico da *nouvelle vague*. E todavia, justamente naquele momento, começo dos anos 1960, Godard, Antonioni e outros já estavam passando para o outro lado, o

---

[8] John Krakauer (1954), escritor, jornalista e alpinista norte-americano, celebrizado por obras como *No ar rarefeito*, *Na natureza selvagem* e *Pela bandeira do paraíso*.

[9] Douglas Sirk (1900-1987), cineasta alemão, afirmou seu nome com célebres melodramas filmados em Hollywood nos anos 1950. (N. do O.)

[10] Howard Winchester Hawks (1896-1977), realizador e cineasta com uma carreira versátil, tendo filmado westerns, comédias, dramas, épicos. (N. do O.)

[11] John Marcellus Huston (1906-1987), ator e cineasta americano, estreou como diretor em 1941. Tornou-se um dos mestres do chamado cinema *noir*. Pai da atriz Angelica Huston. (N. do O.)

[12] Vincent, Minelli, pseudônimo de Lester Anthony Minelli (1903-1986), cineasta considerado um dos criadores do moderno musical. Casou-se com a estrela Judy Garland, com quem teve a filha Liza Minelli. Foi premiado com Oscars por grandes filmes como *Um americano em Paris* e *Gigi*. (N. do O.)

[13] Stanley Donen (1924), cineasta e coreógrafo americano, cuja filmografia está fortemente ligada aos musicais. *Cantando na chuva* é um de seus filmes mais famosos. (N. do O.)

lado não frequentado pelos grandes públicos que o cinema tinha unificado em seus primórdios.

Hoje, os filmes de Godard estreiam em pequenas salas, os de Sokurov[14] são projetados em horários liberados pelas produções do chamado cinema de qualidade (cinema comercial benfeito, com temas sérios) ou do cinema do grande espetáculo que ninguém produz melhor e com maior eficiência do que Hollywood. Somente nos festivais especializados podem-se ver as cinematografias originais do mundo: não os filmes chineses comerciais, mas *Plataforma*, de Jia Zhangke;[15] não os documentários de Michael Moore, mas os de Kiarostami.[16] Esses festivais têm seu público, porém não dão conta de sustentar projeções contínuas, apenas eventos excepcionais. Quando um filme de Godard encerra sua temporada na França (onde o diretor é, sem dúvida, uma figura de grande visibilidade), menos de 40 mil pessoas o viram. Uma quantidade desprezível em termos de cinema. E aos que dizem que hoje o cinema se vê em DVD, responderia que sim, é verdade, mas o mercado de cinema em casa respeita as proporções: Spielberg multiplica milhares de vezes o cinema de arte.

Disposto então por um ponto de vista quantitativo, o consumo de bens simbólicos é acessível por meio de um mercado cujas principais características são a concentração e a transnacionalização, exceto em

---

[14] Alexander Nikolayevich Sokurov (1951), cineasta, formado em história, expoente da vanguarda russa, cujo nome está associado à busca de uma nova linguagem para a arte. Assim como Peter Greenaway, Sokurov acredita que o cinema ainda não foi capaz de desenvolver uma linguagem própria. Também filmou documentários e produções para a TV. Em 1995, a Academia Europeia de Cinema listou-o dentre os cem melhores cineastas da atualidade. (N. do O.)

[15] Jia Zhangke (1970), cineasta chinês que seguiu, pelo menos até 2004, trajetória independente e cujos filmes são considerados representativos da cena *underground* local. Em 2006 ganhou projeção internacional ao receber o Leão de Ouro em Veneza. Também filmou curtas e documentários. Dramas da juventude chinesa atual, história, arte e globalização fazem parte dos temas tratados por ele em seus filmes. (N. do O.)

[16] Abbas Kiarostami (1940), cineasta iraniano, agraciado com a Palma de Ouro no Festival de Cannes, em 1997, pelo filme *Gosto de cereja*. Em 1999, com *O vento levar-nos-á*, ganhou o Leão de Ouro do Festival de Veneza. Seus filmes são intimistas e traçam um retrato realista da sociedade iraniana contemporânea. Seu documentário mais famoso é *ABC África* (2001), sobre a epidemia de Aids no continente africano. (N. do O.)

nichos pequenos, nos quais a ação pública (estatal ou privada) mantém a possibilidade de circulação de bens alternativos, que, quando comparados aos grandes números do consumo de massa, são relativamente marginais.

O mercado de livros permite uma maior dispersão, porque produzir livros é mais barato do que produzir filmes (relativamente barato no mundo e hoje, na Argentina, por exemplo, baratíssimo). Embora seja um mercado muito concentrado, com capitais transnacionais, nas suas margens proliferam pequenas editoras dirigidas por editores vocacionais e escritores. Por isso se mantém altamente diferenciado: publica *mainstream*, experimentação, literatura popular, vanguarda, permite a subsistência da poesia e descobre autores que não seriam publicados pelas grandes editoras comerciais, como no caso de Beckett,[17] cujos livros não vendidos abarrotavam os porões das Éditions de Minuit até que ganhou o Prêmio Nobel.

No caso da literatura, portanto, um grupo de autores americanos, europeus e, eventualmente, de outras procedências nacionais (dos quais Ohran Pamuk[18] é o exemplo mais evidente, mas poderíamos mencionar outros) domina as listas das grandes vendas e ocupa a atenção dos suplementos e cadernos culturais dos jornais. No entanto, seria necessário estudar detidamente a diferença que separa o renome e o prestígio intelectual da circulação efetiva.

Consideremos alguns exemplos. Sándor Márai,[19] grande romancista húngaro, encontrou, depois da sua morte, um público de massa que

---

[17] Samuel Beckett (1906-1989), dramaturgo e escritor irlandês agraciado com o Nobel de Literatura em 1969. Sua peça *Esperando Godot* é considerada um marco da dramaturgia. Beckett projetou-se como um dos grandes ícones do chamado teatro do absurdo. (N. do O.)

[18] Ferit Orhan Pamuk (1952) é o mais proeminente escritor turco na contemporaneidade. Foi agraciado em 2006 com o Nobel de Literatura. (N. do O.)

[19] Sándor Márai (1900-1989), escritor e jornalista húngaro. Crítico do nazismo e, posteriormente, do comunismo, emigrou para a Itália e posteriormente para os Estados Unidos, onde se suicidou já com idade avançada. Na Europa Oriental, sua obra foi proibida durante o regime comunista e mesmo no Ocidente foi relativamente pouco conhecido em vida. A redescoberta de sua obra é recente. (N. do O.)

sua literatura, quase secreta, não conseguira nas décadas anteriores. Dentre as muitas explicações possíveis, uma terá de considerar as características de sua narrativa. Márai, como antes dele Joseph Roth[20] com *A marcha de Radetzky*, evoca a literatura do século XIX, seu impulso para contar histórias e apresentar personagens, reproduzir cenários e paisagens sociais. Nenhum crítico literário confundiria a literatura de Sándor Márai com a do século XIX, mas reconheceria que conserva dela a vontade de construir mundos sociais com dimensões psicológicas e morais que permitam aos leitores processos de forte identificação.

Também poderíamos pensar o *boom* da literatura latino-americana dos anos 1960 e 1970 como um conjunto de romances que assumiram a representação, embora explorassem as técnicas da narrativa de vanguarda e, em alguns casos, propusessem inovações formais que, no entanto, se articulam em narrações que seguem fundando mundos, totalidades compreensíveis. Pensando nesse momento especial da literatura de América Latina, seria preciso inclusive admitir que alguns autores contemporâneos do *boom* não tiveram as centenas de milhares de leitores que acompanharam a obra de García Márquez, Carlos Fuentes e, em menor medida, José Donoso[21] ou Ernesto Sábato.[22] Nem Onetti[23] nem Guimarães Rosa nem Clarice Lispector, nem sequer

---

[20] Joseph Roth (1894-1939), novelista austríaco, de origem judaica, mais conhecido por *Radezky-marsch* e por *Hiob*, sagas familiares que contavam muito da vida da comunidade judaica no antigo Império Austro-Húngaro. (*N. do O.*)

[21] José Donoso (1924-1996), escritor e jornalista chileno. Seu primeiro romance, *Coronación*, é de 1957. Autoexilou-se na Espanha com o golpe de Estado de 1973. *El obsceno pájaro de la noche*, de 1970, é seu romance mais conhecido. Considerado um dos maiores nomes da literatura sul-americana, recebeu o Prêmio Nacional de Literatura em 1990. (*N. do O.*)

[22] Ernesto Sábato (1911), escritor, ensaísta e artista plástico argentino. Escreveu vários livros e ensaios sobre o homem e a crise do nosso tempo e sobre a criação literária. *Sobre heróis e tumbas* é considerado um dos romances mais importantes escritos na Argentina no século XX. (*N. do O.*)

[23] Juan Carlos Onetti (1909-1994), romancista e contista uruguaio, considerado um dos fundadores da linguagem moderna na literatura de língua espanhola, destacando-se por uma prosa que se inventa a partir da oralidade. Notadamente pessimista em relação à condição humana, foi influenciado por autores como Joyce, Céline e Faulkner, mas criou para sua obra toda uma ambiência particular. (*N. do O.*)

Juan Rulfo,[24] foram tão lidos ou reconhecidos como a meia dúzia de escritores que formam o núcleo da literatura latino-americana das décadas de 1960 e 1970. Até mesmo Borges foi identificado, pelo grande público, mais por suas entrevistas e intervenções na mídia do que por sua literatura: uma figura arquetípica de escritor, provavelmente mais citado e vendido do que efetivamente lido. Hoje, apenas possivelmente os romances de Bolaño[25] alcancem uma repercussão que pode evocar a da literatura dos anos 1970. Ao passo que Juan Villoro,[26] Mario Bellatin,[27] Juan José Saer[28] são escritores de minorias. Lembremos do caso dos romances notáveis de Chico Buarque, que chegam somente a uma fração menor do que representa seu público como músico. E isso no caso de um país cujos músicos populares de qualidade têm uma relação quase excepcional com o mercado.

---

[24] Juan Rulfo (1917-1986), nascido Juan Nepomuceno Carlos Pérez Rulfo Vizcaíno, escritor mexicano. É considerado o precursor do realismo mágico. Publicou apenas duas obras em vida: *El llano em llanas* (1953) e *Pedro Páramo* (1955), traduzidas para vários idiomas. Artigos e roteiros de cinema também compõem a sua obra, grande parte dela adaptada para o cinema. (N. do O.)

[25] Roberto Bolaño Ávalos (1953-2003), poeta e novelista chileno, considerado pelos pares um dos mais importantes autores de sua geração. Nos anos 1990, produziu um volume substancial de obras de romances, que o projetaram internacionalmente, sobretudo nos países de língua espanhola. Sua novela *2666*, publicada postumamente, vem sendo aclamada como obra-prima. (N. do O.)

[26] Juan Villoro (1956), escritor e jornalista mexicano. Em 2004, obteve projeção internacional ao ser agraciado com o Prêmio Harralde de Literatura pela novela *El testigo*.

[27] Mario Bellatin (1960), escritor mexicano, viveu grande parte de sua vida no Peru. Consideradas experimentais, suas obras estabelecem um jogo entre realidade e ficção, ampliando as fronteiras da anormalidade ao torná-la usual. É celebrado por sua escrita direta. (N. do O.)

[28] Juan José Saer (1937-2005), escritor e ensaísta argentino que se radicou em Paris em 1968. Possui vasta obra narrativa, que abarca quatro livros de contos — *En la zona* (1960), *Palo y hueso* (1965), *Unidad de lugar* (1967), *La mayor* (1976); e dez novelas — *Responso* (1964), *La vuelta completa* (1966), *Cicatrices* (1969), *El limonero real* (1974), *Nadie nada nunca* (1980), *El entenado* (1983), *Glosa* (1985), *La ocasión* (1986, Premio Nadal), *Lo imborrable* (1992) y *La pesquisa* (1994). É considerado figura seminal da literatura latino-americana. (N. do O.)

Se pensarmos na literatura europeia, Sebald[29] foi provavelmente o último grande escritor em língua alemã, depois de Thomas Bernhard.[30] Um descobrimento tardio por causa da hesitação de Sebald em publicar seus escritos antes dos 50 anos. De toda forma, e rodeado de toda a parafernália da consagração intelectual, a difusão de Sebald ou de Bernhard não pode ser comparada à de um romance como *O perfume*, de Patrick Süskind. Nos Estados Unidos, romancistas *mainstream*, como Jonathan Franzen,[31] são certamente mais lidos do que o irredutivelmente experimental Thomas Pynchon.[32] É suficiente comparar o número de entradas de cada um na Internet.

A pergunta a ser feita seria: o que mudou, o público ou a literatura? Acredito que a resposta seja afirmativa para ambos os casos, mas não adianta respondê-la apenas com sim ou não. Com relação à literatura, tem-se aperfeiçoado uma literatura culta, porém não experi-

---

[29] Winfried Georg Maximilian Sebald (1944-2001), escritor, poeta e acadêmico alemão. Por ocasião de sua morte em um acidente de automóvel era citado como um dos mais importantes autores vivos, sendo lembrado para integrar as listas para o Nobel. Seu trabalho está fortemente ligado ao tema da memória, individual e coletiva, e a um esforço de reconciliação identitária com o trauma da Segunda Guerra Mundial. Deixou um legado pouco numeroso, composto de quatro volumes de ficção, além de ensaios e poemas, todos de difícil classificação em termos estilísticos. Sua narrativa, rompendo as fronteiras entre os gêneros, fortemente imagética e pictórica, é saudada pela sofisticação e placidez. (*N. do O.*)

[30] Niclaas Thomas Bernhard (1931-1989), um dos mais importantes escritores austríacos e germanófonos da segunda metade do século XX. Deixou obra considerável, que inclui 19 novelas e 17 obras teatrais. Polêmico, proibiu em testamento que suas peças fossem representadas na Áustria, país com o qual sempre manteve uma relação de amor e ódio. Sua literatura é sombria e seus personagens circulam num ambiente negativista que frequentemente se remete ao estado de falência moral que se seguiu à Segunda Guerra Mundial. (*N. do O.*)

[31] Jonathan Franzen (1959), escritor e ensaísta norte-americano. Seu romance *The Corrections* (2001) alcançou considerável repercussão junto à crítica nos Estados Unidos e recebeu importantes prêmios. (*N. do O.*)

[32] Thomas Ruggles Pynchon Jr. (1937), considerado um dos mais originais escritores norte-americanos vivos, célebre por suas obras longas e complexas, com inúmeros personagens e histórias paralelas. Sua narrativa alcança diversos campos do conhecimento, dos quadrinhos à física e à química, passando pela história e pela matemática. Sua ficção é picaresca e sombria, beirando ao absurdo. Vive uma vida reclusa. *O arco-íris da gravidade* é considerado o seu livro mais essencial. (*N. do O.*)

mental, que, no entanto, incorpora explorações estéticas acontecidas, digamos, desde os anos 1960. Esta foi a novidade do novo romance latino-americano dos anos 1960 e 1970: uma narrativa legível, mas não simples, interessada pela realidade histórica, mas sem as marcas mais evidentes do realismo social, feita por escritores que conheciam tanto Faulkner quanto o jornalismo (é o caso de García Márquez), tanto Henry James como Joyce e Virgina Woolf (caso de Donoso).

No entanto, não podemos esquecer que, quase contemporâneos do *boom*, grandes escritores, como Juan José Saer ou Manuel Puig,[33] tomavam outros caminhos: abertamente experimental, no caso de Saer, e encarando um trabalho original com as línguas da cultura popular, no caso de Puig. E eles não obtiveram os públicos que acompanharam os escritores dos anos 1960 e 1970 e os seguem até hoje. Puig, em que pese seu renome e a matéria de seus romances, não é um escritor de massas como García Márquez, Angeles Mastretta[34] ou Isabel Allende. Juan José Saer não foi lido durante os 20 primeiros anos em que foram publicados seus romances (romances tão primorosos quanto o primeiro, *Cicatrices*, de 1969), mas nos anos 1990 já não era invisível e quando morreu, em 2005, sua difícil literatura circulava além daqueles primeiros grupos de convencidos. De toda maneira, nunca um livro seu entrou nas listas de best-sellers e ele continua a ser um escritor mais respeitado do que lido, embora seus leitores sejam hoje muitos mais do que na década de 1970.

Também poderiam ser exploradas as mudanças no público. Fala-se em toda parte da crise da escola e de suas dificuldades para transmitir as habilidades necessárias para a leitura das tradições letradas cultas.

---

[33] Manuel Puig (1932-1990), escritor argentino, cuja obra distingue-se pela experimentação. Seu romance mais famoso é *O beijo da mulher aranha* (1976), levado às telas por Hector Babenco e que deu o Oscar de melhor ator para William Hurt. Militante antiperonista, transferiu-se em 1980 para o Brasil, onde viveu por nove anos no Rio de Janeiro.

[34] Ángeles Mastretta (1949), famosa escritora e jornalista mexicana. Conhecida por seus personagens femininos fortes e por retratar a realidade social mexicana. Suas principais novelas são: *Arráncame la vida*, a primeira e que mais polêmica suscitou, e *Mal de amores*.

Os públicos envelhecem e desaparecem; novos públicos chegam e procuram ou encontram no mercado o que precisam, acreditam precisar ou foram convencidos de que precisam. Esses novos públicos se constituíram em dois cenários: o de uma educação em crise e o da reorganização por parte dos meios audiovisuais de toda a esfera cultural. Para o público jovem, a Internet é a alternativa reorganizadora. Para navegar na Internet, é necessário ler, mas, ao contrário do que se poderia acreditar quando se ouvem os divulgadores otimistas, ela exige capacidades de leitura muito complexas, já que se trata de uma massa gigantesca, que carece de índice e bússola, de textos de todos os gêneros conhecidos e de novos gêneros.

Entre uma e outra linguagem (a dos meios audiovisuais e a da literatura) existem diferenças. A fundamental, no caso da questão que nos propusemos discutir, é que ver televisão aprende-se vendo televisão. A televisão inclui um manual que se põe em marcha, como um *loop*, cada vez que se acende uma tela. Ler literatura implica a realização de operações muito mais complexas, dentre as quais a de saber ler bem, o que não é, de modo algum, uma condição que se adquire somente com a alfabetização. Daí para a frente, as diferenças estéticas entre os livros dramatizam uma ruptura. E somente em uns poucos momentos privilegiados algumas obras literárias cruzam a fratura que separa os públicos. A literatura estratifica de um modo implacável, embora não necessariamente, ao longo de linhas de classe social.

Diante desse cenário, não tenho nenhuma mensagem para o futuro. Exceto ressaltar a função igualitária da escola, por um lado, e do acesso material às tecnologias, pelo outro. Aos intelectuais que nos ocupamos da arte, provavelmente nos corresponda aceitar que o nosso discurso é minoritário em relação aos discursos dos meios de comunicação (como também acontece com as zonas fundamentais da arte). E que, apesar disso, esse discurso conserva uma dimensão crítica indispensável, tanto diante do pessimismo histórico, que ressoa em ecos quase sempre elitistas, quanto diante do otimismo que confia que o mercado ou a tecnologia venham oferecer a cada um de nós a pequena ilha estética onde gostaríamos de viver.

Arte e calamidade

Simon Schama

Simon Schama

Historiador britânico, é autor de *Rembrandt's Eyes*, uma biografia do famoso pintor holandês, e *Simon Schama's Power of Art*, conjunto de livro e série televisiva produzida pela BBC. Nascido em Londres, na Inglaterra, em 1945, é professor de arte e história da arte na Universidade de Colúmbia, em Nova York. Schama, que já foi aluno e professor em importantes instituições como Cambridge, Oxford e Harvard, é mais conhecido por seus livros e trabalhos para a TV, com obras que tratam da relação da arte com a história. Reconhecido crítico de arte, escreve regularmente para periódicos como o *The Guardian*, na Inglaterra, e a revista norte-americana *The New Yorker*.

Falarei sobre imagens e calamidade. Em parte porque me surpreendem a pobreza e a morte lenta do planeta, a empatia, como as imagens nos ajudam a nos comunicar com aqueles que sofrem, que são vítimas da crueldade, como essas imagens de fato funcionam e o poder da arte de desafiar as maiores ambições.

Comecei a pensar sobre esse assunto alguns anos atrás, mais precisamente em março de 2005, quando estava fazendo um filme sobre *Guernica*, a famosa imagem de Picasso que está em Madri. Coincidiu de ser o primeiro aniversário do atentado a bomba na estação de trem de Atocha, em Madri. A estação tinha sido bombardeada pelos terroristas da al-Qaeda. A cidade organizou, como era de se esperar, uma cerimônia em memória daquele chocante morticínio; a homenagem consistia em um pequeno santuário de videofotografia — algumas das imagens eram extremamente difíceis de se olhar, muito dolorosas mesmo — que foi colocado na plataforma da estação. Eu fui ver. Era muito tocante, provocante, apesar de, compreensivelmente, os dirigentes terem tido a preocupação de evitar que a profunda tristeza que se abatera sobre a cidade ficasse ainda mais chocante e revoltante. Mas eles desejavam, de alguma maneira, registrar a magnitude do massacre que tinha acontecido ali um ano antes.

Filmamos a cerca de 200 metros de distância, no museu da Rainha Sofia, localizado do lado oposto da avenida, na frente da estação de metrô. Era inevitável que a multidão, numa espécie de peregrinação até o santuário da estação para depositar flores, parasse diante daquele mural. A pintura relembrava *Guernica*, evento acontecido em 26 de abril de 1937 e que Picasso transformaria na obra central do salão de pintura espanhola daquele ano e na exposição internacional que aconteceria em Paris no ano seguinte. O fato de um trabalho épico de arte moderna conseguir atrair centenas de pessoas que, de alguma maneira, ficam em silêncio, refletindo, sempre foi muito impactante para mim. Existe algo nesse tipo de linguagem que não parece possível na linguagem da fotografia e do cinema, nas imagens convencionais das notícias.

Minha amiga Susan Sontag, em um ensaio muito tocante, talvez um dos mais longos escritos antes de sua morte, intitulado "Olhando a dor dos outros", trata de fotografia e catástrofe, fotografia e crueldade, discutindo a cegueira decorrente do bombardeio de informações. Como num paradoxo, somos expostos a tantas imagens fotográficas que acabamos nos tornando enrijecidos, insensíveis, de alguma forma mais impermeáveis à realidade do sofrimento humano nos momentos de catástrofe. Susan referiu-se ao exagero que ronda a exposição do sofrimento humano. Mas ela não chegou a tratar do conflito entre arte e fotografia, a eventual ambição da arte de conseguir responder ao desafio de fazer algo mais profundo do que a linguagem geral da fotografia.

Em uma foto famosa,[1] que se tornou, como costumamos dizer de maneira um tanto casual, um ícone dos acontecimentos do 11 de Setembro, transeuntes vagam cobertos por uma horrível camada de entulho e pó, fragmentos de uma espécie de nevasca de miséria e horror que se abateu sobre os que tentavam escapar das torres em chamas. Às vezes se diz que a arte contemporânea é, acima de tudo, assumir a responsabilidade pela invenção artística; realmente, a imediatez da fotografia faz com que imagens como essa, de alguma maneira, fixem a verdade de um jeito que a arte é incapaz de fazer.

Ao longo dos séculos existiram artistas que de certa maneira falharam nessa missão, artistas como Picasso, que não se interessava por história e política até seu regresso à Espanha, em 1930. Picasso detestava a ideia de que a inventividade da arte moderna estivesse atrelada a um conjunto de estruturas morais; no entanto, naquele momento, decidiu que tinha de comparecer. E existem hoje outros artistas que sentem da mesma maneira, que acreditam não ser a inventividade da arte mediada pelo sofrimento e pela calamidade que se abatem sobre o mundo.

---

[1] Simon Schama, enquanto falava, projetava em um telão imagens das obras comentadas. (N. dos O.)

É muito difícil saber que imagem poderia ser feita do 11 de Setembro que não passasse pelo circuito incessante, permanentemente retroalimentado, de imagens de vídeo. Alguns artistas, como o pintor belga Luc Tuymans, decidiram de maneira bem perversa, perversa mesmo, fazer um comentário sobre o 11 de Setembro representando algo que seria o oposto daquele acontecimento, em escala monumental. Luc Tuymans se especializou, num certo sentido, na banalidade do mal. Num desenho que fez de um campo de concentração, há uma câmara de gás que parece um depósito qualquer, a não ser por uma grade sinistra no meio. Assim, Tuymans se especializou em chegar aos limites do horror de maneira banal, quase rasa. Se pensarmos na qualidade rala, desbotada e pálida da pintura em contraste com a total banalidade do espaço que ele tenta descrever em seu desenho, perceberemos que ele se especializou nesse movimento de invocar o oposto, a massificação da atrocidade. E isso, de alguma forma, é retornar à natureza morta.

Numa natureza morta que tem semelhanças com Cézanne e Morandi, as dimensões são exageradas. O que é importante saber — e Tuymans registra-o ao batizar esse quadro de *11 de Setembro* — é que ele estava em Nova York naquele dia. Mas Tuymans achou que seria difícil, se não impossível, encontrar uma imagem que pudesse expressar, dar a dimensão emocional e psicológica, passar a força daquilo que havia acontecido, que resolveu sugerir que não tinha sido tudo catástrofe ou calamidade. Ele tentou se distanciar o máximo possível das imagens de arranha-céus explodindo, e pessoas cobertas pela nuvem de horror. Momentos históricos como esse deveriam ser envoltos pela intensidade do silêncio. E fica a questão se é um tipo de escapismo, uma fuga do problema, ou se é a única resposta possível.

Esse tipo de situação em que a arte lida com a calamidade já tinha acontecido antes. O quadro *Vista de Delft*, de Vermeer, dos anos 1660, retrata uma vista idealizada da cidade de Delft. Apenas sete anos antes de ele começar esse trabalho, houve uma terrível explosão de uma barcaça cheia de munição, fazendo com que praticamente todo o centro de Delft fosse consumido pelas chamas. A explosão foi pintada por um artista contemporâneo de Vermeer e bem menos famoso, Egbert Van Der Poel, que retratou o incêndio e a destruição de algumas das maiores construções do coração de Delft à noite. E, à medida que as chamas foram cedendo e a cidade começou a ser reconstruída, Van Der Poel continuou com o tema; sua vista de Delft foi a visão real da cidade por muitos anos. É, contudo, muito diferente da visão de Vermeer: prédios semidestruídos e semirreconstruídos, as pessoas juntando os fragmentos para devolvê-los novamente à cidade. A sensação é a de uma cidade que em parte se desfez em partículas e vai sendo dolorosa e vagarosamente reconstruída. Claro que a imagem de Vermeer é fruto da imaginação do artista, que resgata uma Delft que não foi jamais tocada nem profanada pela catástrofe. Ele também, à sua maneira, talvez de modo ainda mais interessante do que Luc Tuymans, que é belga, decidiu envolver a catástrofe com a intensidade do silêncio; e grande parte — embora não todas — das construções vistas nesse trabalho excepcional, que retrata uma também excepcional recuperação da cidade, já havia sido reconstruída quando Vermeer começou a trabalhar. Mas o que acho particularmente notável nesse quadro é o edifício que está bem no meio da cena, exatamente o mesmo edifício que Egbert Van Der Poel retratou em chamas e que com certeza ainda não havia sido reconstruído no momento em que Vermeer começou a pintar o seu quadro.

Então, é possível que a arte possa de fato registrar a catástrofe e o horror de uma cena representando o seu oposto, ou representando a forma pela qual um artista pode refazer o que foi destruído pelas mãos do homem, pela tragédia, pelo azar ou por uma espécie de ira divina. Será que os artistas chegam a um nível em que conseguem fazer qualquer coisa com essa natureza abominável, com essa atrocidade obscena? Acho que o fato de alguns artistas contemporâneos, na verdade um pequeno número deles, acreditarem, pelas mais variadas razões, ser impossível retratar cenas contemporâneas ou históricas de grande impacto moral, apesar de desejarem fazê-lo, deve-se a eles acharem que existe algo a dizer sobre as várias espécies de atrocidade.

Numa fotografia de um homem de pé sobre uma caixa, após uma sessão de tortura em Abu Ghraib, tem-se uma das imagens mais terrivelmente repulsivas feitas na prisão iraquiana: um homem torturado. Os artistas são mesmo compelidos a tentar reparar o dano moral produzido nesses momentos, porque essas atrocidades são para ser vistas, são, na verdade, organizadas como espetáculo. A questão particular dessa foto é que ela foi feita pelos próprios torturadores; foi tirada pelos soldados e oficiais americanos que estão lá rindo do que acabaram de fazer, como agora sabemos. E que depois arrumaram a cena como uma espécie de paródia obscena de uma foto quase artística, poderíamos dizer. Não conheço Lynndie England e os outros monstros responsáveis por Abu Ghraib. E isso é muito importante para entender o que acontecia ali. Eles fizeram circular as fotografias e foi assim que todo aquele horror veio à tona, porque havia prova fotográfica. Não sei se tinham consciência, realmente, da perversidade do que estavam fazendo em Abu Ghraib, a mais profunda desvirtuação possível da tradição, da missão da arte de tornar visível a ideia sublime na nudez de um corpo humano.

Ao contrário, o mais óbvio paradigma dessa dimensão da arte de representar a beleza é o *Apolo Belvedere*. Essa estátua em particular, que é quase uma escultura sobre um pedestal, de alguma forma subliminal, como uma foto-oportunidade, uma espécie de antiestátua, uma estátua do mal, é o que provavelmente vem à mente de um escultor contemporâneo como Mark Quinn, que toma o *Apolo Belvedere* como oportunidade de reparar de alguma maneira os danos perpetrados em Abu Ghraib, fazendo uma escultura batizada justamente de *Abu Ghraib*. Quinn foi, na verdade, bastante gentil ao me permitir fotografar um trabalho ainda inacabado. A escultura de Quinn será em mármore preto, com enorme plasticidade, recoberta por um tipo de juta ou cânhamo que se usa nos sacos. Quinn, que se interessa bastante pela conexão entre a escultura clássica e o horror contemporâneo, vai exibi-la como se fosse quase uma espécie de Apolo, de pé sobre a caixa, como se o contemporâneo recebesse uma lufada de vento clássico. Certamente alguém poderia dizer que se trata de um artista brincando com as regras do jogo da arte. É isso mesmo, Quinn está de fato fazendo algo assim. Mas não, eu acho, para produzir um efeito poético banal, uma afirmação de ego, mas sim porque é movido pelo objetivo artístico de representar a tradição da beleza humana, a perfeição da nudez, do corpo como festa, a beleza sendo tão degradada pelo sofrimento e pelos tormentos infligidos ao corpo físico de alguém como a vítima torturada de Abu Ghraib; é a esse corpo que escultores como Mark Quinn acreditam que devemos retornar para realizar nosso ato de reparação, da mesma maneira que Vermeer tentou em seu quadro reparar a cidade destruída.

Mark Quinn, assim como outros artistas, deve ter em mente uma daquelas memoráveis gravuras de Goya, *Desastres da guerra*. E, claro, os braços abertos não são mais apenas representativos de uma tradição clássica — estão estilizados. Não estou querendo dizer que esse trabalho se iguala ao *Apolo Belvedere*. Ele é também uma excepcional reminiscência da iconografia cristã, do Cristo crucificado. Um tipo de imagem que vem sendo com frequência repetida em algumas tomadas mais recentes dos horrores da tortura em Abu Ghraib. Lembrando a evocação de Fernando Botero de uma figura semicrucificada, torturada, mais representativa, na verdade, do Cristo flagelado, do Cristo pregado na cruz. Nas cenas de Abu Ghraib em que os torturadores fotografam os prisioneiros vestidos com roupas íntimas femininas atinge-se a forma mais brutal de humilhação de pessoas que cresceram em um ambiente de devoção islâmica.

Existe a ideia de ter sido a tradição cristã a primeira a fazer do sofrimento e da mortificação uma forma de santidade, enaltecendo o martírio. Em um perfil de Botero, uma figura em que o detalhe mais importante é, sem dúvida, o vermelho sangue da bandana em torno do perfil de um rosto que poderia ser tanto de um Cristo martirizado quanto de uma vítima torturada, talvez o artista esteja pensando exatamente nesse tipo de tradição.

Na *Cabeça de Cristo coroada com espinhos*, de Lucas Cranach, o Velho, explicita-se uma tradição, especialmente da arte da Alemanha e da Europa do Norte, de retratar as violentas gotas de sangue escorrendo das perfurações feitas pela coroa de espinhos. É verdade que a estatuária clássica, como a apresentada na famosa Coluna de Trajano, em Roma, basicamente privilegia o vitorioso, o torturador. Há uma passagem da Coluna de Trajano em que os prisioneiros estão sendo decapitados. Podemos perceber ali um certo ritmo nas espadas em riste, bastante sugestivo de uma espécie de máquina que desceria repetidas vezes sobre os pescoços dos infelizes prisioneiros a serem decapitados. Não há nenhum tipo de pesar ou pena na maneira com que aquelas cabeças decapitadas são representadas no chão. É simplesmente uma espécie de implacável descrição visual do que acontece aos prisioneiros com o triunfo romano. Isso, precisamente, muda com a tradição cristã, como no *Cristo carregando a cruz*, de Pieter Brueghel, o Velho.

Eis aqui um aspecto interessante, que se manifesta em menor escala na arte alemã, mas é mais evidente na arte flamenga: a figura da vítima fica quase perdida no meio de uma multidão indiferenciada. Nesse tipo de arte da aglomeração, é preciso procurar pelo Cristo carregando a cruz no meio do quadro. Ao contrário da tradição renascentista, predominantemente cristã, em que é impossível não ver o Cristo sofrendo na cruz, ou carregando sua cruz para o calvário, há aqui um grande enxame de humanos que o rodeiam, praticamente sem notar o sofrimento, a dureza do seu trabalho. Somente os próprios cristãos poderão identificar o Cristo sofredor, procurando por ele em meio à multidão. Dá para ver, sobretudo, a posição das pessoas no lombo dos cavalos, os soldados montados em seus cavalos simplesmente assistindo ao sofrimento do Cristo como um trabalho do qual haviam sido encarregados.

Da mesma forma, no triunfo sobre a morte, busca-se de certa maneira o oposto daquilo que foi visualizado na Coluna de Trajano. Há um detalhe nessa obra que me chama a atenção: tem alguém de joelhos sendo decapitado, mas o verdugo é um esqueleto. Isto é, a vítima está sendo decapitada pela própria Morte. Então, é uma espécie de virada de uma visão impassível perante o horror da guerra para a imagem da própria Morte dando cabo de todo o domínio humano e infligindo punição, mas num detalhe tão minúsculo que torna essa obra diferente da arte de Botero. Não há ainda aquela tensão de um Goya, que ainda não emergiu, ainda não se identificou com o sofrimento pessoal da figura envolvida.

Esse é um detalhe do *Massacre dos inocentes*, de Brueghel, que data de 1566, que também me chama a atenção. Brueghel estava ocupado pintando retratos quase insuportáveis de mães e filhos e, eventualmente, se voltava para alguns aspectos estilísticos, de gênero. Como a mãe com um bebê morto no colo.

Assim, aproximamo-nos de uma sensibilidade que é incapaz de transmitir o sofrimento humano, mas que diz que a condição desse sofrimento é estar rodeado por uma vasta plateia de indiferentes. Então, a forma de tentar comunicar a crueldade, o tormento e os horrores da guerra ia depender de quem supostamente iria observar a obra e ainda hoje é assim: tudo depende das pessoas que estão assistindo a programas de televisão, vendo filmes, visitando museus.

Num dos maiores quadros de Peter Paul Rubens, que, assim como Tuymans e Brueghel, era belga, pintado para De Médicis sobre a Guerra dos Trinta Anos, há uma rica linguagem alegórica. O próprio Rubens esteve politicamente envolvido naquela guerra, como embaixador, que buscava um acordo de paz, particularmente entre Inglaterra e Espanha, tendo de fato logrado alcançar um breve armistício entre 1630 e 1631. Rubens é um artista que também se voltou para o ponto essencial da obra de arte, que é transmitir um senso de veneração diante da divina beleza do corpo humano desnudo, por meio da figura de Vênus tentando conter Marte. Trata-se, basicamente, de uma luta entre Vênus e Marte. Marte é encorajado pela Harpia, uma mulher horrível, que personifica o oposto de tudo aquilo que a arte supostamente representa. É figura com os braços levantados, uma representação de Juno, porque Rubens, um homem letrado e estudioso do classicismo, conhecia a tradição da mitologia das portas do templo de Juno.

Juno, esposa de Júpiter, era a deusa responsável pela paz doméstica, em outras palavras, a paz e a glória, a harmonia e a felicidade do lar. As portas do templo de Juno foram violentamente escancaradas. Havia irrompido a guerra, de forma que se associam a Harpia e Marte, pisoteando a arte, a música, o ensino, os desenhos, nessa espécie de conflito feroz, nesse embate com Vênus, a deusa do amor, e com Juno, numa tentativa de destruição, literalmente, do círculo familiar, do lar. Mas o objetivo era dar aos príncipes, particularmente De Médicis, a ideia de que alguém profundamente envolvido num oportunismo sangrento, em incontáveis guerras, era, na verdade, um bom sujeito. De Médicis de Florença, duque da Toscana, já havia perdido grande parte de seu poder no tempo em que Rubens pintou esse quadro. Era uma peça de autopropaganda favorável que os duques de Médicis poderiam pendurar na parede e dizer: "O mundo pode estar indo para o inferno, mas aqui em Florença cultivamos o interesse pela civilização e pela paz nos corações." Ainda é possível ver esse quadro no Palazzo Pitti, captando um sombrio lampejo do humor mórbido, do desprezo pela vida que essa obra nos transmite historicamente.

Um artista bastante diferente, mais ou menos na mesma época, chamado Jacques Callot, de Lorena, mas que vivia em Nancy, essencialmente um gravurista, tinha também trabalhado para os Médicis em Florença, feito lindas ilustrações e gravuras em água-forte de máscaras, um tipo de trabalho bastante aristocrático. Ele produziu enormes mapas e desenhos de batalha, particularmente do momento em que o lado católico saiu vitorioso, por volta de 1635, 1636. Quase no mesmo momento em que Rubens trabalhava em sua obra épica para agradar os duques de Médicis, Callot produz uma série de pequenas gravuras chamada *Les grandes et les petites miséres de la guerre*, as pequenas e grandes misérias da guerra. Essas gravuras foram produzidas em formato retangular e muito, muito menores, do tamanho de uma tela de computador, talvez menor. Callot tinha duas razões para fazer seu trabalho nessa escala: em primeiro lugar, não era pintura, era gravura. Poderia ser reproduzida, se necessário, em várias cópias. Não sabemos exatamente quantas, talvez tenham sido centenas ou milhares. O que realmente sabemos é que as *"miséres de la guerre"* de Callot foram publicadas em vários países, da Alemanha foram para Lorena e Nancy, no mundo francófono, depois para os Países Baixos. Essas imagens tiveram uma longa vida editorial, em muitas culturas diferentes. São bem conhecidas na Inglaterra. E, ironicamente, esse é um mundo bastante interessado em escala, um mundo que descobriu, através de Galileu, o telescópio, um mundo que está prestes a descobrir pequenos seres microscópicos através das lentes de Leon Hook, em Delft. É um mundo muito interessado em tudo o que pode ser visto através de um tipo particular de microlentes.

Callot convoca seu público à concentração. Não é um militante antiguerra; se propõe a documentar os horrores da guerra com um olhar indiferente. Não acredito que estivesse pensando: "Os franceses são o horror, enquanto os lorenienses são vítimas inocentes." O texto por trás de seu trabalho sugere que alguns camponeses das aldeias poderiam fazer coisas inimagináveis contra os soldados, mas os soldados, por sua vez... É a natureza da guerra e a única coisa que podemos fazer é nos resignar, como bons cristãos, para nossa redenção e nossa salvação no céu, por sermos as vítimas. As figuras são revolucionárias em sua franqueza. Há uma árvore com associações com Cristo. A cruz era pensada na tradição cristã como uma árvore viva, porque o sangue derramado por Cristo seria eventualmente a redenção e a salvação dos pecados de toda a humanidade. Na iconografia cristã existe uma correspondência entre a árvore de Adão, que inventou o pecado original, e a árvore de Cristo, onde Ele foi crucificado, redimindo-nos desse pecado.

Callot teve, na verdade, uma ideia muito original, embora de certa forma violenta e chocante, de produtor de cinema, de enforcar as vítimas de uma guerra particularmente sangrenta. E isso acabou se realizando em *Fruits malheureux*, fruta ruim, fruta do mal. E é algo que não podemos discernir muito bem, não sabemos se são cidadãos que se tornam ladrões e saqueadores ou se são vítimas inocentes daqueles que saquearam. Mas são os camponeses se vingando. Mais uma vez, há algo que faz parte da memória arquetípica da representação europeia, o martírio da esquadra em chamas. E Callot já antecipava essa dimensão em que o homem se transforma em uma máquina mortífera, sendo ou não ordenado a fazer isso. Essencialmente, o âmbito da arte e o espaço da perspectiva atingem um ponto de desaparecimento, de forma que os homens se transformam em inumanos, simplesmente se tornam extensões de suas armas. Goya com certeza conhecia Callot. Não posso provar, tenho pouquíssima informação sobre as fontes de Goya, mas certamente Callot entrou em muitas edições de arte espanholas; ele era bastante conhecido. O que sabemos é que um dos amigos e patronos de Goya possuía uma cópia de Callot; era algo corrente na Espanha de 160 anos mais tarde, na virada do século XVIII para o XIX.

Outra definição sobre a forma pela qual a arte opera é a abertura de espaços bidimensionais em telas, que constituiu o espaço ilimitado da paisagem, o espaço sobre o qual as histórias podem ser construídas e narradas. E Goya compreende isso; ele teve um treinamento bastante estrito, formal e clássico nas habilidades artísticas, mas abre, usa aquele ponto de invisibilidade. É quase um exercício em perspectiva que sugere a morte ilimitada, perpétua, mecânica. Tanto quanto o olho da arte possa captar. Ele faz isso novamente em *Três de maio de 1808* — as execuções aconteceram um dia após a revolta contra os franceses e não temos certeza se Goya testemunhou de fato aquela cena de matança.

Em a *Execução do imperador Maximiliano*, de Manet, há uma figura à direita, casualmente limpando sua arma, que é o oficial no comando. Na época em que Edouard Manet pintou esse quadro, a noção da bestialidade de que são capazes os seres humanos era um pressuposto, uma atividade quase indiferente, expressa de maneira extraordinária na qualidade desapaixonada da pintura de Manet.

Voltando a Goya, surdo, pensava que estava enlouquecendo nas mãos do seu amável médico, doutor Arieto. E é bastante tentador pensar, como de fato muitos dos que escrevem e comentam a obra de Goya têm sido levados a achar, que Goya é a voz do sofrimento humano. Talvez haja de fato uma verdade nisso; para começar, voz do seu próprio sofrimento. Sem dúvida isso é correto, mas ele é também frequentemente representado como uma voz de resistência contra os exércitos de Napoleão. Isso já não me parece tão claro. Goya tenta, no meio de uma guerra, sobreviver, como pintor e como artista. Ele se prepara para pintar o retrato do irmão de Napoleão, José, rei de Espanha, da mesma forma que se prepara para pintar o retrato do duque de Wellington. Um dia, ele é herói, no outro, é fugitivo. Nessa perspectiva, ele é alguém que tenta permanecer vivo, em condições quase impossíveis, pois não é claramente partidário de nenhum dos lados do conflito. Então, voltando ao *Três de maio*,[2] ainda que não esteja muito claro se ele realmente testemunhou aquilo, embora resi-

---

[2] *Três de maio de 1808 em Madri* é um registro feito por Goya da violenta repressão ao que ficou conhecido como a Rebelião do 2 de Maio, ocorrida em 1808, logo após Napoleão Bonaparte ter invadido a Espanha. A revolta eclodiu quando uma parte da população de Madri tentava evitar a saída do infante dom Francisco de Paula de Bourbon para a França. As tropas francesas, em represália, passaram a alvejar os madrilenhos sublevados. Todos os madrilenhos encontrados com armas foram assassinados, o que resultou em cerca de 400 mortos. Quarenta e quatro revolucionários foram presos e fuzilados na madrugada de 3 de maio, na colina do Príncipe Pio, centro de Madri, e esse é o episódio que Goya registra em seu quadro. (*N. do T.*)

disse na Plaza Del Sol, no centro de Madri, bem próximo de onde os fatos se sucederam, poderia tê-lo feito.

A ideia de uma certa tradição da arte, que me parece ter vindo de Callot, representada por Rubens, chega ao fim. Não há nada de heroico nesse momento, tampouco podemos ver as faces dos executores. O único rosto bem visível é o de um homem que evoca Cristo martirizado, com seus braços estendidos. E podemos ver detalhes de ainda mais horror; o corpo tombado de um homem que acaba de ser fuzilado, toda a carnificina sangrenta na imagem do sangue jorrando da cabeça baleada. Esse foi um detalhe absolutamente revolucionário. Em algum momento, enquanto trabalhava no *Três de maio*, Goya decidiu embarcar nessa extraordinária série de gravuras, de aparência tão modernal, pelo desafio lançado sobre o artista ao se confrontar com aquilo que pensamos hoje como as crueldades do mundo contemporâneo. E, assim, Goya produz, em uma série de 58 gravuras, algumas das mais extraordinárias e inquietantes imagens já produzidas, tão profundamente desconcertantes como qualquer imagem fotográfica do século XX da crueldade que emana da última grande guerra, por exemplo. Mas é muito importante saber que Goya não chegou a publicar essas imagens enquanto vivo. Pode ser que estivesse muito assustado, pois poderia ser chamado a depor sobre as cenas explosivas que havia registrado em suas gravuras, ou talvez porque de alguma forma sentisse que tinha ultrapassado as fronteiras daquilo que as pessoas podiam suportar ver — as fronteiras do pensamento da época. Porque essa é uma série de gravuras sobre algo que, antes de tudo, podemos dar conta de ver. Eis uma das questões mais profundas não apenas da arte, mas do campo das relações, do conjunto de todos os vínculos que estabelecemos com o que vemos.

Esse trabalho iria se tornar uma fonte muito importante para Picasso quando ele começou a fazer *Guernica*. E os monstros que produziram as fotografias de Abu Ghraib fizeram aquilo para que pudessem olhar para as figuras chocantemente abusadas, porque tinham as fotos para testemunhar seus feitos. Seria algo como seu próprio museu particular. Goya está profundamente empenhado em nos perguntar o que conseguimos suportar ver nas suas imagens. Uma das mais horrorizantes é simplesmente a figura de um soldado que está indiferente, quase se divertindo com o seu próprio feito, e algumas das inscrições que Goya inseriu dizem: "Este olho viu." Não sabemos se de fato o próprio Goya chegou a ver tamanha atrocidade, algo tão cruel, mas ele quer dizer que a obra de arte, quando confrontada com o horror, funciona como testemunha de algo que foi feito para todos verem. E somente quando forem capazes de ver, talvez algo aconteça, algo comece a mudar.

Há pessoas que não aguentam ver algumas dessas gravuras, com os corpos desfigurados e irreconhecíveis, mutilados e transformados em carne de açougueiro; muita gente não consegue olhar para isso. Se a arte de fato nasceu no Ocidente como a glorificação do nu, todo artista que faça jus a esse nome teria de dar início a sua carreira desenhando corpos a partir das estátuas clássicas, ou mesmo de modelos vivos. Esse seria o estado da arte, o sublime da arte se revela nos corpos. O extraordinário é que, naquelas imagens monstruosas, temos a morte do *Apolo Belvedere*, porém os corpos reais que são mostrados em pedaços, brutalizados e mutilados, remetem também ao mesmo corpo perfeito que vemos no *Apolo Belvedere*. São corpos maravilhosamente perfeitos sobre os quais coisas insuportáveis, terríveis, se abateram. Isso, para Goya, é a arte decretando e provocando a morte da arte, ou a morte da versão nobre da arte ocidental, como a conhecemos, geração após geração. E no final, de fato, temos toda a beleza, todo o apego às convenções da arte, a perspectiva, a paisagem, evaporando como fumaça e se transformando em corpos humanos transformados em uma horripilante e indeterminada massa de ossos, sangue e carne.

Goya é um amante da tauromaquia; tal como Pablo Picasso, ele adora a tourada; são muitas e muitas séries de touradas. Ele começa a pintar imagens extraordinárias, incomuns, inquietantes, nas quais o touro está vencendo, mas a composição da cena desaparece em uma espécie de caos bizarro. E sabemos que Picasso, ao ver as imagens de Goya dos anos 1930, imagens de — alguém poderia dizer — "touradas que deram errado", começou a brincar com imagens realmente aterrorizantes de cavalos estripados e matadores sendo mortos. Todo o culto espanhol da grande morte perfeita na corrida foi tornado obsceno pelo que estava acontecendo na Guerra Civil Espanhola. Devo dizer que

Picasso costuma ser — corretamente, a meu ver — definido como um animal não muito político. Ele afirmou certa vez: "A arte deveria ser a arma de guerra dos homens livres." Mas ele vai dizer isso por um breve período, logo após a Segunda Guerra Mundial, quando era membro do Partido Comunista. Naquele período particular, o período que leva a *Guernica*, nenhum artista poderia ter sido mais político do que Picasso. Sua mãe havia sido capturada em Barcelona durante a guerra civil. No segundo semestre de 1936, alguns intelectuais, entre eles Lorca, queriam que Picasso passasse para o lado da república, convite que ele recusou, dizendo: "Não sou um pintor político."

Mas então algo extraordinariamente tocante aconteceu. Disseram: "Tudo bem, mas gostaríamos que você fosse diretor honorário do Prado." Picasso estava vivendo em Paris, não em Madri, e as bombas dos exércitos das falanges fascistas caíam sobre a cidade espanhola, algumas delas chegando a atingir o próprio museu do Prado e provocando estragos. E Picasso, de forma completamente inesperada, porque ele não é o tipo de pessoa que a gente vê como diretor — não consegue organizar nem sua mala de viagem, detesta instituições oficiais — aceita sem a menor hesitação. E por quê? Porque de repente ele se sentiu responsável por Goya, por Zurbaran, por Velazquez, por tudo, sem falar de Rubens, Brueghel, Bosch e tudo o mais que pertencia à tradição dos velhos mestres do Prado. Mais surpreendente pelo fato de o jovem Picasso ter dito, com todas as letras: "Não me importo se todos os velhos mestres arderem em chamas amanhã." Ele não sente mais isso. Na verdade, toda a sua vida tinha sido uma espécie de queda de braço com os velhos mestres, esteve completamente obcecado em como colocar a arte contra Velazquez e Delacroix e assim por diante. Mas, naquele momento, Picasso sentiu uma espécie de responsabilidade pastoral por aquelas obras, então disse sim. O que o acabou levando a, um pouco mais tarde, em 1937 (na verdade, na virada de 1936 para 1937), aceitar fazer a decoração, que se tornaria *Guernica*, do pavilhão espanhol da Feira Internacional de Paris. E, de maneira maravilhosa — se considerarmos uma pessoa que não tinha manifestado interesse nesse tipo de coisa — ele de repente pensa: "Como posso fazer uma pintura da história moderna? Como posso fazer algo que realmente exceda a maneira como o mundo digere as notícias?" E a forma pela qual o mundo digeria as notícias no final da década de 1930 era no noticiário semanal das salas de cinema, na escuridão das imagens bruxuleantes do horror, e, claro, através da fotografia, algumas vezes grandes fotografias, como as de Robert Capa sobre a Guerra Civil Espanhola.

Uma foto que Picasso viu no jornal parisiense *Soir* dava a impressão de que a Luftwaffe havia bombardeado a cidade basca de Guernica, em abril de 1937, durante a noite. Picasso sabia muito bem que o ataque a Guernica tinha começado à luz do dia, às quatro da tarde de um dia de primavera. Mas havia algo ali que fazia pensar em chamas na noite — evocando a pintura de Egbert Van Der Poel mencionada no início — algo sobre o incêndio noturno que fez Picasso desejar pintar um quadro de história moderna em preto e branco. Apesar de gigantesco como um filme em preto e branco, ou como uma enorme foto de jornal, *Guernica* tem algo que um filme ou uma foto não poderia reunir da mesma forma. Mais uma vez, Picasso quis fazer isso chamando pela tradição, toda a tradição pela qual era então responsável como diretor do Prado. A tradição da pintura. *Guernica* se desenvolve como uma espécie de antologia de todas as suas memórias artísticas, dos touros que aparecem como variações das touradas de Goya. O cavalo que ele já vinha experimentando em alguns esboços e desenhos ao longo da década de 1930. Em um momento particular, um maravilhoso registro fotográfico, feito por Dora Maar, sua amante, do processo de desenvolvimento de *Guernica*. Percebe-se uma mão levantada segurando uma flor, retirada de uma espécie de iconografia socialista da esperança, como se dissesse que, apesar da destruição e do horror e do bombardeio, as pessoas de alguma forma venceriam.

Picasso trabalha muito rápido. Inicia o trabalho em 1º de maio e termina em junho, apesar dos intervalos de uma semana, às vezes dez dias. Trabalha dia e noite como um celerado, muito mais rápido do que normalmente faz.

Havia algo especial na maneira pela qual ele se movimentava e queria trabalhar *Guernica*, na forma pela qual procurava fazê-lo ainda mais pessimista, de forma que o cavalo, presente em praticamente toda a heráldica medieval, se torna a figura central. O cavalo é enquadrado na tela como se tivesse sido empalado pelas forças do mal. Um detalhe que chama a atenção é um talho, um buraco em forma de losango vazado no dorso do cavalo, que tem também o pescoço torcido. No início, no primeiro estágio do trabalho com o cavalo em *Guernica*, Picasso sentia-se inclinado a passar uma mensagem um pouco mais otimista. E daquele buraco no dorso do cavalo, em versões anteriores, vinha o cavalo alado Pégaso, que, na tradição da arte, representava o nascimento da poesia, ou, mais uma vez, o nascimento da arte. Mas em algum momento Picasso diz: "Não, tem de ser uma imagem sobre a catástrofe, sobre a calamidade." Na verdade, ter forçado um otimismo ali seria fazer uma concessão ao sentimentalismo. Ele nos traz de volta à imagem do bebê morto no colo da mãe, de Brueghel, que emerge, reaparece, dessa vez com o pescoço da mãe gritando em dor e sofrimento. Eis algo que esperamos ver refletido nas imagens de horror no mundo contemporâneo. Talvez estivesse também na mente de Picasso, na qualidade de guardião da tradição da arte ocidental por aquele breve período, em que ele retorna a Rubens e se lembra da figura emblemática de Juno, o símbolo do lar e da família, gritando.

No lado direito de *Guernica* está absolutamente transposta aquela figura da Juno de Rubens do Palazzo Pitti. Picasso também retira de um manuscrito cristão a imagem do guerreiro caído no chão, o homem com a espada partida. Algumas pessoas pensam que era para ser um homem, outras imaginam que seria uma estátua despedaçada em alguma batalha. Essa pode ser uma leitura muito interessante. Há apenas um minúsculo gesto de otimismo na flor, a flor delicadamente traçada que está em sua mão. Picasso, porém, tem outra lembrança — a cabeça do guerreiro abatido — em mente. As marcas de perfuração na mão do guerreiro vêm diretamente de outro quadro, que pertence ao curador honorário do museu do Prado, a mão aberta daquela figura crística martirizada, em que dá para ver a stigmata do Cristo que emerge. Seria Rudolf Arnheim, o historiador de arte, o primeiro a reparar nessa conexão particular e eu particularmente sempre achei que ele está absolutamente correto.

Gostaria de concluir minha fala comentando o artista contemporâneo alemão Anselm Kiefer. É um desses artistas que sentiam que o que a arte pode fazer de forma ímpar é convocar todas as suas memórias para testemunhar, como se os artistas fossem testemunhas no tribunal de Nuremberg ou nas comissões de inquérito sobre Abu Ghraib. Todos esses fantasmas e memórias, antepassados e ancestrais, são convocados a dar seu testemunho sobre como a arte nos faz refletir sobre o ato de ver a crueldade, de ver a dor nas vidas dos outros. Kiefer, que, como eu, nasceu no início de 1945, e cujo nome significa árvore (no início da carreira, costumava se autorrepresentar com um ramo de espinhos saindo de seu coração, de seu peito), quis fazer seu autorretrato. É *Mann im Wald* seu nome. Assim, em alguma medida, o próprio nome de Kiefer o persuadiu de que ele mesmo seria, em certo sentido, uma encarnação da história alemã. Ele aparece nas memórias do romântico alemão Caspar David Friedrich, que representa um francês que viu um rosto com uma tela colossal da Floresta Alemã. A floresta no interior da qual se podem sonhar os sonhos mais sombrios, símbolo da eternidade da civilização alemã, da superioridade sobre a civilização clássica, a floresta escura onde as legiões romanas, as legiões de Varus, foram destruídas pelos soldados alemães. E Kiefer repete sem cessar as imagens da floresta queimada. É a sua forma de fazer a arte lidar com o Holocausto; isso se chama culturização, superação, incineração do distrito de Buechen, que não fica longe de Buchenwald. E é a incineração de um livro. Eis o que a arte pode fazer quando não se propõe a ser fotográfica. Aqui temos uma memória dos campos de concentração, da queima de livros, da incineração de todo o romantismo alemão. Algumas das mais bonitas grandes imagens que Kiefer produziu nos anos 1990, com as extraordinárias pirâmides e templos que foram estruturados e feitos em seu trabalho com terra e areia e parecem ao mesmo tempo simbolizar os primórdios da arte, a origem das cidades, no Egito, entre os hititas, na antiga Índia. As construções são recobertas com uma espécie de entulho, que também parece profetizar o que restará após algumas inimagináveis visitas da catástrofe à terra. Elas são, ao mesmo tempo, o início e o fim dos tempos. Uma maravilhosa instalação chamada *Domingo de Ramos*, um dos trabalhos mais recentes de Kiefer, reúne algumas de suas obsessões. A palmeira parece ter sido serrada e está morta no chão. A palmeira, alguns de vocês devem saber, era muito importante como um dos primeiros símbolos cristãos, pois se pensava que os cristãos egípcios, os cristãos cópticos, bem como as palmeiras e o próprio Cristo, eram imortais; as árvores nunca morreriam, viveriam para sempre enquanto suas folhas e ramos caíssem e novamente reproduzissem; a palmeira era um ícone extraído da arte pagã e sequestrado pelos sacerdotes para ser a primeira imagem da cruz. Kiefer derruba as palmeiras para o *Domingo de Ramos*, com toda certeza numa reminiscência dos ramos da palmeira que foram colocados aos pés de Cristo em sua entrada em Jerusalém, antes da Paixão. E por trás temos algo como as primeiras páginas de um livro antigo, páginas de um compêndio científico do século XVIII, mostrando diferentes imagens de vegetação, algumas vivas, tudo isso emboçado em gesso; algumas coisas vivas, outras mortas, colocadas sobre uma extraordinária, quase abstrata, composição de massa, terra e água. Perguntei a Kiefer sobre isso e ele respondeu que, bem, essa era mais ou menos a ideia; quase uma visão da terra sofrendo pelas agressões ecológicas que vêm do espaço. Isso é o que pode a arte quando tenta dizer alguma coisa de forma poética e profunda a respeito do desastre e sobre a condição humana. E, mais uma vez, quando achamos que pode haver algo — porque Kiefer se interessa por arquitetura — profundo sobre como nos sentimos a respeito de torres — e os contornos dos arranha-céus de Campanilla, Veneza e San Geminino têm sido realmente representações da torre como símbolo da vigilância, da eternidade da monumentalidade — tudo isso na verdade vem abaixo com a explosão, com o ataque ao World Trade Center. E quando Kiefer estava instalando o *Domingo de Ramos* ele também instalou essas extraordinárias torres no átrio da Royal Academy, em Londres. São torres que por um dia estiveram lá com chumbo entre elas, perpetuamente vistas como estruturas fixas, sem risco de colapsar. E eu penso na possibilidade do colapso, na possibilidade de nossa própria condição, na possibilidade de a arte desintegrar a natureza frágil daquilo que chamamos civilização, algo que grandes artistas nos fizeram ver e, acho, deixaram como seu legado para nós.

Alguma coisa não vai bem. Na proa do *Titanic*. Em busca de outra episteme

Affonso Romano de Sant'Anna

Affonso Romano de Sant'Anna

Poeta, ensaísta, cronista e professor, nasceu em Belo Horizonte (Minas Gerais) em 1937. Formou-se em letras neolatinas na Faculdade de Filosofia da Universidade Federal de Minas Gerais e doutorou-se na mesma universidade em literatura brasileira, com tese sobre Carlos Drummond de Andrade. Foi professor na Universidade do Texas (Estados Unidos), na Universidade de Colônia (Alemanha) e na Universidade de Aix-en-Provence (França). A poesia de Affonso Romano de Sant'Anna, contemporânea, é influenciada pela obra de Carlos Drummond de Andrade, Cecília Meireles, Manuel Bandeira e Mário de Andrade. Atuou como jornalista no *Jornal do Brasil* e *O Globo*. Suas crônicas já lhe deram o título de um dos dez jornalistas mais influentes do Brasil. Affonso mora atualmente no Rio de Janeiro, foi presidente da Biblioteca Nacional, onde criou o Sistema Nacional de Bibliotecas e o inovador Programa Nacional de Promoção da Leitura (Proler). Com a revista *Poesia Sempre*, estabeleceu diálogos entre a poesia latino-americana e a brasileira. Em sua vasta bibliografia, encontramos *O intervalo amoroso*; *Textamentos*; *Vestígios* e *A cegueira e o saber*.

Vou desenvolver aqui algumas ideias sobre as quais tenho trabalhado nos meus três últimos livros: *Desconstruir Duchamp*, *A cegueira e o saber* e *O que fazer de Ezra Pound?* O texto que vou apresentar é parte de um livro (intitulado *O enigma vazio*, a ser publicado em dois meses)[1] cujos textos tentam entender ou problematizar a cultura do nosso tempo. No meu caso, especificamente como criador, como poeta, como alguém que participou dos grupos de vanguarda em suas múltiplas direções, como uma pessoa que fez o percurso de vários movimentos no século XX.

Esta conferência tem, sintomaticamente, três títulos que parecem se completar como se fossem três ângulos de um triângulo. O nome da primeira parte — o primeiro ângulo — "Alguma coisa não vai bem", é tirado de um texto de Thomas Kuhn, que introduziu, na metade do século passado, problemas sobre a questão do paradigma; o segundo ângulo, "Na proa do *Titanic*", parte de uma metáfora sobre o mítico navio *Titanic* e é uma homenagem à ensaísta americana Susan Gablik, que, ao estudar a arte de nosso tempo, disse que a cultura atual lembra muito as pessoas que estavam no deque do *Titanic*, fingindo que não estava acontecendo nada, apenas trocando de lugar enquanto o navio caminhava para a tragédia; a terceira frase (ou ângulo) é "Em busca de outra episteme", uma tentativa de buscar outros enfoques para explicar a nossa perplexidade.

Vou dizer uma série de coisas que podem chocar algumas pessoas e decepcionar outras, mas isso faz parte do risco de qualquer pensador

---

[1] *O enigma vazio* foi publicado pela Editora Rocco em 2009. (N. do O.)

interessado em perseguir a verdade, e não em repetir os quesitos ideológicos dominantes do seu tempo. Começaria, portanto, dizendo que estamos vivendo um período de exaustão de certo paradigma que dominou o pensamento moderno e pós-moderno, paradigma que dominou, digamos, o século XX. Aliás, Thomas Kuhn, em seu livro, publicado nos anos 1960,[2] dizia: "Nos nossos dias as pesquisas desenvolvidas em determinados domínios da filosofia, da psicologia, da linguística e mesmo da história da arte tendem a sugerir que algo não vai bem com o paradigma tradicional". Portanto, há uma crise, uma exaustão do paradigma que se observa no nosso confronto diário, sobretudo em certas obras de arte que nos são apresentadas e que não nos dizem nada. Afirmava Kuhn que a crise do paradigma se estabelece quando começa a haver uma "insatisfação" — o primeiro sintoma. Claro que a "insatisfação" pode ser ativa, quando alguém procura uma saída, mas pode ser passiva, quando a pessoa insatisfeita opta pela indiferença e diz: "Não entendo isso, é outro universo, finjo que não vejo".

Essa questão nos leva a uma afirmativa que Rudolf Arnheim[3] faz em seus livros sobre a arte do nosso tempo. Diz ele que uma das tarefas mais ingratas para o ser humano é fazer um objeto desagradável e, no entanto, há uma epidemia de objetos desagradáveis que infesta hoje tudo o que a civilização tocou. Isso é terrível. É terrível porque há um mal-entendido em relação ao que Freud dissera sobre o mal-estar da civilização. De repente, a nossa cultura decidiu que mal-estar era ótimo e cultivá-lo passou a ser um oximoro, ou seja, o bem-estar no mal-estar. Com isso, o paradigma que se estabeleceu, sobretudo, nos últimos 50 anos do século XX, introduziu outra coisa que Thomas Kuhn chamava de "detalhe esotérico": quando se vê um problema acontecendo, uma insatisfação brotando em relação a determinados fatos, e não se consegue entender, o cientista tentará entender para construir o modelo, o

---

[2] Thomas F. Kuhn, *La structure des révolutions scientifiques*, Paris, Champs-Flammarion, 1970, p. 170. (N. do O.)

[3] Rudolf Arnheim (1904-2007), psicólogo alemão, emigrado em 1940 para os EUA. A partir de 1968, tornou-se professor de psicologia da arte em Harvard. Ligou-se à chamada psicologia da forma, por sustentar que o pensamento é visual e recorre sempre a imagens perceptíveis. (N. do O.)

teórico tentará entender para decifrar o módulo. Esse "detalhe esotérico", misterioso, que todos percebemos na nossa cultura, tem um efeito paralisante, como se o grande público não tivesse, realmente, condições e competência para entender isso e apenas alguns privilegiados tivessem a palavra capaz de abrir a chave desses mistérios.

Chegamos, na chamada "pós-modernidade", a uma situação curiosíssima. Como falar de paradigmas em um contexto cultural no qual se tornou comum negar o paradigma? Teriam os paradigmas deixado de existir? Ou a negação do paradigma pertence a outro tipo de paradigma? A negação do paradigma pode ser analisada paradigmaticamente? E, aí, inicia-se uma análise da teoria do discurso e da retórica que envolve essa questão.

Thomas Kuhn propunha, ainda, algo instigante. Perguntava: "Por que alguém pode se dedicar a resolver enigmas? Por que a sua libido se concentra nessa façanha? Como o seu imaginário se mobiliza para isso?"[4] No caso das ciências sociais, ele afirmava que talvez fosse o desejo de ser útil, de percorrer novos caminhos, a esperança de descobrir uma ordem ou a necessidade de pôr à prova o conhecido e estabelecido. Eu acrescentaria que nessa questão do confronto com os paradigmas exauridos, que não nos satisfazem, o cientista, o teórico, o artista se dedicam a resolver ou enfrentar esse enigma também por uma questão pessoal. Ou seja, enquanto certos problemas não se transformam em problemas pessoais, não os enfrentamos com a devida coragem e audácia. Dizia Hannah Arendt que se não conseguisse entender a lógica do nazismo, enlouqueceria; portanto, se dedicou a estudá-la.

De alguma maneira, acho que o desafio do intelectual e do teórico diante da nossa cultura é o mesmo: a interseção entre o sujeito e o seu tempo, o sujeito e o seu momento histórico. Mas para que esse enigma, esse impasse, seja resolvido, são necessárias algumas estratégias epistemológicas.

Quem mexe com psicologia e com teoria do conhecimento conhece o famoso "teste dos nove pontos". Um psicólogo desafia uma pessoa

---

[4] Thomas Kuhn, op. cit., p. 63. (*N. do O.*)

a unir com um lápis, sem tirá-lo do papel, três carreiras de pontos que perfazem nove pontos. Ninguém conseguirá unir esses nove pontos sem tirar o lápis do papel, a não ser que o lápis extravase aquela margem e avance em um espaço não permitido. Portanto, é necessário certo tipo de transgressão, é necessário romper com a previsão.

Diziam Maturana e Varela que existem os chamados "pontos cegos cognitivos", o que tem tudo a ver com a nossa posição diante de paradigmas que nos paralisam. E Foerster dizia que há uma experiência chamada "a experiência do ponto cego", ou seja, ao concentrarmos o olhar numa estrela desenhada sobre uma página, deixamos de ver um ponto negro que está a poucos centímetros, a menos que façamos certo deslocamento da retina. Ele fornece uma explicação biológica, física, para essa não visão. Diz ele: "A existência desse ponto cego é explicada, fisiologicamente, pela ausência de cones e bastonetes na área da retina de onde sai o nervo ótico. No entanto, quando os dois olhos se dirigem simultaneamente para aquelas imagens, vemos tanto uma estrela quanto um ponto negro". Ele se referia a uma experiência que coloca em uma página em branco uma estrela e ao lado um ponto negro, se nós olharmos aquela estrela não veremos o ponto negro, a menos que façamos certo deslocamento da retina, porque os nossos bastonetes, a nossa estrutura ocular, não permitem essa mútua visão. Pois pensar epistemologicamente é tentar ver além do quadro, ver além dos nove pontos, romper o impasse, e é sobre isso que eu gostaria, agora, de dedicar alguma atenção.

Durante 2.400 anos, da Grécia antiga até o século XX, houve uma visão de arte, chamada pelo crítico polonês Wladyslaw Tatarkiewicz[5] de "a grande teoria", que compreendia conceitos como proporção, harmonia, proporção áurea, figuração etc. Essa visão dominou o mundo clássico e perdurou do Renascimento até a Modernidade. Instaurou-se, no entanto, sobretudo no século XX, com a pós-modernidade, que foi buscar no dadaísmo elementos para se alimentar, a noção de que 2.400 anos de tradição não significavam nada, de que aquilo era coisa do passado, uma espécie de equívoco. Para sintetizar algo complexo,

---

[5] Władysław Tatarkiewicz (1886-1980), filósofo polonês e historiador da arte. (*N. do O.*)

passou-se não apenas à contestação dos paradigmas antigos, mas à ausência de paradigma como o novo paradigma. Ou seja, conforme a vulgata duchampiana, passava a ser arte tudo aquilo que qualquer pessoa, em qualquer situação, decretasse que era arte. Foi como se tivéssemos passado de uma teoria a teoria nenhuma, porque, do ponto de vista lógico, se tudo é igual a tudo, tudo equivale a nada e o discurso não pode se formar.

Pois bem, se analisássemos a história da cultura do século XX, ficaríamos surpresos em perceber como não estamos solitários em arguir essa posição que acabou sustentando a "arte oficialista" de hoje em dia. É bom lembrar que no princípio do século, André Gide, que não era nenhum tonto, já dissera: "As pinturas do nosso tempo serão conhecidas pela sua insignificância". Castoriadis, que não era nenhum analfabeto, considerando a modernidade, se refere também à "insignificância" política e cultural de certos produtos que se querem artísticos. Lévi-Strauss, que não era nenhum ser primitivo, lamentava o que ele chamava de "o métier perdido". George Steiner, grande crítico inglês da atualidade, dizia: "Pergunto-me se os artistas do futuro não voltarão a olhar com perplexo desprezo para a massa de pretensiosas trivialidades que ora enchem nossas galerias". E eu poderia citar outros nomes de pessoas notáveis: Paul Valéry, Eric Hobsbawm, Mircea Eliade, Pierre Bourdieu, Edward Wilson[6], Fredric Jameson, Nathalie Heinich,[7] Theodor Adorno, Howard Becker,[8] Zygmunt Bauman, Paul Virilio, sem falar em uma infinidade de artistas. Portanto, existe algo muito estranho no nosso contexto, porque não apenas o grande público, mas os próprios especialistas sentem, diante dos paradigmas estéticos do nosso tempo, um desconforto e gostariam que esses paradigmas sofressem questionamento.

---

[6] Edward Osborne Wilson (1929), entomologista e biólogo americano, conhecido pelo seu trabalho com a sociobiologia. Foi divulgador do conceito de biodiversidade. (*N. do O.*)

[7] Nathalie Heinich (1955), socióloga francesa que se dedicou a estudar a sociologia da arte e a arte contemporânea. (*N. do O.*)

[8] Howard Saul Becker (1928), sociólogo americano, celebrizado por seus estudos sobre músicos de jazz e de professores em Chicago. (*N. do O.*)

A "modernocontemporaneidade" instaurou habilidosa e contraditoriamente o domínio da incerteza. Considera-se que se instaurou uma nova episteme, que aproxima elementos da física quântica e o pensamento de Nietzsche e Wittgenstein. O relativismo de Einstein, a indeterminação de Heisenberg,[9] a probabilidade de Bohr[10] constituiriam um sistema confluente com os conceitos de entropia, desordem e caos. Todos estudamos isso, haurimos isso e incorporamos isso como o pensamento certo e correto da nossa época. Realmente, a física quântica dizia coisas desnorteantes: um elétron tanto pode mudar de órbita quanto desaparecer de uma e reaparecer, instantaneamente, na outra, sem que se saiba como percorreu o espaço intermediário, movimento que ficou conhecido como "salto quântico".

Assim, começamos a examinar o teatro de Beckett, a prosa de Joyce, as incertezas existenciais dos personagens e a pintura abstrata e a ver significado em qualquer insignificância. Fez-se a apologia do caos na arte, do caos da arte, sem se procurar a arte do caos, pois configurar o conceito de arte do caos seria tornar a incerteza menos incerta e o caos, menos caótico. O mundo, então — a nossa geração aprendeu isso — era mesmo um teatro do absurdo, um jogo de dados gratuito, como queria Mallarmé. Já não se tratava mais, como no tempo de Ptolomeu e de Copérnico, de discutir qual era o centro do universo. A radicalização foi maior: agora a ciência, as artes e a filosofia vêm dizer que não há centro algum. Convenhamos, isso faz qualquer um perder o norte e ficar "desbussolado". É um verdadeiro exercício de *"double bind"*, ou

---

[9] Werner Karl Heisenberg (1901-1976), físico alemão, laureado com o Nobel em 1932, um dos fundadores da mecânica quântica. Chefiou o programa nuclear da Alemanha durante a Segunda Guerra Mundial, quando trabalhou no projeto de um reator nuclear. Parte de suas ideias foi rejeitada por importantes cientistas, incluindo Einstein, por romperem com os princípios estáticos da física newtoniana. Mas o "princípio de Heisenberg", segundo o qual é impossível medir simultaneamente e com precisão absoluta a posição e a velocidade de uma partícula, acabou abrindo um novo campo para o conhecimento. (*N. do O.*)

[10] Niels Henrick David Bohr (1885-1962), físico dinamarquês, cujos trabalhos contribuíram para a compreensão da estrutura atômica e da física quântica, premiado com o Nobel em 1922. Formulou os princípios da correspondência e da complementaridade. Sua teoria foi um passo decisivo para o conhecimento do átomo. (*N. do O.*)

laço duplo. Nietzsche, então, passou a ser uma espécie de filósofo quântico, que está na base do pensamento de Foucault, Derrida, Barthes e de outros sofistas que, nos anos 1960, reafirmaram que não existe verdade. E daí veio o pensamento de Paul Feyerabend contra o método (*Against Method*, 1975),[11] "adeus à razão" (*Farewell to Reason*, 1987) etc. Criou-se, então — e isso é fascinante — um novo credo, a certeza da incerteza, que virou uma religião, a religião de paradoxos insolúveis e de oximoros paralisantes. O vazio pleno, o silêncio ruidoso, a "indecidibilidade" do dizer.

Lemos isso em Blanchot e Barthes, temos orgasmos como se estivéssemos ouvindo um sentido áureo. Haveria, por outro lado, uma correlação entre isso e o que ocorreu nas artes e na sociedade. Escrevemos e lemos sobre o "teatro do absurdo", sobre a *stream of consciousness*, o *nouveau roman*, a *action painting*, o *nonsense*, o acaso, a gratuidade, a aleatoriedade da vida e do ato artístico e assim por diante.

Michel Foucault, por exemplo, abre seu livro *As palavras e as coisas* valorizando o verbo "abalar", que é o verbo mais citado na introdução do seu livro. A esse "abalo" do qual nos alimentamos somou-se o louvor do "deslocamento", do "descentramento"; iniciou-se todo um movimento de fusão do centro e da periferia. Pode-se dizer que um capítulo à parte nesse paradigma, ou seja, o paradigma do não paradigma, foi o decreto que instituiu o "fim da arte" e também o "fim da história". É irônico, e deveria ser pedagógico para os incautos, o fato de que o próprio pensador nipo-americano Francis Fukuyama, que havia decretado o fim da história, dez anos depois tenha vindo a público em entrevistas e textos pedindo desculpas e dizendo que, realmente, a história continuava.

Devo dizer que quando Fukuyama, arrependido, genuflexo, descobriu que a história continuava, lembrei que a mesma coisa ocorrera com Marcel Duchamp, que havia pregado a destruição da arte ("é preciso acabar com a arte antes que seja tarde") e chegou a dizer, em um dos seus textos, que as pessoas ignoram ou escamoteiam o seguinte:

---

[11] *Contra o método*, São Paulo, Unesp, 2007. (N. do O.)

"Este século é um dos mais baixos na história da arte, mais baixo até do que o século XVIII, quando não havia arte maior, mas apenas frivolidades." Quem está dizendo isso não sou eu, quem está dizendo isso é quem abriu a caixa de pandora da não arte durante o dadaísmo.

Então, passamos a uma situação muito curiosa, que nos remete ao que Marx dizia: "Tudo que é sólido desmancha no ar". Chegamos ao avesso, atingimos agora o líquido e o aéreo. Lembremo-nos de *Modernidade líquida*, um dos livros de Zygmunt Bauman, e do livro de Yves Michaud[12] *Arte em estado gasoso*. Ou seja, a verdade (inexistente) se transformou em uma forma líquida e incerta. Pois bem, o caos, a teoria do caos tem algo a nos ensinar do ponto de vista epistemológico.

Há que saber que o charme da desordem e da entropia tem seu preço. O elogio à desordem como algo impulsivo e superficial pode ser um comportamento ingênuo de certa estética e ideologia. Na desordem existe também uma cota de incompetência e é contra isso que o artista autêntico luta. Poder-se-ia, por exemplo, analisar o termo "entropia", que vem se tornando mais conhecido desde o século XIX nas áreas das ciências sociais e humanas.

Pois bem, a entropia passou a significar, mais do que nunca, uma espécie de apocalipse em progresso, ou seja, uma noção barata de entropia elimina a ideia de ordem e causalidade. Se o cientista que trabalha com o universo quântico atravessar o sinal vermelho, será atropelado; se o físico que descobriu a indeterminação sair pela janela e não pelo elevador de seu prédio, vai se precipitar na calçada. Existe um relógio cósmico e biológico que não se pode ignorar. Os economistas controlam décimos de inflação puxando alavancas teóricas. O átomo não é uma bagunça na qual cada partícula faz o que quer. Os aviões decolam do chão e as máquinas das indústrias funcionam porque há um antes e um depois; igualmente, as variações psíquicas e psicológicas, as-

---

[12] Yves Michaud (1944), filósofo e historiador da arte francês, que se especializou no estudo dos pintores abstratos da década de 1970, em especial Viallat, Clément, Hantaï, Joan Mitchell, Sam Francis, Jean-Paul Riopelle, Shirley Jaffe. Também se dedicou a estudar a violência. Estuda os desdobramentos da arte na cultura contemporânea no mundo cada vez mais tecnológico e globalizado. (*N. do O.*)

sim como a economia, obedecem a princípios constatáveis; a maré alta e a maré baixa são previstas com precisão; quando se manda um foguete ao espaço sabe-se onde cairá e, hoje, as bombas inteligentes caçam as vítimas dentro de casa e há prédios e cidades inteligentes nos quais a previsibilidade é a invariante. Portanto, a ordem e a consequência estão na base da vida.

É daí que Rudolf Arnheim dirá que "a ordem é um pré-requisito de sobrevivência, por isso o impulso de criar disposições ordenadas é inerente à evolução" e indagará — isso é curioso: "O que é desordem? Não é a ausência de qualquer ordem, mas, antes, o choque de ordens não coordenadas." Como já se disse, o artista seria aquele que, entre o caos e o cosmos, constrói o "caosmos". Até mesmo um artista excêntrico como Ezra Pound, citando um poeta chinês no canto 13 de seu livro *Os cantos*, diz: "Qualquer um é capaz de excessos./É fácil atirar além do alvo,/o difícil é fixar-se no meio". Portanto, o caos parece caótico à primeira vista, o caos é um *a priori*, é uma primeira visão de algo assistemático, é uma visão impotente até que alguém lhe confira um modelo interpretativo que ordene, de certa maneira, a sua compreensão. Como se sabe, a teoria do caos não é caótica: é complexa. E a ciência, trabalhando com o erro, pode chegar a determinadas conclusões pelo acaso e erraticamente, mas não entroniza o erro.

Na filosofia, o pensamento de Bachelard e Canguilhem disserta sobre a utilidade do erro para acertar e a nossa romancista e grande pensadora Clarice Lispector dizia: "O erro é um dos meus modos fatais de trabalho." Enfim, o chamado "método de tentativa e erro" é um método para se errar menos. Da mesma maneira que a antiarte deveria ser uma estratégia para ampliar e enriquecer o artístico, e não para negá-lo. Uma coisa é a errância, a busca do acerto, apesar dos erros; outra é o fascínio do próprio erro, que paralisa o conhecimento. Rudolf Arnheim dizia que a "verdadeira obra de arte não é um enunciado à deriva" e, em um de seus livros, demonstra como as pinturas de Fra Angelico, *A Anunciação*, de Da Vinci, *Guernica*, de Picasso, os quadros de Matisse e as obras de Pollock, Josef Albers e Mondrian, todos têm uma noção de centro e ordem. A ordem, diz ele, é um pré-requisito da sobrevivência, por isso nosso impulso para criar disposições ordenadas. O centro, portanto, não é abolido como a teoria do descentramento nos fez crer por meio de uma vulgata universitária tão conhecida. Se tomarmos *Ulysses* e *Finnegans Wake*, de Joyce, veremos que essas obras não negam o centro. Trabalham com a mitologia e com a tradição. Se tomarmos o "monólogo interior", o "fluir da consciência", veremos que há um centro no meio desse caos aparente e nesse sentido até Einstein, que criou a teoria da relatividade, disse uma frase fulminante: "Deus não joga dados."

Como se vê, a questão tem de ser encarada não apenas esteticamente; não é apenas filosófica nem retórica; ela tem de ser experimentada em testes e laboratórios. Piaget e Freud, por exemplo, estudaram questões do egocentrismo da criança, um movimento normal na infância. O crescimento, porém, não vai acabar com o centro, vai enriquecê-lo, torná-lo mais complexo. Por outro lado, a neurose é cêntrica; tão cêntrica quanto o vício e as ideologias políticas, religiosas e estéticas.

A maturidade pessoal e social pressupõe que aceitemos a existência de outros centros que não nosso próprio. Por conseguinte, há uma diferença entre um produto chamado solipsismo, típico da maioria das obras produzidas em nossa época, fruto da desorientação teórica, e a arte autêntica, que rearticula vários centros num pacto "artístico", e não "autista".

E, caminhando para o fim desta exposição (se é que existe fim), diria que, depois do "fim de jogo", para usar a metáfora beckettiana, há que recomeçar o jogo. Essa metáfora me parece muito mais rica para marcar o tempo recente e o espaço histórico atual, chamado "contemporaneidade", que, paradoxalmente, parece ser coisa do passado. São vários os autores que situam a década de 1980 como o apogeu e o início do declínio do pós-moderno; o sentido de esgotamento e de pasmo sobreveio depois da exaustiva inspeção do nada e do confronto com o que chamo de "enigma vazio". Esse vazio tem alguma ligação com o que foi, ironicamente, veiculado por Marcel Duchamp. Só que Beckett, nesse sentido, é mais rico, pois, superando o cinismo, assumiu, se não o trágico, pelo menos o patético de seu tempo. Poder-se-ia dizer que a contemporaneidade está expandindo fronteiras — e aqui a palavra "fronteiras" vem a calhar com este projeto que está sendo desenvolvido em Porto Alegre, um projeto que pressupõe que há fronteiras. Na verdade, a afirmativa de negação de fronteiras de que se apossou celeremente a publicidade é apenas uma afirmativa retórica que não sobrevive a nenhuma teoria e a nenhuma prática.

Pois bem, ao expandir fronteiras até decretar que tudo é arte e ao decretar o fim da história e cultuar o relativismo — que é sedutor e inconsequente — a modernocontemporaneidade se meteu em uma irremissível poética da dispersão. Se houve uma conquista com a modernidade e a pós-modernidade, toda conquista implica paradoxalmente, como sabe qualquer conquistador, o surgimento de problemas novos para manter o domínio e quando o império vai além do que pode e expande suas fronteiras, dilui-se e começa o seu declínio. Por isso, a situação da pós-modernidade me faz lembrar de uma frase de Jean-Luc Chalumeau[13] que dizia que a nossa situação, hoje, lembra a de Alexandre, o Grande, que, depois de ter conquistado todo o mundo, só podia chorar e ficar deprimido por não ter mais nada que conquistar.

Acabamos de sair de um século mortal e mortífero. Morte de Deus, morte da história, morte do homem, morte da arte e quase morte da morte. Nesse sentido, o vasto cemitério no qual perambulamos, como zumbis, entre o sentido e o não sentido complementa — e isso é grave — a mais devastadora orgia de sangue, destruição e guerras que a história já produziu. Teorizar, jubilosamente, sobre a morte de certas categorias pode não fazer jorrar sangue no papel, mas justifica a morte onde quer que ela esteja. No âmbito da morte da arte, aprofundando-se o extermínio, efetivando-se a solução final, passou-se a falar da morte do romance, morte da música, morte da poesia, morte da dança, morte do teatro, morte dos gêneros, morte do autor.

Foi um período marcado pela tanatomania; pode-se fazer uma tanatografia e até se constituir uma disciplina, a tanatologia, tal é o espaço que a morte ocupou na vida no século XX. Mas, dentro do cemitério niilista, depois de tanta insignificância, sinais de vida surgiram, enfrentando a entropia e reencontrando a estrutura no caos. Alguns falam de uma "gnose nova", em gestação; outros se referem a uma "nova

---

[13] Jean-Luc Chalumeau, historiador da arte francês, autor de inúmeras obras sobre a arte contemporânea. (*N. do O.*)

agenda"; outros a "remapear", "reemoldurar"; outros ainda a "refundação"; e há quem fale até no "reencantamento" da arte. Pois estamos voltando da inspeção ao nada. A tela branca, o teatro sem ator e sem texto, a escultura invisível, a música do silêncio, a literatura sem palavras, a filosofia como um jogo de linguagem não satisfazem mais a nossa furiosa procura pelo símbolo, até mesmo pelo seu avesso. Estamos entediados com o símbolo do não símbolo, com o símbolo dessimbolizado, por isso há quem fale em "ressimbolização", afinal, ainda não se conseguiu negar que somos animais simbólicos; até os que tentam negar isso o fazem por meio de símbolos. Símbolo, na sua origem, todos nós sabemos, era uma plaqueta de barro que o hospedeiro partia em duas, dando ao hóspede uma metade e guardando a outra. Assim, quando o viajante retornasse, a parte da sua plaqueta se encaixaria na que ficou nas mãos do outro, em um ato de reconhecimento: assim, o estranho e o familiar se reencontravam, o exterior e o interior se reconheciam, o pessoal e o social se identificavam, o passageiro e o permanente dialogavam. No entanto, por causa da vacina que se criou contra o "princípio da identidade" e contra o "princípio da não contradição", e por causa do regozijo quântico do vazio, criou-se um vácuo, um elo perdido. Esse elo perdido da arte contemporânea, se, por um lado, pode ser entrevisto em Marcel Duchamp, o histrião, o pseudo, o mentiroso, o paradigmático que exerceu estranho fascínio sobre a arte e a não arte do século XX, por outro lado, deve ser analisado mais amplamente. A questão não se reduz apenas a culpar, entre aspas, um ator do espetáculo, mas a analisar a peça que se encena aos nossos olhos.

Na nossa linguagem, diante dos obstáculos epistemológicos, temos de estar vigilantes quanto aos "obstáculos verbais" a que se referia Bachelard. O elo perdido tem de ser reencontrado por meio de uma operação de linguagem que restitua ao discurso o mínimo de pertinência e credibilidade e coloque a alucinação no lugar que lhe é próprio. Alguém certa vez disse que era necessário "limpar as palavras"; dizia isso como se dissesse limpar os instrumentos, como numa cirurgia, para evitar infecção e septicemia no paciente.

A renovação do discurso crítico, em uma operação multidisciplinar, implicará ver a riqueza do material à nossa disposição. O próprio

Duchamp, muito mais interessante do que aquele ser unívoco que nos apresentam, é um sintoma, é um signo duplo que tem sido lido univocamente. Dizia Kuhn que a passagem de um paradigma para outro não se dá por acúmulos, a reconstrução não se dá linearmente. Vão-se montando, aqui e ali, alguns elementos que, de repente, se associam. Por isso insisto que é necessário voltar aos negligenciados problemas de linguagem para conhecer a linguagem do problema. Voltar, porém, criticamente e com o distanciamento de cem anos, posto que o século XX já acabou. Como diz uma expressiva canção folclórica, citada por James Gleick[14] no livro *Caos*: "Por falta de um prego, perdeu-se a ferradura;/por falta de uma ferradura, perdeu-se o cavalo;/por falta de um cavalo, perdeu-se o cavaleiro;/por falta do cavaleiro, perdeu-se a batalha/e por falta da batalha perdeu-se o reino".

O século XX, que cultivou, de maneira mais ampla e sofisticada, a violência — seja através dos morticínios estéticos, atômicos e ideológicos, seja em "sibérias" e "campos de concentração" onde meteram a arte também — seria também aquele em que a brutalização da arte, o sadomasoquismo teórico e artístico, atingiu o auge, até que, torturada e despedaçadamente lançada aos quatro ventos e ao nada, a arte se tornasse irreconhecível.

Por isso, terminando, se fosse possível falar de novo ou de novos paradigmas, poder-se-ia começar pela reinvenção do jogo. Em vez de fim de jogo, o jogar de novo. Ronald Laing,[15] o antipsiquiatra dos anos 1960, produziu revolucionários estudos sobre os esquizofrênicos. Che-

---

[14] James Gleick (1954), jornalista e escritor norte-americano cujos livros exploram as ramificações culturais da ciência e da tecnologia. Biografou a vida de vários cientistas. *Chaos: Making A New Science* é seu best-seller de 1987 que apresentou os princípios da teoria do caos ao grande público. (N. do O.)

[15] Ronald David Laing (1927-1989), psiquiatra escocês correntemente associado ao movimento da antipsiquiatria, que se dedicou ao estudo de graves disfunções mentais. Foi um crítico do diagnóstico psiquiátrico convencional. Basicamente, argumentava que a psiquiatria fazia um diagnóstico a partir do comportamento do paciente, mas tratava a enfermidade biologicamente, o que implicaria uma falsa epistemologia. A antipsiquiatria emergiu nos anos 1960 como reação aos cânones estabelecidos da psiquiatria. Uma das influências originais do movimento foi Michel Foucault. (N. do O.)

gou a escrever um texto poético que diz o seguinte: "Eles estão jogando o jogo deles,/eles estão jogando de não jogar o jogo./Se eu lhes mostrar que os vejo tal qual eles estão,/quebrarei as regras do seu jogo e receberei a punição". Há, nesse texto, algo além das diferenças de percepção entre um e outro, há também o constrangimento, aquilo que Gregory Bateson, cientista que também no meio do século passado estudou a esquizofrenia, chamou de "*double bind*", ou "laço duplo". Prisioneiro de enfermidade do sistema, esse "ele" constrangido opta por jogar o jogo deles, fingindo não ver a falsidade que lhe é impingida. Esse sentimento, pode-se dizer, é semelhante ao de inúmeros pensadores e artistas e do público em geral em relação a certa arte oficial que Howard Becker, apropriadamente, chama de "institucionalista", a arte oficial do nosso tempo. E, conforme a tradição do perpétuo renascimento, e contra a morte anunciada, convocaria a todos para que superássemos o oximoro paralisante, exclamando: "O rei morreu, viva o rei!" É hora de desmistificar o antijogo, o não jogo, e dizer alto e bom som: "Façam o jogo, senhores."

Criatividade e colaboração

Philip Glass

Philip Glass

Músico norte-americano, ícone do minimalismo, é compositor de óperas, concertos, música eletrônica, rock e inúmeras trilhas sonoras para o cinema. Nascido em Baltimore em 1937, é considerado uma das pessoas mais influentes na música do século XX. Aos 15 anos, já frequentava a prestigiada escola de música Juilliard, em Nova York, cidade onde vive até hoje. Após uma temporada na Europa, quando conheceu o respeitado compositor indiano Ravi Shankar e trabalhou com ele, criou o Philip Glass Ensemble — grupo de sete músicos que se apresentavam com teclados e efeitos sonoros — do qual se originou o chamado "estilo minimalista". Distanciando-se desse conceito, fez parcerias com artistas de gêneros musicais distintos, com projetos em diferentes mídias. Suas participações em trilhas sonoras para o cinema lhe renderam um Globo de Ouro e um prêmio Bafta, além de três indicações para o Oscar.

Tratarei aqui da natureza do trabalho que desenvolvo e do mundo que tenho habitado nos últimos 50 anos, apresentando três exemplos de música criada com colaboração. Elas ilustrarão minha percepção do trabalho.

O tema que escolhi tem a ver com minhas experiências e, como pude observar, tenho tido a chance de trabalhar num momento particularmente feliz. Conhecemos os fundamentos e os pressupostos daquilo que estamos fazendo e eles não mudam com muita frequência. No período de uma geração, podem até não mudar nenhuma vez. Costumamos falar sobre como as coisas mudam, mas, na verdade, a base sobre a qual construímos nosso trabalho não chega a mudar tanto. É como se um enorme navio tentasse mudar de direção; é um movimento difícil. Quero dizer, pode acontecer, mas pode ser que não aconteça durante toda uma vida. E, se acontece, pode ser que nem se perceba. Isso também é algo surpreendente. Na verdade, levou um bom tempo até compreendermos como o mundo da música e o mundo das expressões artísticas estavam mudando no momento mesmo em que estávamos assistindo. Assim, relato minhas reflexões sobre esse fenômeno. Gostaria de abordar três tópicos. Na verdade, existe um quarto tópico no qual não chegarei a tocar, embora devesse.

O primeiro é sobre plateia e performance. O segundo tem a ver com colaboração artística. O terceiro, com colaboradores e *performers*, o que é um pouco diferente. O quarto tópico, que é bastante interessante, mas ao qual não acredito que possamos chegar, trata do *performer* como intérprete, uma questão muito instigante e que não costuma ser discutida.

Começarei com o tema da plateia e a performance. Acho que há cerca de 40 anos, quando comecei a me dar conta dessa questão, de fato uma mudança fundamental havia ocorrido. Trata-se de um dos tópicos de discussão mais importantes e apresentarei algumas imagens do trabalho que fiz com Bob Wilson.[1] A primeira coisa que percebi é que tinha ocorrido uma mudança fundamental no modo como pensávamos que as obras de arte existiam no mundo. Muitos de nós, talvez todos nós, consideravam que uma obra de arte existia de alguma maneira de forma independente, como se fizesse parte de um museu ou de uma casa de espetáculos, tivesse uma vida independente de nós, de certa forma. Na verdade, a questão da plateia ainda não tinha surgido; as pessoas podiam gostar ou não de uma obra, mas consideramos que a obra de arte em si mesma tem uma existência tão integrada e autônoma que não é preciso se preocupar com isso. Essa é uma ideia bastante antiga, que só começou a mudar em meados do século XX, lá pelos anos 1940 ou 1950. A primeira vez em que tomei conhecimento de uma discussão desse tipo foi quando estava em Paris, em 1961. Estava fazendo um curso com uma grande professora da época, Nadia Boulanger,[2] e tinha levado comigo um livro de John Cage, *Silence*; aquilo foi para mim quase uma revelação. John Cage tinha umas ideias sobre música que eram tão radicais que muitas vezes ele não era considerado um músico de verdade. Mas, de fato, tinha formação em música, era de Los Angeles

---

[1] Philip refere-se aqui à opera *Einstein on the Beach*, cuja prémière se deu no Festival de Avignon em 25 de julho de 1976. Direção, cenários e figurinos foram feitos por Bob Wilson. Com aproximadamente cinco horas de duração, foi a primeira ópera longa de Glass. Após ser apresentada em Hamburgo, Paris, Belgrado, Veneza, Bruxelas e Rotherdam, a ópera chegou aos Estados Unidos, no Metropolitan de Nova York, em novembro de 1976. Em 1984, foi remontada pela Brooklyn Academy of Music. Uma versão adaptada e modernizada foi dirigida por Achim Freyer em 1988 no teatro de Stuttgart. Dois *revivals* foram montados, em 1992 e 2009. A montagem de 1976 foi considerada revolucionária. É um marco na história da música e do teatro contemporâneos. *(N. do O.)*

[2] Nadia Juliette Boulanger (1887-1979), compositora francesa de música erudita e renomada educadora. Foi uma das maiores professoras de composição do século XX. Pelas suas turmas passou a maior parte dos grandes compositores e maestros do século. Com base em suas aulas, muitos estabeleceram uma nova escola de composição. *(N. do O.)*

e tinha estudado com Schönberg em um dado momento. Quando foi para Nova York, associou-se a Merce Cunningham, dançarino e coreógrafo espetacular, e juntos começaram a fazer música e dança, sempre de uma forma bastante incomum. John começara a compor peças das quais tentava quase que se eliminar como autor. Não estou certo de até onde conseguiu chegar, porque mesmo tendo encontrado com ele muitas vezes e apesar de termos conversado sobre esses assuntos, nunca fiz essa pergunta crucial e agora não posso mais fazê-la[3]. Mas ele começou com a música feita do acaso. Chegou mesmo a compor peças sobre o silêncio. Sua peça mais famosa, "4'33"", que começa e acaba em 4 minutos e 33 segundos, consiste em qualquer som que for escutado durante esse tempo. Em outras palavras, John Cage rompeu completamente com a ideia de que deve existir um sujeito e um objeto e que o objeto possa ser a música. Era uma ideia bastante divertida, que se desenvolveu a partir de um movimento de arte, a partir do trabalho de Duchamp, o surrealista, um amigo das pessoas que realmente tentavam inovar nas artes visuais fazendo algo muito diferente. De certa maneira pode parecer muito conceitual, muito teórico, mas John realmente compôs suas peças assim. Uma das técnicas que ele utilizava era recortar sons para reinseri-los de maneira inusitada. Lembro-me perfeitamente dele, de ouvi-lo em um lugar chamado The Kitchen, na rua Broome, em Nova York.[4] Era um ano qualquer da década de 1960, ele tinha pegado um texto de Thoreau, grande escritor americano, escolheu palavras do texto e fatiou-as em sílabas, depois misturou as sílabas, formando novas palavras, e leu o texto. Quando se começa a ouvir, escutam-se sons que não fazem nenhum sentido, do tipo "hoh", "tshh", "ahh". Ele se sentava numa mesa com o livro e começava sua performance, que po-

---

[3] John Cage morreu em 1992. (*N. do O.*)

[4] Fundado em 1971, no número 484 da Broome Street (onde hoje funciona uma cafeteria e chocolataria), no Soho, pelos videoartistas Woody e Steina Vasulka, o The Kitchen tornou-se internacionalmente conhecido por abrigar a vanguarda da videoarte, da música, da dança, da literatura e das novas mídias. A maior parte das performances apresentadas no The Kitchen foi gravada. Em 1999, teve início um trabalho de recuperação do inestimável acervo. John Cage morreu em 1992. (*N. do O.*)

dia durar mais de 45 minutos. Quando terminava, quase ninguém tinha ficado na plateia, a maioria tinha ido embora. Eu ficava porque me impressionava que alguém pudesse fazer aquilo. Mas também queria saber o que ia acontecer. John não se importava com que as pessoas tivessem ido embora, isso não parecia aborrecê-lo de forma alguma. O que ele estava fazendo era apresentar um trabalho muito desafiador, porque tínhamos de encontrar uma maneira de entender aquela peça.

Minha compreensão do que ele pretendia era que estava convidando a plateia a entender o trabalho em seus próprios termos. Não estava dizendo: "Isto quer dizer isso ou aquilo"; estava dizendo: "Isto pode fazer sentido se você escutar." Assim, de um modo engraçado, John havia criado uma nova equação para a performance, na qual o espectador, o público, era mobilizado, convidado, praticamente interpelado para completar o trabalho. Ele apresentava um trabalho e dizia que não estava terminado, que só estaria pronto quando as pessoas o escutassem. Pode parecer óbvio agora que, de certa maneira, é o mesmo tipo de questão. Quando cai uma árvore na floresta, não faz um barulho? Alguém pode dizer: "Não, não faz nenhum barulho porque ninguém está escutando." Ou seja, para se produzir um som é preciso haver alguém escutando. Eis a quintessência de uma ideia modernista e essa coisa tão simples que estou descrevendo foi a base para um modo totalmente novo de pensar uma obra. Eu diria que, para muitos de nós, mesmo para aqueles que gostavam de John Cage, levou um bom tempo para entendermos para o quê exatamente ele nos estava convidando. Ele era um cara engraçado, fazia coisas estranhas. Eu havia lido sobre seu trabalho e já tinha chegado inclusive a experimentá-lo nos anos 1960, quando, de volta a Nova York, assistia às suas performances e às de outros artistas.

Ao mesmo tempo, eu estava trabalhando em Paris com uma companhia teatral. Foi a primeira vez em que tive um encontro pessoal com a proposta. E realmente poderia dizer que não teria sido capaz de fazer aquilo, de realizar aquele trabalho, sem ter lido sobre o que John tinha feito, lido seu livro. Só então compreendi, tive uma ideia do sentido daquilo tudo. Eu estava trabalhando com a companhia numa peça de Samuel Beckett. Ele morava perto de onde estávamos, éramos todos jovens e ele era muito gentil conosco. Permitia que fizéssemos intervenções em seu trabalho e até conversava conosco sobre o resultado. Quero dizer, parece incrível hoje, porque agora, uma vez que ele não está mais aqui, ficou muito difícil trabalhar com suas peças. Quando ele estava vivo, realmente queria que as pessoas fizessem aquilo. Beckett tinha escrito uma peça chamada *La comédie*. E foi assim que a fez: pegou três personagens, um homem e duas mulheres — uma, a esposa, e a outra, a amante. Os três tinham uma história para contar sobre esse triângulo amoroso que se formou. Então, Beckett escreveu um monólogo para cada um e depois cortava os monólogos com uma luz. Três pessoas estavam sentadas em caixões como se estivessem mortas e descreviam suas vidas. A luz ficava bem ali e quando iluminava uma pessoa, as três começavam a contar a história, quando mudava para outra pessoa, contavam a história e assim sucessivamente. Então, basicamente, ele tinha feito um processo de corte muito parecido com o que John tinha feito com o texto de Thoreau, quando o recortou para depois colocar as palavras de volta. Acredito que Beckett estava desafiando a ideia de que uma obra de arte é dirigida a nós como uma narrativa, uma história envolvendo uma pessoa, com princípio, meio e fim. O tipo de história que ouvimos durante toda a vida, desde crianças até a idade adulta, na forma de romances. Pode ser um conto infantil, pode ser um romance de guerra, é sempre uma narrativa com personagens, cada um fazendo a sua parte.

De modo bem semelhante, a música também pode ser composta dessa maneira. Basta pensar nos grandes concertos de violino. É tudo sobre um herói. O herói dos concertos para violino ou para piano, ou qualquer outro instrumento. As aventuras daquela entidade musical são refletidas na música e é essa música que escutamos. Então, me pediram para escrever a música para a peça e eu escutava, ia a todos os ensaios, trabalhávamos juntos. No final, acabei indo a uma porção de ensaios. Ficava pensando: "Como vou fazer isso? O que posso fazer?" E, por alguma razão, tive a ideia de pegar duas notas, fui alternando-as num determinado ritmo. Peguei então duas outras notas e alternei-as em um ritmo diferente; mais duas notas alternadas em outro ritmo e juntei tudo numa peça musical. Tocava em cima do texto, de forma que a peça apareceu e por trás dela havia um subtexto que não tinha um tema específico, que ficava mudando de formas inesperadas.

Estávamos contentes com o resultado, minha companhia e eu. A companhia se chamava Mabou Mines Company.[5] Nos anos 1960, Beckett ainda não era reconhecido como a grande figura que na verdade era. Ninguém o conhecia daquela maneira. E algumas pessoas iam ver nosso trabalho, mas era mais ou menos como se nos deixassem ficar brincando com a peça, sem compromisso. Depois disso, comecei a ir a várias performances, fui assistir a um bom número delas. E percebi uma coisa muito estranha. No teatro clássico, com uma narrativa, a história supostamente atinge um ponto que se chama desenlace, quando a história se desenrola; há uma parte chamada catarse, quando a história atinge o clímax; e depois o final. Então, existe um formato. Se pensarmos em *Hamlet* ou em qualquer grande obra teatral do passado, veremos que funciona exatamente assim. Na verdade, essa forma já tinha sido descrita num livro sobre poética de Aristóteles, muito antes de Shakespeare ou de qualquer um de nós ter nascido. Então, en-

---

[5] A companhia teatral Mabou Mines, fundada em 1970, com uma proposta colaborativa e vanguardista, teve seu nome de batismo inspirado em uma velha cidade mineira da Nova Escócia, perto de onde os seus fundadores JoAnne Akalaitis, Lee Breuer, Philip Glass, Ruth Maleckzech e David Warrilow desenvolveram *The Red Horse Animation*, sua primeira performance original. Glass e Akalaitis (que se casaram em 1965) conheceram-se em Nova York e mudaram-se para Paris em 1964, reunindo-se com o casal Breuer e Maleckzech numa viagem pela Grécia. De volta a Paris e em companhia do ator David Warrilow o grupo começou a trabalhar nas peças de Beckett. Glass retornou aos Estados Unidos em 1966. Mabou Mines converteu-se num grupo formal a explorar a linguagem e a atuação, com forte improvisação e incorporando elementos das artes visuais, da dança, da mímica, do teatro de fantoches e da música. Movendo-se inicialmente entre os palcos e as galerias de arte, com performances, foi o trabalho com Beckett que consolidou a vocação teatral da companhia. O grupo montou oito peças de Beckett: *Cascando, Come and Go, Company, Imagination Dead Imagine, The Lost Ones, Mercier and Camier, Play* e *Worstward Ho*, seis das quais foram premières mundiais. Ao surgir, foi considerado um dos mais experimentais e incendiários coletivos nova-iorquinos. Em 1971, os atores Frederick Neumann e Bill Raymond juntaram-se à formação original. Em 2010, completou 40 anos de existência como um raro caso de grupo vanguardista longevo. (*N. do O.*)

tendíamos que o drama deveria ter essa forma e foi isso que fizemos; na verdade, foi assim que grande parte do trabalho teatral foi feita.

Eu escutava aquela peça,[6] assistia e me dava conta de que a cada noite que ia ao teatro, a catarse emocional parecia estar em um lugar diferente. Não acontecia no mesmo lugar todas as noites. Se fosse um *Hamlet*, certamente seria sempre no mesmo lugar. Mas isso não aconteceu com essa peça, em parte por causa da maneira pela qual Beckett a havia escrito e também porque a música estimulava que fosse assim. De alguma maneira, eu havia encontrado uma saída para a apresentação que se espelhava na música. Depois, paramos de encenar a peça e durante algumas semanas continuei escutando a fita, que então era uma simples fita. Mas, por alguma razão, eu a achava muito interessante. E esse foi o início de algumas experimentações que fiz com repetição e estrutura. Quero falar de estrutura também porque alguém disse uma vez "Isso é minimalismo" e eu disse "Bem, na verdade, não." Considerava uma espécie de classicismo, porque tinha tudo a ver com forma, com equilíbrio, era sobre esse tipo de coisa.

Essa ideia surgiu nos anos 1960, quando eu estava trabalhando com essa proposta. Formei meu próprio conjunto logo depois de ter começado a compor peças muito grandes em que não acontecia grande coisa. Mesmo assim, as pessoas iam, eu via as pessoas irem, eram performances em lofts e galerias, não em casas de show — eu só iria a uma grande casa de espetáculos em 1979. Era o tipo de música que ficaria banida das casas de espetáculos por muito tempo. Diziam-me que não era música, o que, na verdade, era bom sinal. Eu ficava satisfeito, porque isso significava que as pessoas estavam prestando atenção e que

---

[6] A peça *La comédie*, ou *Play*, de Beckett, foi escrita entre 1962 e 1963 e estreou originalmente no Teatro de Ulm, na Alemanha, em 14 de julho de 1963, intitulada *Spiel*. Ainda em Paris, Glass e Breuer colaboraram numa montagem de 1965 dessa peça. A composição de Glass, escrita para dois saxofones sopranos, foi diretamente influenciada pelo ritmo repetitivo e pela estrutura quase musical da peça, sendo a primeira de suas composições dissonantes e assim chamadas minimalistas. Em Nova York, a première do Mabou Mines foi em 9 de junho de 1971, no La Mama Theatre, sob direção de Lee Breuer e com os atores Joanne Akalaitis, Ruth Maleczech, David Warrilow e Fred Neumann. A última apresentação da montagem foi no dia 22 de abril de 1972 no Whitney Museum of American Art. (N. do O.)

algo estava acontecendo. Eu tinha formado um conjunto e estava escrevendo todo tipo de peça para tocar com o grupo. Tocava com eles num loft da rua Bleecker. Todos os domingos, as pessoas subiam seis lances de escada e ficavam sentadas; na verdade não se sentavam realmente, porque não tínhamos cadeiras; eu e meus amigos tínhamos conseguido tapetes que as pessoas estavam jogando fora. O lugar era todo forrado com tapetes e as pessoas se deitavam ou se sentavam; era um clima bem típico dos anos 1960 e continuamos a fazer isso por um bom tempo. Viajávamos com a música e comecei a encontrar um público que, no início, era bem pequeno, mas de alguma forma tinha começado. Eu estava trabalhando com essa proposta estética e tinha encontrado uma combinação entre o trabalho com Beckett e a leitura de poesia e trabalhos de pessoas como Cage, eu etc. Começava a descobrir que fazia parte de um grupo maior de pessoas que também estavam fazendo coisas e aquela ideia não era uma invenção minha, era algo que tinha se tornado uma espécie de fenômeno no mundo da arte, no mundo da música. Na verdade, as pessoas percebiam que algo de novo estava acontecendo, o que era surpreendente, porque nada de novo tinha acontecido na música por quase 50 anos, desde o tempo de Stravinsky e Schönberg. Tínhamos tido uma porção de modismos, mas não tínhamos novas ideias nem músicas muito boas. Não quero dizer que não existissem músicas lindas, mas, em termos de novidade, definitivamente nada tinha aparecido. Éramos um grupo substancial de pessoas, talvez umas 20, trabalhando dessa forma, mas então, quando comecei a viajar pelo mundo, fui encontrando pessoas na Holanda, na Inglaterra, e ouvi falar, embora não os chegasse a encontrar, de grupos nos países escandinavos. Tempos depois, descobri que Arvo Pärt[7] estava na Estônia fazendo esse tipo de música; e também Nun Caroll, um compositor engraçado e excêntrico, um cara americano que trabalhava no México. Começamos a descobrir que existia o que chamávamos de "espíritos conectados", pes-

---

[7] Arvo Pärt (1935), importante compositor erudito estoniano que emprega técnicas de repetições hipnóticas em suas composições, bem como incorpora elementos do canto gregoriano, sendo comumente associado à escola minimalista. Em 1980, migrou com sua família para Viena, mas na virada do milênio retornou para a Estônia. (N. do O.)

soas que pensavam da mesma forma, então não estávamos totalmente sozinhos. Não sei se já tínhamos formulado as ideias de maneira tão simples quanto espero ter conseguido, não sei se pensávamos sobre isso dessa forma. Era mais uma intuição de fazer algo que fosse autêntico, algo que pudesse usar a linguagem musical com a qual trabalhávamos, e não apenas linguagem musical, mas linguagem visual, dança e tudo aquilo estava acontecendo.

Várias pessoas da dança e do mundo das artes visuais, e também do que começamos a chamar de arte performática, se encontravam e começava a se constituir o corpo do trabalho. Até onde eu sei, isso realmente surgiu de uma curiosa interseção de teatro experimental, música experimental e dos encontros que muitos de nós tinham com culturas musicais e teatrais que não eram do Ocidente, que eram de fora de nossos próprios países — esse é outro tópico que não pretendo abordar neste momento, mas que é bastante interessante.

Fui assistir a uma peça de um cara um pouco mais jovem do que eu na Academia de Música do Brooklyn, um lugar onde se faz muita coisa nova agora, mas naquela época, início dos anos 1970, não tinha muita coisa nova sendo feita em lugar nenhum. Então chegou Bob Wilson e ele tinha composto uma peça que durava a noite inteira. Além de várias outras peças, ele compôs uma chamada *A vida e a época de Sigmund Freud*. Fui assistir a esse espetáculo, que começava por volta de oito da noite e ia até as seis da manhã do dia seguinte — era um espetáculo de uma noite inteira. Freud nunca chegava. Nunca aparecia. Você podia ficar lá esperando, procurando por ele, mas ele nunca estava lá. Foi uma noite incrível, eu simplesmente adorei. E, mais tarde, depois da última apresentação, fui até o estúdio de Bob. Ele nunca tinha ouvido falar de mim, mas alguém disse que eu estava tentando fazer uma música que ele deveria escutar, ou algo assim. E combinamos um encontro. Isso deve ter sido em 1973 ou 1974 e selamos um acordo de que, mesmo que não soubéssemos o que iríamos fazer, escolheríamos um dia da semana, acho que era quinta-feira, toda quinta em que estivéssemos os dois em Nova York iríamos almoçar juntos. Assim, começamos a nos encontrar e conversar. Foram meses e meses até chegarmos a falar sobre realmente fazer algo juntos. Conheci um amigo dele, um jovem chamado Christopher Knowles, que, na verdade, escreveu grande parte do texto que eventualmente se tornaria parte de *Einstein on the Beach*, um garoto que, clinicamente, era considerado autista. Ele era estranho, não encontro a palavra exata, não sei que tipo de dificuldade tinha, era uma pessoa bastante incomum, mas escrevemos muitas coisas interessantes juntos.

Certa vez, Bob e eu estávamos conversando e veio a ideia de fazer uma peça sobre uma personalidade, que era o que ele vinha fazendo — ele pegava pessoas como Freud, Stalin, e você não via Stalin nem *en passant*, ele não aparecia na peça; tinha feito *A Letter for Queen Victoria* — nunca havia visto a rainha Vitória, nunca soube de nenhuma carta, mas... Ele disse: "Vamos fazer uma peça!" E continuou: "Você quer fazer música junto com teatro, temos de encontrar um assunto em que ambos estejamos interessados, mas tem de ser algo bem conhecido." Eu perguntei: "Mas por que isso?" E ele respondeu: "Se pegarmos um assunto que todo mundo conhece, não precisamos contar uma história" Eu disse "Ok" e começamos a trocar ideias. Posso me lembrar, só para dar uma ideia, de que em um dado momento ele sugeriu Hitler e eu disse: "Não, acho que não quero fazer com Hitler." Sugeri Gandhi, mas, na verdade, ele não sabia quem era Ghandi — eu faria mais tarde uma ópera sobre Gandhi — mas tínhamos de começar aquilo e finalmente alguém veio com a ideia de Einstein. Eu sabia muita coisa sobre Einstein, cresci no tempo do pós-Segunda Guerra, quando a primeira bomba atômica foi lançada sobre o Japão. De repente, todo mundo estava interessado na teoria da relatividade, apesar de ninguém entender direito o que era. Em quase todas as bibliotecas públicas dos Estados Unidos havia palestras informais nas quais as pessoas tentavam discutir essas coisas. Eu era bem pequeno na época, tinha uns 8 ou 9 anos, mas também achava aquilo tudo bastante interessante, adorava aquelas conversas e cheguei mesmo a ler vários livros sobre o assunto. Então, sabia muito bem quem tinha sido Einstein e ele era um sujeito interessante; não apenas sabíamos quem ele era, ele era também o "pop star" — embora ainda não conhecêssemos essa palavra — dos cientistas. Fotos e imagens suas estavam em toda parte, todos sabiam quem ele era, era famoso por ter sido o inventor da teoria e dizia-se que apenas seis pessoas no mundo a entendiam. Certamente isso era um exagero, porque muito trabalho estava sendo feito a partir dela. A teoria de que estamos falando foi apresentada pela primeira vez em 1905 e já fazia tempo que se trabalhava sobre a questão. Então Bob disse: "Vamos fazer uma peça sobre Einstein" e chegamos ao título Einstein *na praia de Wall Street*. Eventualmente, não me lembro como nem quando, abandonamos o Wall Street e ficou apenas *Einstein na praia*. Não sei dizer como chegamos a esse título, mas em 1976 seria o título de uma peça feita por nós.

Muitas vezes, depois da apresentação, as pessoas vinham nos perguntar sobre o que era, por que praia, onde tinha sido aquele apocalipse no final, onde as pessoas estavam — era Nova Zelândia ou Austrália? Não importa, era muito longe. E o apocalipse era o que tinha acontecido na Europa, na América e em toda parte em que havia resquícios de civilização. Era isso, mas nenhum de nós realmente pensava sobre isso. Não me lembro sequer de termos conversado sobre o assunto. Na maior parte do tempo deixávamos que as pessoas nos contassem a história de Einstein. E todo mundo tinha uma história. É disso que trata a história: da ciência sendo testada ou julgada, algo por aí. Havia um julgamento na ópera, talvez a própria ciência estivesse em julgamento, mas eu e Bob nunca conversamos sobre isso. Na verdade, jamais conversamos sobre o significado daquela ópera.

E foi assim que fizemos. Determinamos um tempo, dissemos "vamos fazer uma peça com quatro horas de duração", mas acabamos errando, ficou com cinco horas e meia. Ficou muito longa. A ideia era que o público pudesse chegar e sair, não deveria haver começo nem fim no sentido convencional. Dividimos a peça em quatro atos e tínhamos três temas, um era o trem, outro era o interrogatório que se passava num lugar onde havia uma cama. Bob queria usar imagens que tivessem a ver com a teoria da relatividade; enquanto Einstein estivesse descrevendo suas ideias, ele explicaria como a luz deveria se mover em um trem em movimento, daí surgiu a ideia do trem. Bem, o trem se transformou numa nave espacial lá pelo terceiro, quarto ato. O interrogatório, não tenho a menor ideia do que se tratava. Havia dois atores, 12 cantores e um conjunto de seis músicos. Não muita gente, talvez umas 20 pessoas.

Uma dessas pessoas era um idoso e pessoas de idade podem fazer papel de juiz, assim ele era o juiz. Um dia estávamos ensaiando e Bob perguntou a Mr. Johnson: "Mr. Johnson, o senhor gostaria de escrever um discurso?" "Sim", ele respondeu, e escreveu um discurso. E os discursos em *Einstein* eram sempre escritos por Mr. Johnson.

Bom, funcionou da seguinte maneira. A primeira que coisa que fizemos foi dividir a peça em cenas e atos. Então dividimos a peça em três ideias. O julgamento, o trem e a cama. Em algum momento, a cama está no mesmo lugar que o julgamento. E foi assim que surgiu a ideia da ciência em julgamento. Então começamos. Bob tinha de mostrar seus esquetes, que eu peguei e, olhando para eles, decidimos o tamanho de cada cena, daí escrevi música para os esquetes, para os tempos que havíamos definido. O elemento tempo era o que compartilhávamos, como um tipo de material a partir do qual a peça era marcada. E, uma vez que os dois entendíamos o tempo de maneira parecida, comecei compondo músicas bem longas, enquanto ele ia escrevendo enormes peças de teatro. Enquanto eu tinha quatro composições de quatro horas de duração cada, ele escrevera peças de 12 horas, muito maiores do que as minhas. Assim, usamos o tempo e enquanto Bob fazia os esquetes, eu colocava música neles e fazíamos convocações para testes. Acho que naquele ano provavelmente as pessoas tinham pouco trabalho, porque a cada convocação que fazíamos vinham 120 pessoas. Não acreditava que eu e Bob Wilson fôssemos tão conhecidos a ponto de atrair tanta gente, mas continuávamos a convocar as pessoas para os testes.

Como não tínhamos dinheiro para pagar dançarinas *e* cantores, os dançarinos teriam de também cantar. Não ia ser problema, porque, na tradição da comédia musical, os cantores dançam e os bailarinos cantam. Eu diria que dois terços da nossa companhia eram formados por pessoas que pensavam estarem fazendo teste para um musical e acabaram atuando em *Einstein on the Beach*. Algo do que, no fim das contas, elas pareciam gostar. Pelo menos, tinham um trabalho.

Assim, começamos a ensaiar. Eu era responsável pelo piano; eram três horas de ensaio no período da manhã, só de música, depois um período de três horas de ensaio da peça depois do almoço, em seguida mais um ensaio de três horas de dança, porque tínhamos dois números de dança na peça. E foi assim que *Einstein* aconteceu. Se penso na peça hoje, percebo que estávamos absolutamente concentrados na ideia de algo que pudesse ser completado pelo público. Na verdade, estávamos interessados no que as pessoas tinham a dizer. Claro que muitas pessoas não gostavam disso, mas era incrível como muita gente tinha o que dizer sobre nossa ópera. Então perguntávamos: "Isso para você é ópera?" As pessoas retrucavam, perguntando de volta: "Isso é ópera?" E não sabíamos dizer o que era. Exceto isto: para poder atuar, necessitávamos de um proscênio. Um palco com proscênio. Precisávamos de espaço aberto, como esses que permitem ir para cima e para baixo, precisávamos de espaço aberto para que as pessoas andassem pelo palco e precisávamos também de um nicho de orquestra onde os músicos pudessem tocar, então, o único lugar onde podíamos fazer *Einstein* era uma casa de ópera, e assim fizemos. Fomos convidados por uma *promoter* europeia muito interessante chamada Nina Carl Weiss, uma húngara que também trabalhava com Peter Brook e outros luminares do universo do teatro experimental. Ela conhecia todas as pessoas, como Grotowski,[8] que também representava. Verificou o que estávamos fazendo e disse que ia promover a peça, e promoveu mesmo. Viajamos pela Europa e, eventualmente, nos apresentamos também em Nova York.

Gostaria agora de fazer uma pequena pausa para a música. Vou tocar uma música da quarta parte de *Einstein*, um tipo de interlúdio entre duas cenas principais. Enquanto isso, projetaremos uma sequência de fotos de *Einstein*. Nos divertimos um bocado com a história toda. Vou tocar ao piano a parte que deveria ser tocada por um violino; o violino, a propósito, era um instrumento que estava fora do meu grupo, formado basicamente por um teclado eletrônico e instrumentos de sopro, mais um casal de cantores. Tínhamos também o personagem Einstein, na verdade uma pessoa vestida como Einstein que poderia tocar violino. Ele tinha uma barba e cabelos brancos, vestia uma roupa que Einstein já tinha sido visto usando, umas calças surradas cinzentas e uma camisa também cinza. Bom, ele *era* Einstein.

---

[8] Jerzy Grotowski (1933-1999), diretor de teatro polonês, inovador do teatro experimental e dos conceitos de teatro laboratório e teatro pobre. Para Grotowski o fundamental do teatro era o trabalho com a plateia, e não o figurino e o cenário. Propugnava um teatro mais ritualístico, apresentado para pequenos grupos e centrado no trabalho psicofísico do ator. (N. do O.)

Nessa parte, a linha direita da música da peça era do violino. E a linha esquerda, que fazia o contraponto, consistia em oito solos, oito vozes masculinas cantando juntas em coro.

[música][9]

Falarei agora sobre colaboração. Acho que fazer esse tipo de distinção (entre plateia e colaboração) acaba sendo um pouco engraçado, pois tudo acaba tendo a ver com colaboração de outra forma e tendo a ver também com plateia, de uma nova maneira. Estou fazendo essa distinção um pouco artificialmente, mas é um artifício para podermos focar nossa atenção em um aspecto desse contexto do qual estou falando. Os exemplos a que vou me referir compreendem o trabalho que realizei com uma pessoa notável, Godfrey Reggio, diretor do filme *Koyaanisqatsi*. Na verdade, o que gosto de dizer sobre Godfrey é que *Koyaanisqatsi* é agora mais conhecido do que as duas pessoas que o fizeram. O que de fato é excelente para um artista, quando as pessoas conhecem a obra, mas não conhecem seus realizadores. Quando são apresentadas a Godfrey, as pessoas podem ter uma vaga ideia de quem ele seja, mas se informamos qual o filme que ele fez, elas vão saber de quem se trata.

Um tempo depois, provavelmente logo depois de finalizarmos *Einstein*, ou então por volta de 1978, recebi um telefonema de um sujeito, Godfrey, que era de Santa Fé e tinha ido para Nova York. Ele me comunicou no telefonema que tinha um projeto de um filme que precisavam discutir comigo. Eu disse: "Olha, não escrevo música para cinema." Hoje isso não é mais verdade, já compus bastante coisa para filmes desde então. Mas naquela época estava bem no início. Até aquele momento eu não sabia nada sobre trilhas musicais para filmes e disse: "Acho que você deve procurar outra pessoa." Ele respondeu: "Não, não, fiz um estudo sobre música moderna e você é o compositor com que tenho de trabalhar." "Meu Deus!", pensei, porque não estava assim tão interessado, mas um amigo me disse: "Sabe aquele cara que telefonou para você, Godfrey Reggio? Ele não vai embora de Nova York enquanto você não

---

[9] Nesse momento, Philip Glass toca ao piano, enquanto imagens da ópera são projetadas no telão. (N. do O.)

vir o filme dele, então dê-lhe uma chance. Vá lá ver o filme, deixe-o ir para casa e encerre o assunto." "Ok", eu disse, e fomos até um pequeno lugar no Soho. Chamava-se The Cinematheque e era administrado por um sujeito chamado John Smiekers — ainda é até hoje. Fomos até lá uma tarde. Para os familiarizados com a história do teatro contemporâneo, preciso dizer que o faxineiro que abriu a porta para nós foi ninguém menos do que Richard Foreman.[10] Parece muito engraçado, mas foi a primeira vez que Richard Foreman e eu nos encontramos, quando ele abriu aquela porta do Cinematheque.

Godfrey e eu nos sentamos em seu escritório e ele disse: "Olha, vou te mostrar o primeiro", devia ser o primeiro rolo, devia ter uns 15 ou 18 minutos de filme. Os longas-metragens têm cerca de seis rolos e cada rolo costuma ter entre 15 e 20 minutos. Então ele estava me dizendo que tinha o primeiro rolo. A imagem estava pronta. E ele me disse uma coisa muito engraçada: "Bom, agora vou te mostrar mais duas vezes. Uma vez com uma música feita por um compositor de música eletrônica de Tóquio e a segunda vez com a sua música." Eu disse que tudo bem e ele passou o filme duas vezes, uma com a música eletrônica e outra com a minha música. Antes de qualquer coisa, devo dizer que eu estava impressionado pela beleza daquelas imagens. Tinha sido filmado num lugar que chamamos de *The Four Corners* (*Os quatro cantos*), um lugar onde quatro estados americanos — Colorado, Arizona, Utah e Novo México — se encontram. A beleza natural desse lugar é impressionante. Vai gente de todo o mundo para ver e eu mesmo já tinha ido lá. Na verdade, o curioso é que, quando estudante, eu tinha percorrido de moto toda aquela área, então conhecia bem a paisagem. A beleza estonteante das imagens era inacreditável. Eu não podia acreditar! E ele mostrou para mim, primeiro com a música eletrônica, depois com a minha música. E me disse, simplesmente: "Como você pode ver, a sua música é muito melhor!" Ele é um cara esperto, Godfrey Reggio. Então

---

[10] Richard Foreman (1937), ator americano ligado às vanguardas do teatro, conhecido como fundador do Ontological-Hysteric Theater, em Nova York. Foi agraciado com três Off-Broadway Theater Awards de melhor peça do ano e quatro por direção e produção. (N. do O.)

eu respondi: "Sim, sim, é melhor." Sem ter imaginado aceitar logo de cara, acabei concordando em fazer a trilha musical do filme e ele me disse: "Acho que agora precisamos começar a trabalhar." Eu pensei que, número um, jamais conseguiríamos o dinheiro para acabar o filme; número dois, mesmo que conseguíssemos o dinheiro, ninguém jamais iria ver aquele filme, mas gostei dele, gostei da ideia com a qual estava trabalhando, gostei particularmente do fato de ele estar me convidando para ser um colaborador, para trabalhar em parceria com ele. Perguntei: "Como você quer que eu faça?" E ele respondeu: "Eu vou te mostrando as imagens, você escreve a música. Depois eu edito as músicas com as imagens, você reedita a música em cima do que eu fiz e avançamos assim, para a frente e para trás." Em outras palavras, não estávamos falando de pegar um filme e vesti-lo com música. Estávamos na realidade falando de fazer uma verdadeira síntese de imagem e música. E quando pensei sobre a proposta, disse: "Bem, acho que de fato essa é a única forma de fazer isso. Vai ter de ser assim." Ou seja, duas pessoas trabalhando lado a lado.

    Godfrey morava em Santa Fé, mas tinha um estúdio em Venice, que na época pertencia à cidade de Los Angeles, Califórnia. Ele voltou para suas viagens e eu comecei a escrever música; ia até ele a cada três ou quatro semanas com partes da música e a tocávamos e ouvíamos junto com o filme. Ele tornou a partir assim que terminamos o primeiro rolo e levamos vários meses para conseguir dinheiro para rodar o segundo rolo. Continuamos assim por quase três anos. Ninguém esperava chegar a ver o filme. Não tínhamos distribuidor. Ninguém sabia quem era Godfrey; seu primeiro filme chamava-se *Vida sem equilíbrio*. Tinha a ver com o impacto da tecnologia num sistema ecológico muito frágil. Isso foi muito precoce, estamos falando de 1981, muito tempo antes de começarmos a pensar em aquecimento global ou qualquer coisa do tipo. Ele já estava pensando sobre os impactos da industrialização e da tecnologia. E, certamente, suas críticas davam a entender que somente por meio de uma tecnologia de alta ordem poderíamos realizar o filme e ele estava de acordo com isso.

    Acho que Godfrey não queria fazer uma crítica ostensiva da tecnologia, mas uma crítica de como a tecnologia estava sendo usada e vista. Ele era um cara que adorava qualquer bugiganga eletrônica que chegasse às suas mãos, uma calculadora ou um telefone celular, anos mais tarde. Adorava tecnologia, mas o filme tratava muito do impacto da tecnologia no nosso modo de vida e da nossa incapacidade de desenvolver uma consciência real sobre isso.

Assim, terminamos o filme. Ninguém o tinha visto, exceto um punhado de pessoas que iam ao estúdio. Estávamos na Califórnia. Eu não o via tanto. Acho que foi a última vez em que eu e Godfrey trabalhamos tão distantes um do outro. Depois disso, fizemos três outros projetos, ou mais. Um tempo depois, quando conseguimos o dinheiro — o principal problema para Godfrey sempre foi conseguir financiamento — ele veio correndo para o estúdio ao lado do meu e daquele momento em diante só trabalhamos. Realmente lado a lado. Não passava um dia sem que estivéssemos juntos olhando fotogramas e imagens. A propósito, em *Kundun*,[11] um trabalho que fiz com Martin Scorcese, eu ficava na sala de edição com ele todos os dias. O clima era um pouco diferente, porque Scorcese toma todas as decisões, sem dúvida, mas eu tinha sido convidado a participar do processo de um modo que ele pudesse administrar.

Bom, voltando à parceria com Godfrey, acho que conseguimos desenvolver uma maneira interessante de trabalhar juntos. Ficávamos como que brincando um com o outro todo o tempo. Godfrey tinha uma porção de ideias para o filme e me falava sobre elas sem parar. Ele chamava aquilo de conversa, mas para mim eram verdadeiras palestras, porque eu ficava quase sempre escutando, e não é que não concordasse com ele, mas ele era capaz de produzir um caminhão cheio de ideias sobre *Koyaanisqatsi*. E se estivesse por perto enquanto você assistia *Koyaanisqatsi* e começasse a falar do filme, certamente você o entenderia daquela maneira. Felizmente, acho que para muita gente, jamais recebemos uma explicação sobre o filme. Acho que era uma obra que prescindia, de certa forma, de um tema central; o filme não era sobre o

---

[11] *Kundun* é um filme dirigido por Martin Scorcese que conta a história verídica dos anos de formação monástica do Dalai Lama, desde a infância até a invasão do Tibete pelas tropas da China comunista e até sua fuga para a Índia, em 1959, onde ainda hoje vive em exílio. (N. do T.)

que se via, não tinha texto, nem personagens, exceto as milhões de pessoas que mostrava nas ruas de Nova York ou São Francisco, ou onde mais tivesse sido filmado. Eram retratos de pessoas.

Há um pequeno detalhe sobre o filme que eu gostaria de contar. Quando apareceu pela primeira vez, Francis Ford Coppola se tornou nosso padrinho. Tínhamos de terminá-lo e não tínhamos a menor ideia se alguém ia vê-lo. Então um cara que trabalhava para Coppola conseguiu trazê-lo para ver e — eu não sabia disto naquele momento, nem o Godfrey — ele alugou uma sala de projeção em Los Angeles, onde se sentaram talvez 200 ou 300 pessoas, uma sala não muito grande, mas grande o bastante. Francis chegou e Godfrey se sentou ao lado dele; eu me sentei na fileira da frente. Estava esperando ouvir os passos pesados de Francis Ford Coppola saindo da sala. Mas, para minha surpresa, ele permaneceu durante todo o filme. Quando as luzes se acenderam, ele se dirigiu a mim, apertou minha mão e disse: "Parabéns." Foi até Godfrey, apertou a mão dele e disse: "Parabéns." E saiu pela porta. Godfrey e eu olhamos um para o outro, não tínhamos a menor ideia do que tinha acontecido.

Menos de um dia depois recebemos uma ligação de um amigo em comum que disse: "Francis quer saber o que pode fazer para ajudar." O filme estava pronto. Não estávamos precisando de nenhum tipo de ajuda para terminá-lo, não ia mudar mais, mas não sabíamos como poderíamos exibir o filme, então Godfrey perguntou a Francis se ele poderia nos ajudar a encontrar alguém interessado em distribuí-lo. E ele fez mais do que isso: se ofereceu para colocar seu nome no filme, encabeçando a ficha técnica: "Francis Ford Coppola apresenta *Koyaanisqatsi*". Godfrey sabia muito bem que muitas pessoas que lessem o nome de Coppola sem saber quem ele era iriam achar que ele tinha feito o filme, o que de fato não fez, e nunca disse que fez. Acho que, logo no início, houve certa confusão sobre o que Francis tinha a ver com o filme; na verdade ele não tinha nada a ver, exceto pelo fato de que seu nome nos créditos nos ajudou com os organizadores do Festival de Cinema de Nova York, que acabaram decidindo abrir a temporada de 1981 com a exibição de *Koyaanisqatsi* no Radio City Music Hall, uma sala gigantesca, com cinco mil lugares. Jamais teríamos esperado algo assim.

Godfrey e eu saímos do Music Hall e vimos cinco mil pessoas saírem do teatro; era como ver a multidão saindo de um jogo de hockey, era impressionante. Após uma semana de exibição, as pessoas continuavam indo. Depois disso, o filme continuou a ser visto. Às vezes numa sala de cinema passavam o filme todos os dias na sessão de meia-noite durante um mês inteiro, coisas assim.

De qualquer forma, o filme de Godfrey era visto. Ele fez mais dois outros filmes depois desse para completar a trilogia. *Naqoyqatsi* foi o terceiro, o do meio foi *Powaqqatsi*. A propósito, *Powaqqatsi* tem imagens do Brasil, as minas de Serra Pelada são as imagens de abertura, e nesse filme nossa parceria se tornou ainda mais colaborativa, porque eu queria experimentar reverter o processo de filmagem. Produção de filme e música de uma forma totalmente experimental. Eu peguei umas imagens de Jacques Cousteau, que na verdade tinha feito uma filmagem nas minas, uma espécie de pequeno documentário, mas para mim foi o suficiente para ter uma ideia de como era Serra Pelada. Aquilo é basicamente uma enorme cratera no chão onde milhares, 12 mil, 15 mil homens carregam nas costas sacos de entulho escada acima, pelas encostas. Essa imagem seria a abertura do filme, com aproximadamente dez ou 11 minutos de duração. Então Godfrey disse: "Vamos ter de ir até lá." Dessa vez, decidi que estaria presente durante a filmagem.

Havia outra coisa interessante: ele trabalhava com um cinegrafista totalmente diferente e no terceiro filme já tinha mudado para outro; ele mudava de cinegrafista em quase todos os filmes, mas todos continuam se parecendo com Godfrey. Eu costumava dizer que talvez o cinegrafista tivesse feito o filme, porque quem ele dirigia? O que ele fazia, afinal? Bem, no final das contas, ele fazia tudo. Quando eu estava com ele no set de filmagem, ele pegava a câmera e olhava pelo ocular para ver o que tinha sido filmado. A principal função do cinegrafista era certificar-se de que a iluminação estava correta, de que a exposição estava boa, e ele dizia exatamente como tinha de ser feito, então praticamente dirigiu a coisa toda em termos dos elementos visuais. Eu escrevi uma peça de música e a gravei; era uma música com muita percussão, feita com o meu conjunto. E viajamos com ele, fomos até Serra Pelada, conseguimos uma autorização da cooperativa para ficar um tempo lá. Eles sabiam que estávamos fazendo um documentário, mas acho que talvez Godfrey tenha tido de pagar alguma coisa para ter direito de filmar.

Fui com uma fita, entreguei a fita ao cinegrafista e pedi que ele escutasse a música enquanto filmava. Eu não sabia que efeito teria, não tinha ideia, mas queria checar quão separada do filme a música poderia existir. No final, descobri que podia existir bem separada do filme. Foi por essa época que comecei a aprender algumas palavras em português, porque estava muito interessado em estar ali. Uma coisa que me impressionou foi que as pessoas que trabalhavam nas minas tinham 18, 19, 20 anos; eram muito, muito jovens. Naquela época, Godfrey e eu estávamos na casa dos 40, perto de 50, então deveríamos ter o dobro, o triplo da idade daquele pessoal, eles poderiam ser nossos filhos. Na verdade, isso de certa maneira inspirou parte da música. Quando vi quem estava lá, voltei e a única coisa em que mexi foi acrescentar um coro infantil. É o que se escuta no filme; consegui uma pessoa para escrever uma letra e o que se ouve é um coral de crianças cantando uma canção enquanto se assiste àquelas pessoas tão jovens naquela situação impressionante.

Vendo nossa filmagem, eles perguntavam: "O que você está fazendo aqui?" E nós respondemos: "Essa música foi feita para este lugar." Eles pediram: "Podemos escutá-la?" "Sim", eu disse. Assim, a cada um que queria ouvir a música eu mostrava e ele voltava para as minas para continuar carregando seu saco de entulho. Era muito... Não sei, para ser sincero, qual foi o efeito daquilo. Fez-me sentir muito bem ver que a música poderia entrar na transação complicada de filmar e trabalhar junto com alguém.

Para mim, Godfrey é um artista, um cineasta, tão interessante que poderia ficar falando sobre ele durante horas, realmente é uma pessoa muito interessante. Um tempo depois, quando estava vivendo na Itália, ele fez um filme chamado *Evidence*. Vou mostrá-lo agora; sete minutos. A música é uma gravação, é uma música minha que eu tinha escrito para ele. Só que a música que fiz para ele não era para esse filme, era para um outro filme. Tinha sido pensada para um trecho de *Koyaanisqatsi*, uma cena que acabou sendo cortada, então a música estava disponível. E depois disso eu sempre implicava com Godfrey, dizendo que ele tinha dispensado uma das melhores peças de música que eu tinha feito para ele, mas, na verdade, ele tinha dispensado as imagens e a música foi junto. Eu dizia: "Acho que você realmente desperdiçou uma oportunidade." Então um dia ele disse: "Finalmente vou poder usar aquela música que você escreveu para mim." Eu concordei e ele colocou a música no seu novo filme, *Evidence*.

[música]

Vamos agora dar início ao terceiro e último capítulo desta exposição. Eu o chamo de interpretações performáticas e tem a ver com outro grande colaborador meu, Allen Ginsberg. De certa maneira, acho que de forma indireta, *Evidence* é uma boa introdução ao trabalho que fiz com Allen. Um dos nossos temas de conversa nos anos 1960, 1970, 1980 e 1990, um assunto que os artistas sempre discutem, é como as peças podem se tornar políticas, como o conteúdo social pode se tornar parte do trabalho. Com Godfrey dava para ver isso; ele estava produzindo um manifesto, como fez em *Koyaanisqatsi*, um manifesto sobre o uso da tecnologia, e no caso de Ginsberg se tratava do uso da televisão. Crianças que assistem à TV. Eu conhecia Allen havia anos, ele era só nove anos mais velho do que eu; quando fui para Nova York tinha 20 e Allen, 29 — isso dá uma boa ideia da relação. Eu tinha 20 anos e ia ouvir Allen nos bares e nas casas noturnas ou onde mais ele se apresentasse. Ele se sentava numa mesa, alguém tocava uma espécie de jazz selvagem e barulhento e ele ficava lendo anúncios. Essa é a minha primeira recordação de Allen e, de certa maneira, conservo essa lembrança porque ela se tornou meio emblemática de sua vida.

Tempos depois, eu conversava com um amigo sobre desenho — essa é uma história paralela, mas quero contá-la de qualquer forma. Eu era assistente do escultor Richard Serra. Éramos bons amigos, mas ele precisava de ajuda e eu o estava ajudando; na verdade ficava mudando as coisas de lugar e um dia disse a ele: "Gostaria de saber desenhar — sabe, nunca fui bom desenhista." Ele respondeu: "Posso te ensinar a desenhar." "Verdade?", eu disse. "Não consigo desenhar nem uma árvore!" E ele insistiu: "Eu posso te ensinar a desenhar." "Como você vai fazer isso?", perguntei. E ele respondeu: "Desenhar tem a ver com ver, então vou te ensinar a ver e quando você puder ver, vai conseguir desenhar." Eu fiquei impressionado com essa ideia. No fim das contas, ele nunca me ensinou a ver, então não aprendi a desenhar, mas aprendi a ver algo; acho que me tornei um pouco melhor. E então comecei a pensar sobre isso, pensar que, é verdade, desenhar tem a ver com ver, dançar tem a ver com movimento, música tem a ver com escutar — e a poesia? Porque eu sabia que a poesia de Allen Ginsberg tinha a ver com falar. Ele não podia ficar mais feliz do que quando recitava sua poesia, qualquer tipo de poesia. Conhecia vários poemas de cor; seu pai era poeta e tinha ensinado seus dois filhos, Louis e Allen, a decorar poemas desde bem pequenos. Então, muitos anos depois, quando me encontrava com Allen para jantar, em algum lugar onde não houvesse rádio ou televisão por perto, eu dizia quando terminávamos de comer: "Allen, vamos ouvir um pouco de poesia" e ele começava a recitar Blake, Shakespeare, Coleridge, grandes poetas americanos e ingleses; ele os conhecia todos de cor. O curioso é que a sua própria poesia ele não recitava de cor, tinha de ler em algum livro, não sei por quê. De qualquer maneira, me encontrei muitas vezes com ele nos anos 1960, 1970. Não me lembro exatamente, acho que em algum momento, em meados dos anos 1980, fui convidado a participar de uma ação beneficente para conseguir dinheiro para uma companhia teatral chamada Veteranos do Vietnã contra a Guerra.[12] Não sei direito que guerra era, a Guerra do Vietnã já tinha acabado, mas eles tinham essa companhia de teatro e estavam montando um grande espetáculo no Schubert Theatre da Broadway. Eu nunca tinha me apresentado na Broadway, então, quando me convidaram, respondi: "Claro, irei com prazer!" Então eles me perguntaram: "E o que você vai fazer?" E eu não tinha a menor ideia. Dias depois, encontrei Allen em uma livraria. Estávamos na sessão de poesia e eu disse "Allen, fui convidado para fazer uma apresentação em benefício dos veteranos da Guerra do Vietnã, você teria algum poema? Poderia fazer alguma coisa?" Ele respondeu: "Tenho." Ele estava bem em frente a uma

---

[12] No começo o movimento liderado por Ron Kovic, Associação dos Veteranos do Vietnã, em 1974, na Califórnia, era chamado de Veteranos do Vietnã contra a Guerra. Organizava protestos em prol dos direitos dos veteranos de guerra, que, naquela época, eram muito mal acolhidos nos Estados Unidos, em decorrência do movimento pacifista dos anos 1960. Kovic, paralisado por um grave ferimento de guerra, tornou-se um pacifista e escritor. Seu romance mais conhecido, *Nascido em 4 de Julho*, foi filmado por Oliver Stone, que recebeu o Oscar de Melhor Filme. O fotógrafo Tim Page também participou do início do movimento, nos anos 1970. (N. do O.)

prateleira; puxou um livro seu, abriu em um grande poema chamado "O cavalo de ferro", depois foi para uma sessão chamada "Wichita Vortex Sutra", na qual havia um poema sobre ele quando jovem dirigindo com amigos pelo interior do país; eles chegaram a Wichita, Kansas, o centro geográfico, o coração do Estados Unidos, e ele começou a pensar sobre a guerra — era esse o poema. Começa com uma conversa sobre o Kansas e a música, de certa maneira, poderia ser música, pelo menos gosto de pensar assim. Quando Allen olhava para o Kansas, o que ele via? Talvez visse uma igreja no campo, em algum lugar, e escrevi isso.

Ele começa falando sobre a guerra; estava tentando parar a guerra, estava bastante envolvido com isso e chamou professores, gurus, pessoas esclarecidas para testemunharem o momento em que ele anuncia o fim da guerra. Obviamente, logo depois ele se dá conta de que a guerra continua, de que nada tinha acontecido, e se encontra novamente em Kansas. Escrevi a música para ele, tocamos na sua casa e mais tarde aquilo se tornou a base de uma ópera chamada *Jukebox de hidrogênio*. Era uma ópera, no mesmo sentido que *Einstein* o era; uma peça com sets, cantores, orquestra, então eu chamava de ópera. Apresentamos *Jukebox* algumas vezes. A ideia era que ele lesse o poema comigo, mas ele não podia ir todas as vezes, tinha suas próprias coisas para fazer, enfim, durante dez anos nos apresentamos juntos, mas quando terminamos a peça ele já estava fazendo suas coisas. Então gravou o poema enquanto recitava e me deu a fita e sempre que eu apresentava a ópera colocava a fita e tocava junto com ela.

Ele morreu em 1997, mais de dez anos atrás. Perdi meu colaborador, meu intérprete. Eventualmente, acabei descobrindo outra pessoa para fazer aquilo, não da maneira como Allen fazia, mas de uma forma também bastante autêntica; era Patti Smith.[13] Ela lia o poema e fazia

---

[13] Patti Smith (1946), poetisa e cantora norte-americana. Ganhou notoriedade durante o movimento punk-rock com seu álbum *Horses*, de 1975, e se tornou uma das mais importantes expressões do rock no século XX. Envolveu-se afetivamente com personagens legendários da cena modernista americana, como Mapplethorpe, Jim Carroll e Fred "Sonic" Smith. (N. do O.)

você se arrepiar, era impressionante o que ela conseguia fazer, e ainda faz. Não apresentei mais por um bom tempo a ópera com a voz de Allen, apesar de ter usado tantas vezes a gravação quando ele ainda estava vivo. Achei que tinha de deixar o tempo passar e, depois de uns cinco, seis ou sete anos, disse "Bom, por que não fazer a peça de novo com Allen?" e comecei a usar a fita de novo. E a gravação voltou para o meu repertório. Dizem que o *performer* é um intérprete e eu estava realmente pensando numa coisa específica, que tem a ver com o nosso problema. Não estamos falando de um personagem ou de um poema sobre uma pessoa, da maneira que se costuma ver numa peça. Estamos falando de uma ideia e do poder que duas pessoas trabalhando juntas têm de expressar essa ideia e isso se transformou em *Wichita Vortex Sutra*. A peça começa com um solo de piano, tem uma marcação específica, de modo que a voz de Allen deve começar no tempo certo. Também tem uns sete minutos de duração. Eis então *Wichita Vortex Sutra*.[11]

---

[11] Philip Glass encerrou a sua conferência acompanhando no piano a gravação de Allen Ginsberg recitando seu próprio poema. Com os Estados Unidos então envolvidos na campanha presidencial e enredados em guerras no Iraque e no Afeganistão, a combinação da voz de Ginsberg com o piano de Glass foi impactante, revestindo-se de forte atualidade. Assistia-o na plateia a amiga e colaboradora Laurie Anderson, que se apresentaria em Porto Alegre na noite seguinte. (*N. do O.*)

Diálogos sobre arte e contemporaneidade
O olhar do artista e do curador

Richard Serra e Lynne Cooke

Richard Serra

Escultor norte-americano, nasceu em São Francisco, em 1939. Considerado um dos grandes artistas da atualidade, provocou uma nova forma de interação com a escultura e ampliou as fronteiras e a definição dessa arte. O centro de gravidade e o equilíbrio, a massa e o vazio, a percepção do espaço e a consciência corporal por parte do espectador constituem os temas básicos de sua obra. Pioneiro em experiências com combinações invulgares de materiais e técnicas (como borracha, metais e lâmpadas), em 1970 conseguiu o equilíbrio exato entre placas de aço apoiadas entre si sem a ajuda de um suporte externo, o que lhe permitiu a transição para uma concepção da escultura cujas possibilidades combinatórias ainda são experimentadas na atualidade. Richard Serra força os limites do espaço, dando nova vibração à presença do homem no mundo. Sua contribuição à arquitetura está em não aceitá-la como um "continente limitado", mas tomá-la como um lugar no qual o artista atua para estruturar espaços, explorando novas possibilidades e direções.

Lynne Cooke

Lynne Cooke é curadora da Dia Art Foundation desde 1991. Foi cocuradora da Carnegie International de 1991, diretora artística da Bienal de Sydney em 1996 e curadora de exibições na América do Norte e Europa, entre outros lugares. Leciona estudos curatoriais na Bard College, como complemento de seu cargo de professora visitante de graduação nos departamentos de Arte de várias universidades. Entre as suas numerosas publicações estão ensaios recentes sobre o trabalho de Rodney Graham, Jorge Pardo, Francis Alÿs, Richard Serra e Agnes Martin. Em 2008, tornou-se curadora-chefe no Museu Reina Sofia, em Madri.

LC: Gostaria de iniciar falando um pouco do formato que temos adotado em discussões como esta, para dar um contorno que torne mais clara nossa conversa. Acho que é a quinta vez em um ano e meio que participamos deste tipo de diálogo e a cada vez discutimos as questões que surgem do exame do seu trabalho, Richard, ou mesmo em resposta a esse trabalho. Mas não se trata de uma entrevista na qual vou fazer uma série de perguntas metodicamente organizadas em torno da história de sua carreira e de sua obra. Assim sendo, a plateia pode achar um pouco solto e à deriva, porque as questões vão surgindo sem um roteiro prévio. Na verdade, há algumas questões e tópicos que acabarão sendo trazidos, dependendo da ocasião, mas sempre de forma livre.

Gostaria de começar com uma pergunta sobre o seu uso dos materiais nos anos 1960. O trabalho que realmente marca a sua maturidade são as obras feitas em borracha, quando você retornou a Nova York depois de ter passado alguns anos na Europa. E você já contou sobre uma ocasião em que encontrou pessoas que esvaziavam um depósito de borracha e que lhe ofereceram tudo o que você pudesse levar e quando olhamos seus trabalhos de meados da década de 1960 vemos você usando borracha de várias formas diferentes. Mas, eventualmente, descubro em coleções de museus que também existem outros trabalhos, que não são vistos com tanta frequência. Por exemplo, estava olhando uma peça totalmente feita em néon no München-Gladbach semana passada; um círculo que tinha uma palavra escrita de trás para frente, bem no centro, em néon. E, alguns meses atrás, vi outra peça, que consistia em algo como grandes molas industriais, provavelmente retiradas de algum maquinário, penduradas numa parede, e elas meio que "saltavam" para fora da parede. Você poderia dizer algo a respeito de como esses outros materiais desapareceram de sua prática e por que não os vemos mais? São muito raros?

RS: Antes de começar a trabalhar com borracha eu estive na Europa para uma exposição. Na galeria onde estava expondo havia uma janela; eu vivia olhando através da janela e pensava: "E se eu pusesse um círculo de néon do lado de fora da janela, escrevesse uma frase ao contrário, de forma que pudesse ser lida de dentro, mas também de fora?" Era apenas um jogo de linguagem e devo dizer que não o levava muito a sério — acho que na época devo ter feito umas três ou quatro peças dessas. Fiz uma que dizia que as pessoas podem ser convencidas de qualquer coisa, dependendo do que se diga a elas. Simplesmente escrevi a frase com giz num pedaço de borracha. Fiz algumas outras peças com palavras, mas decidi que estava mais interessado na matéria-prima, que eu podia manipular, do que na linguagem que transmitia uma mensagem.

A peça a que você se refere, feita de molas, na verdade não era feita de molas, mas de tiras de chumbo que eu tinha enrolado e colocado na parede, deixando que a gravidade fizesse sua parte; assim, quando caíam, elas desenrolavam no chão. Eu usei três dessas tiras e deixava que elas caíssem da parede. Considero todas essas primeiras peças bastante experimentais. Não sabia exatamente como meu trabalho iria evoluir ou se desenvolver na época e acho que, no caso dessas duas peças de que você falou, nenhuma me levou a algo a que eu tivesse depois dado continuidade.

Quando voltei para Nova York, descobri que havia um depósito na minha esquina e eles estavam se desfazendo de toda a borracha porque iam montar um shopping de construção. Na época eu tinha conseguido um caminhão e transportava mobília com a ajuda de alguns amigos — Phil Glass, Steve Reich,[1] Spalding Grey,[2] Chuck Close.[3] Liguei para

---

[1] Stephen Michael Reich (1936), considerado um dos mais importantes compositores contemporâneos, vinculado às chamadas escolas minimalista e modalista. Sua primeira composição célebre foi *It's Gonna Rain*, 1965, montada em múltiplos loops e recortes a partir de um sermão sobre o fim do mundo de um pregador de rua. (N. do O.)

[2] Spalding Rockwell Gray (1941-2004), ator americano que se mudou para Nova York em 1967. Seu monólogo em *Swimming to Cambodia*, de 1985, foi seu primeiro grande sucesso nacional nos Estados Unidos e recebeu um Off-Broadway Theater Award. A peça, baseada nas experiências de Gray com sua participação no filme *The Killing Fields*, de 1984, com direção de Roland Joffé, foi transposta para o cinema em 1987, com direção de Jonathan Demme e com trilha sonora de Laurie Anderson. (N. do O.)

[3] Chuck Close (1940), fotógrafo e pintor norte-americano, cuja obra costuma ser associada ao movimento hiper-realista. Pintou retratos famosos dos amigos Richard Serra e Philip Glass. (N. do O.)

eles e para o chefe da companhia e disse: "Podemos levar toda a borracha que conseguirmos arrastar." Então, arrastamos tudo e empilhamos em todos os cantos do meu loft, que ficava bem na esquina. A sensação era mais ou menos como a de ter recebido um prêmio — como quando você é estudante e alguém te dá uma bolsa, ou um prêmio material; bem, na época, eu ainda não sabia como poderia usar aquele material.

Quando era estudante, me interessei por uma pintura que Jackson Pollock tinha feito no estado de Iowa. Eu tinha uma cópia dessa pintura pregada na parede do meu estúdio. Acho que fiquei tão interessado nela porque, antes de ir para Nova York e de viajar para a Europa com um par de bolsas de estudos, quando ainda era estudante de graduação da Universidade da Califórnia, em Santa Barbara, fui de carona até a Cidade do México, passei por Guadalajara e fiquei bastante tocado com os muralistas mexicanos Rivera, Orozco e Siqueiros. Então, ao ver o trabalho de Pollock, me pareceu que eu estava vendo de novo o que havia me impressionado em Guadalajara. Na minha ingenuidade, pensei que poderia usar aquela pintura como ponto de partida. Recortei algumas tiras de borracha e nos pontos onde a borracha se dobrava sobre si mesma eu colocava um prego, para depois aparafusar na parede. Fiz uma série de talvez dez ou 12 "correias" penduradas na parede. Se você não faz ideia de como ficava, imagine arreios de cavalo; parecia um pouco com um curral num trabalho gravitacional, não exatamente inspirado no surrealismo, tinha mais a ver com o desenho de uma espécie de gaiola que ficava pendurada na parede. Essa peça está hoje na coleção do Guggenheim e costuma ser exposta em Bilbao e às vezes em Nova York.

LC: Por que você manipulou a borracha, cortando-a em tiras e depois apertando para formar as correias? Vi outra peça, em Viena, na qual uma folha de borracha está pendurada por dois pontos na parede. Há outra que é uma folha retangular, também de borracha, suspensa pelo meio, formando um recorte topológico. Mas as peças de borracha que parecem um pouco inesperadas são aquelas nas quais você, na verdade, funde a borracha. Há algumas peças em tecido e me parece, quando as vejo, que são formas bastante contemporâneas de manipulação de materiais, seguem numa linha de processo experimental, mas a técnica da fundição tem uma longa linhagem, uma longa tradição na escultura. Há aí alguma espécie de contradição?

RS: Não, nunca vi como contraditório. Eu tinha escrito uma lista de verbos: cortar, pingar, rasgar, juntar, curvar, inclinar, apertar, torcer. Acho que escrevi uns 60 ou 70 verbos e decidi corporificar esses verbos num espaço, no caso meu estúdio. Às vezes eu me dou um tempo para fazer isso, outras vezes simplesmente me deixo envolver na pura manipulação do verbo em relação ao material e vejo o que acontece. Para dar um exemplo, podia pegar uma folha de uns 10, 11 metros de chumbo, simplesmente enrolá-la, olhar o efeito e decidir se era ou não interessante. Se não fosse interessante, eu pensava: "Bom, tenho de fazer outra coisa." Então eu pegava uma folha de chumbo e enrolava nos dois sentidos, criando uns tubos compridos. E se isso também não parecesse interessante, eu pegava a mesma folha de chumbo, enrolava e soltava, deixando ela se inclinar de volta sobre si mesma, de forma a fazer uma curva reversa. Então eu via que poderia formar uns três rolos de chumbo, um em cima do fundo, dois de uma mesma folha. O "como" o processo se dá é sempre muito importante para mim; não ia exibir apenas o "quê", mas o próprio "como", ele mesmo se tornando consequência da minha maneira de ver, de pensar aquilo como um trabalho tridimensional que vale a pena perseguir.

Eu penso com as peças de borracha. A razão de ter cortado as tiras para começar é que eu realmente queria investigar a noção de linha, a ideia de linearidade. Assim, quando uma peça cruza outra peça, eu junto, fixo as duas. Basicamente, era uma forma de desenhar tridimensionalmente no espaço. E só quando passei dos trabalhos com borracha para as peças de chumbo comecei a me levar a sério como escultor, porque se você está lidando com uma parede, você ainda está lidando com um aspecto de relevo e ainda está trabalhando com questões pictóricas. Eu queria ver se ainda poderia abrigar aquela noção de lidar com o "já dado" que eu tinha estudado, primeiro como estudante de graduação de literatura inglesa, depois na pós-graduação, como pintor. O problema que eu tinha como pintor era que jamais havia aceitado a ilusão do espaço plano, eu buscava me mover para algo mais literal e estava bastante interessando em alguns aspectos do desenho. Apenas quando passei um ano na França pude dar uma boa olhada em Brancusi e Giacometti, que tinham morado lá. Eu ia ver Giacometti todas as noites na Brasserie La

Coupole.[4] Penso nessas duas figuras, muito inspiradoras para mim... Não que eu quisesse fazer Giacomettis ou Brancusis, mas achava que o tipo de esforço de concentração que eles tinham dado às propostas tridimensionais, mesmo que parecessem bastante tradicionais em termos de entalhe ou modelagem, era bastante aberto para certas possibilidades.

Quando fiz a lista de verbos e as peças que eram ainda muito experimentais, eu vivia em Nova York, no sul de Manhattan, onde estavam derrubando um monte de embarcadouros e tinha muito entulho e lixo pelas ruas; comecei a carregar tudo para o meu estúdio e tive a ideia de fundir todo aquele material de forma a parecer uma ruína. Se pensarmos nos precursores desse tipo de pesquisa, provavelmente chegaremos a pessoas como Jasper Jones fundindo latinhas de cerveja. E naquela época eu estava interessado sobretudo em duas figuras: primeiro em Pollock e depois em Jones. Estava interessado nos dois pela relação com o processo. Assim, mesmo que as peças fundidas parecessem ruínas — e elas eram moldadas para se parecer com algo que era representação — e apesar de terem sido moldadas, quando você olhava para elas não sabia se eram de borracha; poderia achar que na verdade eram pedaços de sucata que alguém tinha jogado na rua. Na época em que fabricava essas peças, eu acho que só tinha juntado um par de portas e algumas calhas, não acredito que tivesse mais do que três ou quatro peças. Eu não achava que alguém já tivesse vislumbrado o potencial da forma pela qual eu estava trabalhando as peças de borracha. Mas quando penso hoje a única pessoa que posso imaginar que talvez trabalhasse com aquele tipo de modelagem e que tivesse de alguma forma vislumbrado a luz que emana de um material como aquele era Medardo Rosso, o escultor italiano que trabalhava com cera e fazia cabeças.

Posso testemunhar quão confusos ficam os artistas quando são muito jovens. Você acredita que está fazendo algo que tem a ver com

---

[4] Brasserie La Coupole, inaugurada em 1927, no Boulevard Montparnasse, Paris. Com belos mosaicos de inspiração cubista, madeiras nobres, pinturas decorativas nas paredes e colunas, o local foi por décadas um ativo ponto de encontro da vida artística e intelectual da cidade. Era frequentado regularmente por personalidades como Picasso, Man Ray, Cartier-Bresson, Buñuel, Henry Miller, Anaïs Nïn, Hemingway, Giacometti, Sartre, Serge Gainsbourg, Jane Birkin. (N. do O.)

o trabalho de alguém, mas basicamente o que você está fazendo é interpretar mal a história. Acho que a arte procede de forma não linear. A arte geralmente procede exagerando, zombando ou parodiando a história, como a forma que prevalece hoje, ou procede por artistas que deliberadamente deturpam o que foi feito antes. Se os artistas estiverem apenas imitando o que foi feito antes, provavelmente estarão fazendo algo acadêmico. Se, por outro lado, decidirem interpretar errado de propósito o que veio antes, então deixam uma abertura para encontrar novas formas de proceder e acho que a maneira de fazer as coisas sempre confere um sentido ao que você faz. Não é mais simplesmente o "como", é o "como" do "como". Então, quando comecei, bem no início, esse era uma espécie de imperativo para mim, entrar em contato realmente com o processo de fazer, porque me parecia estar diretamente relacionado a, não diria artesanato, mas uma extensão da sua mão no potencial de levar algo da possibilidade, do conteúdo psicológico, àquilo que você está manipulando.

LC: Essa pode parecer uma questão bem acadêmica, mas, se o processo é o que conta nesses trabalhos, eu estava pensando em outra peça da fase inicial na qual duas lâminas de chumbo foram dobradas de diferentes maneiras e colocadas lado a lado no chão. É uma peça que tem 40 anos. Grande parte dos trabalhos que estamos analisando, como os de Eva Hesse,[5] de Chris Burden[6] e os seus, já permite captar alguns sinais do tempo. Particularmente no caso de Hesse, muitas das peças foram fabricadas com telas de tecido que ressecaram e danificaram os

---

[5] Eva Hesse (1936-1970), escultora germano-americana, conhecida pelo seu trabalho pioneiro com látex, fibra de vidro e plásticos. Ligou-se a minimalismo e ao pós-minimalismo nas artes. Foi influenciada por e influenciou muitos artistas dos anos 1960. Sua arte é com frequência vista sob a perspectiva das dolorosas provações que enfrentou em vida, como a fuga do regime nazista, o divórcio dos pais, o suicídio de sua mãe quando tinha 10 anos, seu casamento fracassado, a luta por reconhecimento e o diagnóstico de tumor cerebral. (*N. do O.*)

[6] Chris Burden (1946), artista performático norte-americano. Num de seus trabalhos mais famosos, de 1975, crucificou-se na capota de um fusca. Seu trabalho tornou-se um paradigma para a expansão dos limites da arte. Em uma de suas performances mais conhecidas — Shoot —, Burden deixa-se alvejar por um tiro no braço. Sua obra sempre envolveu riscos, sempre foi fugaz e seu corpo seguidamente fez parte dos experimentos que empreendeu. (*N. do O.*)

trabalhos, que não são mais exibíveis. Tem havido bastante discussão entre historiadores de arte, conservadores de museus e outros profissionais sobre se esses trabalhos poderiam ser refeitos e sobre qual o status que teriam se fossem refeitos. Quanto da mão dela, quanto de suas decisões foram cruciais para o resultado do trabalho? E eu sei que, para retomar a questão das instalações, se alguma parte de chumbo apresenta fadiga de material, você muda aquele elemento e isso não afeta o trabalho. Mas se pensarmos naquelas peças processuais como as folhas de chumbo sobre o chão, elas poderiam ser refeitas sem ficarem diferentes? Até que ponto uma aura, uma impressão necessariamente faz parte da peça? E a outra comparação que poderia fazer seria a questão que surge com [Donald] Judd[7] e as peças de madeira, que também são frequentemente danificadas. Ele era muito resistente à ideia de ter alguma coisa refeita no fim de sua vida porque iria parecer novo — seria primitivo, mas pareceria novo — não dando sinal de uma obra de 40 anos e isso era um problema para ele. Você tem alguma opinião a respeito?

RS: Sim, acho que se encomendo uma determinada folha de aço de um fabricante, preciso que tenha certas características e tolerâncias e quero que o corte seja feito de uma maneira específica, isso pode ser refeito por qualquer outro fabricante. Mas se fiz uma peça com as minhas mãos, se a manipulei, esses tipos de peça têm uma aura diferente e acredito que seja impossível refazê-las. Não sei, acho que diferentes artistas podem ter ideias diferentes a esse respeito, mas acho que trabalhos que vêm de um fabricante podem ser refeitos, peças que fabriquei pessoalmente não podem ser refeitas. Na época eu não estava muito interessado se elas iam durar ou não, estava mais interessado na feitura do que na permanência.

Na verdade, não acredito que tenha tido algum interesse na permanência de qualquer coisa até o início da década de 1970. Lembro que estava no Japão, soube que Eva Hesse tinha morrido e pensei: "Puxa, isso é muito ruim, tem um grande corpo de trabalho lá e grande parte disso não vai durar." Se você é um artista e começa a ficar muito cons-

---

[7] Donald Clarence Judd (1928-1994), pintor e escultor norte-americano, frequentemente associado ao movimento minimalista. Apreciava utilizar materiais como metais, madeira industrial, concreto ou acrílico. (*N. do O.*)

ciente da permanência do trabalho, isso pode inibir a dimensão lúdica da sua atividade, especialmente quando se é jovem.

É chato dar conselhos, mas para um jovem artista eu diria para não ficar muito ligado em produzir coisas que serão permanentes. Acho que o que ele deve fazer é encontrar uma extensão da sua própria sensibilidade que permita se projetar no material e permita formar algo que é a extensão da empatia do artista com aquilo que está fazendo. Eu penso que os materiais, qualquer material que se use, impõem sua própria forma sobre a forma. Assim, diferentes pessoas respondem a diferentes materiais por causa de algo que está quase no DNA, ou faz parte do contexto em que nasceram, ou das situações que viveram, ou dos materiais com os quais lidaram ao longo da vida, ou da influência da família na maneira pela qual irão potencialmente fazer coisas — acho que todas essas coisas refletem nos potenciais de expressão singulares de cada um.

Portanto um material é tão bom como qualquer outro material. Não acredito que haja uma hierarquia de materiais, nem acho que exista uma hierarquia na forma de fazer qualquer coisa. Você simplesmente tem de ter o desejo de produzir algo, de fazer alguma coisa. Então, no caso dos jovens, não diria a eles para se preocuparem com a permanência, acho que isso é irrelevante. Acredito que estar intensamente envolvido com o que você está tentando fazer quando é jovem é razão suficiente para fazê-lo. Você pode começar a se envolver com a questão da permanência à medida que avança na linha do tempo, mas eu não faria isso de forma consciente.

LC: Quando observamos uma obra de arte, fazemos isso a partir de diferentes enquadramentos, como se colocássemos diferentes chapéus. Alguns dos motivos por que valorizamos certas obras têm a ver com o momento em que foram feitas. Por exemplo, se pegarmos uma pintura de Gray[8] de 1964 e uma monocromia de Gray feita nos anos 1990, veremos que são coisas bem diferentes. Não apenas literalmente

---

[8] Cleve Gray (1918-2004), pintor norte-americano associado ao estilo expressionismo abstrato, admirado por suas pinturas em larga escala e pelo uso de cores vibrantes. (N. do O.)

diferentes, mas sua significância é diferente, em parte pelo que sabemos da história do momento em que foram feitas; e o prazer estético não depende desse tipo de consideração. O que acontece, por exemplo, com as peças de chumbo? Você fez um bom número delas nos anos 1960 e fez ocasionalmente algumas nos anos 1990...

RS: Acho que fiz essas peças como fazia sempre que sentia haver espaço possível para criar. Não estava interessado na possibilidade de aquilo ser permanente porque sabia que a maior parte não seria. Jasper Jones em algum momento me pediu para fazer uma daquelas peças no seu loft e eu fiz. Mas ele se mudou do loft e não era possível retirar a peça. O Museu de São Francisco queria-a também, mas eu não desejava refazê-la. Então fiz outra peça no Museu de São Francisco.

No caso dessas peças de chumbo, eu estava muito interessado na ideia de usar a parede e o chão, deitando o chumbo e deixando-o cair da arquitetura das paredes. Depois de ter feito isso por um tempo, comecei a desparafusá-las e retirá-las da parede, de forma que parecia que a arquitetura tinha sido usada como molde. Mas eu estava mais interessado na ideia de fazer as peças, não me importava particularmente se elas iam ou não ter uma sobrevida.

Nesse sentido, acho que o meu trabalho, em relação a minha própria história, tem sido uma espécie de anomalia, porque nunca me preocupei em produzir para um mercado em particular. A razão é que quando eu era bem jovem trabalhei com uma galeria chamada Leo Castelli e Leo Castelli tinha naquela época nomes como Jasper Jones, Andy Warhol, Don Judd, uma coleção de artistas que estavam fazendo um monte de dinheiro. Para Castelli, não importava se eu estava ou não produzindo peças que iam dar dinheiro; Leo gostava de mim e, tal como um tio generoso, me dizia: "Ok, Richard, vou apoiar seu trabalho e você sabe: se não tiver nada para vender, tudo bem, mas se tiver alguma coisa que possamos vender, vamos tentar." Eu então comecei a fazer o que tinha vontade de fazer. Sempre fiz quase tudo o que queria e recebi apoio para desenvolver meu trabalho, fosse através de comissões e entidades privadas, fosse por meio de fundações públicas.

Ao longo dos anos, fui capaz de sobreviver sem precisar fazer trabalhos comerciais, sem me direcionar a um mercado. Não estou com isso querendo dizer que é errado produzir para o mercado, apenas aconteceu de eu conseguir vender coisas que eram marginais à produção em larga escala daquilo que se convencionou chamar de mercado. Quando comecei, o mundo da arte era bem pequeno. Agora há uma indústria cultural que movimenta bilhões de dólares, uma multidão de agentes que ficam atrás das pessoas, de Moscou à China. Criou-se outra forma de comoditização da produção. Não que eu não esteja inserido no mercado, apenas o meu trabalho nunca esteve e não está, até hoje, direcionado para o mercado.

Não sei como os jovens lidam com esse tipo de contradição quando começam a fazer arte, porque agora, provavelmente não apenas em Nova York, mas também na França, na Inglaterra e em outros lugares, os *dealers* e os colecionadores já estão indo direto aos cursos de graduação e comprando os trabalhos na parede. Acho que isso, quando se é muito jovem, pode ser bastante inibidor, porque os jovens precisam processar o que estão fazendo, trabalhar no seu próprio ritmo e não ser movidos pela ideologia da produção. Provavelmente todo jovem estudante de arte tem de enfrentar esse problema agora. Minha geração não teve de enfrentar isso. Eu me lembro que, quando estive pela primeira vez em Nova York, junto com Phil Glass, Steve Reich, Michael Snow[9] e Eva Hesse, praticamente fazíamos a nossa arte para nós mesmos.

Há pouco tempo usei um exemplo para responder a alguém na Inglaterra — estive lá no mês passado. A pessoa havia me perguntado: "Mas o que você quer dizer?" E eu ilustrei com o seguinte exemplo: havia uma mulher chamada Simone Forti,[10] que ainda está viva, uma *performer*. Eu costumava ir a um bar em Nova York chamado Max's

---

[9] Michael Snow (1929), artista canadense multimídia que trabalha com pintura, escultura, vídeo, cinema, fotografia, livros e música. No cinema, é considerado um dos realizadores experimentais mais influentes. (*N. do O.*)

[10] Simone Forti (1935), coreógrafa pós-moderna ítalo-americana cuja trajetória deu centralidade à improvisação. Seu estilo enfatiza o corpo e a autoexpressão e inspiração em movimentos cotidianos de pedestres. Alguns de seus trabalhos iniciais foram apresentados em galerias de arte, ou em lofts, como o de Yoko Ono. Também escreveu livros e artigos. (*N. do O.*)

Kansas City,[11] e um dia alguém disse: "Está acontecendo uma performance do outro lado da rua, no 22º andar. [Robert] Rauschenberg e uma mulher chamada Simone Forti estão fazendo uma performance." Junto com o cineasta canadense Michael Snow, decidi ir lá checar. Um monte de jovens do mundo da arte estava lá. Você circulava, eles iam passando o chapéu e você deixava umas moedas ali. Formávamos uma espécie de plateia uns para os outros. Rauschenberg empilhava caixas pelo chão com pessoas dentro e havia música tocando simultaneamente. Eu pensava que aquilo era um típico evento "cagiano" [de John Cage] e entendia perfeitamente em que condições era feito. Quando o sol estava se pondo e a performance de Rauschenberg tinha acabado, apagaram todas as luzes na sala. Havia uma janela pela qual entrava alguma luz e fiquei curioso para saber o que estaria acontecendo do outro lado. De repente, uma pessoa passou voando pela janela, depois outra, e mais outra, e todas caíam do lado de fora. E aquilo durou um bom tempo, até que a primeira pessoa que tinha sido vista caindo passou voando novamente. Sabem o que eles tinham feito? Haviam empilhado colchões até a altura do 21º andar e, pela escada de incêndio, pessoas subiam até o 23º, pulavam pela janela nos colchões e corriam para cima novamente. Essa performance durou uns 15, 20 minutos. Eu estava perto de Michael Snow e ele me disse: "Isto é Muybridge[12] em ação." Havia bastante material para Snow pensar naquilo em termos

---

[11] Max's Kansas City, legendário nightclub e restaurante, inaugurado em 1965, na 213 Park Avenue South, frequentado nos anos 1960 e 1970 por músicos, poetas, artistas e políticos, tais como John Chamberlain, Robert Rauschenberg, Larry Rivers, Andy Warhol, David Bowie, Iggy Pop, Lou Reed e New York Dolls. O Velvet Undergroud apresentou seu último show nos palcos do clube, em 1970. Foi uma base para o glam rock. Fechou suas portas em dezembro de 1974. (N. do O.)

[12] Eadweard J. Muybridge (1830-1904), fotógrafo inglês, conhecido por experimentos em que captava vários estágios dos movimentos com múltiplas câmaras, tendo desenvolvido dispositivos que projetavam as fotos em movimento. Philip Glass, em 1982, compôs uma ópera registrando o envolvimento de Muybridge no assassinato do amante de sua esposa, na cidade de São Francisco. (N. do O.)

de fotogramas de um filme. Com certeza ele levou dali alguma coisa que eu não levei. O que estou tentando dizer é que, quando cheguei a Nova York, as pessoas que estavam experimentando coisas estavam fazendo essas experimentações umas para as outras. Nós não verbalizávamos o fato de estarmos fazendo para nós mesmos, mas as pessoas faziam performances, obras de arte, dançavam, faziam música e não se identificavam como fazedores de um produto; simplesmente queriam mostrar umas para as outras as coisas que faziam. Assim, não estávamos identificados com um grupo e não nos identificávamos como grupo mas, de fato, nos tornamos um grupo.

Acho que esse tipo de atividade — e não estou dizendo para as pessoas pularem de janelas do 23º andar — pode acontecer em qualquer lugar. Esse tipo de atividade, pessoas jovens decidindo que vão fazer coisas para mostrar umas às outras, que serão os críticos delas mesmas e que curtirão juntos o tempo em que são jovens, é também o momento em que começam a formular uma linguagem, vão começar a deliberadamente distorcer a história, vão começar tudo de novo. Acho que é isso que cada nova geração de jovens tem a fazer.

Acredito que o aspecto mais interessante da arte é o fato de ela não ser linear. Se fosse linear, estaríamos todos fazendo pintura na praça nas tardes de domingo. Basicamente, a arte é não linear e imprevisível. Os jovens sempre a pegam de uma forma que não dá para antecipar e sempre esperamos que façam isso. Será que o mercado pode estar inibindo esse tipo de atividade? Eu não saberia dizer, mas se estiver, será algo problemático para os jovens. Não estou querendo dizer que o fato de termos fundado um coletivo quando éramos jovens seja um modelo a ser seguido. Acho, sim, que quando se é jovem é muito importante trocar ideias e talvez mesmo cruzar ideias e referências entre diferentes espaços, entre filosofia, sociologia ou música, qualquer área, para enriquecer a linguagem que está sendo pesquisada. Esse tipo de atividade só dará certo quando você tem certa idade, porque depois você começa a ser reconhecido por fazer isso ou aquilo outro, o que quer que seja, quando você meio que perde sua referência com o grupo e cada um segue um caminho diferente.

Se estiver falando para pessoas que têm essa idade, que estão começando um trabalho, recomendo que procurem encontrar seu próprio público entre vocês mesmos. Acho que isso é extremamente importante. Não permitam que as revistas e o mercado ditem quais devam ser suas invenções. Isso enfraquece, porque quando chega à revista, já está solidificado e concretizado, comprado e vendido, e você será apenas mais um cavalo na corrida. Acho que quando se é jovem, é realmente importante encontrar as próprias maneiras de produzir e fazer.

LC: Estou entendendo aonde você quer chegar. É de fato muito claro que, para os jovens artistas, um público de pessoas com a mesma cabeça é absolutamente fundamental, mas questiono se isso de fato chega a acontecer em algum lugar. Eu argumentaria que você, seus amigos e colaboradores na *downtown* Nova York nos anos 1960, 1970, eram pessoas bastante sofisticadas e que todos vocês, dançarinos, músicos, compositores, artistas plásticos, tinham vindo na maioria de contextos de fora de Nova York. Não eram nascidos e criados na cidade e tinham chegado ali, naquele lugar onde os predecessores imediatos, Cage, [Merce] Cunningham, Rauschenberg e outros, já tinham, de certa forma, aparado as arestas. Assim, vocês chegaram em uma situação cujos limites eram bastante altos, o discurso era sofisticado, e começaram a trabalhar em parte reagindo e rejeitando, ou se engajando, em uma cidade que não era qualquer lugar neutro no meio do nada.

RS: Acho que os jovens vão para Nova York porque é sintomático: se você tem uma ideia e vive em Boise, Idaho, não vai encontrar ninguém com quem possa compartilhar essa ideia. Mas, se está em Nova York, tem uma ideia e vai até o bar local, alguém mais por ali já pode ter tido essa mesma ideia e assim você é capaz de lidar com a linguagem que se desenvolve a partir daí. Creio que é importante quando as pessoas vão para grandes centros onde existem coletivos de pessoas, mas não estou bem certo de que esse coletivo tenha de estar em um centro como Nova York. Poderia ser em Berlim, em Pequim, no Rio, em Porto Alegre. Não acho que seja necessário, em razão da maneira como a mídia se desenvolveu e da informação disponível, que seja um centro onde a tradição já foi revirada.

Isso que você dizia, "vocês eram pessoas muito sofisticadas", acontecia num momento em que eu basicamente trabalhava dirigindo caminhão. Eu tinha uma pequena empresa de mudanças e Phil Glass, Steve Reich, Chuck Close, Spalding Grey, meus amigos, se revezavam e usavam o caminhão duas ou três vezes por semana, o que nos deixava quatro dias livres para o nosso trabalho. Conseguíamos sobreviver desse trabalho de transportar móveis e, com toda certeza, não nos víamos como pessoas sofisticadas. Pensávamos em nós mesmos como pessoas que tinham uma necessidade vital de fazer algo novo, mas não nos considerávamos pessoas sofisticadas. Muitos de nós tínhamos formação universitária e, curiosamente, a maioria de nós era estudante da classe trabalhadora. Eu tinha trabalhado em metalúrgicas, Phil Glass também havia trabalhado em uma metalúrgica, Carl André[13] tinha sido ferroviário, Bob Morris[14] havia trabalhado em um abatedouro de gado. Somos de uma geração cujos pais chegaram a ir para a guerra, ou eram da época imediatamente posterior à Segunda Guerra, quando a educação universitária era praticamente inacessível para as classes médias ou trabalhadoras. Provavelmente todos éramos naquela época estudantes pobres ou classe média, o que hoje em dia se chama classe média. Na América, quando alguém diz classe média está se referindo à classe pobre.

LC: Mas você estudou numa universidade da *Ivy League*.[15] Acho que isso é fundamental.

---

[13] Carl André (1935), pintor e escultor americano, também associado ao movimento minimalista dos anos 1960. (*N. do O.*)

[14] Robert Morris (1931), escultor e escritor norte-americano, considerado um dos mais proeminentes nomes da arte minimalista. Também fez importantes contribuições para a performance e para a arte de instalações. (*N. do O.*)

[15] A *Ivy League*, também conhecida como *The Ancient Eight*, é o grupo das oito universidades privadas mais antigas dos Estados Unidos, que atualmente são também as instituições de maior prestígio científico nos Estados Unidos e no mundo. Originalmente, era a denominação de uma liga esportiva formada pelas seguintes universidades: Brown, de Rhode Island (fundada em 1764); Colúmbia, de Nova York (fundada em 1754); Cornell, de Ítaca, Nova York (fundada em 1865); Dartmouth College, de New Hampshire (fundada em 1769); Harvard, de Cambridge, Massachusetts (fundada em 1636); Pensilvânia, de Filadélfia, Pensilvânia (de 1751); Princeton, de Nova Jersey (fundada em 1751); e Yale, de New Haven, Connecticut (fundada em 1701). Além da excelência acadêmica, o grupo da *Ivy League* é também associado a certo elitismo branco (a conhecida sigla Wasp — White, Anglo Saxon and Protestant — branco, anglo-saxão e protestante). (*N. do T.*)

RS: Mas é justamente isso o interessante sobre a América. Não sei se o mesmo acontece aqui, com certeza não é assim na Inglaterra. Nos Estados Unidos, se você estuda com afinco e tem um bom histórico escolar, pode ter acesso à melhor educação possível. Eu tive a grande sorte de poder frequentar a Universidade da Califórnia em Berkeley, depois em Santa Bárbara, e de conseguir uma bolsa de estudos para estudar em Yale, e não porque vim de uma família da classe privilegiada, mas porque tinha boas notas, um bom histórico escolar, porque desde cedo meus pais me incutiram a necessidade de ler, fazer as lições de casa e organizar cadernos e materiais. Se você faz isso desde cedo, o mundo estará aberto para você, caso contrário, será difícil. Isso fez muito sentido para mim e era algo que meus pais martelavam na minha cabeça todo santo dia, como um ritual. E acho que ainda é possível nos Estados Unidos [aluno com bom histórico ingressar em boas universidades]; talvez seja assim aqui também, não sei como funciona no Brasil. O fato é que, nos Estados Unidos, a educação realmente paga um prêmio, que é o de poder se movimentar na pirâmide e se gabaritar com a melhor formação possível.

LC: Temos o caso do atual presidente...
RS: Claro, isso é absolutamente verdadeiro no caso de Obama, a vida dele é isso.

LC: Houve um tempo em que a fertilidade e o estímulo vinham dos pares, depois da graduação, quando vocês, ou a maioria dos jovens artistas, descobriam que existiam redes ou então criavam redes nas quais dialogavam e rivalizavam entre si. A troca era o que realmente alimentava o trabalho. Analisando retrospectivamente os grupos de artistas que trabalhavam em Nova York no final dos anos 1960 ou em Vancouver uma década depois, ou em qualquer outro lugar, é possível perceber como os diálogos entre esses artistas se alimentavam reciprocamente e, em alguns casos, talvez tenham produzido melhores artistas do que se cada uma daquelas pessoas tivesse sido deixada à própria sorte. Havia artistas que também se movimentavam o tempo todo. Mas, ao que parece — talvez isso seja um estereótipo — ao atingirem a maturidade esses grupos começam a se dispersar e os artistas vão mais atrás de suas trajetórias internas do que quando estavam na casa dos 20 anos. Talvez no seu caso particular, uma vez que você está trabalhando após os 70, fazendo trabalhos com lâminas de aço, galvanizando, dividindo, suturando espaços, como em trabalhos como *Strike and Circuit*, por exemplo, você esteja, de certa maneira, numa trajetória que é cada vez menos influenciada pelo que está sendo feito imediatamente ao seu redor. O que mantém sua mente ágil? Obviamente existe o risco de começar a construir uma assinatura que seja um estilo de vida, como é o caso, por exemplo, de Hans Hofmann.[16] Depois de um tempo, todo Hofmann se parece com um Hofmann, não se parece com muitas outras coisas. Como um artista se mantém vivo e como você encontra outras disciplinas, outros pontos de referência que conservem aberta a sua prática?

RS: Acho — estranho, tenho a sensação de já ter dito isso antes — que muito trabalho está sendo feito não através de outros espaços, mas vindo de uma necessidade inconsciente. Ora, mas o que alimenta essa necessidade inconsciente? Poderia ser a literatura, poderiam ser outros meios, a história da arte, a inspiração de certas figuras da história da arte, o urbanismo. Acho que todo mundo tem de cortar sua própria roupa. E então, quando você me pergunta como me mantenho vivo e ágil, acho que isso tem a ver, pelo menos no meu caso, com duas coisas: obstinação e curiosidade. Penso que é preciso ter muita obstinação e se propor a realizar seu trabalho não importa como; também é necessário ser muito curioso sobre as coisas que você pode fazer. Acho que então você deve analisar seu trabalho e tentar fazer com que seus movimentos mais abstratos se adequem às suas condições e possibilidades, e não "viajar" sobre um trabalho que já está feito e tem boa aceitação. No meu próprio caso, o trabalho era, digamos, bem recebido pelo círculo de pessoas de Nova York que estavam trabalhando comigo. Mas depois disso, fiquei uns bons anos, 10, 12, 15 anos, mostrando meus trabalhos sem conseguir

---

[16] Hans Hofmann (1880-1966), pintor germano-americano que se dedicou ao expressionismo abstrato, também reconhecido professor. (*N. do O.*)

nem uma crítica sequer, em outros momentos as críticas eram ou muito hostis ou muito negativas. Depois, passei por mais algumas experiências em que o governo simplesmente destruiu um trabalho meu e isso meio que dividiu o mundo da arte, outra vez suscitando muita hostilidade e negatividade. Eu diria que, nos últimos 15 ou 20 anos, houve uma grande virada e tenho tido aceitação para os projetos que venho desenvolvendo, mas não poderia ter previsto isso.

Na verdade, nunca pensei que o que estava fazendo fosse encontrar um grande público e, para ser sincero, não me importava muito com isso. Porque a real razão de eu ter desejado fazer arte é muito egoísta: queria ter um estilo de vida alternativo e queria ter o privilégio de estudar minhas próprias sensações, experiências e pensamentos. Acho que fazer arte me possibilitou fazer experimentações com minha própria mente e era exatamente isso que eu queria fazer. Pode soar um tanto ou quanto autorreferente, uma forma autocentrada de encarar a vida, mas, bem, que seja. Acho que provavelmente é isso o que acontece com os escritores, ou com os compositores, com todos que quiserem lidar com seus próprios conflitos internos. Penso que muitas das razões que as pessoas têm para fazer arte estão relacionadas com algum impulso que muito provavelmente já começa a aparecer desde a infância e elas precisam expressá-lo para reduzir um pouco sua vulnerabilidade. Essas pessoas têm necessidade de algo que dê a elas a noção de sua própria identidade. Acredito que é por isso que as pessoas fazem arte, para poder enxergar a si mesmas. Se é que eu ia realmente alcançar o sucesso, seja qual for o significado dessa palavra, não acreditava que fosse de fato acontecer. Sempre achei estranho que o sucesso tenha acabado acontecendo mais tarde na minha vida, porque nunca esperei realmente ser bem-sucedido. O fato de que as pessoas respondem ao trabalho e me veem como uma espécie de figura das artes é algo que não consigo explicar. Não que eu não goste disso; certamente gosto de que as pessoas vejam meus trabalhos e achem que comunicam alguma coisa com a qual elas podem se relacionar. Apenas nunca fui impulsionado a fazer isso para elas, eu o fazia para mim, e o resultado foi que as pessoas, sejam quem forem, têm respondido e reagido ao meu trabalho nos últimos 20 anos.

LC: Se ficarmos com a ideia da necessidade interna, de fazer para satisfazer a si mesmo, o artista é sempre a plateia primordial...
RS: Uma necessidade inconsciente.

LC: A melhor ou a mais prática maneira de fazer isso seria ir para um estúdio, fechar a porta e trabalhar em isolamento por um bom tempo. Mas você não é um artista de estúdio. Num certo sentido, você faz um trabalho que necessita, que requer o envolvimento de um conjunto complexo de pessoas, fornecedores, distribuidores e assim por diante. É — eu não gosto muito deste termo — uma forma de trabalho gregária, uma maneira de trabalhar que coloca você constantemente no mundo.
RS: É verdade. Acho que não me importo mesmo de sair para o mundo. Deixe-me dizer, houve um momento em que decidi começar a trabalhar com aço, não vou entrar nos detalhes da razão que me levou a isso, bem, eu estava passando por um determinado processo, algo começou a aparecer e pensei com meus botões: "Oh, acho que posso ampliar isso para alguma coisa maior." E na verdade o que eu queria era pegar um grande pedaço de aço e apoiar sobre uma cantoneira em L, porque o ponto de junção da cantoneira seguraria o prato de aço e ele ficaria livre. Se você consegue o ângulo certo e apoia uma lâmina no ponto certo, o prato de aço não tem como tombar sobre essa ou aquela parede, a única possibilidade de ele cair é se você o levantar e mudar de lugar. A própria estrutura arquitetônica poderia apoiar um disco de apoio livre. Digamos que o disco estivesse a três metros de altura e seis de largura. Para conseguir isso — e eu queria construir a peça — eu ia precisar de uma polia, cordas, pessoas que soubessem usar monta-cargas, correntes, que pudessem guindar e deslocar grandes peças e eu não tinha capacidade para fazer isso. No momento em que comecei a procurar no *New York Times*, havia acabado de acontecer um acidente com um helicóptero que tinha se espatifado no topo do edifício da Pan Am. Ninguém sabia o que fazer com o helicóptero, ninguém sabia como retirá-lo dali, porque o edifício da Pan Am foi construído de tal maneira que não suportaria uma carga muito grande na sua laje, no seu telhado. Então ficou aquele grande inseto de metal morto, com as hélices penduradas sobre o edifício por mais de uma semana, e ninguém sabia o que fazer.

Então, um belo dia, havia uma grande imagem estampada no *New York Times* que mostrava seis caras com um monta-cargas e uma corrente descendo parte da fuselagem do helicóptero. E embaixo da foto estava escrito: "Ray La Chappelle e Filhos". Bom, eu pensei: "Quero trabalhar com esses caras." Fui até o prédio da Pan Am onde estavam desmontando o helicóptero e disse: "Escutem, eu tenho uma escultura, uma peça de aço que quero apoiar sobre uma cantoneira, vocês podem me ajudar?" O cara com quem eu estava falando era Ray La Chappelle e ele respondeu: "De que tamanho?" Eu disse "Tem 3,05 metros por 7,32 metros." "E a espessura?", ele perguntou, e eu respondi: "Hum, acho que três ou quatro milímetros." Ray me olhou e disse: "Ah, sim, podemos te ajudar." Eu trabalhei com eles durante 20 anos e agora estou trabalhando com os filhos e sobrinhos dos sócios, de forma que tenho contado com a mesma equipe de carregadores por praticamente 40 anos.

Se você está querendo dizer que, a partir do que foi conversado até agora, é uma questão de lidar apenas com as necessidades internas, como se você fechasse a porta e só trabalhasse para atender às próprias necessidades, lembrei-me de duas exposições que acabo de ver em Londres, e certamente não é essa a maneira com que trabalho, porque eu saio mesmo para o mundo (e sou grato por poder fazer isso, porque isso avalia você em tudo o que está acontecendo neste momento no mundo das artes). Nas duas últimas semanas, produzi uma peça para Norm Foster, em Genebra, e não teria problemas em ir até lá para conhecê-lo e ver como ele lida com o mundo, isso seria bastante instrutivo. Bom, vi essas duas exposições em Londres e como você estava se referindo a pessoas que trabalham a partir de suas necessidades internas, uma delas era sobre Benken, na velha Tate,[17] e a outra era de Rothko, na nova Tate.[18] A exposição sobre Rothko abrange os últimos 12 anos

---

[17] Em 2000 o Tate Museum, museu de arte moderna, foi subdivido em quatro galerias que, junto com a galeria on-line, passaram a ser designadas simplesmente como Tate. Richard Serra provavelmente se refere à galeria Britain Tate (aberta desde 1897), que exibe arte britânica. As obras de arte moderna passaram para a Modern Tate, cujas coleções incluem trabalhos de importantes artistas do século XX, como Pablo Picasso, Matisse, Braque, de Chirico, Francis Bacon, Alexander Calder e Chagall, entre outros. (N. do T.)

[18] Richard Serra provavelmente está se referindo à Modern Tate (ver nota anterior). (N. do T.)

de sua vida. Fica evidente, quando se veem essas duas exposições, que se trata de pessoas trabalhando em isolamento, certamente com referências à história da arte, mas num espaço bastante confinado. Benken e Rothko, eu diria, num certo sentido são artistas de estúdio. Já eu trabalho me relacionando com metalúrgicas, serralherias, transportadoras, distribuidoras e tudo mais, porém essa é uma extensão contingencial do trabalho. Vou ainda bastante ao estúdio, praticamente todos os dias, e trabalho com modelos, modelos em escala de 2,5 até 30 centímetros. Nesse sentido, não deixo de ser também um artista de estúdio. Não tenho uma grande equipe de pessoas trabalhando comigo; eu tenho minha esposa, que basicamente administra toda a operação, e uma assistente, e é tudo.

LC: Outra mostra que estava acontecendo em Londres recentemente era de uma jovem artista, [Dominique] Gonzalez-Foester, que desenvolveu um projeto no buraco de uma turbina. Pode ser que você já tivesse partido, mas essa exposição foi inaugurada em Londres na mesma época, mas de qualquer forma eu queria dizer que o princípio norteador era que existe uma espécie de situação apocalíptica e as pessoas se refugiam no museu como em um santuário. Nessa mostra, eles espalharam partes e pedaços de esculturas que ficam armazenadas, o que acaba criando uma espécie de refrão, tal como no famoso conjunto de desenhos que Henry Moore fez durante a Segunda Guerra Mundial, quando Londres estava sendo bombardeada e as pessoas corriam a se abrigar nos subterrâneos. Tem inclusive uma peça sobre isso, mostrando como as obras de arte ficam armazenadas na mente das pessoas por uma questão de segurança, mas, de qualquer forma, isso é teatro. Tem essa questão da escala e da teatralidade nos anos 1960. Todo mundo ia para fora fazer teatro, acreditando que o que estavam fazendo era performance, e não teatro; havia algo bastante literal, concreto ali, não se tratava de um cenário, da representação de um papel etc. Estamos agora em um momento em que, olhando obras de grandes proporções que criam ou configuram situações de certa maneira teatrais, é como se os valores atrelados ao teatro tivessem sido virados de ponta-cabeça, e isso não é mais negativo como foi um dia. Também vemos uma porção de trabalhos que têm a ver com a cenografia, com a fabricação de palcos ou armações quase cenográficas.

Agora, existe uma maneira de, ao colocar certas peças em um determinado espaço, estruturar uma situação. Ao mesmo tempo, sei que você é bem reticente ou resistente à ideia de cenário, como se essas obras fossem objetos cenográficos, para estabelecer o espaço de uma mostra ou exposição. Você tem se referido a elas como, no mínimo, um calado de navio, formas meio "paraléticas" de abrir espaço, como se as formas de uma escultura pudessem criar situações que produzem inflexão e enquadram tanto o lugar quanto a perspectiva de quem olha, em conjunto. Você poderia dizer algo sobre os aspectos negativos, os limites da cenografia para você, qual é a diferença e por que você não quer experimentar esse lugar?

RS: Eu penso em muitas situações de cenografia que têm relação com a imagem, têm relação com a recepção da imagem. O que você está colocando em termos de instalação é uma espécie de relação "espetacular" com a imagem. Eu acho que existe um determinado tipo de trabalho que se inscreve, para o bem ou para o mal, naquilo que chamamos de pós-modernismo, que tem a ver com ironia. A maioria dos trabalhos que têm sido feitos agora é um pouco irônica, e essa ironia aparece seja zombando da tradição que veio antes, seja parodiando essa tradição. Mas, de qualquer maneira, tudo isso tem como referente aquilo que já conhecemos e a maior parte dos trabalhos que vemos hoje já foi "midiatizada", então o que você tem é sempre a representação ou a simulação de algo que já viu por aí de uma forma exagerada ou cenograficamente tratada, por meio de imagens de alta resolução, do recurso ao clichê, à violência, ao sexo e tudo mais que seja tão assimilável, tão inesquecível ao olhar quanto a enxurrada de propagandas às quais somos submetidos todos os dias. Então, acho que o que está acontecendo é que os artistas passaram a olhar a mídia para entender suas possibilidades comunicativas e estão pegando a história da arte e a mídia e estabelecendo uma interface entre elas: isso é o que chamamos de pós-modernismo. É exatamente o que tem acontecido nos últimos 20 anos, seja nas fachadas dos edifícios, seja no décor das instalações que têm a colagem como referência externa.

São colagens que apontam para fora da necessidade de criar uma estrutura tectônica e que têm uma verdade própria por conta do seu "como". Eu acho que o aspecto inegavelmente verdadeiro do processo é que, gostemos ou não de um determinado trabalho, "como" aquilo foi feito permanece genuíno. Penso, para várias obras que estão sendo feitas agora, nos termos disso que você está falando, do espetacular ou do cenográfico feito para criar efeito. Mas, para criar um efeito, você tem de ter um afeto. Eu me interesso por como as pessoas se estruturam em relação ao espaço à medida que caminham, pela forma de se tornarem sujeitos de sua própria experiência. Isso é muito diferente de olhar para algo que está piscando, uma luz, ou alguma coisa que tem relação com uma imagem que você tem de ler e decifrar para acessar o conteúdo. Estou mais interessado na pessoa que se descobre dentro de um espaço ou lugar, tendo de determinar o conteúdo por ela mesma, de modo a se tornar sujeito daquela experiência. Isso é bastante diferente de ser bombardeado ou rodeado por justaposições de colagens que estimulam os sentidos de variadas formas. Nesse último caso, teria mais a ver, eu acho, com o que você estava falando, teatro; ao passo que na outra situação, estou pensando naquilo com que estou envolvido, na estrutura tectônica. Fico realmente curioso, nesse aspecto, sobre o descentramento, a desorientação, a perda de direção, a bifurcação de direções, conter o espaço, fazer o espaço palpável, fragmentar o espaço e todo um conjunto de noções a respeito do como existimos em relação à subjetividade do tempo.

Acho que uma coisa que nos diferencia, mais do que qualquer outra, é nossa relação com o tempo. Onde nascemos, quem são nossos pais, o contexto em que fomos criados, nossas memórias, nossas expectativas para o futuro, nossos sonhos são coisas que nos singularizam mais do que qualquer outra em que eu possa pensar. Acho que o tempo, à medida que pensamos sobre ele, se reflete sobre nossas previsões, nossas memórias — mesmo que sejam falsas — ditando em boa medida como conhecemos o mundo. Quando comecei o meu trabalho, estava mais interessado em como poderia organizar o material do que em como poderia organizar o espaço. Agora estou interessado em como o tempo do contexto impulsiona a noção de espaço. Ou seja, estou interessado na interface do tempo com a orientação — ou falta dela — com a fragmentação ou não e como chegamos a saber de nossa relação com o lugar onde estamos, que se define à medida que caminhamos. O corpo em movimento, movendo-se através do espaço, é realmente o que mais me interessa, muito mais do que a conexão com a compressão ou o alongamento ou a adição ou a subtração de tipos particulares de espaços: como o corpo acelera nosso movimento, como nos leva a uma estase, como nos faz ficar focados e concentrados. É com isso, basicamente, que estou envolvido agora e acho que isso distingue o que faço daquilo a que você estava se referindo, o que eu penso da cenografia, do teatro e do espetáculo. Não tenho nada contra as pessoas que lidam com isso, é ótimo que elas o façam, apenas não é o meu foco de interesse.

LC: Essa ideia de ir caminhando e pensando sobre o tempo em um espaço particular, vejo isso muito em trabalhos que você realizou em lugares ou paisagens topograficamente específicos. Estou pensando particularmente naquela peça na Islândia, por exemplo. Então, quando penso em obras mais recentes, como *Band*, que é um trabalho que parece uma fita que vai se retorcendo, quando você chega até ela e se movimenta por ela, você fica desestabilizado, desorientado pela natureza do movimento no aço, que impacta você fenomenologicamente, de uma forma que, antes que sua mente possa fazer qualquer coisa, o seu corpo já está respondendo. Acho que esse tipo de efeito hoje desempenha um papel muito maior e o espectador tem menos tempo para desacelerar ou negociar; a peça vai mesmo guiando você de uma maneira muito forte. Eu diria que é a peça mais instigante que você exibiu nos últimos tempos é o trabalho que estava na Gagosian Gallery, que tem também ligação com uma escultura chamada *Ponto cego*.[19]

O que é interessante é que quando você olha a escultura desde fora, não tem a menor ideia do que está lá dentro, pode ver que tem um topo, uma superfície e uma forma meio amendoada, mas, além disso, não sabe mais nada. Uma vez que comece a andar por ali, caminhando por um

---

[19] *Blind spot*, no original. (N. do T.)

dos lados, fazendo uma pausa, voltando para trás, seguindo para a frente e para trás, dentro e fora, acaba chegando bem no núcleo da peça. Parece que você percorreu um longo caminho e é tão desorientador que você não sabe mais se está andando para a esquerda ou para a direita. Isso não é elaborado, mas há uma separação muito grande entre o que você experimenta caminhando no coração dessa peça e o que consegue perceber de fora. Parece uma experiência muito reveladora, o espectador sendo deixado e tendo de sair de lá, mas é bem diferente das espirais e elipses retorcidas, nas quais você pode, de certa maneira, reconstituir se não as nuances dos deslocamentos espaciais, pelo menos as pegadas. Às vezes, como em Bilbao, você permite que os espectadores fiquem em uma posição mais elevada, para poder olhar para baixo e reconhecer alguma forma nas pegadas, mesmo que isso não possa dizer muito sobre a experiência. Mas começando com a união de anéis e esferas, e mais dramaticamente na peça mais recente, à medida que entramos por baixo dela, tive a impressão de que algo mais estava acontecendo.

RS: Esta conversa que estamos tendo pode parecer muito confusa, porque se você não conhece os trabalhos particulares a que estamos nos referindo, não sabe quanto o que Lynne está dizendo faz sentido. Deixem-me tentar descrever o que é essa peça. Ela é feita de seis blocos, cada um composto de três lâminas côncavas e três convexas. A lógica é como a de um anel no dedo. Ou seja, a lâmina faz uma curva para um lado, outra curva para o outro lado. Ou então é como o interior do aro de uma bicicleta. Tem dois movimentos, um côncavo e um convexo, que também se inclina desse lado, onde a forma convexa é como a parte externa de uma rosquinha. A forma côncava é como a seção interna da rosquinha, que aparece quando alguém tira o anel do dedo. O que há de interessante nessas formas côncavas e convexas é que elas compartilham o mesmo raio, de forma que podem ser acopladas.

O que ela descreveu como forma amendoada é o seguinte: de um lado há uma série de lâminas convexas que vão diminuindo de tamanho, do outro lado, um conjunto de lâminas côncavas que também vão diminuindo, essas lâminas são simétricas e se interligam no centro, fazendo com que se possa passar por entre elas e passar de volta para o outro lado. Você entra no meio de duas placas côncavas e imediatamente está caminhando entre duas lâminas convexas. No centro tem um espaço aberto, onde você fica entre uma côncava e uma convexa. E, se procurar o fim da amêndoa, você pode caminhar entre duas lâminas côncavas e então sair entre duas convexas. Isso quer dizer que a peça tem fim aberto, é uma grande forma ovalada feita de seis lâminas que vão inclinando, inclinam mais ou menos 55 centímetros, e chega a ter 4,11 metros de altura. As passagens não são muito largas, quando atingem a altura de 1,83 metros elas têm apenas 90 centímetros de largura. Dessa forma, você está o tempo todo contido em um espaço onde não dá para antecipar o que virá ou para onde se está indo, porque você nunca chega a uma quina, chega a um recuo, de forma que pode andar pelas lâminas e precisa contar os passos. Peças assim são bastante desorientadoras e desestabilizadoras em termos de direcionalidade. Por conta disso, você perde não apenas o sentido da *gestalt*, mas também o sentido do próprio ambiente onde está, e também perde a noção do tempo; e tem um certo fator ansiogênico que vai se tornando mais agudo conforme você perde o sentido de direção.

Esses trabalhos simplesmente começaram como uma pesquisa sobre côncavos e convexos. E me levaram a uma peça à qual Lynne se referiu como *Ponto cego*, que consiste em seis placas côncavas e convexas montadas de forma que você caminha para frente e para trás, para a frente e para trás, para a frente e para trás, chega ao centro e não tem saída, você tem de ir de volta para o lugar por onde entrou. Essa peça mais recente é aberta dos dois lados, mas tem no começo uma sequência feita de formas côncavas e convexas. O primeiro bloco da peça consiste em seis placas côncavas que vão diminuindo de tamanho, a placa menor no centro. O segundo bloco é composto de dois conjuntos, subdivididos em côncavos e convexos. Tudo isso provavelmente parece bastante complexo, estou apenas tentando dar a vocês uma imagem visual de como a peça é estruturada.

Acho que quando se tem um trabalho de grandes dimensões, existem certos aspectos espaciais que precisam ser investigados. Uma vez que comecei a trabalhar com côncavos e convexos, não apenas usei o maçarico para poder criar espaços entre eles, por onde o espectador pode entrar e caminhar, mas também queria verificar se dava para penetrar mais fundo na complexidade do caminhar por entre côncavos e convexos. Não sei se existe alguma outra peça nessa série que possa produzir isso. Neste exato momento, não estou prevendo construir mais nada nessa série, mas não sei. Na verdade, só visualizei essa escultura no penúltimo verão, então, nunca sabemos o que pode disparar a possibilidade de dar continuidade a uma série; acho que algumas sequências não estão, de modo algum, fechadas. Você sempre pode voltar atrás e se encontrar uma abertura no trabalho para prosseguir naquela sequência, por que não?

LC: Voltamos então ao néon para ser visto de fora e depois com lado direito e lado avesso, podendo ser visto tanto de dentro quanto de fora?

RS: Sim, nunca pensei em fazer essa conexão, mas provavelmente, em termos linguísticos, tem tudo a ver com isso, com a contradição entre o dentro e o fora e com o fato de que nessas peças os espaços são realmente cognoscíveis, mas você precisa navegar por espaços desconhecidos e condições desconhecidas.

1 — "Você já esteve aqui antes?"
2 — "Não, é a primeira vez."
Uma noite com Bob Wilson

Bob Wilson

Bob Wilson

Diretor de teatro norte-americano, é conhecido como um renovador dessa linguagem por usar sofisticados recursos de iluminação e pela combinação de teatro, música e dança em suas montagens. Na infância, teve problemas de fala que determinaram seu interesse pela linguagem visual. Seu trabalho está marcado por imagens surrealistas e textos anárquicos. Criou e desenvolveu o Watermill Center (Centro Moinho de Água), em Nova York, uma ONG em que jovens profissionais da arte e do teatro se reúnem para desenvolver a fase inicial dos trabalhos de Wilson. Abriga workshops e cursos regulares de artes e humanidades. Entre suas montagens mais célebres estão: *Einstein on the Beach*; *Civil Wars*; *A morte de Danton*; *O cavaleiro negro*; *A vida e a época de Josef Stalin*; *The Days Before: Death, Destruction, and Detroit III* e a ópera *O corvo branco*.

A razão do meu trabalho como artista é poder fazer perguntas; é poder perguntar "O que é isso?" sem ter de dizer o que é, pois se já soubéssemos o que estamos fazendo não haveria razão para fazê-lo. O que estou fazendo quando digo: "Todos os acontecimentos parecem me acusar. Me impelindo à vingança, que retardo! Exemplos tão grandes quanto a terra me incitam. Testemunha é este exército, tão numeroso e tão custoso. Guiado por um príncipe sereno e delicado, cujo espírito, inflado por divina ambição, é indiferente ao acaso invisível"? Isso é Hamlet. Aprendi quando tinha 12 anos, hoje estou com 67 e ainda estou recitando isso, e cada vez que digo essas palavras, penso sobre elas de uma maneira completamente diferente. O que não quer dizer que elas não façam sentido. Claro que fazem sentido, estão cheias de significados, mas atrelar um significado ou uma interpretação a elas negaria todas as outras ideias possíveis. O motivo de eu trabalhar como artista é poder perguntar: "O que é isso?"

Interpretar não é responsabilidade de um ator, de um escritor, de um compositor ou de um diretor. A interpretação é para o público e a razão de fazermos teatro é o público. Claro que o fazemos primeiramente para nós mesmos, assim como um bom ator atua para ele mesmo em primeiro lugar; mas saber do que se trata é para o público.

Cresci numa pequena cidade do Texas e não tive oportunidade de ir ao teatro, porque não havia teatro lá. Também não tive oportunidade de frequentar galerias de arte, museus, porque não existiam na minha cidade. Só quando eu já estava com meus 20 anos, quando fui pela primeira vez a Nova York, fui a um teatro também pela primeira vez. Assisti aos espetáculos da Broadway e não gostei; continuo não gostando da maior parte deles. Fui à ópera e também não gostei; até hoje não gosto, na maioria das vezes. Fui ver o trabalho de George Balanchine no Balé da Cidade de Nova York e gostei muito; ainda gosto. Gostei porque era construído da maneira clássica. Apreciei em particular os balés abstratos de Balanchine. Podia escutar a música e ver as coreografias clássicas; era tão diferente do que estava acontecendo na ópera e na Broadway. Gostei de como os dançarinos se movimentavam no palco: primeiro dançavam para eles mesmos, permitindo que o público os acompanhasse, sem insistir muito para atrair a atenção.

Pouco tempo depois, vi o trabalho de Merce Cunningham e John Cage e gostei daquilo também, por várias dessas mesmas razões. Gostei por causa do espaço, do espaço mental, do espaço virtual. Era curioso que, nas coreografias de Merce Cunningham e com música de John Cage, em geral a música era colocada junto com a dança pela primeira vez na noite de estreia. Assim, o que eu via era o que estava vendo e o que eu escutava era o que estava escutando. O que eu via não era representativo do que eu escutava, não era uma decoração, não estava dando suporte ao que eu estava escutando. Poderia ser independente, se sustentar por si mesmo. Era muito curioso como, por meio desse dualismo, desse paralelismo, uma coisa reforçava a outra, o que era completamente diferente do que acontecia na Broadway e na ópera.

Pensei em fazer um retrospecto do meu trabalho e gostaria de compartilhar alguns dos primeiros momentos da minha carreira, como foi sendo modelada e como o resultado tornou-se o que estou fazendo hoje. Acho que ver espetáculos de dança teve a maior influência no trabalho que realizo hoje. Se eu tivesse ido estudar em Yale, em Harvard ou na Northwestern University, não estaria fazendo o tipo de trabalho que faço.

Em 1967, estava caminhando pela rua em Summit, Nova Jersey, e vi um policial em vias de bater com um cassetete na cabeça de um garoto afro-americano. Parei o policial e perguntei: "Por que você vai bater no garoto?" Ele respondeu: "Não é da sua conta." Eu disse: "Claro que é, sou um cidadão responsável. Por que está batendo no garoto?" Depois de um tempo, eu, o garoto e o policial fomos para a delegacia e no caminho reconheci os sons que vinham do garoto como sons de uma pessoa surda. Mais tarde, na delegacia de polícia, o rapaz acabou sendo liberado e eu fui com ele até um apartamento de dois cômodos onde ele morava com mais 13 pessoas, todas negras, e nas semanas que se seguiram fiquei sabendo mais sobre a situação.

O rapaz tinha sido transferido havia pouco tempo para Nova Jersey do Alabama e da Louisiana. Ele tinha crescido em comunidades agrícolas, em áreas rurais. Até onde ele sabia, as pessoas com as quais vivia não entendiam que seu problema era não escutar, era ser surdo. Achavam que tinha problemas mentais e ele chegou a ser considerado uma pessoa não escolarizável, ou seja, que não poderia aprender. Ele não tinha responsável legal. E nos meses seguintes ficou decidido que ele seria internado em uma instituição. Era um delinquente juvenil, estava roubando, era uma ameaça à comunidade. Já tinha sido avaliado por uma psicóloga do estado e o resultado dos testes era o de que ele era incapaz de aprender. Eu fui procurar a psicóloga e disse: "Como você sabe que esse garoto não é capaz aprender?" Depois de muita insistência, ela me mostrou o exame. Ela tinha dado a ele 250 folhas de papel em branco e um lápis. Ele marcou o canto de cada página com uma linha diagonal e ela me disse que tinha interpretado isso como um sinal de que o garoto não conseguia aprender. Eu disse a ela: "Quer dizer, essa linha diagonal significa que o menino não consegue aprender? Não me convence!" Então, testamos o menino novamente e dessa vez ela fez um teste com palavras. Mais uma vez eu disse: "Não acho que esse menino conheça nenhuma palavra." Eu pensava em palavras e achava que ele era inteligente, talvez superdotado.

Ficou evidente, depois de certo tempo, que ele pensava em termos de sinais visuais e signos. Se ele estivesse aqui comigo, se estivesse presente enquanto dou uma palestra e não pudesse escutar as palavras que falo, palavras que ele não conhece, então veria essa senhora e como ela movimenta as suas mãos, como mexe nas unhas, como sorri, como parece estar um pouquinho inclinada para a esquerda, veria que o homem sentado perto dela aperta um pouco as mãos[1]. E então entenderia algo da minha relação com essas duas pessoas e da relação entre eles e eu certamente não perceberia nada disso porque estaria preocupado com o que estou escutando.

---

[1] Bob Wilson refere-se aqui a duas pessoas que o assistem na plateia. (N. do O.)

Para evitar que ele fosse mandado para uma instituição, eu decidi, em 1967, eu, um homem solteiro, ir à justiça para ver se poderia adotar o menino negro. Eu tinha um advogado de 27 anos e tinha perguntado a ele: "Você acha que eu posso ficar com o menino?" "Não", ele respondeu. Então entrei na justiça e o juiz me disse: "Sr. Wilson! O que o faz pensar que esse menino é inteligente?" Então eu respondi: "Meritíssimo, ele possui senso de humor e isso é um sinal de inteligência." Mas não funcionou com aquele juiz. Então perguntei ao advogado de 27 anos: "O que eu posso dizer ao juiz para convencê-lo a me dar a guarda do menino?" "Eu não sei mesmo", ele respondeu. Quando a audiência estava quase no final, eu apelei: "Sr. juiz, se o senhor não me der a guarda desse garoto, o estado de Nova Jersey vai gastar rios de dinheiro para mantê-lo internado." O juiz disse: "É um bom argumento." E me deu a guarda do menino, que foi morar comigo.

Minha vida mudou para sempre. Escrevi minha primeira peça com aquele garoto de 13 anos surdo-mudo, que nunca tinha ido à escola, não conhecia as palavras; era uma peça de sete horas de duração, longa e silenciosa. Apresentei uma parte da peça em Nova York no final dos anos 1960 e início dos 1970 e alguém da França viu e disse: "Gostaríamos de ter o trabalho completo, com as sete horas." Era Jack Lang, que tempos depois seria ministro da Cultura da França e naquela época dirigia o Festival de Nancy. Então fui para a França e apresentamos o trabalho. Havia quase 80 pessoas atuando, todas não profissionais, pessoas das ruas, donas de casa de Nova Jersey, crianças, velhos, malucos, trabalhadores de fábrica, um monte de pessoas misturadas. Estreamos e, para minha grande surpresa, fizemos muito sucesso. Na verdade, tivemos quase uma hora, após as sete horas de espetáculo, de aplausos de pé. Pierre Cardin viu e me convidou para levar a peça para Paris. Tínhamos planejado ficar em cartaz por mais duas semanas, acabamos ficando por cinco meses, com casas lotadas, mais de dois mil ingressos a cada noite.

As pessoas então começaram a me pedir trabalhos de teatro, me convidaram para ir para o Scala, para a Ópera de Berlim, e eu respondi "Não, não sei nada de teatro, não tive formação, nenhum *background*", não me sentia qualificado.

Havia algumas coisas que pensava que eram importantes para Raymond (Raymond Andrews é o nome do menino). Eu tinha um loft, acho que era uma antiga fábrica, grande como um palco. Uma noite chamei por ele e ele não se virou porque não conseguia me ouvir. Eu sabia que se pisasse forte com os pés no chão ele sentiria a vibração e se voltaria. Mas fiz uma coisa curiosa, disse "Raymond! Raymond!" com os sons dos surdos e ele se virou e veio andando na minha direção. Eu disse: "Raymond, como vai?" e ele começou a rir, como se me dissesse: "Olha só, você fala a minha língua." Eu comecei a pensar sobre isso; era uma espécie de linguagem, seu corpo estava mais familiarizado com as vibrações de som do que com o som propriamente dito de uma linguagem. Já tínhamos medido sua audição em decibéis e até 110 decibéis ele não conseguia escutar nada, mas seu corpo escutava, sentia as vibrações, da mesma forma que os animais. Sabem, um animal pode sentir um terremoto, pode sentir um tremor de terra muito antes dos homens. E como o animal escuta com seu corpo?

Há pouco tempo, fizemos uns videorretratos que estão sendo mostrados agora em São Paulo, feitos sobre telas estreitas de alta definição, algumas quase tão altas como eu. Essa é uma pantera negra que fotografei um ano e meio atrás em Los Angeles.[2] Quando faço os videorretratos tenho silêncio total no estúdio, são cerca de 60 ou 70 técnicos, mas não há nenhum movimento; trabalho a imobilidade e escuto o silêncio, da mesma forma que faço no meu trabalho no teatro. E isso é particularmente interessante nessa pantera. Uma vez que foi acomodada sobre a mesa e seu dono ficou atrás da câmera. A pantera tinha uma corrente em volta do pescoço e perguntei ao dono: "Podemos tirar a corrente?" "Se preferir", ele disse. Então eu tirei, acho que havia uns 65 técnicos lá e cerca de 40 foram embora naquele momento. Eles disseram: "Não vamos ficar na mesma sala com uma pantera." Mas 30 ou 35 de nós permaneceram e o dono disse: "Se a pantera pular da mesa e correr até vocês, não se mexam." Levou uns 45 minutos para que Ivory, esse era o nome da pantera, se acalmasse e ficasse sentada na sua posi-

---

[2] Bob Wilson projeta no telão algumas imagens de retratos e fotografias de sua autoria. (N. do O.)

ção. Ninguém se mexia na sala e a pantera ficou quase meia hora ali. Foi impressionante. Durante meia hora éramos todos um, éramos todos como a pantera; chego a achar que, se alguém se mexesse, como essa mulher está mexendo no cabelo agora, a pantera teria pulado da mesa. Kleist, o escritor alemão, costumava dizer: "Um bom ator é como um urso, ele nunca dá o primeiro golpe" e isso tem sido um norteador em todo o meu trabalho. Mostrarei agora alguns outros retratos. Essa é Isabelle Huppert como Greta Garbo. Ela chegou ao estúdio por volta das 11 da noite e só foi embora às três, três e meia. Depois de uma hora e meia de maquiagem, ela ficou mais de duas horas e meia parada nessa posição. Às vezes, quando ficamos muito, muito imóveis, tornamo-nos mais conscientes do movimento do que quando nos mexemos muito. No meu trabalho teatral, desde o início, sempre começo com imobilidade e o movimento que existe na imobilidade. Uma vez conscientes desse movimento na imobilidade, quando nos movemos pelo mundo, o trabalho prossegue.

Se você for ao teatro hoje, aposto que verá a seguinte cena: o ator caminha pelo palco e para; caminha de novo e para; faz um gesto e para. Não, não, não.[3] Não no palco. No palco, se você caminha e para, o movimento continua, ainda há movimento.[4] Basta estar vivo para estar em movimento. Se você for ao teatro hoje à noite, aposto que vai escutar o seguinte: "Tal-e-tal-e-tal-e-tal-e-tal." Não, não, não. Não no palco. A fala tem de continuar. "Todos os acontecimentos parecem me acusar, me impelindo à vingança, que retardo! Exemplos tão grandes quanto a terra me incitam. Testemunha é este exército, tão numeroso e tão custoso. Guiado por um príncipe sereno e delicado, cujo espírito, inflado por divina ambição, é indiferente ao acaso invisível." É uma fala, certo? "Todos os acontecimentos parecem me acusar, me impelindo à vingança, que retardo!" Não, não, não. Isso para, começa, para, começa. Você não pode começar nada, nem acabar. No teatro, só há movimento, não há paradas. Uma vez

---

[3] Bob Wilson profere sempre esta fala "No, no, no, no..." em um tom próximo ao falsete, quebrando a narrativa e enfatizando seus gestos. (N. do O.)

[4] Ilustra sua tese movimentando-se pelo palco e parando. Movimentando-se novamente. (N. do O.)

um repórter pediu a Albert Einstein: "Sr. Einstein, poderia repetir o que disse?" E ele respondeu: "Não é necessário que eu repita algo que acabei de dizer, porque é tudo o mesmo pensamento." Proust dizia que estava sempre escrevendo o mesmo romance. Cézanne dizia que estava sempre pintando a mesma natureza morta.

Essa é a atriz francesa Jeanne Moreau, aos 80 anos, como Maria, rainha da Escócia.[5] Ela ficou duas horas e meia parada, os olhos começando a piscar. Isso momentos antes de a personagem ser assassinada, então há várias coisas acontecendo. Em todo meu trabalho teatral, desde o início, e esses são trabalhos recentes, o teatro é formal. Uma emoção que é sentida bem no íntimo já terá sua expressão visível, não será preciso torná-la visível no retrato. O poeta Ezra Pound dizia: "A quarta dimensão é a imobilidade e o poder sobre a besta selvagem."

Esse é Brad Pitt.[6] Vou contar uma história ótima. Uma das mulheres da equipe disse: "Você poderia perguntar ao Brad se ele faria isso apenas com a roupa de baixo?" Eu respondi que sim e então perguntei: "Brad, o que você acha de fazermos seu retrato com a roupa de baixo?" Ele respondeu: "Acho que tudo bem, mas posso ficar com minhas meias? Porque meus pés são horríveis."

Essa aqui é Robin Wright Penn. Ela é casada com Sean Penn[7] e vem do meio da dança. Estamos em um estúdio bem grande em Los Angeles e ela está na verdade sentada bem na beira de um trampolim de mergulho, então foi o mesmo tipo de tensão que houve com a pantera, as pessoas do estúdio estavam apavoradas. Ela movimenta os braços devagar. É o tipo de movimento que a mantém viva. A natureza morta é a vida real, é uma extensão do que acontece na fotografia, nos filmes, e é também minha maneira pessoal de fazer esses retratos.

Esses retratos podem ser vistos como uma janela numa sala. A luz se movimenta, bem devagar, e se você chegar uma hora mais tarde, tal-

---

[5] Projeta a videofotografia de sua autoria. (N. do O.)

[6] Projeta a foto de Brad Pitt que foi capa da revista *Vanity Fair*: Brad está de cuecas e meias brancas, segurando um revólver de brinquedo, com um fundo muito azul e água vertendo sobre ele. (N. do O.)

[7] O casal se separou depois da palestra, em 2009. (N. do O.)

vez já esteja um pouco diferente; é como fogo crepitando na lareira. Não é algo que demande sua atenção total; há algo acontecendo ali, mas é diferente da fotografia, há vida.

Outra coisa importante com Raymond aconteceu em Paris, quando estávamos encenando *O olhar do homem surdo* em uma temporada de cinco meses (a peça tem sete horas). Ele fez um movimento e eu disse a ele uma noite: "Raymond, ponha um som junto com esse movimento." E eis o que ele fez: [um grito]. Eu não podia acreditar, não era um som de uma pessoa surda. "Raymond, como você está?" Onde o som é bloqueado e trancado dentro do corpo, ali ele estava livre. Se esse homem pudesse gritar, se aquela mulher pudesse gritar um grito de Raymond, não poderíamos diferenciar o grito da pessoa surda. Comecei a pensar sobre isso. Tínhamos começado com movimento e ao movimento acrescentamos o som. Comecei a trabalhar com ele à medida que aprendia a ouvir a linguagem do mundo, tentando ensiná-lo a escutar a linguagem do mundo; trabalhei com respiração, vibrações, a sensação das vibrações. Mas esqueci essas coisas por um tempo.

Comecei a trabalhar o movimento com ele primeiro e depois fui juntando som ao movimento, formando palavras, e até hoje, quando está trabalhando comigo, ele diz certas palavras e praticamente não dá para perceber se é uma pessoa surda ou uma pessoa que escuta que emite os sons. Começamos primeiro com o corpo; alguns cientistas acreditam que, antes de falar, o homem adquiriu o movimento e através do movimento vieram os sons, que ativaram uma vibração maior conectada ao pensamento, até que se formou a linguagem. Em todo o meu trabalho, desde o início, começo com movimento; mesmo que esteja fazendo o *Anel dos Nibelungos* ou *Rei Lear*, de Shakespeare, enceno a peça inteira só com movimento primeiro, para depois acrescentar texto e música. Vejo a linguagem do corpo como uma linguagem, da mesma forma que Raymond via o corpo como linguagem.

Na época em que trabalhava com Raymond conheci Daniel Stern, chefe do Departamento de Psicologia da Universidade de Colúmbia. Dan havia feito mais de 250 filmes de mães falando com seus bebês em situações naturais, quando o bebê chorava. A criança chorava, a mãe ia até ela, colocava-a no colo e a confortava. Stern fez uma coisa muito interessante: pegou o filme e exibiu em velocidade menor, lentamente, de forma que pudesse ver, quadro a quadro, o que acontecia. Nos filmes geralmente há 24 quadros por segundo, assim podemos ver uma fração de 24 décimos de segundo; em oito de cada dez casos, a primeira reação era a mãe correndo até a criança. A criança, perto de duas ou três [expressões faciais], mais uma vez, a criança perto de duas ou três diferentes [representações faciais] e assim sucessivamente.[8] Assim, no tempo de um segundo acontece uma troca bem complexa entre a mãe e seu bebê. As mães diziam: "Mas eu amo meu bebê." Talvez o corpo se movimente mais rápido do que a gente pensa. É como se existisse uma linguagem do corpo e essa linguagem Raymond conseguia ler muito mais rápido, com muito mais facilidade.

Meu trabalho no teatro é diferente do de Cage e Cunningham, apesar de trabalhar com os dois separadamente e depois juntá-los. Eu articulo o que eu vejo com o que escuto, posso dizer "Quero te matar!!!",[9] ou posso dizer "Quero te matar".[10] Talvez o sorriso seja até mais aterrorizante do que isso, não é por arbitrariedade que seleciono o que vejo a partir do que escuto, pode ser que uma coisa reforce a outra e me ajude a ver e escutar melhor. Então, acho que a segunda maior influência no meu trabalho atual foi o encontro com Raymond Andrews, o garoto afro-americano que não conhecia as palavras e entendia a realidade lendo a linguagem corporal, escutava através da percepção do som no corpo.

No início dos anos 1970, eu ocupava três andares de um prédio de fábrica no sul de Manhattan e toda quinta à noite fazia uma *open house*. Em um andar havia dança, no outro as pessoas comiam e no terceiro havia conversas, apresentação de filmes, palestras, coisas assim. Numa noite um antigo professor veio e me entregou uma fita cassete na qual

---

[8] Bob Wilson representa as expressões faciais das mães congeladas pelas fotografias feitas a partir do vídeo. Elas indicam expressões assustadoras, ao invés de reconfortantes, como seria de esperar, pois traduzem a ansiedade da mãe. (*N. do O.*)

[9] Fala rápido, alto e agressivamente. (*N. do O.*)

[10] Fala com suavidade e sedução, provando que, dessa forma, a ameaça pode, em verdade, se tornar muito mais assustadora. (*N. do O.*)

havia algo como: "Em, Em, Em, Em... Emily gosta de televisão! Por que A! Porque ela gosta do Mickey. Por que B! Porque ela gosta da Minnie. Por que A! Porque ela gosta dos Flintstones. Por que B! Emily gosta de televisão porque ela vê televisão."[11] e então eu telefonei para o professor e perguntei: "Quem fez essa fita?" Ele disse que tinha sido um garoto de 13 anos de Nova York que estava internado numa instituição para crianças deficientes. Eu disse que gostaria de conhecê-lo.

Naquele momento eu estava trabalhando numa peça silenciosa de 12 horas, ia das sete da noite às sete da manhã do dia seguinte. Apresentamos essa peça em São Paulo durante um mês. Deveríamos fazer umas cinco apresentações em Copenhague, mas só fizemos duas, porque às duas da madrugada todo mundo ia para a cama. No Brasil, foi incrível, as pessoas ficavam no Teatro Municipal de São Paulo a noite toda. Tivemos de mudar o título, que era *A vida e a época de Joseph Stalin*, porque havia uma ditadura no Brasil na época, então mudamos para *A vida e a época de Dave Clark*. As autoridades estavam muito desconfiadas, nos prenderam no teatro por dois dias. Tinham assistido aos ensaios e não acreditavam que a peça fosse silenciosa, que não fôssemos fazer protestos nem discursos. Eu dizia "Não, vocês assistiram à peça inteira, não tem texto, dura 12 horas e é silenciosa." "Isso não é possível", eles retrucavam. E era, estávamos fazendo exatamente isso.

Depois trabalhei com a peça em Nova York durante oito meses e durante todo esse tempo tinha umas 130, 135 pessoas trabalhando na produção. Era uma equipe de não profissionais, pessoas das ruas, operários, trabalhadores, quem mais viesse, velhos, crianças. E durante todo o tempo eu ficava pensando em ligar e tentar encontrar o menino que tinha feito aquela fita. Uma semana antes de estrear em Nova York, onde faríamos quatro apresentações, liguei para a mãe do menino, que morava no Brooklyn, e disse: "Ouvi uma porção de vezes a gravação do seu filho, acho fascinante e gostaria de me encontrar com ele, gostaria de convidá-lo para vir assistir à minha peça. Vai ser no Brooklyn." Ela respondeu: "Bem, acabo de saber que Christopher vem nos visitar

---

[11] A fala pronuncia as letras com ênfase e como notas estendidas, quase como um poema. (*N. do O.*)

neste fim de semana. Por que não? Nunca fomos ao teatro, talvez possamos levá-lo." Eu disse então: "A peça dura 12 horas." "Oh", ela disse, "12 horas de peça. Ele só tem 13 anos, acho que não vai conseguir ficar até o fim." "Sem problema, vocês assistem ao primeiro ato, se quiserem podem ir comer alguma coisa durante o segundo ato e voltar para ver o terceiro; não vão ficar como numa peça de Shakespeare, na qual se você assiste ao primeiro ato e perde o segundo, fica perdido no terceiro." Ela concordou e disse que levaria o menino.

Eu atuava naquela peça e quando estou atuando posso ser bem difícil, uma verdadeira prima-dona. Não quero ver ninguém antes de começar, não quero ouvir ninguém conversando. Estava em meu camarim e tinha pendurado na porta uma plaquinha de "Favor não perturbar". Mais ou menos meia hora antes de começar o espetáculo, alguém bateu na porta e disse: "Oi, é Barbara Knowles, estou com Christopher Knowles e nós só queríamos dizer 'olá'." Eu disse: "Meu Deus!", me levantei, fui até a porta do camarim e lá estava ele olhando para o chão. Sem mais nem menos, perguntei: "Chris, quer participar da minha peça hoje?" Tínhamos ensaiado durante oito meses e em meu trabalho tudo é muito detalhado, minucioso, o ângulo correto dos olhos, o espaço entre os dedos — é tudo estudado. "Que tal, Chris, você gostaria de atuar na peça hoje?", ele não dizia nada e sua mãe falou: "Mas o que ele poderia fazer?" Eu respondi: "Não sei, o que você acha Chris? Gostaria de fazer a peça hoje?" E novamente ele nada disse e perguntei à mãe: "Tudo bem se ele estiver na peça esta noite?" E ela respondeu: "Bem, acho que sim, se não for por muito tempo" e eu concordei.

Barbara saiu e nós dois ficamos sentados por meia hora no camarim. Chegou a hora da apresentação. Eu o peguei pela mão, fomos para a frente das cortinas, diante dos dois mil lugares do auditório da Academia de Música do Brooklyn, e eu disse: "Senhoras e senhores, Em, Em, Em, Em..., Emily gosta de televisão! Por que A!" e Chris continuou: "Porque ela gosta do Mickey" e eu disse: "Por que B!" e Chris emendou: "Porque ela gosta da Minnie" e eu disse: "Por que A!", "Porque ela gosta dos Flintstones", ele completou, e eu disse mais uma vez: "Por que B!", "Emily gosta de televisão porque ela assiste à televisão", ele terminou. Saímos do palco e ouvimos os aplausos, então eu disse: "Ei, Chris, nada mal, vamos fazer assim agora, desta vez você fala primeiro." Aí voltamos para o palco e ele disse [......], eu tentei improvisar alguma coisa, dizer algo, saímos do palco e sua mãe foi pegá-lo para irem para casa.

Trabalhamos até as sete da manhã. Mais tarde naquela mesma manhã eu ainda estava dormindo quando toca o telefone. Era o pai de Chris. Ele disse: "Ficamos impressionados. Christopher nunca fala em público, jamais inicia uma conversa; ele estava ansioso por estar na peça. Ficamos pensando se ele poderia participar de novo hoje à noite." "Claro", eu disse, "por que não?" E ele participou das quatro apresentações seguintes.

Um tempo depois fui com ele à instituição onde vivia e fiquei observando-o durante a metade do dia. Fiquei chocado, não podia acreditar, tudo o que o garoto fazia era corrigido. O tempo todo diziam "não" a ele. Eu tomei nota do que vi, gravei e escrevi.

Era inacreditável, ele repetiu a fala quatro vezes, depois uma pequena variação foi repetida por três vezes, a primeira fala voltou mais quatro vezes, a variante mais três, depois outra variação por duas vezes, depois outra variante uma vez. Tinha o seguinte padrão 4, 3, 4, 3, 2, 1, 2, 1, 4, 3, 4, 3, 2, 1. A sequência numérica e a geometria eram absolutamente perfeitas.

Chris podia entrar nesta sala e dizer "Tem 578 poltronas nesta sala." Eu perguntaria: "Chris, como você sabe?" e ele responderia: "Não, não, não, eu não sei." "Você contou, é o número exato de poltronas nesta sala." Se mostrasse um livro para ele, ele diria: "Esta página tem 68 palavras." "Como você sabe, Chris?" "Não, não, eu não sei." "Faz 3.322 horas desde que a vi pela última vez." Ele era capaz de fazer coisas prodigiosas com matemática. E suas gravações estavam sendo corrigidas, então fui até a diretora da instituição e perguntei: "Por que corrigimos esse comportamento? O que há de errado com ele? Eu sei que é estranho, claro, mas sou um artista e acho fascinante. Eu o encorajaria a fazer mais. Por que temos de dizer não? Por que o afastamos da sociedade e o trancamos em uma instituição?"

Comecei então a conversar com os pais dele, que, depois de alguns meses, finalmente concordaram em deixá-lo sair da instituição por um período. Ele iria ficar comigo; havia um grupo de pessoas que trabalhavam e moravam comigo na época. *Carta à rainha Vitória*, a minha primeira peça com texto, foi escrita em parceria com Christopher Knowles. Na primeira noite em que ele estava comigo, disse: "Sou o primeiro planeta secundário que já passou, loucura a jato no céu, lembro disso toda a minha vida." Eu disse: "Quê?" "Sou o primeiro planeta secundário que já passou, loucura a jato no céu, lembro disso toda a minha vida." E ele fazia desenhos de quando tinha oito meses e estava na praia com a mãe. Depois de duas semanas morando comigo, ele me disse: "Querida senhora, a mais graciosa das damas, eu não serei de forma alguma possuído pela honra de uma interação (...) retirado infinitamente de merecê-lo, (...) não talhado para a exposição do brilho da sua breve (...)." Isso era inglês do século XIX. Chris jamais tinha lido um livro. Eu perguntei: "Chris, como é que conseguiu essa carta para a rainha Vitória?" "Não, não, eu não sei, eu não sei." Mas ali estava, então escrevemos a peça juntos e viajamos o mundo todo com ela. Fizemos os ensaios no Brasil, estreamos em Spoletto e fomos para Paris.

Quando estávamos encenando em Paris, havia uma sequência meio de *vaudeville* em que eu dizia: "E você, sente-se no banco" — era o texto que Chris tinha escrito. Ele respondia: "E você, espere por mim." E eu tornava a dizer: "E você, sente-se no banco." "E você, espere por mim." Uma noite em Paris eu disse: "E você, sente-se no banco" e ele continuou (....).[12] Eu disse: "O quê? E você, sente-se no banco" (....) "E você, sente-se no banco." (...) Quando saímos do palco eu perguntei: "Chris, o que é esse (...)?" "Não, não, eu não sei, não sei." E nas duas semanas seguintes ele falou essa estranha língua, datilografava-a na máquina de escrever, escrevia-a no papel, falava-a aonde fosse. Depois de umas duas semanas, no meio da noite me ligou uma amiga chamada Marie, que era diretora do Museu de Arte Moderna em Paris. Ela me ligou às quatro da manhã para me dizer: "Descobri o que ele está fazendo." "O quê?", eu disse, e ela continuou: "Ele pega o alfabeto, que tem 26 letras, e tudo tem 30 letras menos, então [?????] quer dizer 'Tudo bem para mim'." Na manhã seguinte eu disse: "Ha, ha, Chris, então é

---

[12] Simula uma fala incompreensível. (*N. do O.*)

isso que você está fazendo" e daquele dia até hoje ele nunca mais fez aquilo, porque alguém tinha penetrado em seus domínios particulares, então já não interessava para ele.

Acho que Chris me ensinou a apreender grandes imagens rapidamente, a codificar o pensamento matematicamente, geometricamente. Isso seria confirmado por Sybil Maholy Nagy, que ensinava história da arquitetura, curso que fiz no Pratt Institute. Era um curso de cinco anos e no meio do terceiro ano ela disse: "Pessoal, vocês têm três minutos para desenhar uma cidade. Estão prontos? Então comecem." Ela estava falando sério. Quando passaram os três minutos ela disse: "Ok, o tempo acabou, virem suas folhas." E quando virei a minha folha havia uma maçã e, dentro da maçã, um cubo de cristal. Ela perguntou: "Em que você estava pensando?" e eu respondi: "Estava pensando em um plano para a cidade. Como as nossas comunidades precisam de um cubo de cristal, esse é o coração, é o centro da nossa cidade, que pode refletir o mundo, o universo. Um lugar onde as pessoas podem se congregar, ir para a iluminação, para o conhecimento, para o intercâmbio de ideias, da mesma maneira que na cidade medieval havia a catedral no centro, um lugar onde as pessoas se reuniam. Era o edifício mais alto da cidade."

Então, tendo em mente a dança, o encontro com Raymond Andrews, como ouvir, como ver, o encontro com Christopher Knowles, ver e pensar rapidamente com pensamentos que podem ser codificados matematicamente, eu posso diagramar todas as minhas peças em menos de três minutos para ver a imagem total. O teatro tem de ser sobre uma coisa, em primeiro lugar, ou será muito complicado; uma vez que é sobre uma coisa, pode ser sobre um milhão de coisas diferentes, mas primeiro tem de ser sobre uma coisa.

Gostaria de projetar mais alguns slides. Em 1968 me pediram para ir a Loveland, Ohio, nordeste de Cincinnati, para criar uma escultura ao ar livre. Eu fiz algumas performances em um celeiro que depois seria convertido em capela. Essas são pessoas da comunidade rural local que se apresentam nessa capela. Essa é uma escultura que fiz com 676 telefones arrumados verticalmente. Dava para escalar a escultura, pois cada telefone ficava um pouco separado do outro, ou então caminhar sobre eles como se fossem uma escada gigante. Tornou-se uma identidade para aquela comunidade e está lá até hoje; casamentos são realizados lá, há atividades esportivas, é o playground das crianças.

Esse é Raymond inclinado sobre um fio de arame, escutando. Esse trabalho se chama *The King of Spain* e foi feito a partir de um desenho de Raymond. No final da peça aparecia uma pequena tela de vidro, que era colocada sobre o palco, e um gato o cruzava, as patas se movendo silenciosamente. Havia uma pequena mesa próximo à plateia e uma cadeira de espaldar alto e, por trás da cadeira, um monstro, uma besta; no final do ato, no fim da peça, o monstro colocava uma imagem chinesa sobre a mesa e uma cadeira subia pelo cenário suspensa por fios de arame. Havia um corte através dessa sala por meio do qual se via uma praia, uma paisagem ensolarada, era uma sala de visitas vitoriana.

Esse é o monstro. Era um senhor, imigrante russo, que fazia o papel; todos eram atores não profissionais.

Depois fiz um trabalho chamado *A vida e a época de Sigmund Freud*, ambientado numa praia. O palco era uma coleção de coisas e essa tartaruga levou 33 minutos para cruzá-lo. Um homem atravessava o palco correndo a cada três ou quatro minutos. Uma mulher ficava imóvel com um corvo negro.

Esse é Raymond. De novo a cadeirinha sendo erguida pelo cenário. Havia um homem no elenco que se parecia um pouco com Sigmund Freud e passeava na praia com Anna Freud.

Essa é a cadeira que eu fiz para ser a cadeira suspensa de Freud. O objeto real era de arame e quando a cadeira era suspensa de um determinado ângulo, ela criava uma sombra. Visto de uma determinada distância não se podia distinguir entre o objeto e a sombra; é tudo um desenho no espaço.

Esse é o homem que se parecia um pouco com Freud. Eu o encontrei na Grand Central Station. Era um faxineiro aposentado e eu perguntei a ele: "O que você vai fazer na próxima semana?" Bem, ele se parecia com Freud. Tinha então 85 anos e fazia sua estreia nos palcos.

Esse é o terceiro ato — a peça tinha três atos — e esse é o homem que se parece com Freud. No final do primeiro ato, a mulher vestida de preto colocava uma figura egípcia sobre a mesa, no segundo ato, uma figura chinesa e no fim do terceiro ato um garoto aparecia na entrada da caverna e se deitava ao lado da mesa à qual Freud estava sentado. O garoto gritava 13 vezes e um pedaço de vidro suspenso sobre a orquestra era quebrado.

Muitas pessoas disseram que a peça não tinha nada a ver com Freud e não deixam de ter certa razão, mas, para mim, tinha tudo a ver com Freud. Você pode dizer que A é igual a B, que A é uma linha que tem determinado comprimento ou que B é uma linha que tem esse comprimento.[13] Em *A vida e a época de Sigmund Freud*, no primeiro ato, na praia, há a mulher vestida com o vestido vitoriano negro e o corvo, a paisagem ensolarada, a mesinha perto da plateia, a cadeira um pouco suspensa que percorre um terço da distância que a separa da mesa. No final, a mulher coloca a imagem egípcia sobre a mesa. No segundo ato, há a sala de estar em sombras, a pequena mesa com a imagem egípcia, a cadeira de espaldar alto com o monstro; a mulher coloca a imagem chinesa na mesa e a cadeira se aproxima mais um pouco da mesa, percorrendo dois terços da distância. No quarto ato, vemos a caverna, a cena mais escura, com a mesa, a imagem egípcia, a imagem chinesa, a cadeira agora junto da mesa, o homem que se parece um pouco com Freud sentado ali e o garoto chorando.

Quando Freud tinha 68 anos, seu neto Heiner morreu e ele disse na época: "Estou devastado com essa perda, uma depressão que jamais tinha experimentado antes." E diria, no fim da vida, em Londres, a sua filha Anna: "Jamais me recuperei daquela depressão; uma parte de mim se foi para sempre." E aos 68 anos ele desenvolveu um câncer. Então podemos pensar nesse momento de sua vida, na morte da criança, na praia ensolarada, no período da meia-idade, na sala de visitas cinzenta, com as mesinhas, a cadeira se aproximando da mesa, os objetos como os de seu consultório em Viena. E, finalmente, essa figura entra em foco, na escuridão da caverna, os últimos anos de sua vida. Assim, nesse ponto de sua vida "A" pode ter sido bem curto, para contrabalançar os pe-

---

[13] Enquanto fala, desenha com pincéis atômicos em uma grande folha de papel branco disposta sobre um cavalete. (*N. do O.*)

ríodos e tempos de uma vida. Não é o tipo de coisa que se vá encontrar nas biografias de Freud, é algo imaginado por um artista, algo poético. E, mais uma vez, é uma peça silenciosa, sem texto.

Essa aqui é a mulher com a imagem egípcia e o corvo negro, trajando um vestido negro vitoriano.

Esse era o prólogo do quarto ato de *O olhar do homem surdo*, a peça de sete horas. Vou dizer como era. Algumas vezes levávamos duas horas para encenar uma cena mais ou menos assim: a figura imóvel, com a mão levantada para o público, se vira e coloca uma luva preta; pega uma jarra de leite e enche um copo; coloca a jarra de volta e leva o copo de leite para uma criança que está lendo um gibi sentada num banquinho; o copo é oferecido à criança, que bebe o leite e devolve o copo vazio; a figura volta para a mesa, põe o copo em cima dela e pega uma enorme faca de açougueiro; esfrega a lâmina duas vezes com um pano e o coloca de volta na mesa; leva a faca até o menino sentado no banquinho lendo gibi e dá uma facada no peito da criança, que cai no chão; a faca é retirada do seu corpo.

A personagem volta para a mesa e coloca a faca sobre ela; pega a jarra de leite, enche o copo e leva-o para uma segunda criança, que está dormindo perto da beira do palco; acorda a criança e oferece-lhe o copo de leite; a criança pega o copo, bebe o leite e devolve o copo vazio; a figura volta para a mesa e deposita o copo sobre ela; pega a grande faca de açougueiro, esfrega a lâmina três vezes com o pano, olha-se nela como se fosse um espelho, vira-se rapidamente para a plateia e caminha até a criança que está dormindo perto da beira do palco; enfia a faca no peito da criança, retira-a e retorna para a mesa; coloca a faca sobre a mesa, a mão para trás, e olha fixamente para a frente. Nunca soube quem era essa figura. Seria a mãe? O pai? O filho? Um anjo da morte?

No vídeo de Dan Stern com a mãe pegando o bebê no colo quando ele chora, a mãe diz: "Mas eu amo meu filho." Numa recente tradução de *Medeia*, a personagem-título diz: "Jasão, eu não matei as crianças, você as matou." Como passamos todos a ser, de certa maneira, capazes de cometer aquele crime depois de ver o filme da mãe.

Esse é *O olhar do homem surdo*, feito a partir de um desenho de Raymond. Esse trabalho foi apresentado em São Paulo na década de 1970.

Esse era um sapo, sentado numa mesa de jantar bebendo martínis, e havia um homem aqui com um olho arregalado. Esse é Raymond, que estava na floresta, sentado num banco, pescando. Esse é o banco voador, com o cinto de segurança, que eu fiz para Raymond. Ele queria ter 80 grávidas nuas para o final do quarto ato, mas não conseguimos encontrar nenhuma.

Esse é Raymond aprendendo a ouvir a linguagem humana. Foi algo muito curioso, porque no início ele aprendeu dez palavras, depois 50, depois 100, então tinha de dizer tudo apenas com as palavras que sabia. O que levamos parágrafos ou páginas para escrever, ele conseguia dizer com um punhado de palavras. É curioso porque era possível perceber a estrutura da sua mente. Ele não tinha aprendido gramática, aprendeu apenas as palavras, então era curioso ver como as juntava. Essa é a carta que ele me escreveu: "Pai mãe criança menino meninas ama menino. Pai, mãe ama YMCA[14] pai mãe paz e amor e pai mãe criança e filho filho filho e filho e amor pai ama Raymond!" E isto é muito interessante: no alto da carta ele desenhou uma montanha explodindo com um dinossauro.

Então fiz a peça seguinte, que era aquela peça que encenávamos durante sete dias e sete noites. Estávamos no Irã, nas cercanias de Shiraz, nas montanhas, e no terceiro dia de encenação eu desabei. Quando acordei estava no hospital e não conseguia lembrar onde estava e o que estava fazendo, o que estava acontecendo. Finalmente, as coisas começaram a voltar e eu pensei: "Ah, estamos encenando uma peça de sete dias. Por que estou no hospital? Por que todos esses tubos no meu braço?" Então chamei por alguém, mas não tinha ninguém no quarto. Eu estava só com um roupão verde de hospital, então comecei a procurar minhas roupas. Abri a porta do armário e só encontrei minhas botas de cowboy, então calcei as botas e, vestido com o roupão verde, saí do hospital, peguei um táxi e voltei para as montanhas para encenar.

Eram sete montanhas com contrafortes[15] que ficavam cada vez mais altas. No dia 1, as atividades aconteciam na montanha 1; no dia 2, nas

---

[14] Associação Cristã de Moços e música de sucesso do grupo Village People. (N. do O.)

[15] Contraforte é uma pequena elevação ou monte que se ramifica no sopé de uma montanha-mãe ou cordilheira em direção transversal à mesma. (N. do T.)

montanhas 1 e 2; no dia 3, nas montanhas 1, 2 e 3; e, finalmente, no sétimo dia as atividades estavam acontecendo nas sete montanhas. Na sétima montanha, havia o exército persa, com cinco mil soldados. Pintamos todo o monte de branco, construímos um enorme dinossauro e, no fim do sétimo dia, depois de sete dias de encenação contínua, colocamos dinamite na montanha e a explodimos. Assim, no final da última cena, houve uma grande explosão da montanha, com o exército persa cantando "O dino, o dini, o dino, o dini... o dino, o dino, o dino e o dinossauro, sauro, *sorry*." Nas montanhas em volta o exército persa cantava esse refrão.

Como fiz uma peça de sete dias? Bem, foi assim: temos sete dias, que vão das 8h às 9h, das 9h às 10h, das 10h às 11h, das 11h às 12h e assim por diante. Vamos ver, por que não pegamos você, você, você e você... Poderiam estar das 8h às 9h no primeiro dia? Agora, esse grupo aqui, vocês fazem das 9h às 10h; aquele outro grupo, das 10h às 11h; e vocês, das 11h às 12h. O tema do primeiro dia será um dilúvio, então tudo o que vão fazer terá a ver com dilúvio. No segundo dia teremos um tema diferente, e esse grupo também vai voltar, e vão ficar também das 9h às 10h, mas farão coisas diferentes.

Nós pegamos toda aquela megaestrutura — tínhamos 600 pessoas, gente de Nova Jersey, da América do Norte, da América Latina, iranianos, todo mundo misturado — e dividimos as responsabilidades, cada um podia se encaixar da maneira que quisesse. É como a construção de um edifício de apartamentos. Há um edifício sendo construído e essa mulher quer o apartamento dela do jeito dela, eu quero o meu do meu jeito e aquele senhor quer o apartamento dele do jeito dele. Mas existe uma coesão, por causa do arquiteto que projetou o edifício.

Paris é uma linda cidade, tem um lindo plano urbanístico. Frank Gehry e Jean Nouvel, arquitetos contemporâneos, podem trabalhar nessa megaestrutura e preenchê-la e um bom texto teatral, uma boa montagem teatral funcionam da mesma maneira. Você tem uma estrutura forte, uma megaestrutura e começa a preenchê-la; isso é o mais importante. Podemos ver centenas de garotas dançando *Giselle*, mas por que

será que tem uma que faz a dança mais linda, já que todas fazem os mesmos passos, os mesmos movimentos do século XIX? É por causa de como ela se sente dentro da forma; isso é o mais importante.
Eis a peça de sete dias.[16]
Essa é a cidade de Shiraz a distância.
Essa é "A viagem de um homem velho", uma das viagens que aconteciam durante aqueles sete dias.
Essa aqui é *A vida e a época de Joseph Stalin*,[17] que encenamos no Brasil durante um mês. O primeiro ato era numa praia, o segundo na sala de visitas vitoriana, o terceiro numa caverna (o quarto escuro, uma cavidade com luz do lado de fora), o quarto na floresta, o quinto num templo de luz, o sexto num quarto vitoriano e o sétimo num planeta no espaço sideral. Então, o primeiro e o sétimo estão relacionados, pois são duas paisagens arenosas. O quarto de dormir vitoriano e a praia vitoriana também estabelecem uma relação entre o terceiro e o quinto atos. A caverna, o templo de luz com uma passagem que conduzia para fora, em direção oposta à luz; isso espiralava no meio do quarto ato, espiralava para fora.

Isso era em 1907, ano da morte da primeira esposa de Stalin, que estava estudando para ser sacerdote. Fiz dois Stalins com a morte da esposa. Ele tinha duas poltronas embrulhadas com lençóis brancos e dois apartamentos idênticos. Parece que depois de 1907 algo começa a mudar dentro dele, algo no computador central começa a dar problema. Então tomei isso como o ponto da virada, como Shakespeare. Mas era diferente de Shakespeare, porque eu tinha dito, a propósito da minha peça: "Se você não assistir ao segundo ato, não vai se perder no terceiro", mas em Shakespeare, frequentemente, a peça vira bem no meio. "Vou enlouquecer", diz o rei Lear. Essa é a linha central. Na primeira metade, ele está em um ambiente construído pelo homem, na segunda metade está na natureza. "Vou enlouquecer" é a linha central.

---

[16] Desenha sobre o mesmo bloco de folhas brancas disposto sobre um cavalete. (*N. do O.*)

[17] Começa um novo desenho. (*N. do O.*)

Essas são as cadeiras que fiz para *A vida e a época de Joseph Stalin*, as duas poltronas embrulhadas esculpidas em chumbo, e usualmente fazemo-las assim em edições de três anos. Essas estão expostas no Centro Georges Pompidou e no Metropolitan Museum de Nova York.

Esse é o templo de luz, com a porta aberta para o escuro, em frente à entrada da caverna.

Esse é o quarto de dormir vitoriano, do lado oposto à sala de visitas vitoriana.

Esse é o planeta no espaço sideral. Raymond queria 80 grávidas nuas, mas não conseguimos, então fizemos um balé com 80 avestruzes.

Esse é *Carta à rainha Vitória*.[18] Eu disse: "Christopher, qual será a última fala da peça?" "Não, não, não, eu não sei. Eu não sei." Perguntei de novo: "Vamos lá, Chris, qual será a última fala da peça?" "Não, não, não, não, eu não sei." "Christopher, qual é a última fala da peça?" E ele disse: "Deixe-me pensar. Ok, já sei!" "O que é?" "É o ângulo de uma coisa angulando." "Ok", eu disse. Eu tinha duas casinhas para o quarto ato, peguei uma delas e a inclinei, fazendo um ângulo para aquela última cena. Trabalhamos com um envelope, a parte de trás de um envelope tamanho carta, que se tornaria uma capa branca para uma fantasia, uma capa para uma mulher da capa negra, que estaria ali. Uma luz entrando pela janela como a diagonal de um envelope e a casa também em diagonal.

Esses somos Chris e eu atuando. Eis o texto que ele escreveu: "O o a o a o a o a o o a o o hap hap hap a [...]". Ao falar esse texto — aqui aparece ele falando — é possível perceber como ele o constrói visualmente, arquitetonicamente, apesar das pausas. Então, ao escrever, é possível perceber esses padrões. Acho que a única razão por que ele consegue isso é o fato de ser capaz de visualizar os padrões à medida que fala, como os hieróglifos dos egípcios; é absolutamente perfeito.

Essa é a capa branca, inclinada em frente ao envelope.

Essa é minha avó. Ela estava com 90 anos e vivia no Texas. Íamos encenar *Carta à rainha Vitória* em Paris, então telefonei para ela e disse:

---

[18] Começa um novo desenho. (*N. do O.*)

"Oi, vovó, aqui fala seu neto Bob, como você está?" "Ah, estou muito bem", ela disse, com um forte sotaque texano. "Vovó, vou apresentar uma peça em Paris chamada *Carta à rainha Vitória* e fiquei pensando que talvez você pudesse representar a rainha Vitória." "Oh, isso seria muito bom, eu adoraria ir a Paris." Eu disse: "Que maravilha, ótimo. Vou mandar a passagem, vou adorar ver você." Ela chegou a Paris, estávamos dirigindo pela cidade e eu perguntei: "Então, vovó, como você está?" "Eu estou bem, querido, mas sabe, Bob, tenho de tomar nove comprimidos por dia para ficar viva. Tenho de tomar um comprimido para o coração, um para o fígado, um para o diabetes e sem todos esses remédios estou acabada.[19] Bob?" "Sim?" "Vou ter de falar alguma coisa na sua peça?" "Não, vovó, acho que você pode apenas dizer o que acabou de me dizer agora." Então demos a ela um vestido vitoriano e ela disse: "Bob, essas luzes irritam minha vista. Preciso colocar um anteparo", então providenciamos óculos escuros. Ela entrava no palco e dizia: "Sabem, eu tenho de tomar nove comprimidos por dia para ficar viva, tenho de tomar um comprimido para o coração, um para o fígado, um para o diabetes e sem esses remédios estou acabada." Ela foi o maior sucesso em Paris!

Certa vez dirigi uma peça em Colônia. Havia um garoto, Stephan, que estava na peça, e eu disse: "Stephan, o que você está achando da peça, acha que vai dar certo?" "Ah..." Eu insisti: "Vamos lá, Stephan, você acha que vai dar certo?" "Ah..." "Vamos lá, Stephan, me diga mais, o que você acha?" E ele falou: "Sabe, Bob, é um pouco lenta."

Dirigi também uma peça no American Repertory Theatre, em Cambridge, e perguntei ao figurinista, um japonês: "Yoshi, o que você está achando dessa peça, acha que vai funcionar?" "Hum..." Eu disse: "Vamos lá, Yoshi, diga mais do que isso, o que você realmente pensa sobre a peça?" "Hum..." "Vamos lá, Yoshi, diga-me o que realmente acha." E ele disse: "Sabe, Bob, está um pouco lenta."

Minha irmã vive no Texas e é casada com um homem racista, e eu adotei um menino negro, então é complicado; não a vejo há 20 anos.

---

[19] Reproduz o forte sotaque texano. *(N. do O.)*

Um dia liguei para ela e disse: "Oi, Susanne, é o seu irmão, Bob, como vai?" "Oi, eu estou bem." "Susanne" (ela nunca tinha visto meu trabalho no teatro) "tem uma peça que estou encenando em Nova York, queria convidar você para ver. Mando a passagem, você pega um voo para Nova York, eu pego você no aeroporto, nós almoçamos, você vê a apresentação à tarde, levo você de volta para o aeroporto, pode voltar no mesmo dia para o Texas, e eu sigo para a Europa." "Puxa, seria muito legal, muito obrigada." Então ela foi, eu a encontrei no aeroporto, almoçamos, ela viu a peça e eu perguntei: "Então, Susanne, me diga o que você achou." "Foi bem legal, achei muito bonito, a iluminação é linda, foi muito bom mesmo." Eu perguntei: "Susanne, se você não soubesse que seu irmão escreveu, dirigiu e concebeu a peça, ainda assim reconheceria como um trabalho meu?" E ela respondeu: "Claro!" "E como você saberia?" "Porque é tão lenta!"

Essa é *Carta à rainha Vitória*. Algumas das cadeiras eu desenhei. Esse é o filho de Bertolt Brecht, Stephan Brecht. Ele se parece com a mãe, Helen Weigel.

Essas são as cadeiras da rainha Vitória. São diferentes das cadeiras de Stalin, são feitas de chumbo, têm faróis de automóvel, fios elétricos saindo por trás; são bem severas, como o século XIX.

Essa é *Carta à rainha Vitória*.

Esse é um trabalho que fiz chamado *Einstein na praia*[20] e, mais uma vez, graças a Christopher Knowles e Sybil Maholy Nagy, vou tentar contar em menos de três minutos o que é *Einstein*. 1, 2, 3, 4, A, B, C, A, B, C, A, B, C. Então, tudo são combinações de A, B, e C com 1, 2, 3, 4, 5. É o que eu chamo de cenas-joelho.[21] Você tem uma perna e um joelho, o joelho faz a articulação de elementos singulares. Então, entreguei essa peça a Phil [Philip Glass] e disse: "Phil, quanto tempo você acha que deve durar esse trabalho? Uma hora? Duas? Três? Deve ser wagne-

---

[20] Começa um novo desenho. (*N. do O.*)

[21] *Knee plays*, no original. São pequenas cenas que funcionam como "juntas", articulando as cenas maiores. São, em geral, encenadas diante da cortina abaixada, para permitir as mudanças no cenário ou que os atores principais troquem de roupa. Também são chamadas "entreatos". (*N. do T.*)

riano?" "Ah, sim, com certeza, deve ser wagneriano." "Então tá, 24 minutos, 23, 22, 23, 24, 23, coloque junto na primeira vez; no quarto ato, fica um pouco menor, 17, 16, 18. Quatro minutos, quatro minutos, três está no meio, faça maior, 5, 4, 4. Então, cinco horas de duração. Bom, agora sabemos o tempo de duração e temos uma estrutura." Peguei essa estrutura, fiz os desenhos, Phil pegou a estrutura, escreveu a música e seguimos o mesmo esquema, fizemos de diferentes maneiras. Phil fez uma coisa secundária, durante a parte 1A, e eu peguei o tema visual como uma coisa principal em 5A. O meu 4C ficou uma coisa visual principal, com base nisso, e a parte secundária de Phil se tornaria um tema musical principal para 4C. Então fomos preenchendo a estrutura de maneiras diferentes.

Peguei os três modos tradicionais de se olhar pinturas: olho para minha mão aqui, é um retrato; se eu vejo ali, é uma natureza morta; se tenho de atravessar a rua, é parte de uma paisagem. Assim, as três maneiras tradicionais de mensurar o espaço. Dividi os retratos do palco. Chamo de peça-joelho, mais próxima do público. Há um pequeno aposento com duas figuras muito próximo da plateia. Einstein falava de trens, 1A era um trem cruzando o campo, como uma cerca de gado. Einstein dizia que, visto de uma determinada perspectiva, o trem cruzando o campo parecerá uma cerca de gado; mas, da minha perspectiva, o que se verá é uma linha. Então, depois que o trem tinha percorrido cerca de um terço da distância do palco, era cortado por uma linha de luz vertical. Tempo, para mim, é uma linha que vai desde o centro da terra até o céu e o espaço é uma linha horizontal, e esse cruzamento de tempo e espaço é a arquitetura básica de tudo que existe. É como você aprende a ficar no palco.

Trabalhado com teatro há anos e cabe nos dedos da minha mão o número de pessoas que conheço que podem ficar de pé num palco. Tive uma turma de mestrado na Juilliard School anos atrás e costumava perguntar aos alunos de música e drama: "Você sabe ficar parado no palco?" "Com certeza", eles diziam. "Não, não, não, acho que no palco não, você ainda terá de aprender." E perguntava: "Você sabe caminhar no palco?" "Claro que sei caminhar no palco." "Não, não num palco, você terá de aprender." Talvez a coisa mais difícil do mundo seja simplesmente ficar parado.

Logo após o 11 de Setembro, fiz um trabalho em Paris com Jesse Norman, a soprano americana, uma grande mulher afro-americana. Ela cantava *Winterreise*, de Schubert. Três dias depois do atentado ela me telefonou de manhã e me disse, chorando: "Não posso cantar, chorei a noite inteira, não consigo cantar." Eu disse: "Jesse, você precisa cantar, é nesse momento que precisamos, mais do que nunca, ouvir sua voz." Então ela me ligou de novo às quatro da tarde e disse: "Ok, vou tentar, mas não tenho muita certeza se vou conseguir." Depois da terceira ou quarta canção ela começou a chorar, o pianista parou a música, lágrimas escorrendo pelo rosto, e ela ficou de pé, imóvel, até parar de chorar. Ela ficou lá, parada, dez minutos, chorando, e o público chorava com ela, diante daquela rainha africana tão profundamente tomada pela emoção não exteriorizada. Vê-la ficar de pé em silêncio foi mais bonito do que ouvi-la cantando.

Conheci uma mulher que podia ficar no palco imóvel. Marlene Dietrich já tinha comentado o problema dos jovens atores que não sabem como ficar imóveis. Ela conseguia. Cantar uma canção sem se mover, cantar uma segunda canção e não se mover, cantar uma terceira canção e levantar um pouquinho os braços para o lado e abrir as mãos era como uma bomba atômica. Uma vez juntei coragem para convidá-la para jantar e estávamos jantando em Paris quando um homem chegou até ela e disse: "Sra. Dietrich, a senhora é tão fria quando atua" e ela respondeu: "Você não ouviu a minha voz." Ela dizia que a dificuldade é colocar a voz junto com o rosto. E é verdade, ela podia ser glacial em seus movimentos, mas a voz soava muito quente, sexy. E esse era o seu poder.

Agora o trem retorna e anda dois terços do palco[22] e mais uma vez ele é interrompido por um feixe de luz vertical. Vamos então para a sala do tribunal, no alto da qual há um feixe de luz horizontal, uma janela de luz e uma cama de luz, tempo e espaço.

Essa é uma terceira cena-joelho. Agora, o tema C era o campo, o profundo, a paisagem, a nave espacial a distância. Tem o trem no-

---

[22] Remete-se novamente ao desenho em curso que explica a peça *Eisntein on the Beach*. (N. do O.)

vamente, mas agora ele viaja à noite, vai para longe. Voltamos à sala do tribunal, mas metade dela desaparece e vira uma prisão. Voltamos ao campo com a nave, mas ela é maior, como se estivesse se aproximando. E voltamos para 4A, que é um edifício, mas o edifício está na mesma perspectiva do trem.

Vamos agora para o tribunal, somente a cama, um feixe de luz horizontal que se levanta verticalmente e vai embora. Dezesseis minutos e somente o feixe de luz no palco. Essa luz só é feita cerca de duas semanas antes da estreia, é uma luz arquitetônica, é parte do livro do trabalho.[23]

Por quatro vezes tive recusado o pedido de registro de direitos autorais da peça *Einstein na praia* em Washington, porque se tratava apenas de croquis. Mas isso não é decoração cênica, é arquitetura, é o livro. Ouvem-se os solfejos da música, dó, ré, mi, e as contagens numéricas das canções, veem-se as imagens. Queimem as escolas de decoração cênica, não precisamos de decoração no palco, o teatro deveria ser arquitetural. E aí vamos para a 4C, estamos no interior de uma nave espacial que foi vista se aproximando.

Essa é a primeira cena-joelho,[24] com duas figuras representando Einstein. Einstein uma vez disse que se tivesse a chance de viver sua vida duas vezes, gostaria de ser um bombeiro hidráulico.[25]

O trem cruzando o palco com o feixe de luz vertical.

A sala do tribunal, com a janela bem no alto, um feixe de luz horizontal, tempo e espaço.

A sala do tribunal.

O trem partindo para longe à noite, tempo diferente, perspectiva diferente, 2A.

A sala do tribunal que desaparece e se transforma em prisão. O edifício, na mesma perspectiva em que vimos o trem pela última vez, o tema A.

---

[23] Bob Wilson costuma dizer que suas montagens são um "livro em movimento". (N. do O.)

[24] Volta a projetar slides. (N. do O.)

[25] Wilson construiu as cadeiras de *Einstein on the Beach* usando resíduos de canos e conexões. (N. do O.)

O feixe de luz que fica 16 minutos só no palco se movimentando.
O interior da espaçonave.
Uma explosão atômica, a bomba atômica, a divisão atômica, Einstein do século XX, pacifista, esquizofrênico.
Chris e eu atuando em uma série de trabalhos com os quais viajamos pelo mundo todo.
Essa é uma peça que fiz. Estava sentado num pátio, o céu lá no alto, achei que estava alucinando. No primeiro ato tinha um texto que era o mesmo do segundo ato; eu me dirigia no primeiro ato e Lucinda Childs se dirigia no segundo. As pessoas não acreditavam que se tratava do mesmo texto, porque o fazíamos de maneiras completamente diferentes.
Isso é em Berlim, no Schaubühne,[26] na primeira vez em que fiz um trabalho com atores profissionais. Tinha encontrado uma foto de Rudolf Hess na prisão de Spandau e baseei todo o trabalho naquela foto.
Esse é Adolf Sander, do prólogo.
Esse é Hess descendo de paraquedas na Escócia, em 1941, seu professor ainda com uma bengala.
Agora a bengala se transforma em espada e ele simplesmente luta com um dinossauro.
Duas pessoas tomando banho de sol no meio da noite, num terraço na cidade de Nova York, durante a Segunda Guerra.
As cadeiras de praia de Rudolf Hess.
Filmei a cena de assassinato em *Olhar do homem surdo* minutos antes do rápido movimento, do olhar de relance na faca de açougueiro.
Agora trabalho quase sempre com atores profissionais. Esse é o Teatro Kammerspiel, em Munique.
Uma peça chamada *As janelas douradas*.
Esse é um trabalho que fiz com Jesse Norman, a soprano americana, em Paris. Dei a ela de presente de aniversário uma caixa com 13

---

[26] O *Schaubühne am Lehniner Platz* é um famoso teatro localizado em Berlim. O projeto arquitetônico foi adaptado do *Kino Universum*, desenhado pelo arquiteto alemão Erich Mendelsohn em 1926. Acredita-se que seja a primeira sala de teatro e cinema modernista a ser construída no mundo. (N. do T.)

cenas e ela me perguntou: "O que são essas cenas?", eu respondi: "São para você, pelo seu aniversário." "Mas o que vou fazer com esses sets?" "Você pode fazer qualquer coisa que você queira com elas. Pode cantar Mozart, Haydn, Wagner." "Ah, já sei o que quero cantar com esses sets. Vou cantar os *spirituals* dos negros." Então fizemos um espetáculo em Paris chamado *Grande dia pela manhã* e eu fiz tudo muito maior do que Jesse, de forma que ela parecesse ser bem *mignon*.

Essa é Jesse sentada em uma cadeira no cais de uma baía, à noite, uma baía de água, e um ganso cinza que levava três minutos e 22 segundos para cruzar o palco.

Esse era o quarto de dormir no fim da peça. Em relação à enorme janela, Jesse parece ser bem pequena. Ela caminha até a janela e de lá até a beira do palco. Havia uma mesinha e, sobre ela, uma imagem de uma jarra com água. Ela pega a imagem da jarra de água, enche um copo e a coloca de volta sobre a mesa; depois a pega novamente, despeja mais água, que começa a transbordar sobre a mesa e pelo chão, e ela continua despejando. Nesse momento ela começa a cantar de boca fechada *Amazing grace*, enquanto desce a cortina.

Na manhã seguinte uma jornalista me perguntou: "Por que ela continuou a despejar a água?" "Oh, meu Deus, não." "Qual o motivo? Por que ela continuou a despejar a água no copo?" "Não, não." E ela perguntou de novo, cada vez mais agitada: "Qual foi a razão de ela continuar a despejar a água?" Christopher Knowles, que estava comigo, disse: "Não tem uma razão, um motivo." É isso, essa é mais uma ideia, você pode pensá-la de múltiplas maneiras. A razão desse meu trabalho é poder dizer "O que é isso?" sem ter de dizer o que é, pois se já soubéssemos o que estamos fazendo, não haveria razão para fazê-lo.

Anos atrás eu estava em Londres, Jesse Norman estava num programa de entrevistas e o entrevistador perguntou: "Sra. Norman, qual a sua gravação preferida?" Ela respondeu sem hesitar: "*I have a dream*, de Martin Luther King."

Sim, nós podemos![27]

---

[27] Referência à frase "*Yes, we can!*", que marcou a campanha de Barack Obama para a presidência dos Estados Unidos em 2008. (N. do O.)

O encantador de si mesmo[1]

Gerald Thomas

---

[1] Introdução e perguntas por Gunter Axt. (*N. do O.*)

Gerald Thomas

Nascido em 1954, passou a vida entre os Estados Unidos, a Inglaterra, a Alemanha e o Brasil. A carreira como dramaturgo teve início em Londres, onde participou do grupo performático e multimídia Exploding Galaxy. No grupo amador Hoxton Theatre Company, realizou suas primeiras experiências como diretor. Em Nova York, trabalhou no mítico La MaMa, espaço dedicado a encenações experimentais de todo o mundo, onde produziu espetáculos com textos de Samuel Beckett. Desde o primeiro projeto, visa a uma proposta teatral que mostra o pensamento como processo e o processo como tempo e espaço da cena. Em 1985, fundou no Brasil a Dry Opera Company. Trabalhando regularmente em vários países, é visto pela opinião pública como um diretor polêmico pela maneira autêntica como expressa sua independência artística por meio do teatro. Atualmente, mantém um blog, por meio do qual se despediu dos palcos.

Em maio de 2008, Gerald Thomas chegava de Nova York, onde reside, a Porto Alegre para conferenciar no Fronteiras do Pensamento. Na sessão estava programado que o palco do Salão de Atos da Universidade Federal do Rio Grande do Sul seria dividido com o dramaturgo espanhol Fernando Arrabal. Mas as coisas não saíram como o esperado. Na véspera da conferência, um jantar de boas-vindas em pleno Dia das Mães acabou em bate-boca entre os dois dramaturgos. Gerald não fez mistério do desentendimento, referindo-o à noite em seu blog e na coletiva de imprensa, na tarde do dia seguinte.

O episódio acabou repercutindo por vários dias na imprensa brasileira, amplificado, sobretudo, pelo resultado polêmico da conferência de Gerald na noite de 12 de maio. Eu mesmo escrevi minha percepção dos fatos num artigo publicado na revista Cult.[2] Era patente, então, a figura do artista em crise com o seu trabalho e com a sua identidade. Gerald, em seguida, desculpou-se com o público porto-alegrense no programa de Serginho Groissman, na Rede Globo, bem como no jornal O Globo.

Ao iniciarmos a organização deste livro, concluímos que a transcrição da conferência de Thomas não possibilitara a produção de um texto articulado. Gerald, inicialmente, propôs-se a escrever um texto a partir da transcrição, a fim de que sua participação no livro não ficasse comprometida. Essa intenção, porém, acabou não se concretizando, de sorte que sugeri a ele fazermos uma entrevista. Estávamos em meio ao processo, iniciado em julho de 2009, quando Gerald surpreendeu a

---

[2] Disponível em: http://revistacult.uol.com.br/website/site.asp?nwsCode=FD279D17-461C-44A2-9D45-705AA9DFD60B. (N. do O.)

todos com a publicação de um post em seu blog em setembro, despedindo-se, de forma contundente, dos palcos.

Em maio de 2008, quando estivera em Porto Alegre, anunciara essa possibilidade à imprensa e à plateia do Fronteiras do Pensamento. Lembro que, na oportunidade, poucos pareceram dar-lhe crédito. Enfim, quase 16 meses mais tarde, ele encontrava um desfecho para a crise que vivia com o seu próprio processo artístico.

A entrevista a seguir é um retrato do momento vivido por Gerald Thomas. Como o fluxo de perguntas e respostas acabou sendo interrompido pelo post de setembro, sugeri a ele a publicação do texto junto com a entrevista, com o que ele concordou. No post, Gerald faz um balanço da sua trajetória profissional e expõe as razões para abandonar os palcos. Creio que ambos, post e entrevista, se reforçam.

ENTREVISTA

GA: Onde é a sua casa? Você mora em Nova York, em Londres, em Munique, no Rio de Janeiro ou em São Paulo? Ou em todas essas cidades?

GT: Mas que pergunta estranha: você sabe que moro em Nova York e em Londres. Nada tenho a ver com Munique, a não ser um contrato que me leva lá de vez em quando, assim como São Paulo ou Rio, onde mantenho uma companhia de teatro e onde, portanto, estou também só de vez em quando.

GA: Você disse certa vez que sua vida era uma mentira, pois não pode saber ao certo qual a sua nacionalidade, nem tampouco reconstituir a trajetória de sua infância. Você se sente como um *nowhere man*, alguém sem raízes? Como isso repercute no seu trabalho?

GT: Sim, desde que minha mãe me revelou que meu pai biológico era outro, e não aquele que me criou e que eu amava profundamente, minha vida passou a ser uma "farsa vista em *rewind*". Revi cada beijo, cada abraço, tudo como uma espécie de espetáculo feito para mim, pois a verdade era outra. Claro, quem não faria isso? De repente dizem a você que tudo aquilo não era aquilo. E aos 28 anos! O que se pode fazer diante disso? Repensar tudo, não é? E ver tudo como se fosse uma espécie de *Show de Truman*.

GA: O que o levou para o teatro? Como você começou com o teatro?

GT: Não sei ao certo. É difícil dizer. Fui *reader* da Biblioteca do Museu Britânico, mas isso depois de "ter sido treinado" como pintor pelo mestre Ivan Serpa[3], desde os 9 anos, no Rio, onde conheci Helio Oiticica[4] e os outros. Foi quando ouvi falar em Duchamp, em Pollock,[5] em Albers[6] e na Bauhaus e tudo aquilo que radicalmente mudou o mundo. Ivan era radical. Exigia que fôssemos radicais. Só que eu tinha

---

[3] Ivan Serpa (1923-1973), pintor e desenhista brasileiro, foi membro do Grupo Frente, que reunia nomes como Aluísio Carvão, Silvio Costa, Vincent Ibberson, Carlos Val, Décio Vieira, Lígia Clark, Lígia Pape, Ferreira Gullar, Cesar Oiticica e Hélio Oiticica. Na primeira Bienal de São Paulo, foi celebrado como revelação entre os jovens modernistas. Foi pioneiro do movimento concretista no Brasil. Nos anos 1960, passou por uma fase expressionista e atingiu, depois, o neoconcretismo. (N. do O.)

[4] Hélio Oiticica (1937-1980) é um dos maiores nomes das artes plásticas brasileiras. Sua obra experimental e inovadora é reconhecida internacionalmente. Integrou o Grupo Frente e em 1959 participou da fundação do Grupo Neoconcreto, juntamente com Lygia Clark, Lygia Pape e Amílcar de Castro. Nos anos 1960, criou o célebre Parangolé, uma espécie de capa ou estandarte de tecido que revela suas cores e formas quando vestido por alguém, sendo, portanto, considerado uma escultura móvel. Esteve ligado à estética do movimento tropicalista brasileiro. Nos anos 1970, criou outra de suas esculturas-conceito: o Penetrável, que propunha a revelação de cores e formas por meio da incursão do visitante. Os bólides foram também outro de seus conceitos. Oiticica investiu na construção de uma linguagem própria para a arte contemporânea e é central na construção de uma estética brasileira. (N. do O.)

[5] Paul Jackson Pollock (1912-1956), expoente do expressionismo abstrato nos Estados Unidos, considerado um dos mais importantes pintores do século XX. Criou o conceito de pintura de ação, abandonando o cavalete e os pincéis. Produziu telas monumentais a partir do primeiro pingo de tinta, impresso quase que aleatoriamente na tela. Foi mestre na técnica do *dripping*. (N. do O.)

[6] Josef Albers (1888-1976), artista alemão radicado nos Estados Unidos, cujo trabalho está na base dos programas de educação artística em muitos países. Esteve ligado à escola Bauhaus, emigrando para os Estados Unidos com o fechamento dessa pelos nazistas em 1933. No Black Mountain College foi professor, dentre outros, de Robert Rauschenberg, Ray Johnson e Susan Weil. Entre 1950 e 1958, lecionou em Yale. Teve forte influência na configuração do modernismo nos Estados Unidos. (N. do O.)

9 anos, o resto da turma, em torno dos 30, 35. Um absurdo! Por volta dos 14 anos, já tendo voltado do Tennessee e de Nova York, fui assistir ao ensaio de *O balcão*, de Genet,[7] dirigido pelo Victor Garcia,[8] produzido pela Ruth Escobar.[9] Aquilo me deslumbrou: era pintura cênica. Dois anos mais tarde, em Londres, consegui penetrar nos ensaios de Peter Brook[10] de *Sonho uma noite de verão*, no Aldwych Theater, com a Royal Shakespeare Company. Foi então que comecei a ler tudo, tudo, tudo, tudo sobre teatro, especialmente Beckett.

GA: Você conviveu com Samuel Beckett, uma das maiores estrelas do modernismo, o homem que revolucionou a dramaturgia. Beckett tinha uma personalidade reclusa, quase sociofóbica, o que torna a sua vivência com ele ainda mais especial. Como você o conheceu? Como foi esse convívio?

GT: Foi, certamente, a coisa mais especial da minha vida. E sinto muito que, a cada dia que passa, eu vá me esquecendo um pouco desses

---

[7] Jean Genet (1910-1986), um dos mais proeminentes e controversos escritores e dramaturgos franceses. Passou a juventude em reformatórios, onde afirmou a sua homossexualidade, experiência que transpôs com intensidade para sua obra. Uma aura de escândalos, roubos e rixas cercou-o. Tornou-se amigo próximo de grandes filósofos franceses. *O balcão* é uma de suas peças mais célebres. (N. do O.)

[8] Vitor Garcia (1934-1982), diretor de teatro argentino que se radicou uma temporada no Brasil. Em 1969, com inovadora cenografia de Ruth Escobar, sua montagem de *O balcão* na Sala Gil Vicente abalou o teatro brasileiro, conquistando grande sucesso de público. Na Europa, tornou-se conhecido por sua montagem de *O cemitério de automóveis*, de Fernando Arrabal. (N. do O.)

[9] Maria Ruth dos Santos Escobar (1936), atriz e produtora luso-brasileira, é uma das mais notáveis personalidades do teatro no Brasil, fortemente vinculada às vanguardas cênicas. No início dos anos 1960, montou a companhia Novo Teatro. Em seguida, desenvolveu o projeto Teatro Popular Nacional, que levava peças para a periferia de São Paulo, em um ônibus. Em 1964, inaugurou sua própria casa de espetáculos. Nos anos 1980, afastou-se parcialmente do teatro, sendo eleita deputada estadual para duas legislaturas e dedicando-se a projetos comunitários. Em 1990, retornou aos palcos. Em 1994, voltou a participar de produções em festivais. (N. do O.)

[10] Peter Stephen Paul Brook (1925), britânico, escritor, ator e um dos mais respeitados diretores de teatro e cinema do mundo. Suas montagens são fortemente marcadas pela caracterização psicológica dos personagens. Algumas geraram polêmica ao suscitar a participação do público no espetáculo. O sucesso veio, sobretudo, a partir de 1955, quando dirigiu o ator Laurence Olivier em *Titus Andronicus*, de Shakespeare. A partir de 1962, tornou-se codiretor da tradicional Royal Shakespeare Company, ao lado de Peter Hall. Ganhou celebridade com suas adaptações dos clássicos shakespearianos, como *Rei Lear* (1962). Nesse mesmo ano, adaptou para o cinema o romance *O senhor das moscas*, de William Golding, e muitas de suas obras dramáticas foram levadas ao cinema. Nos anos 1970, fundou em Paris o Centro de Pesquisa Teatral, o qual dirige até hoje, interessando-se, dentre outras coisas, pelas origens populares do teatro, o que o levou à África. (N. do O.)

encontros. Vão se tornando turvos na memória. Mas ele acompanhava meus passos aqui em Nova York, já que eu havia pedido os direitos para montar *Esperando Godot* e ele havia negado; mal sabia eu que ele negou porque queria me dar algo mais ousado. Eu mandava cartas para a Editions de Minuit e, 14 dias depois, voltava um cartão monossilábico dele. Um dia, veio algo maior. Algo dizendo que "se eu estivesse nas redondezas de Paris, quem sabe, *who knows*, que tal, porventura, nos não nos encontraríamos?" A Deirdre Bair,[11] sua biógrafa não autorizada, leu aquilo e me disse: "Pegue o primeiro avião!" E peguei. Peguei o TWA 800. Beckett obviamente não estava em Paris, um tremendo *misunderstanding*. Mas logo apareceu. Marcou comigo às 11 da manhã no PLM Hotel do Boulevard St Jacques,[12] do lado oposto de onde morava; às 8 horas eu já estava lá. E durante os seis anos seguintes foram vários encontros, alguns tristes, alguns estranhamente dramatúrgicos.

GA: Quantas peças de Beckett você dirigiu? Quantas estreias mundiais das peças dele protagonizou?

GT: Estreias de prosas originais, acho que seis. No total, somando todos os países onde nos apresentamos, 19 montagens.

GA: Como foi a experiência de dirigir Julian Beck[13] em Nova York? Em *That Time* ele estava com câncer terminal e fazia o papel de alguém morrendo. A metalinguagem é uma das assinaturas do seu trabalho?

---

[11] Deirdre Bair, escritora e jornalista norte-americana que se notabilizou por biografias de Beckett, Anaïs Nin, Simone de Beauvoir e Carl Jung. Pela biografia de Beckett, recebeu em 1981 o importante National Book Award. (N. do O.)

[12] O 14º distrito de Paris costuma ser frequentado por amantes do teatro. O hotel mencionado foi construído nos anos 1970 e fechado em 1987. Ficava quase em frente ao prédio onde Beckett residia, motivo pelo qual ele costumava marcar seus encontros no café do hotel. (N. do O.)

[13] Julian Beck (1925-1985), importante poeta, pintor, diretor de teatro e ator norte-americano, ligado aos movimentos de vanguarda. Pertenceu ao grupo Living Theatre, de Nova York, que tinha na obra de Antonin Artaud uma de suas principais inspirações. Promovia, assim, o que se chamou de Teatro da Crueldade, que pretendia chocar a audiência, sem complacência. Promovia um teatro experimental e sustentava ideias anarquistas. Com a atriz Judith Malina, manteve um casamento aberto, com experiências bissexuais. Ambos enfrentaram processos em vários países por porte de drogas, conduta indecente ou desordeira. No Brasil, o casal, que trabalhou junto com o Teatro Oficina, foi preso por porte de drogas, numa operação acusada de ter sido armada pela polícia do regime militar, que teria "plantado" as drogas. (N. do O.)

GT: Triste. E a coisa mais instrutiva e *humildificante* que já vivi. Lá estava o legendário fundador do teatro fora do teatro, o *beat* Julian, meu ídolo desde as ruas de Londres — jamais imaginara um dia dirigi-lo. E ele estava em estado de câncer terminal. Então, fiz meu primeiro espetáculo de metalinguagem: coloquei um homem à beira da morte ouvindo vozes (suas próprias) no passado. Era um homem morrendo e o público sabia de sua condição. Foi muito emocionante, pois viajamos pelo mundo e somente a cara do Julian na luz, com suas várias vozes dizendo: *"That time, when you went to the ruins to see where it was where you played as a child, where was that?"*

GA: Um de seus maiores sucessos no Brasil foi a peça *The Flash and Crash Days — Tempestade & fúria*, de 1992, na qual, aliás, mãe e filha (Fernanda Montenegro e Fernanda Torres) desempenharam o papel de personagens que na peça também são mãe e filha. Metalinguagem novamente? Quando a peça entrou em cartaz em Porto Alegre você a adaptou para o palco do Theatro São Pedro?

GT: As mudanças foram feitas no São Pedro logo antes da vinda para o Lincoln Center aqui em Nova York. Eu sabia que aqui a peça não poderia ser tão dramática, tão séria. E, lado a lado com *Dr. Faustos Lights the Lights*, de Gertrude Stein,[14] dirigida pelo Bob Wilson, a coisa

---

[14] Gertrude Stein (1874-1946), escritora, poeta e feminista, alimentava um destacado círculo de amigos, que incluía Picasso, Matisse, Braque, Joyce, Ezra Pound, Ernest Hemingway e muitos outros. Nascida nos Estados Unidos, cresceu entre Viena e Paris, onde sua casa funcionava como ponto de encontro de grandes artistas e intelectuais. Seu livro *Autobiografia de Alice Toklas* (1933), narrado do ponto de vista de sua secretária e companheira, tornou-se uma referência para as vanguardas na primeira metade do século XX. Stein utilizou técnicas de escrita que influenciaram a prosa experimental, tais como grandes parágrafos sem interrupções, frases e motivos aparentemente ilógicos. A peça mencionada tem três atos, foi escrita em 1938 e publicada postumamente em 1949. É uma narrativa dramática do mito de Fausto, intercalada de coloquialidades e que procura refletir sobre a natureza faustiana do homem ocidental. A peça é considerada um dos textos precursores do tragicômico absurdo e da pluralidade pós-moderna. Invoca a necessidade de construção de um novo humanismo diante da violenta transformação estética que impacta o mundo. Dramatizando a criação da luz elétrica, ela preconiza o estabelecimento da era da comunicação de massa. (*N. do O.*)

teria de ter um prelúdio leve. A Eva Sopher, diretora do Theatro São Pedro, me deu uns dias no palco e fizemos as mudanças necessárias e, graças a Deus, ouvi meus instintos. Fizemos a apresentação de número 100 em Nova York. E daqui fomos para o resto do mundo, digo, Europa. E consolidou-se, no meu teatro, essa coisa de metalinguagem, sim. *Flash and Crash* foi um *turning point* na minha vida, assim como *That Time*, com o Julian, e tantas outras...

GA: Suas peças possuem um cuidado estético refinado. Há uma estética de Gerald Thomas? Como você a definiria?

GT: Ela muda com o tempo: se você acessar o www.geralthomas.com, vai ver quase tudo meu editado (menos os Becketts, porque não tínhamos câmera naquela época, mas eles existem na Lincoln Center Library). E você vai ver que já fui do ultrapesado (com a Daniela) para o ultraleve, como no *Ventriloquist*, passando pelo meio-termo, com o *Circo de rins e fígados*. Não tenho uma estética, me comporto como o espetáculo requer.

GA: Você e Philip Glass trabalharam juntos em mais de uma oportunidade. Philip contou-me certa vez ter sido você que o levou em uma viagem pelo Brasil, para conhecer o Rio de Janeiro (onde ele acabou tendo um apartamento), Itaipu e Serra Pelada, locais que inspiraram, mais tarde, algumas de suas composições. Juntos, vocês montaram *Matto Grosso*. Como foi trabalhar com esse expoente da música contemporânea?

GT: O Phil é muito engraçado. Quando trabalhamos juntos, mais parecemos dois garotos fofocando sobre coisas e de repente o trabalho está lá. No meu site está postada uma linda entrevista que ele deu a meu respeito, que considero especial pelo seguinte: ali ele vê coisas que os críticos — na melhor das intenções — e *scholars* — no melhor dos esforços — não conseguiram escrever em 300 páginas. Ele fala como se fosse um solo, um improviso de piano. É comovente.

GA: Philip Glass comentou, em gravação feita em janeiro de 2009 em Nova York, que um traço interessante da sua personalidade é uma relação

longa, torturante e obsessiva com a imprensa. Você escreve em jornais, mantém um blog, resenha para revistas, mas também parece estar em constante batalha com os jornalistas e com o seu próprio público, envolvendo-se em polêmicas que às vezes até o machucam. Como avalia essa percepção?

GT: Sim, ele está certíssimo! Eu não paro quieto. Estou num dia tristíssimo da minha vida, respondendo às suas perguntas. Não existe Gerald Thomas. Só existe aquele que produz teatro, que tenta fazer com que a história gire para a frente. Eu, como pessoa, não preciso existir. E ele detectou isso muito rapidamente em mim.

GA: Após o ataque às Torres Gêmeas, você se engajou como voluntário nos trabalhos de resgate no Ground Zero. Como foi essa experiência? Como isso repercutiu em seu trabalho? O buraco do super-homem em *Deus ex machina*, de 2001? O bombeiro *nonsense* em pleno incêndio, representado por Fábio Pinheiro, em *Queen Liar*?

GT: Eu fui comunicado. Não posso ser chamado de voluntário. Voluntário eu fui junto à Anistia Internacional, em Londres, Secretariado Internacional, anos 1970. Ground Zero foi horrendo. Horrendo.

GA: O que houve no episódio em que você abaixou as calças e mostrou a bunda no palco do Teatro Municipal do Rio de Janeiro na estreia de *Tristão e Isolda*? Você estava sofrendo algum tipo de pressão da direção do teatro? Reagiu a alguma agressão, a vaias? Na tarde daquele dia, Haroldo de Campos havia falecido — isso o impactou?

GT: Não só isso: a torcida organizada do Richard Wagner Fórum, que veio de todas as partes do mundo, começou a uivar quando entrei no final. Tudo bem, adoro vaias. Mas quando, em coro, e em todas as línguas, começaram a berrar "judeuzinho, volta pro campo", aí perdi a paciência e as calças. E o julgamento foi capa dos jornais do mundo inteiro. O que me ajudou a ganhar, depois de um ano entrando no Brasil com *habeas corpus*, foi a reportagem do Larry Rohter, do *New York Times*, que colocou esse caso ridículo na capa: afinal, o cartão-postal do Rio de Janeiro é uma bunda. Eu estava dentro de um recinto teatral. Por que prender a minha?

GA: Esse gesto valeu a você um processo judicial, que chegou ao STF. Ao final, você foi absolvido e marcou um ponto a favor da liberdade de expressão do artista. Como foi esse processo? Você acha que o seu gesto pode ser apreendido como uma ideia beckettiana?

GT: O Philip, fala na ideia beckettiana. Na hora só fiquei furioso. O Haroldo de Campos havia falecido na tarde da estreia e eu já estava mal. E quando uma pequena parcela do público se mostrou reacionária, eu realmente perdi as estribeiras.

GA: Em 1857, Baudelaire sofreu uma ação do governo imperial francês por causa de *As flores do mal*, sendo acusado, então, de obscenidade. Naquele momento, o eclético e irrequieto espírito modernista se fundava. O fato de ter sido alvo de processo semelhante no Brasil em 2003 significa para você que o modernismo não se completou plenamente, precisa sempre ser avivado ou está fracassando?

GT: Não, uma coisa nada tem a ver com a outra. Da mesma maneira que os Estados Unidos deram um milhão de passos para trás elegendo o Bush duas vezes, o Rio deu passos para trás elegendo o vigarista do Garotinho e a Rosinha, aquele casal no diminutivo. E, sob esse falso moralismo, fui preso.

GA: E o seu gesto obsceno para o presidente Lula em 2006?

GT: Foi em defesa da Varig, que ele ajudou a afundar em virtude da maldita TAM, que tem o escroto do Dirceu como acionista.

GA: Você criticou duramente a atuação de Gilberto Gil à frente do Ministério da Cultura. Como avalia a política brasileira de financiamento à cultura e ao teatro?

GT: Não aguento mais esse assunto! O próprio Gil já deixou o ministério. Eu mesmo já não entendo nada, desde que li na *Folha de S.Paulo* que o Caetano pediu uma verba de dois milhões de reais para um show comercialmente viável. Está tudo muito estranho no mundo desde o *crash* e os *bailouts* e o colapso das grandes firmas de Wall Street. Não sei mais o que pensar.

GA: Bernard Shaw, um nietzschiano entre os dramaturgos, dizia que sua tarefa era tornar o cômodo incômodo. Você se identifica de alguma maneira com essa ideia?

GT: Dizer que ele era nietzschiano é reduzi-lo! Shaw era um provocador, assim como (anos depois) Brecht. Sim, fazer a sociedade enxergar seus peidos, ou o fedor de seus peidos, sempre tão bem disfarçados debaixo de tanta grife chique e tanto perfume caro!

GA: Théophile Gautier, em 1835, defendeu em um manifesto, que fazia as vezes de prefácio de seu romance *Madalena de Maupin*, pela primeira vez a ideia da arte pela arte. O artista não responde a ninguém, exceto a si mesmo e talvez a outros artistas? O artista criativo está acima ou além do domínio da crítica teórica da arte?

GT: E Marcel Duchamp, em 1911, veio e destruiu tudo, riu de tudo, colocando um urinol no meio do espaço e assinando qualquer coisa, tornando qualquer negócio um *ready-made*. Colocou uma roda de bicicleta em cima de um banco, e aquilo sim, se tornou o símbolo da arte desconstruída do nosso tempo, da mente fragmentada freudiana (lacaniana), dos atuais dias autodestrutivos. Iconoclasta, Duchamp ainda não foi superado, nem por Warhol nem por ninguém. Pois o que está em cena não é a arte em si, mas o cérebro que pensa a arte. Ou (des) ou (dis)pensa a arte.

GA: Samuel Beckett, marginal por opção e profundamente revolucionário, ganhou o Prêmio Nobel de Literatura em 1969. Em 2005, foi a vez de um de seus pupilos (pelo menos ele assim se pretendia, não é?), Harold Pinter, receber o mesmo Nobel. Toda vanguarda sólida é absorvida pelo *establishment*? O teatro de Beckett, Ionesco e Pinter está incorporado à indústria cultural? O sucesso compromete o isolamento que Beckett defendia como condição para a criação?

GT: Pinter não vale um tostão furado: é um "meio Beckett *high society*" para ser digerido pelo bairro de Mayfair, em Londres. Pilantra de última qualidade, além de imitador de Beckett, morreu dirigindo *Esperando Godot*. O seu *acceptance speech* do Nobel é constrangedor! Beckett, que nem aceitou o prêmio, mostra o que é um verdadeiro gênio. O outro, aspirante, vai e explica como "monta seus personagens por cor, textura etc.", assim como se tivesse retirado de uma rubrica de um livro de Beckett. Para piorar ainda as coisas, ele era a favor do Milosevic! Para mim, ele nunca existiu!

GA: Você disse em coletiva de imprensa em Porto Alegre que o teatro na sociedade de massas contemporânea não tem mais a menor importância. Por que acha isso? Quando foi, em sua opinião, que o teatro teve a importância devida?
GT: Tivemos importância e voltaremos a ter importância. Mas agora, neste momento, somos um bando de chorões em processo de regressão: veja o que Bob Wilson já fez na vida. Agora ele monta *Quartett*, do chatola Heiner Müller. Depois da morte da Pina Bausch e do Merce,[15] devemos dar uma parada enorme!

GA: Há algum dramaturgo cujo trabalho o atraia na contemporaneidade? Tom Stoppard, Bob Wilson...?
GT: Tom Stoppard, sim. Bob Wilson do passado, mas, sim, o maior encenador de todos os tempos.

GA: A vida de Gerald Thomas parece ser o teatro, um caso de amor com o teatro. E um teatro em múltiplas direções: você dirige, atua, escreve, produz, comenta. Se o teatro não tem mais importância, como é que você se sente?
GT: Bela pergunta: não sei. Essa é justamente a minha grande crise neste momento e por isso tento uma saída através do filme *Ghost writer*, que caminha lenta, lentamente.

---

[15] Mercier Philip Cunningham (1919-2009), bailarino e coreógrafo norte-americano, vinculado às vanguardas e ao experimentalismo. Influiu decisivamente na mudança de rumos da dança moderna, tendo criado mais de 200 coreografias. Colaborou com ícones da cultura pop e vanguardista norte-americana, como John Cage, Jasper Johns, Andy Warhol e Robert Rauschenberg. Até 1945 foi solista na companhia de Marta Graham. Em 1944 apresentou o seu primeiro concerto solo, com John Cage. No verão de 1953, fundou no Black Mountain College a Merce Cunningham Dance Company. (N. do O.)

GA: Autor e personagem se confundem, como sugeriu Nietzsche, ou, como defendia Oscar Wilde, vida e literatura são esferas separadas e as tentativas de reformar a moral do público não passam de desperdício de tempo?

GT: Desperdício de tempo: o buraco é mais embaixo, como as respostas anteriores deixam claro.

GA: Samuel Beckett revelava pessimismo com relação à condição humana, cujo destino se afiguraria melancólico e desamparado. Ele parece sintetizar Schopenhauer e Sartre, proclamando que a vida mais parece uma catástrofe e que a salvação, embora prometida, jamais chegará. Qual é o seu sentimento a esse respeito? Você se considera um pessimista com relação à condição humana?

GT: Sartre não. Beckett não fazia alusão a Sartre, mas a Schopenhauer, a Lyotard e a Dante Vico, Bruno etc. Sim, pessimista. Não prestamos, não aprendemos com a história, somos um tremendo fracasso: não matamos somente porque somos predadores, mas porque sofremos de eterna gula e ganância!

GA: Qual é o compromisso do artista com a verdade?
GT: Nenhum. Somos fantasia!!!

GA: Quais os projetos aos quais você está se dedicando no momento?
GT: *Ghost writer*, o filme! E a peça *Hard shoulder* (acostamento).

POST

Minha "Independência ou morte" — Tudo a declarar — "It's a long goodbye"

Nova York — Meus queridos, cheguei num ponto crucial da minha vida. O *mais* crucial até hoje. Um asterisco. Aliás, já estou nele há algum tempo e percebo que não adianta resmungar para cima e para baixo. Finalmente tomei uma decisão.

"Transformar o mundo: acordar todos os dias e transformar o mundo", dizia a voz de Julian Beck (que eu dirigi e com quem aprendi tanta coisa). Eu tinha uma vaga noção das coisas. Não encontro mais nenhuma. Eu tinha uma fantasia. Não a encontro mais. Só encontro aquele autorretrato de Rembrandt me olhando, ele aos 55, eu aos 55, um num tempo, o outro no outro, como se um quisesse dizer para o outro: "O TEU renascentismo" acabou. Você morreu." Morri?

I can't go on. And I won't go on.

Beckett, que é o meu universo mais próximo, diria *"but I'll go on"*. Sim, existia uma necessidade de continuar. Mas olho em volta e me pergunto: Continuar o quê? Não há muito o que continuar.

Minha vida nos palcos acabou. Acabou porque eu determinei que os tempos de hoje não refletem teatro e vice-versa. Também não estou a fim de criar o iTeatro, assim como o iPhone ou o iPod. A miniatura e a *self satistaction* cabem muito bem na decadência criativa de hoje. Mas, se formos analisar o último filme ou CD de fulano de tal, ou a última coreografia de não sei quem, veremos que tudo é uma mera repetição medíocre e menor de algo que já teve um gosto bom e novo.

Claro, minha opção dramatúrgica sempre foi escura, sempre foi *dark*, se assim querem. De Beckett e Kafka aos meus próprios pesadelos; um crítico do *New York Times* disse que eu *"usava a plateia como meu terapeuta"*. Até que coloquei Freud como sujeito principal da ópera *Tristão e Isolda* no Municipal do Rio. Acho que o resultado todo mundo conhece.

É estranho. Até 2003, 2005 talvez, ainda fazia sentido colocar coisas em cena. Sinceramente não sei descrever o que mudou. Mas mudou.

Claro que somos seres políticos. Mas isso não quer dizer que nossa obsessão ou a nossa única atenção tenha de ser A política. Ao contrário. A arte existe, ou existia, justamente para fazer pontes, metáforas, analogias entre a condição e a fantasia do ser humano de hoje e de outras eras e horas.

Daniel Barenboim, que nasceu argentino, mas é cidadão do mundo (um dos músicos mais brilhantes do mundo) e cidadão israelense, achou uma forma de aplicar sua arte na prática. Ele tenta, desde 2004, "provocar", através da música, a paz entre palestinos e israelenses. Fez um lindíssimo discurso ao receber o Prêmio Wolf no Knesset Israelense, disse que sua vida era validada somente pela música que ele conseguia construir com jovens músicos palestinos (presos, confinados — justamente na época em que Israel construía um muro de separação) e jovens músicos israelenses.

Não sou tão genial quanto Daniel Barenboim e construir uma peça de teatro é muito mais difícil do que abrir partituras de um, digamos, Shostakovich ou Tchaicovsky e colocar a orquestra para tocar.

AMNÉSIA TEMPORÁRIA

Um trecho de uma sinopse, por exemplo, que escrevi quando os tempos ainda se mostravam propícios:

"E em *Terra em trânsito*, uma óbvia homenagem a Glauber, uma soprano só consegue se libertar de sua clausura entrando em delírios, conversando com um cisne fálico, judeu antissionista, depois de ouvir pelo rádio um discurso do falecido Paulo Francis sobre o que seria a verdadeira forma de 'patriotismo'. O cisne (cinismo) sempre traz de volta lembranças: 'Ah, você me lembra os silêncios nas peças de Harold Pinter! Não são psicológicos. Mas é que o sistema nacional de saúde da Grã-Bretanha está em tal estado de declínio que os médicos estão a receitar qualquer substância, mineral ou não mineral, que as pessoas ficam lá, assim, petrificadas' cheirando umas as outras...'"

Essa "petrificação" que a sinopse descreve acabou me pegando.

"Os dois espetáculos (*Terra em trânsito* e *Rainha mentira*) são uma homenagem da cultura teatral e operística aos mortos pelos regimes autoritários/ditaduras."

Serão mesmo? Homenagens? Não, não são. Quando escrevo um espetáculo, escrevo e enceno o que tenho de encenar. Não penso em homenagens.

Mais do que nunca eu acredito que somente através da arte o ser humano voltará a ter uma consciência do que está fazendo neste planeta e de seu ínfimo tamanho perante este imenso universo: ambas as peças se encontram em "Liebestod", a última ária de *Tristão e Isolda*, na qual o amor somente é possível através da morte e vice-versa. No enterro da minha mãe, ao qual eu não fui (por pura covardia), foi lida uma carta (mas ela é lida na cena final de *Rainha mentira*) que presta homenagem aos seres deste planeta que foram, de uma forma ou de outra, desterrados, desaparecidos, torturados, ou são simplesmente o resultado de uma vida torta, psicologicamente torta, desde o início torta e curva, na qual nenhuma linha reta foi, de fato, reta, na qual as portas somente se fechavam e na qual tudo era sempre uma clausura e tudo era sempre proibido e sempre trancado. Então, a tal homenagem se torna real, através da ficção da vida do palco.

Pulo para outro trecho, lá no fim do programa.

"Essa xícara esparramada na vitrine dessa *sex shop* em Munique era um símbolo que Beckett não ignoraria e não esqueceria jamais. Eu também não. Sejam bem-vindos a tudo aquilo que transborda."

Por que coloquei esse trecho de programa aqui? Não sei dizer.

Liberdade poética pura ou pura liberdade poética. Ou chateação mesmo! Talvez seja um indicador do quanto estou perdido no que *quero dizer* e *aonde quero chegar*.

Tenho de sair por aí para redescobrir quem eu sou. Talvez nunca venha a descobrir. Posso estar vivendo uma enorme ilusão. Mas não me custa tentar. Virei escravo de um computador e virei escravo de uma agenda política imediata da qual não faço parte. Tenho uma imensa cultura histórica. Imensa. Tão grande que a política de hoje raramente me interessa. Sim, claro, Obama. Mil vezes Obama. Mas Obama afeta o mundo inteiro. Mais não quero dizer.

Tenho de sair por aí para redescobrir quem eu sou.

(*Nota rápida: acabo de ver o que resta do* The Who, *Daltrey e Townsend, no programa do Jools Holland. Não tem jeito: nenhuma banda de hoje tem identidade* mesmo! *A garotada babava! E era para babar mesmo!*)

Sabem? Vale sempre repetir. Fui criado na sombra do Holocausto, entre os pingos de Pollock e os *ready mades* de Duchamp e os rabiscos de Steinberg. Isso o Ivan Serpa e o Ziraldo me ensinaram muitíssimo cedo na vida.

E... Haroldo de Campos.

Meu Deus! Quanto eu devo a ele! Não somente o fato de ter sido o curador dos livros que a Editora Perspectiva lançou a meu respeito, mas... a convivência! E que convivência! E a amizade. Indescritível como o mundo ficou mais chato e menos redondo no dia em que ele morreu. E ele morreu na estreia do meu *Tristão e Isolda* no Municipal do Rio. Haroldo não somente entendia a minha obra, como escrevia sobre ela, traçava paralelos com outros autores e criava, transcriava a partir do meu trabalho. A honra que isso foi não tem paralelos. Por que a honra? Porque Haroldo era meu ídolo desde a minha adolescência. O mero fato de *Eletra ComCreta* se chamar assim era uma homenagem aos concretistas. Mas ele só veio aparecer na minha vida na *Trilogia Kafka*, em 1987. Eu simplesmente não acreditei quando ele entrou naquele subterrâneo do Teatro Ruth Escobar.

Nem mesmo a convivência com Helio Oiticica foi tão forte e duradoura.

Não posso e não vou nomear todas as grandes influências da minha vida. Daria mais do que um catálogo telefônico. Já bato nessa tecla faz um tempo.

Philip Glass dá uma graciosa e hilária entrevista a meu respeito (http://www.vimeo.com/2988089). Dura uns 20 minutos. Nela, ele sintetiza, como num improviso, tudo aquilo que os *scholars* e os críticos não conseguem dizer ou tentam dizer com oito mil palavras por parágrafo! Essa entrevista também está no www.geraldthomas.com ou em vídeos, no blog.

Meu pai me fazia ouvir Beethoven numa RCA Victor enorme que tínhamos. E eu, aos prantos, com a Pastoral (a sexta sinfonia), desenhava, desenhava essas coisas que, décadas mais tarde (na biblioteca do Museu Britânico), iam virando projetos de teatro. Hoje, com mais de 80 "coisas" montadas nos palcos do mundo, olho para trás e o que vejo? Vejo pouco. Vejo um mundo nivelado por uma culturazinha de merda, por twitters que nada dizem. Vejo pessoas sem a *menor* noção do que já houve e que se empolgam por besteiras. Nem bandas ou grupos de músicas inovadores existem: vivemos num *looping* dentro da cabeça de alguém. Talvez dentro de John Malcovich. E, ao contrário de Prospero, ele não nos liberta para o novo, mas nos condena ao velho e ao gasto! Até a China tem a cara do Ocidente. Ou então nos antecipamos e nós é que temos a cara da China, já que tudo aqui é *"made in China"*.

Sim, encontrei Samuel Beckett, montei seus textos, encontrei um monte de gente; quem ainda não viu, não sabe ou não leu, vá no www.geraldthomas.com e se depare com o meu universo.

E gostaria muitíssimo que vocês entendessem o seguinte: quando comecei minha carreira teatral, a vida, a cena aqui no East Village era "efervescente". Tínhamos o *Village Voice* e o *SoHo News* para nos apoiar intelectualmente. A "cena" daqui era multifacetada. Eram dezenas de companhias, desde aquelas sediadas no La MaMa, ou no PS122, ou em porões, ou em lofts ou em garagens, até aquelas que o BAM importava, *mas era tudo uma* nova *criação. Era o exercício do experimentalismo*. Do risco. E os críticos, assim como os ensaístas, nos davam páginas de apoio.

Além do mais, a minha geração não inventou *nada*. Somente levou aquilo que frutos de Artaud, Julian e Grotowski como Bob Wilson, Pina Bausch, Victor Garcia, Peter Brook, Peter Stein, Richard Foreman e Ellen Stewart etc. haviam colocado em cena. Faço parte de uma geração de "colagistas" (se é que essa palavra existe). Simplesmente "levamos para a frente, com alguns toques pessoais", o que a geração anterior nos tinha dado de bandeja. Mas quem sofreu foram eles. Digo, a revolução foi de Artaud, e não da minha geração.

Portanto, minha geração não fará parte da história. É óbvio que digo isso com enorme tristeza. Nada fizemos além de tocarmos o barco e o ornamentarmos.

Hoje o *Village Voice* está reduzido a um jornal de *sex ads*. Sobre os teatros eu prefiro não falar. Quanto aos grupos, 99 por cento deles não existem mais e não foram trocados por outros. Só se vê pastiche. É o mesmo que no mundo da música: é o mesmo bate-estaca em tudo que é lugar.

Esse universo está menor do que aquele que Kepler, Copérnico e Galileu descobriram. O Wooster Group aqui fechou suas portas. Muitas companhias de teatro daqui e da Europa fecharam as portas. E poucos jovens sabem quem é Peter Brook. Este ano perdemos Pina Bausch e Merce Cunningham. E Bob Wilson, o último guerreiro de pé, inexplicavelmente, viaja com uma peça medíocre: *Quartett*, de Heiner Müller, que eu mesmo tive o desprazer de estrear aqui nos Estados Unidos (com George Bartenieff e Crystal Field) e no Brasil (com Tônia Carrero e Sérgio Britto) nos anos 1980. Heiner Müller é perda de tempo.

E Wilson está tendo enormes dificuldades em manter seu complexo experimental em Watermill, Long Island, aqui perto, que habilitava jovens do mundo a virem montar miniespetáculos e conviver e trocar ideias com seus pares de outros países.

Sim, o tempo semiacabou.

Mas somente parte desse tempo acabou. E o problema é meu. Como disse antes: *vou tentar sair por aí para redescobrir quem eu sou.*

Mas vai ser difícil. Sou daqueles que viram a Tower Records abrir a loja aqui na Broadway com a Rua 4. Hoje a Tower se foi e até a Virgin, que destruiu a Tower, também se foi e está com tapumes cobrindo-a lá em Union Square. Parece analogia para um 11 de Setembro? Não, não é. Falo somente de megalojas de CDs.

Tive a sorte de seguir as carreiras de pessoas brilhantes, ver Hendrix de perto, ou Led Zeppelin, ou dirigir Richard Wagner, e estar na linha de cuspe de Michael Jackson e de assistir ao vivo o nascimento da televisão a cabo, da CNN, da internet, dos e-mails para lá e para cá. Deram-me presentes lindos, como grande parte das óperas que dirigi nos melhores palcos das casas de ópera da Europa.

São muitas fantasias que a depressão não deixa mais transparecerem. E o que é a arte sem a fantasia, sem o artifício? É o mesmo que o samba sem o surdo e a cuíca! Fica algo torto ou levemente aleijado.

Não, não estou indo embora. Anatole Rosenfeld escreveu:

> O teatro é mais antigo do que a literatura e não depende dela. Há teatros que não se baseiam em textos literários. Segundo etnólogos, os pigmeus possuem um teatro extraordinário, que não tem texto. Representam a agonia de um elefante com uma imitação perfeita, com verdadeira arte no desempenho. Usam algumas palavras, obedecendo à tradição oral, mas não há texto ou literatura. No improviso também há tradição.

Perdi meu improviso. Sim, perdi a vontade de improvisar.

Vou fazer um enorme esforço para me ver de volta, seja via aqueles olhos de Rembrandt ou uma fatia do tubarão de Damien Hirst.

Óbvio que — na eventual possibilidade de um acontecimento real — eu reapareço por aqui com textos, imagens etc. Também sem acontecimentos. Pode ser que eu me encontre no meio da Tunísia, numa tenda de renda, e resolva, *a la* Paul Bowles, escrever algo: surgirá aqui também. Então, o blog permanecerá aberto, se o iG assim o permitir.

Sei que estou no início de uma longa, quase impossível e solitária jornada.

I've had the best theater and opera stages of the world, in more than 15 countries, given to me. Yes, I was given the gift of the Gods. No complaints whatsoever. It has been a wonderful ride. Really has. Thank you all so very much. Thank you all so very very much.

Um breve adeus para vocês!

Love,

Gerald Thomas

7 September 2009[16]

---

[16] Em meados de 2010, quando este livro estava sendo finalizado, Gerald Thomas, então em Londres, tornou público o seu retorno aos palcos. Matérias nos jornais O *Globo*, de 17/07/2010, e *Folha de S.Paulo*, de 10/08/2010, cobriram a nova guinada na carreira do diretor e dramaturgo.

Do surrealismo à patafísica
Onde está a vanguarda da arte?

Fernando Arrabal

Fernando Arrabal

Escritor e dramaturgo espanhol nascido em 1932, atualmente mora em Paris e Nova York. Controvertido, cultiva uma estética irreverente tanto na sua obra como nas suas aparições públicas. Recebeu o reconhecimento internacional pela sua obra narrativa (11 novelas), poética (numerosos livros ilustrados por Amat, Dalí, Magritte, Miotte, Saura, entre outros), dramática (numerosas obras de teatro publicadas em 19 volumes) e cinematográfica (seis longas-metragens). Em 1962, depois de permanecer três anos no grupo surrealista, Arrabal (com Topor e Jodorowsky) criou o movimento Pânico, cujo manifesto expressava a intenção de conciliar o absurdo com o cruel, identificar a arte com o vivido e adotar a cerimônia como forma de expressão. Seu Teatro Pânico, que ele mesmo qualifica como presidido por confusão, humor, terror, azar e euforia, está baseado na busca formal, tanto espacial como gestual, e na incorporação de elementos surrealistas na linguagem.

É grande o prazer de estar em Porto Alegre. A última vez que estive na cidade foi em 1997, quando tive a imerecida honra de presidir a Feira do Livro. Podemos considerar essas honrarias também inconvenientes, pesos, lastros, horrorosos lastros, que se têm quando se é escritor. Concedem-nos prêmios, ameaçam-nos com o Nobel e, inclusive, como já devem ter ouvido falar, toca-nos presidir, vez por outra, feiras internacionais de livros. O horror completo! Daquela vez era ainda pior: no ano em que presidi a 43ª Feira Internacional do Livro de Porto Alegre,[1] para minha desgraça, eu não era o único presidente, havia outro, horroroso, um tal Coelho não sei das quantas. Garanto a vocês que não foi por minha culpa! Fiz todo o possível para evitá-lo.

Porto Alegre, porém, acolheu-me em seus braços e me deu um presente inesquecível. Que presente! Foi contado por um escritor que foi à feira, não me lembro se peruano, francês ou espanhol. Eu e ele conversamos em francês. Acredito que era aquele que vem lutando para ser presidente do seu país. Era Vargas Llosa. E Vargas Llosa, quando entra na Feira Internacional do Livro...

Faço um parêntese para dizer que tenho a impressão de que quando existe um verdadeiro escritor, um verdadeiro artista, um verdadeiro poeta, sua vida, sua circunstância, o acompanha como uma instalação artística e o que vai acontecendo a ele tem significados filosóficos. É

---

[1] A tradição de eleger um patrono para a Feira do Livro de Porto Alegre iniciou-se em 1965, em sua 11ª edição. O patrono da 43ª Feira do Livro, realizada em 1997, foi o escritor Luiz Antônio de Assis Brasil. A Feira é organizada pela Câmara Rio-Grandense do Livro, que também a preside. Arrabal deveria estar se referindo aqui à condição de convidado especial na sessão internacional da Feira. (N. do O.)

óbvio que eu teria de nascer no começo da Guerra Civil Espanhola. É óbvio. Tinha de ser assim. E também é óbvio que quando chego a Porto Alegre, recebo o presente com que sonhei toda a minha vida. Porque sou um frustrado, frustrado de amor, senhoritas! Sou um frustrado das matemáticas.

Suponho que esse senhor que recitou a minha vida[2] narrou os episódios mais importantes. Dentre eles, aquele em que, aos 10 anos, o regime, a tirania franquista de corte fascista, decidiu ser mais nazista do que fascista. E iria durar pouco. No ano de 1942, o regime do general Franco decidiu — como já disse Shakespeare: "A rosa se chama rosa e não poderia se chamar de outra maneira"[3] ou: "As coisas acontecem quando têm de acontecer"; algo parecido disse Sócrates, se quisermos acreditar em Platão — criar o super-homem, o super-homem de Nietzsche. É curioso, porque Nietzsche tem estado presente na minha vida e na de vocês. De que maneira? Sabem por que estou aqui hoje? Devem estar se perguntando como é possível um personagem tão completamente desconhecido estar em um lugar tão importante. Querem saber por quê? Porque sou o dramaturgo mais representado no mundo. Mas isso é muito fácil, já que todos os meus colegas morreram. Só fiquei eu. Por isso me convidaram.

Então, Franco, assim como Nietzsche, decide criar o super-homem e, para fazer o super-homem, inventa um concurso de superdotados. Cada vez que inventam uma coisa dessas, sempre ganho eu, o mais bobo. Então, ao ganhar o concurso de superdotados, concurso nacional, os jurados, completamente cretinos — vocês podem imaginar que tipo de pessoa aspira a ser jurado de um concurso de superdotados? — ficaram impressionados com o meu talento. Então me disseram: "Senhor Arrabal", eu gostei disso, porque era uma criança e estava sendo chamado de senhor; aquilo foi ótimo. Disseram: "O senhor tem um grande talento". Eu não o tinha visto. E perguntei: "Para o quê?" Por-

---

[2] Refere-se ao mestre de cerimônias que o apresentou para o público do Fronteiras do Pensamento. (N. do O.)
[3] A mencionada frase de Shakespeare, vertida para o português, seria: "O que chamamos rosa, sob outra designação teria igual perfume". (N. do O.)

que não o tinha visto. Continuo sem vê-lo. Alguns de vocês podem me dizer onde está o meu talento? E os jurados me responderam: "O senhor tem um grande talento para a matemática." Naquela época eu era um fanático.

E quando o jurado do concurso de superdotados disse aquilo, eu me perguntei: mas o que é a inteligência? É uma pergunta que sempre me fiz, desde a infância, quando vemos mais claramente as coisas porque ainda não temos experiência. É o maravilhoso momento da primeira vez, momento que costuma ser experimentado no amor. No maravilhoso momento da primeira vez, vi o que era a inteligência. E o que é a inteligência? Obviamente, a inteligência é a arte de servir-se da memória. Sabia que aqueles jurados pertenciam ao grupo político que condenou à morte meu pai e meu tio e como via longe, sabia que quando me tornasse adulto iriam censurar totalmente o meu teatro, toda a minha obra. Decidi, por oposição a eles, fazer o contrário do que diziam. Decidi não fazer matemática, o que seria uma grande frustração, porque gosto cada vez mais de matemática.

É uma espécie de catarse o que sinto com vocês. É maravilhoso! Cada vez que vou a uma conferência e falo de matemática, a plateia dorme. Tenho de vir a Porto Alegre para que as pessoas acordem e me olhem de maneira animada. Tinham de se passar muitos anos, tinham de se passar 60 e poucos anos para que meus sonhos se tornassem realidade aqui em Porto Alegre. O diretor da Feira Internacional do Livro me perguntou: "Qual é o seu sonho?". E eu respondi: "Meu sonho, assim como todos os sonhos, é inacessível." Então ele me perguntou: "O senhor gostaria de ir para a cama com a Madonna?" "Não, não", respondi. "Tem o risco da Aids." "E o que o senhor quer, então?" "Toda a minha vida quis ser campeão de xadrez. Faça-me um favor. Gostaria de jogar contra 20 jogadores muito ruins de Porto Alegre." Ele me perguntou: "Por que muito ruins?" "Porque se forem muito bons vão ganhar de mim." Então procuraram jogadores ruins e encontraram 20. Vejo que isso lhes interessa. Vinte maus jogadores de xadrez em Porto Alegre, coisa muito difícil de achar.

E então chega Vargas Llosa. E foi Vargas Llosa quem contou, e quando as coisas são contadas é como no teatro grego. Por isso, o teatro que estamos fazendo hoje não é *como* a vida. O teatro que estamos fazendo hoje *é* a vida, é como a cultura, como o xadrez. Não é como a vida, é a vida.

Tive dois colegas; um deles era fascista, quer dizer, hoje em dia ele se diz fascista. Já observei que no Brasil se chama de fascista, como se chama de filho da puta, pessoas que não são favoráveis a Mussolini ou pessoas cuja mãe é uma santa. Então fascista, para o caso que estou contando, é uma palavra exata. Esse grande colega era fascista. Esse grande colega era Pirandello. Pirandello pensava sobre aquilo que nos interessa, quer dizer, sobre a memória, sobre a inteligência. Interessava-se pela alma, pelo espírito, da mesma forma que se interessava outro colega nosso. Esse outro colega chamava-se Bertolt Brecht. Bertolt Brecht é quase igual a Pirandello, tão fascista que ofereceu de presente a Mussolini o Prêmio Nobel recebido.

Transcorria o ano de 1934 e eu acabava de nascer. Costuma-se dizer, e isso é falso, que a palavra *poeta* significa *profeta* e que todo dramaturgo é um poeta, um poeta do cenário. Isso não é verdade, dramaturgo não é profeta. Mas, quando recebeu o Prêmio Nobel, Pirandello respondeu, quando lhe perguntaram a cidade em que nascera: "Agrigento, na Sicília." E os jornalistas lhe perguntaram em seguida: "Mestre, o senhor acaba de receber o Prêmio Nobel, diga de onde virá o grande teatro de amanhã?" E Pirandello assinala com um dedo: "Da Sicília, junto ao mar, ao sul da Sicília." E indica: "Lá, na África." E todo mundo achou que ele estava apontando a Tunísia. Não, estava apontando para o Marrocos. Estava indicando Melilla, que é a cidade onde eu nasci, em 1932. Em *Seis personagens à procura de um autor*, Pirandello disse a verdade, a verdade que poderia dizer para meus amigos. Meus amigos, esses de quem estou tomando o lugar porque estão mortos. Meus amigos com os quais estive até o último momento de suas vidas, amigos como Ionesco, Beckett, André Breton, Marcel Bichon, todos esses homens que têm perfumado a minha vida. Pirandello disse, no prefácio de *Seis personagens à procura de um autor*, a mesma coisa, exatamente a mesma coisa. O fascista Pirandello disse exatamente o mesmo que o comunista e stalinista Bertolt Brecht, que também receberia o "Prêmio Nobel comunista".

Quando a Academia de Ciências de Moscou decide dar o prêmio de teatro, o Prêmio Stalin, a Bertolt Brecht,[4] não conta que existe um monstro, um fanático, uma besta, o criador do gulag, mas que é, ao mesmo tempo, um dos homens mais inteligentes de seu século. Um homem de cultura total, para nossa desgraça. Esse homem é Stalin. Quando colocam na frente o documento para assinar, "Prêmio Stalin de Teatro", ele diz: "Não, não pode ser outorgado a Bertolt Brecht." Ninguém, a não ser Stalin, tinha se dado conta ainda, porque Stalin lia, por desgraça. E era homem de ciência. Era tão homem de ciência que acreditava em Lysenko. Lysenko lhe disse: "Camarada Stalin, os tomates são muito pequenos. Nós, comunistas, temos de fazer tomates do tamanho de melões, de melancias." Mudou a biologia e, com efeito, fez os tomates ficarem do tamanho das melancias e levantou a agricultura soviética. Stalin diz: "Não, não posso assinar, porque Bertolt Brecht não escreveu sequer uma obra teatral desde que chegou ao paraíso comunista. Todas as suas peças ele escreveu no mundo ocidental." E era verdade, por isso deram a ele o prêmio de poesia.

Mas o que me interessa dizer é que os dois, especialmente Pirandello, contaram do que vive um escritor. Pirandello disse o seguinte: "Quando começo a escrever" — que é o mesmo que para todos nós aqui, quando escrevemos uma carta de amor ou quando escrevemos uma peça de teatro — "vem me visitar uma mulher, uma mulher vestida de negro. Essa mulher vestida de negro sabe tudo, sabe tudo do amor, da filosofia, da matemática, do humor, e vai me ditando e eu escrevo." Essa é a minha obra. Que beleza! Que precisão! É exatamente o que acontece comigo. É exatamente o que acontecia também a Bertolt Brecht, porém com uma grande diferença.

Agora, que estamos vivendo o renascimento, o que diz Pirandello? Diz: "Essa mulher que vem me ver todas as noites, e que sabe muito de pornografia e de clitóris, mas também do amor mais puro e mais espiritual, essa mulher é fantasia." Obviamente, não me visita a fantasia. Sou visitado por outra mulher. Quando começo a escrever, como

---

[4] O International Stalin Prize for Strengthening Peace Among Peoples foi concedido a Brecht em 1954. (*N. do O.*)

Pirandello, minhas obras de teatro se dividem em duas categorias: as ruins e as menos ruins.

Algumas pessoas me perguntam: "Como o senhor é tão gênio? Como é que consegue escrever tanto?" Eu lhes digo: "Porque não sou Gary Cooper. Se fosse Gary Cooper iria para a balada em vez de escrever." Vem me ver outra mulher e essa mulher não é fantasia. É uma mulher expert em filosofia, sabe muito de Kant, de Spinoza. Vocês repararam, ao lerem minha biografia, que recebi o Prêmio Spinoza e Wittgenstein de Filosofia? Isso é impressionante, pois não sei absolutamente nada! Mas ela sabe muito, de pornografia sabe muitíssimo. Por isso quase sempre minhas obras são muito mal encenadas. São um desastre as minhas obras.

Os diretores, os atores com a melhor boa vontade do mundo dizem: "Arrabal é pornográfico, provocador. Então vamos colocar falos, clitóris, mulheres estupradas." E quando vou para a Tchecoslováquia, ou para a Índia, ou para o Japão, ou para Moscou, ou para a Tasmânia, e vejo minhas obras, quase sempre me escandalizo. Mas o que é isso? Quando posso, me jogo no chão, quando há um espaço, um palco.

Porque a mim vem me ver outra mulher, outra mulher, a de hoje, a do terceiro milênio. Essa que faz com que o mundo esteja mudando. Essa mulher do terceiro milênio sabe de tudo e não é fantasia, é alguém que está ao alcance de todos vocês. É a imaginação. E o que é a imaginação? É simplesmente a arte de combinar lembranças.

Vargas Llosa chega à Feira Internacional do Livro em 1997 e conta, em um artigo de fundo[5] do jornal *El País*, como, ao chegar, encontra seu amigo Arrabal. Dá de cara com Arrabal em uma cadeira de rodas, está paralítico. E, como sempre acontece, o amor engendra quase sempre a decapitação, a perda. O que estão vendo? Vargas Llosa acredita, quando vê que estou paralítico, que finalmente tive sucesso com as mulheres. E o que ele vê? Que atrás de mim tem uma mulher fantástica, com uns peitos maravilhosos que escapam por toda parte, que me em-

---

[5] Artigo de fundo é o antigo nome do editorial. Vargas Llosa deve ter escrito um artigo comum, porque não pertence ao jornal para expressar a opinião do veículo. (N. do O.)

purra a cadeira. Então ele diz: "Arrabal, aos 60 e poucos anos, ele que é tão fiel a sua mulher, encontrou aqui uma namorada de 18 anos, brasileira, maravilhosa. O que será que está acontecendo?" E, finalmente, descobre a verdade.

Acontece que eu posso jogar contra 20 jogadores muito ruins de xadrez, mas o que não posso fazer é ir de um tabuleiro a outro. É muito cansativo. E alguém me leva, vai me levando, até o fim. É como uma imagem, uma imagem do mundo, como uma imagem da modernidade, a imagem que me deu Picasso. Nos últimos anos, Picasso era um chato, insuportável. Era um gênio, mas era também um chato insuportável. Quando alguém ia vê-lo, tinha de ver seus quadros. Seria uma tremenda experiência se ele tivesse pintado apenas um quadro, mas não, era preciso ver todos, um quadro, depois outro, depois outro, depois outro, e assim passava-se a noite inteira. Junto com ele havia uma mulher que eu achava maravilhosa, que se chamava Jacqueline. E Jacqueline mostrava os quadros. Chamava ele de "*mi sol*" e eu pensava: "Como é possível? É tanta a admiração que sente que chama ele de 'mi sol'! A senhora chama o seu marido de 'mi sol'? Não? 'Monsenhor!', chamava de 'monsenhor' o seu marido." "Monsenhor", "mi sol", eu pensava; às vezes, acho que sou a pessoa mais bem pensada do mundo. Jacqueline, pensava eu, talvez seja uma hipócrita. Seria possível, aquela mulher tão bonita? Eu tinha vontade de enchê-la de beijos, sempre. De morder-lhe as nádegas. Como era possível amar tanto aquele velho encarquilhado?

Certo dia, no Festival de Cannes, foi apresentado meu primeiro filme. Encontrei Buñuel, o cineasta espanhol, e lhe disse: "Escute, vá até a casa de Picasso que ele está muito entediado." E Buñuel, um homem muito esperto, me disse: "Não, não, ele vai querer me mostrar seus quadros."

Então, sempre me perguntei como era possível que Jacqueline amasse totalmente Picasso. De que nenhuma mulher amou Picasso há provas mais do que conhecidas e eu sei o motivo. Soubemos o motivo mais tarde. Picasso sofreu da mesma doença que vai sofrer seu marido dentro de 47 anos. A mesma que você vai ter daqui a 50 anos. E você, daqui a 60. E você e seu namorado, dentro de 80. Quer dizer, os homens sofrem de uma doença, muito normal, que é a doença da próstata. Então escondem a doença. Não querem que alguém saiba da doença da próstata e se ponha a imaginar que não trepa mais. Oh, seria horroroso! Um homem sem trepar! Seria como um homem sem falar, em português.

Picasso, que dentre os gênios que conheci era realmente o menos inteligente, entre a inteligência e o gênio, ficou com o gênio. Então, Picasso era tão imbecil que pelas manhãs colaborava muito comigo. Pela manhã fazia o seguinte: fazia isso! Fazia assim! Somente conservava a camisa. E então, com o sol da manhã, praticava o que uma das suas viúvas, François Giroud, tinha dito que era sua doença. Sofria de uma doença chamada priapismo. Quer dizer, quando se punha assim, o sol batia nele e aquilo saía imediatamente disparado. Sim, uma vergonha! Um nojo! Isso que nós, os homens, não podemos fazer. Mas, claro, ele era um gênio.

Então, foi ver um médico porque não parava de urinar. Urinava a cada 15 minutos. O médico lhe disse: "Não tem importância, o senhor tem a próstata." E ele pensou que o médico estava dizendo que era "prófugo". "Não, próstata." "Prófugo", porque também não era muito culto. Em seguida, o médico lhe diz: "Temos de operar." Magnífico! Porque na França há o hospital Koshan de Paris, onde estão os melhores cirurgiões do mundo. Tão bons que os chefes de Estado do planeta operam suas próstatas nesse hospital, em segredo.

A próstata é misteriosa. Alguém pode ter um câncer no seio e pode dizê-lo, mas ninguém diz que tem câncer na próstata. Mas Picasso era comunista e como todo comunista que se preze só acreditava nos Estados Unidos. Então, em vez de ir se operar no grande hospital francês, foi ser operado no lugar que considerava o melhor e mais seguro, o Hospital Americano de Paris. E ao chegar ao Hospital Americano de Paris, a besta do médico americano cortou-lhe o pinto. Ficou sem nada. Quando voltou, instalou-se e percebeu que só tinha uma coisinha pequena. O homem ficou desesperado! Mas foi maravilhoso. Foi extraordinário. Que momento de begônia! Que agonia em uma mosca! Que momento! Aquela mulher, Jacqueline, a partir do momento em que Picasso já não tinha o falo descomunal, mas um pequenino pênis, o amou e o amou. E como o amou! Porque talvez o amor seja diretamente proporcional à ausência do pênis.

Ouçam esta: na França existiu uma mulher genial, mais genial do que eu. Acho difícil, mas, enfim, é verdade. Era uma mulher extraordinariamente superdotada. Essa superdotada chamava-se Eloísa. E Eloísa estava apaixonada. Era uma mulher genial, fizeram-na vir da Bretanha, do seu povoado. Para quê? Para estudar. Não existia a Sorbonne, existia o Colégio de Paris. E no Colégio de Paris ela aprendeu. E aprendeu com quem? Com um imbecil! Abelardo! Um imbecil como Jean-Paul Sartre. Professor. E quando esse professor, o velho professor, viu aquela moça, genial, começaram a fornicar como loucos. E vocês podem ler, eu não recomendaria aos seus maridos ou aos seus namorados porque vão se escandalizar, mas vocês podem ler, senhoras.

Então, Eloísa escreveu as cartas de amor a Abelardo. E fornicaram dia e noite, inclusive no altar da Virgem Maria. Quando o tio de Eloísa percebeu que a moça estava sendo sodomizada, estuprada, fornicando com um professor bárbaro chamado Abelardo, contratou dois carrascos. E os carrascos foram visitar Abelardo. Gentilmente retiram os lençóis que cobriam Abelardo e lhe cortam o pinto. E de novo aconteceu o fenômeno. A partir desse momento, Eloísa amou Abelardo. Um amor tão grande que, segundo a lenda, e acredito nela, na hora da sua morte Eloísa pediu que a enterrassem com Abelardo e enlaçaram a mão de Eloísa na de Abelardo, morto 20 anos antes. E eu acredito.

Que vejo? De repente, essa mulher, Jacqueline, nos encanta por seu amor desmedido por Picasso; morre Picasso. E quando morre Picasso, Jacqueline, que é uma mulher muito bonita, se transforma em uma jovem gostosa. Vou reiterar: que dá vontade de encher de beijos. Transforma-se na mulher mais rica do mundo, herda toda a fortuna de Picasso. E é também a mulher mais cortejada do mundo. O rei de Espanha vai vê-la, na esperança de recuperar os quadros. A mulher está em seu apogeu. Poderia ter sido muito feliz. Tinha tudo, mas lhe faltava alguma coisa, que não faltou a nenhuma das outras mulheres de Picasso. Faltava alguma coisa, faltava o castrado. O único que lhe despertou o amor. E como não podia viver sem o castrado, Jacqueline se matou.

Quero ser franco com vocês, me avisaram quanto tempo tenho para falar e já não posso falar mais. Então, vou ter de terminar. Sabem por que vim assim hoje? Vim com um crocodilo?[6] Com um segundo crocodilo? Com um terceiro crocodilo? Porque o crocodilo faz parte da minha vida. E quando chego a Porto Alegre pergunto: "Será que eu percorro o mundo para ver minhas obras de teatro?" Pergunto: "Será que venho a Porto Alegre para ver uma obra de teatro? Como na última vez em que estive aqui?" Dizem: "Não!" Então, estão mais loucos do que da última vez. Acho que já não se deve chamar mais Porto Alegre, mas Porto Louco.

Mostraram-me a insígnia dos que me pagam. É inacreditável! Eu não sabia de nada. Chama-se Fronteira. Eu, em três ou quatro ocasiões, tentei criar fronteiras. Porque, não sei se vocês perceberam, nasci no Marrocos, estou na França há 50 anos e faço parte do grupo de desterrados. Vejam, não tenho raízes, tenho pernas. E as fronteiras sempre me interessaram muito.

Outro dia, estava na Espanha, num programa de televisão, e encontrei uma duquesa, da minha idade, parecida com a boneca Barbie, e ela me disse: "Arrabal". Com uma cor de plátano, 76 anos, muito bonita. Duquesa de Alba, a herdeira da pintura de Goya. E a duquesa de Alba me disse: "Arrabal, tenho uma grande admiração por você." Tentei capturar a voz para levá-la para meus amigos, mas não havia nada. Disse: "Arrabal, gosto tanto de você, admiro-o tanto que conheço todas as suas canções." Então, quando chegou a hora da televisão, eu disse: "Aproveito a presença da senhora duquesa, e o fato de não ser duque, para referir-me à fronteira." Já tinha pensado nisso sem saber que ia ser convidado para Porto Alegre. E disse, solenemente, porque o momento o exigia: "Criaram-se Médicos sem Fronteiras, fome sem fronteiras, cultura sem fronteiras. Senhora duquesa de Alba, quero formar com a senhora outro grupo: o de duquesas sem fronteiras."

Acredito que se estivéssemos somente eu e as senhoras presentes, contaria como tentei seduzir a mulher de Salvador Dalí. Mas como é um pouco forte, não me atrevo! Há homens demais aqui. Se estivésse-

---

[6] Faz referência a um pequeno crocodilo de borracha que carregou nos ombros durante a sua fala. (N. do O.)

mos apenas entre mulheres, tudo bem. Assim, da próxima vez que vier a Porto Alegre, dentro de dez anos, vou contar como tentei seduzir a mulher de Salvador Dalí e como Salvador Dalí me ajudou. Só as últimas palavras, não vou contar tudo o que aconteceu porque, já lhes disse, é muito forte. Vou contar o que aconteceu naquele último momento, quando a mulher de Dalí não apenas me rejeitou, mas também me insultou. Era uma mulher maravilhosa. Tinha naquela época uns 80 e poucos anos. Eu tinha passado 15 anos com Dalí esperando por aquele momento: ver sua mulher para seduzi-la. Quando finalmente a encontro, em um estúdio que tinha em Paris, um estúdio shakespeariano, era o paraíso, e pela porta do paraíso entra ela com seu noivo. O noivo era um babaca, um imbecil. Ainda o odeio. Um chofer de Madri, ridículo, um pouco mais alto do que eu. O horror total! E, no final, quando ela se foi enfurecida, Salvador Dalí lhe disse a verdade, porque tinha se enfurecido também, especialmente porque eu havia pedido com todo o respeito: "Dalí, o senhor me permite cortejar sua mulher?" E ele, que era um cavalheiro, um homem culto, civilizado, disse: "Sim! Sim! Sim!" Quando Gala, enfurecida, exclamou: "Que vergonha! Esse Arrabal é um verdadeiro espanhol! Um imbecil! Pedir permissão para me cortejar!" Dalí respondeu: "É normal! No amor cortês é preciso pedir permissão ao marido."

Na minha vida não passa nada. Então, quando venho, vejo que existem Fronteiras. Quem tem por aqui uma insígnia das Fronteiras? Das Fronteiras, apenas isso! E então? Vocês têm aí o livro? Das Fronteiras? Ninguém tem o livro? Ah, caiu um no meu bolso! Então, observem a minha emoção quando me enviam o livro de *Las Fronteras*. Fronteiras! Veem? E o que há aí? Simplesmente um quadro de Rembrandt que se chama *A lição de anatomia*. Quando vejo esse quadro tremo dos pés à cabeça e digo para mim mesmo: "Mas não é possível! Não é possível! Porque quando esse quadro foi feito, Rembrandt, me diga, senhorita, diga quando o fizeram para você. Em 1932, quer dizer, no ano do meu nascimento."

Shakespearianamente, e de repente, vou me vestir. E me visto, sem saber por que, com o último presente que me fazem os cinco pintores chineses, com os quais estou fazendo o maior livro da história da humanidade. Então tiro as pantufas. Estou indo embora, estou indo embora.

As palavras são meu álbum de família
Ecologia poética

Fabrício Carpinejar

Fabrício Carpinejar

Poeta, jornalista e escritor gaúcho, nasceu em Caxias do Sul, em 1972, filho dos poetas Maria Carpi e Carlos Nejar. Em sua estreia poética, *As solas do sol*, em 1998 adotou como nome artístico a junção de seus sobrenomes. É mestre em literatura brasileira pela Universidade Federal do Rio Grande do Sul e coordenador e idealizador do curso de Formação de Escritores e Agentes Literários, da Universade do Vale do Rio dos Sinos (Unisinos), uma experiência inédita no Brasil. Em 2003, publicou a antologia *Caixa de sapatos*, que lhe conferiu notoriedade nacional. Entre outros livros, é autor de *Um terno de pássaros ao sul*; *Biografia de uma árvore*; *Meu filho, minha filha*. Como escritor, recebeu numerosos prêmios, como o Fernando Pessoa, da União Brasileira de Escritores (1998); Destaque Literário da 46º Feira do Livro de Porto Alegre (2000); Cecília Meireles, da União Brasileira de Escritores (2002); Prêmio Açorianos de Literatura, da Secretaria Municipal de Cultura de Porto Alegre (2001 e 2002); e Prêmio Nacional Olavo Bilac, da Academia Brasileira de Letras (2003).

Jurava que havia sido trocado no hospital. A dúvida devorou meus primeiros dez anos. Minha tia dizia que eu nascera com sardas e de repente não tinha mais sardas. Meus irmãos eram completamente diferentes. Insistia com a mãe para que me revelasse o segredo, que não faria mal ser adotado, que gostava dela de qualquer jeito. Ela se irritou comigo e decidiu provar. Séria, me chamou para a sala, abriu um envelope pardo e retirou fotografias de meu avô, enviadas da Itália.

Olhei demoradamente para ele.

A minha cara, o mesmo desvio de septo, a mesma testa larga, a mesma boca de pintassilgo.

Quando a mãe julgava que desistiria da teimosia, eu lamentei:

— Coitado, meu avô também foi trocado no hospital!

Não sou filho de escritores, sou filho das palavras de meus pais.

Daquilo que me diziam de pronto.

Daquilo que me diriam depois.

— Guarda a pergunta!

Eu guardava a pergunta. Guardei tão bem que não encontro.

Falar significava assinar. A voz exibia importâncias de cartório. Quem prometia não poderia voltar atrás. Pensava-se muito antes de prometer. Às vezes só se pensava. Naquela época, não precisávamos de documento para comprovar a palavra. A palavra dita era documento. Se alguém a descumprisse, dava adeus ao respeito.

Meu pai mantinha um caderninho de palavras desconhecidas, onde anotava os significados. Para usar em suas poesias.

O caderninho igual ao do mercadinho da esquina, em que comprávamos fiado. Seu Alencar anotava o que levávamos e, no final do mês, pagávamos a soma.

Quando fui buscar produtos para a mãe, me confundi e carreguei o caderninho do pai em vez do caderninho do mercado.

Alencar não percebeu o engano e preencheu as compras entre os vocábulos estranhos. Ficou exatamente assim:

Desacolherar: tirar o animal da parelha
Seis pães, dois litros de leite, farinha de milho
Com 5 cruzeiros
Prateação: pratear
Arrebol: pôr do sol

Há um sentido mágico com a intervenção do cotidiano. Seguindo rigorosamente as linhas, existe um poema acidental:

Desacolherar seis pães,
dois litros de leite, farinha de milho.
Com 5 cruzeiros,
pratear o arrebol.

Quantos dias para meu pai decifrar a aparição repentina de outra letra em sua lista de sinônimos? Ou será que também pagou ao Seu Alencar essas palavras no final do mês?

Sempre que mostrava o álbum de fotografias para alguma namorada, me interessava mais por aquilo que estava no verso da imagem.

Além da data e do local, meus pais anotavam nossos diálogos quando pequenos.

Nas costas de uma foto de 1975, minha conversa com Rodrigo:

— Fabrício, esconde o estilingue?

— Por quê?

— O passarinho sempre aparece na hora da foto.

Ou quando estávamos na praia (Pinhal, 1977). Miguel se perdeu e voltou sozinho. Ninguém notou seu sumiço, muito menos seu retorno.

Desolado, ele fingiu partir de novo.

— Onde vai, Miguel?

— Me perder...

— Por quê?

— Porque ninguém prestou atenção em mim.
— Não, volta aqui, nós te amamos!
— Não te preocupa, sei agora o caminho de volta.

O álbum de fotos formava uma coleção de vozes, de histórias, de anedotas. Meus pais me ensinaram a ver principalmente o que não estava na fotografia. As palavras me retratavam com mais fidelidade do que a câmera. Com a letra, imaginava o que não poderia ver. Imaginar é lembrar mais do que olhar.

Somos os lugares em que sentamos.

Cada um de vocês não escolheu uma poltrona ao acaso para assistir à palestra, por mais que acreditem nisso.

Em minha residência, sentava de costas para a porta. Ao meu lado, Miguel, o caçula. É impressionante que o ato fortuito de me sentar ao lado daquele irmão tenha me feito seu porta-voz da infância. Se fosse o Rodrigo, se fosse a Carla, eles seriam igualmente confidentes. Mas era o Miguel que me passava o sal, o açúcar, a cumbuca de feijão. Tínhamos idêntica perspectiva do olhar, diria que fugíamos pela mesma janela a cada garfada. A proximidade física favoreceu um espaço afetivo indestrutível. Meu lugar na mesa definiu minha amizade.

Na escola, sentava no fundo. Na turma do barulho. Meu melhor amigo ficava ao meu lado. Não, ele não era meu melhor amigo antes de sentar ao meu lado. Ele se transformou justamente porque sentava ao meu lado. Quando me pedia uma ajuda impossível na prova. Quando emprestava o apontador ou me passava bilhetes para comentar a calça colada de uma menina. A convivência criou a necessidade. A visão de quem ficava no fundo da sala era diferente da de quem sentava no meio e diferente da daqueles que se posicionavam na frente. A turma do fundo gostava mais de esporte e tinha uma relação mais estreita com os colegas. *Penava nas notas.* A turma do meio se mostrava ligada à família, entre dois mundos, emitindo opiniões fortes de casa. *Passava por média.* A turma da frente se aproximava da simpatia dos professores, pouco influenciáveis para a rebelião. *Gabaritava as provas.*

Qualquer um pode contar sua história pelos lugares em que sentou. Há uma relação direta com a imagem que construiu ao longo da trajetória.

Almoçar ou jantar em família me fortaleceu. Acredito sinceramente que a desagregação familiar reside no fato de não mais fazermos a alimentação em conjunto. Ninguém mais sabe o que o seu parente está pensando. Os pais comem na frente da tevê, o filho no computador, a filha na sala respondendo mensagens, em horários avulsos e separados.

"Está na geladeira" substituiu o "está na mesa".

É na fome que a verdade aparece. É olhando o que o outro está pensando, na paciência de um prato, não soltando frases pelos corredores. Há que se preservar um ponto de encontro para se reabastecer e expor como foi o dia, senão o dia se repete e a vontade de conversar desaparece por falta de prática.

Nunca fui uma só cadeira em minha vida. Ter meus irmãos por perto para narrar meus problemas ou suportar meu silêncio me alcançou a certeza de que nunca estou sozinho.

Até hoje, quando deixo minha casa, sou quatro cadeiras: sou também o Rodrigo, o Miguel e a Carla. Não me levanto da mesa sem eles!

Ou alguém acredita que não é condicionado pelo amor?

Sou uma prova disso.

Já casado, com meus filhos, acordo curvado, devagar. Não, não tenho nem problemas nas costas, nem é o colchão ou alguma posição do Kama Sutra que tentei praticar sem aquecimento. Acordo como se estivesse me levantando do beliche do meu antigo quarto. O cuidado para não bater a cabeça nas tábuas. Dormia na cama de baixo. Levanto como se meu irmão menor estivesse dormindo sobre minha cabeça. Depois de 25 anos, persisto carregando uma cama imaginária e aérea ao longo do dia.

Eu dirijo com pouco espaço aos pés, socado, acidentado antes de começar a andar, preso às ferragens. Da onde veio esse hábito? Do autochoque do Parque da Redenção, minha primeira experiência no volante. Eu me coloco igualzinho como me coloquei naquele carrinho quando tinha 8 anos. Conservo o medo da alegria.

Ao comer meu prato predileto (tortei), vou gemer. Gemer mesmo. Prender o ar e soltar violentamente exclamações inacabadas. Murmúrios sexuais, inapropriados para quem me acompanha. Herdei de meu pai.

As gavetas da cozinha estão arrumadas na mesma ordem materna. Minha mulher vai descobrir agora que sou mais Édipo do que imaginava. Na primeira gaveta, os talheres. Na segunda, os guardanapos. Na terceira, os panos de prato. Na quarta, as tábuas. É doentio, mas não escapo. Minha mãe se sente literalmente em sua casa em minha casa. Não vai nunca errar para achar o abridor. A cozinha é toda igual.

Meus dois filhos, enquanto conversam comigo, perguntam a todo instante: "Posso falar?" Já é um marcador de nossos diálogos. Eu tomei deles ou eles puxaram de mim?

Quando estou com medo de alguma coisa, vou gritar "Ana". Preservando o jeito que a chamei quando escutei as infiltrações do quarto ou quando Vicente desapareceu por alguns minutos numa praça. Se estivesse no quarto casamento, continuaria gritando Ana diante de uma enrascada. Poderia cuidar para não falar seu nome em situações de tranquilidade, não controlaria no desespero. Seria horrível para outra mulher ver que meu desespero é eternamente enamorado pela Ana.

Meus cadarços duram apenas 20 minutos. Não sei amarrar. É uma de minhas tantas fraquezas. Ao correr um pouco mais, lá estão os cordões desembrulhados, lambendo o chão. Descontarei metade de meus atrasos dos fios soltos. Quando jogava futebol, não foram raros os momentos em que o tênis voou junto com a bola. Desagradável é ser notificado em cada esquina: "Teu sapato está desamarrado." Ajoelho-me com frequência para rezar lesmas. Invejava meus irmãos que amarravam com sabedoria de escoteiro. Numa tarde, adulto, vi minha mãe preparar seu nó. Fingiu o nó. Notei que ela tampouco sabia. Minha mãe me ensinou os tropeços.

Não são poucos os rituais familiares que sigo automaticamente: dormir do lado da porta, deixar a mulher no lado interno da calçada, esperar o outro se servir para comer. Corro o risco de ser chamado de conservador, antes disso, esses hábitos me conservam.

Sem regras, o amor é grosseria.

Infinitas as delicadezas que nos compõem. Quando ardo de saudade de minha avó, aponto lápis com canivete. Minha avó sempre apontava o lápis na janela. Talvez chamando as visitas. Quando bate uma nostalgia de meu avô, ponho a caneta na orelha. Se quero reencontrar o menino que sou, brinco de adivinhar os carros que vão passar na frente de casa, competição que nunca me ajudou a ganhar na Mega Sena, mas que aperfeiçoou meus ouvidos a descobrir o veículo pelo som do motor.

Hoje meu domingo prossegue terminando com o rádio ligado no futebol, igual aos domingos da minha adolescência. Quando encerra a jornada esportiva, já é segunda. A tardezinha dos domingos será segunda-feira história adentro.

É tão fácil preservar ou manter os laços com quem vivemos. Um gesto e acordamos a memória. Um cheiro e retomamos a eletricidade do corpo. Um prendedor de cabelos e os cachos voltam a alisar os dedos.

Não acredito, portanto, que família seja uma empresa. Como dezenas de livros de autoajuda indicam.

Não concordo que é na família que forjamos os vencedores. Na família, aprendemos a perder e a permanecer vivendo com gosto.

Se os filhos não obedecem, não fazem nada, têm preguiça para qualquer coisa, não ficariam numa empresa.

Mas na família, ainda ficariam. É o local de que eles não precisam sair.

Caso meu avô Leônida escutasse essa arena infalível de vitoriosos, depois de um bom palavrão em italiano, gritaria:

— Vai catar coquinho e deixar de ser besta.

A família não é uma empresa. Não vou demitir ninguém em casa. O pai e a mãe não são o que queremos deles, mas o que eles podem oferecer.

Família não deve trazer rentabilidade, organização e competência. A cobrança não fixa um lar. Família é a educação que recebi para não me envergonhar de pedir ajuda.

Na minha residência, cada um tinha uma tarefa. Mas não era uma empresa ou uma cooperativa. Não fui promovido. Não esperava cargos de confiança. Os irmãos me continuavam.

Quando fui demitido uma vez, expliquei para minha filha, de 4 anos, a saída do serviço.

— O trabalho não me quis mais.

Ela respondeu bem calma:

— Não importa, será meu pai sempre.

Eu dependo de um lugar para falir na minha vida. Deixe-me ao menos a família.

Eu posso perder tudo, menos a família. A família é meu pertencimento, a adoração dos telhados, o avental no gancho da cozinha.

A família é o único lugar em que vivemos sem a expectativa de acertar. Um espaço para falir, para errar e se debruçar em nossas fraquezas. Já tenho de ser funcional no emprego, no lazer, nas relações com os outros. E agora a sugestão é que trabalhemos também na família. Isso é exploração infantil, isso é jornada dupla, isso é transformar elos naturais em conexões automáticas.

A família depende de uma única coisa: a intimidade. E intimidade não é emprestada, intimidade é não pedir de volta.

A família é o único reduto que me permite ser verdadeiro. É o único reduto de autenticidade. Não vamos colocar a competição dentro dela. Ou encher os nossos filhos de horários e de obrigações para que não pensem bobagens. Eles carecem das bobagens para escolher seus caminhos. Ser ocupado não nos torna importantes; não nos torna responsáveis. Envelhecer é se desocupar para a amizade.

Eu tinha o tempo livre depois da escola e jogava futebol com os colegas, roubava frutas e brincava na casa dos vizinhos. Voltava para a casa quando a mãe gritava: "Tá na mesa!" A infância é própria para a vadiagem. Quando iremos vadiar de novo?

Se a família é uma empresa, um dia os filhos vão pedir demissão, um dia o pai e a mãe vão se aposentar, um dia os tios vão pedir concordata, um dia o genro vai desviar recursos.

Na família, os laços são eternos, e não provisórios como numa empresa. Família não é trabalho, família é experiência. E nunca haverá perdedores na família, mas irmãos e filhos e pais. Eles são a família, não um referencial de realização.

Essa exigência de sucesso na família implica não aceitar os perdedores. O que são os perdedores senão os mais sensíveis à pressão? Por isso, famílias se assustam com os problemas e escondem em clínicas filhos alcoólatras, drogados e doentes. Sofrem com a cobrança pública. Temem a exposição de seus defeitos.

Família é ter defeitos, é ter fantasmas, é ter traumas. Frustração é não contar com uma família para se frustrar.

Família é compreensão, não um acordo.

Não temos de alimentar vergonhas de nossas vergonhas. Família é onde tiramos os sapatos e deitamos os casacos. Não promoverei reunião-almoço na minha sala. Não afastarei um parente pela malversação. Não solicitarei a restituição das mesadas. Não exigirei que minha filha escolha medicina ou direito pela estabilidade. Não condiciono minha paixão a resultados.

Um patrão nunca será um pai. E todo abraço é a minha desordem.

Se somos os lugares em que sentamos, os lugares em que vivemos, somos as palavras que escolhemos.

Não é o comportamento que forma as palavras. Mas as palavras formam o comportamento. As palavras são o comportamento. As palavras são o meu caráter.

Como praticar a ecologia sem incluir a preservação das metáforas?

Quantos lugares-comuns, frases feitas, clichês poluem o rio da fala dentro e fora de casa?

Ninguém tem medo aqui de faltar palavras potáveis para beber?

Será que nos esforçamos para falar diferente ou falamos para não pensar?

Alguém supõe quanto as palavras sofrem em segredo quando não são sonhadas?

Se não temos gosto de falar, até o nosso silêncio é falso.

Assumimos o pânico de sacrificar a natureza quando permitimos que a linguagem fale em nosso lugar e não mais falamos por ela. Quando somente transferimos a responsabilidade de dizer e de nomear pelo ato de repetir.

Repetir não é comunicar, é matar o significado da convivência. O mistério ansioso por escutar.

Para consolidar a ecologia, há de recorrer à poesia mais do que a conceitos como "sustentabilidade ecológica", "biodiversidade", "desenvolvimento sustentável", "conservação de ecossistemas", "antropisação", "carcinogênico", "agrofloresta".

Vou além: ecologia não poderia contar com linguagem técnica, parada, mas linguagem em movimento, lúdica.

Como inspirar uma criança a cuidar do jardim da escola com "desenvolvimento sustentável"?

O que é possível enxergar com "desenvolvimento sustentável"? O que é possível conhecer com "desenvolvimento sustentável"?

Serve para tudo. Para terminar um relacionamento:

— Amor, desculpa, nossa relação não teve um desenvolvimento sustentável, não saímos mais de casa, renunciamos aos amigos, carecemos de aquecimento global.

Um poema representa muito mais do que esses termos vazios. Porque sugere, conduz, estimula comparações. Um poema é o cinema mudo. A lembrança da voz. Como João Cabral de Melo Neto realiza ao descrever o rio Capibaribe:

Aquele rio
era como um cão sem plumas.
Nada sabia da chuva azul,
da fonte cor-de-rosa,
da água do copo de água,
da água de cântaro,
dos peixes de água,
da brisa na água.

Sabia dos caranguejos
de lodo e ferrugem.
Sabia da lama
como de uma mucosa.
Devia saber dos polvos.
Sabia seguramente
da mulher febril que habita as ostras.

Eu vejo o rio, eu imagino o rio, compreendo do que é feito a partir do que não é feito. Compreendo quem o habita e qual a sua cor e espessura. Eu me torno íntimo do rio Capibaribe sem nunca o ter observado. Eu me responsabilizo por ele, sofro com ele.
Algo que não aconteceria com uma frase tipo:
— O rio Capibaribe não tem sustentabilidade ecológica.
Cansei de ouvir que os poemas são difíceis. Há uma maior compreensão do que emocionar? Os poemas são mais fáceis de assimilação (porque comovem) do que aquilo que entendemos sem sentir nada.
Se separamos o lixo seco do orgânico, temos de separar a linguagem orgânica da seca em nossa rotina.
Não será igualmente criminoso usar palavras desnecessárias, sem entusiasmo, sem força de vontade, sem alegria? Por descaso ou por descanso. Pela pressa, sendo que a pressa aumenta o esquecimento, inibe a lembrança.

Diariamente, quantas palavras são reproduzidas desprovidas de sentido? Lançadas na terra como latas de alumínio, de demoram mais de um século para se decompor.

Um lugar-comum é tão poluente quanto as pilhas e as baterias de celular. Expressões que nada têm de pessoal, que não permitem a descoberta ou o deslumbramento, estancam a circulação do afeto. Interrompem o gosto de ouvir.

Quantos fósseis são abandonados no cotidiano do idioma, quantos verbetes esperam sua chance de tratamento no aterro sanitário do dicionário? Será que não viramos fantasmas se portamos uma língua morta?

Palavras são de vidro. Palavras são de metal. Palavras são de plástico. Palavras são de papel. Não se pode colocar todas com o mesmo peso, no mesmo destino. Cabe discerni-las.

Assim como reciclamos o lixo, as palavras dependem da renovação. Mudar a ordem, produzir significação, exercitar gentilezas, valorizar detalhes. Não as deixar desacompanhadas, viúvas.

É poluente dizer ao filho "nem se parece comigo" para ameaçá-lo. Uma convenção a que a maioria recorre para se livrar do cuidado, sacrificando um momento de particularizar sua experiência paterna e materna. Por que não procurar afirmar "você se parece comigo mesmo quando não se parece"?

Ou há algo mais solitário e desolador que resmungar "eu avisei" para sua mulher quando ela erra? Mostra que já a estava condenando antes de qualquer resultado e atitude.

São períodos postiços, artificiais, fingidos, que corrompem a respiração. Ao encontrar um colega antigo, logo nos despedimos: "Vamos nos ligar?" Isso significa o contrário, não vou telefonar nos próximos três anos.

Até que ponto as palavras não são empregadas para esconder o que se deseja, para disfarçar, para ocultar? Quantos sinônimos para não dizer absolutamente nada. Para se afastar do que realmente se desejava declarar. Foge-se da palavra certa pela palavra aproximada. Uma palavra vizinha não mora no mesmo lugar da verdade.

Palavra é sentimento. Mas — cuidado — as palavras não podem sentir sozinhas.

Palavra é poder. Ao esgotar seu significado, esgotamos nossa permanência.

Palavra é família. Ainda que tenha sido trocado no hospital.

Vida e literatura

Pedro Juan Gutiérrez

Pedro Juan Gutiérrez

Artista visual e escritor cubano, autor da obra *Trilogia suja de Havana* (*O rei de Havana*, *O insaciável homem-aranha* e *O ninho da serpente*), é reconhecido internacionalmente como um dos escritores mais talentosos da nova narrativa latino-americana. Nascido na *villa* de Matanzas em 1950, começou a escrever como forma de fugir da sua realidade. De origem humilde, foi agricultor, trabalhador da construção civil, dirigente sindical, professor de desenho técnico e ator de rádio. Trabalhou como jornalista durante os anos 1980, visitando países como a União Soviética e a Alemanha Oriental e realizando coberturas para revistas, rádios, TV, jornais e agências de notícias cubanas. Dedicando-se nos últimos anos exclusivamente à pintura e à escrita, nunca abandonou o centro de Havana, sua morada e grande inspiração.

Creio que nós escritores só fazemos caminhar ao longo da vida desesperadamente por um caminho que une dois povos: um chamado Cordura e outro chamado Loucura. Às vezes, vamos da cordura à loucura, outras vezes da loucura à cordura. E assim vai transcorrendo a vida: nunca sabemos para onde vamos nem de onde viemos.

Minha participação versa sobre um tema que me apaixona: por que uma pessoa normal, uma pessoa comum, começa a escrever? E por que essa pessoa normal se transforma em um escritor? Estou há anos pensando sobre isso e não encontro explicação. Suponho que a resposta deva ser procurada na infância, que é a origem de tudo. Um escritor é, essencialmente, uma criança que continua sendo criança e, portanto, continua procurando explicações ao longo da vida. Isso é o que faz uma criança: ela não compreende nada, não sabe nada e sempre está tentando compreender, entender.

Eu tenho uma filha de 7 anos e quando ela estava com 4, era bem pequena, muito pequena, se aproximou da minha mesa de trabalho, que está sempre cheia de livros, de notas, de coisas, olhou e disse: "Eu quero saber tudo!" (risos). E isso não dá para esquecer jamais na vida, porque é exatamente o que acontece comigo, e ela tem agora 7 anos e eu, 58. Com 58 anos, aonde quer que eu vá — há uns dez anos viajo muito e por toda parte — quero saber tudo do lugar. Quero apreender, quero averiguar, quero fazer perguntas.

Acredito, portanto, que um escritor é, antes que qualquer outra coisa, alguém que inexplicavelmente continua sendo criança e por isso escreve. Para encontrar respostas para as perguntas que o acompanham desde a infância, desde a adolescência.

Acredito que todos os medos vão se desenvolvendo conosco e se transformam em sonho, em pesadelos, em obsessões, se mascaram, se disfarçam, se escondem, se transformam, mas continuam ali, dentro de cada um de nós. Às vezes, temos ataques de pânico, ataques de medo, ataques de euforia, ataques de alegria, ataques de erotismo desesperado e não sabemos por quê.

Por isso, quase todos escrevemos diários, diários secretos, diários que escondemos para que ninguém os leia. Ou vamos ao psicanalista, mas, é claro, o que dizemos para o psicanalista é para que ninguém saiba, somente essa pessoa que não existe, que é como um fantasma que fica nos escutando e que nos ajuda simplesmente a nos compreendermos. Ou escrevemos poemas que também escondemos, ou os entregamos a somente uma pessoa. Todas essas são tentativas de encontrar explicações. Porque todas essas tentativas descrevem nosso lado obscuro, descrevem tudo o que necessitamos ocultar. Não queremos que ninguém conheça nossos fantasmas, nossas obsessões, por uma razão elementar, de proteção. O Pedro Juan Gutiérrez mais interessante é o Pedro Juan Gutiérrez que vocês nunca vão conhecer. Pedro Juan Gutiérrez, esse escritor que vem de Havana, que dá entrevistas, que explica aos jornalistas, não. Tudo isso é um papel social e eu o manejo, o manipulo e escondo o outro Pedro Juan, o Pedro Juan secreto, o Pedro Juan com medos, com obsessões, com pesadelos, mas que continua tendo sonhos, apesar de tudo, continua tendo planos, continua tendo projetos, acredita que vai viver 50 anos mais e que vai poder fazer isso e aquilo outro.

Ninguém deve saber que temos medo da solidão ou da noite, ou que gostamos de um sexo desviado das condutas sexuais aceitas pela sociedade, ou que não suportamos os vizinhos, ou que necessitamos ser sádicos com uma mulher para ter uma boa ereção. Tudo isso se esconde, tudo isso não se diz. Tudo isso e muito mais guardamos em segredo dentro de nós.

Mas há uma pessoa entre vários milhões, somente uma, que vence sua vergonha natural, se despoja de seus sentidos de autopreservação, de autoproteção e se põe a escrever sobre esses assuntos, sobre esse lado obscuro. São poucas as pessoas que se atrevem a escrever com suficiente descaramento e que, ademais, escrevem bem e com graça suficiente.

Por exemplo, nos meus livros, descrevo as cenas de sexo da maneira mais explícita possível, quem ler *Trilogia suja de Havana* ou *Animal tropical* vai encontrar, sobretudo, cenas de sexo demasiado explícitas, quase pornográficas, sempre contextualizadas para que os acadêmicos aceitem esses livros; não se trata de pornografia gratuita. Na realidade, escrevo assim por vingança. Já li milhares de livros e sempre me incomodou muito que os escritores tenham uma certa dificuldade ou vergonha, tenham medo do sexo, de descrever o sexo; isso é uma expressão de nossa sociedade judaico-cristã ocidental: o sexo é pecado, a luxúria é pecado. Então, eles dizem: "Bom, foram para a cama, ficaram nus e deitaram-se, ponto. No dia seguinte, pela manhã..." Sobre a parte saborosa ninguém escreve e eu, como por vingança — me dei conta disso depois de muitos anos — escrevo o que esses escritores não conseguem ou não se atrevem a escrever.

Se esse escritor escreve com suficiente graça e tem a sorte de encontrar um editor que publica seu livro, produz, possivelmente, um escândalo. Há uns tantos livros escandalosos na história da literatura; todos devem conhecer Henry Miller. Proust, Zola até mesmo Balzac escandalizavam um pouco com as coisas que escreviam. Cada momento é diferente e cada momento reserva seu pequeno escândalo. Por isso, acredito que a verdadeira história da literatura nunca foi escrita. Há uma face que se mantém esquecida, a ninguém parece interessar escrevê-la, pois é feita à base de censuras e pequenos escândalos.

Maquiavel, por exemplo, quando escreveu *O príncipe*, na Florença do início do século XVI, criou um grande problema. Todos o acusaram e o ignoraram, pois aquele livro não lhes era conveniente. Os príncipes não queriam saber do livro, sobretudo os Médici, que eram os tiranos em Florença e faziam o que bem entendiam. Eles não gostaram do livro porque ele revelava minuciosamente, ponto por ponto, os mecanismos de poder que, com toda a certeza, preferiam manter ocultos, para que ninguém soubesse como funcionava a tirania. A pouca gente que sabia ler e tinha acesso a uma cópia do livro também o detestava, uma vez que detestavam Maquiavel porque, diziam, "esse homem ensinou aos príncipes como nos explorar, como nos controlar; pior ainda, ensina ao príncipe como nos esmagar ainda mais". De tal modo que Maquiavel ficou entre dois fogos e O príncipe não foi publicado naquele momento, ficou como um manuscrito. Maquiavel tinha sido uma espécie de ministro das Relações Exteriores, chanceler da República de Florença, e tinha aprendido muito durante os anos de chancelaria. Tendo visitado as grandes cortes da Alemanha, da França, aprendera tudo na prática. E ingenuamente, porque no fundo não era mais do que um homem ingênuo, pois escrevia sobre o que sabia, sobre o que conhecia, sucumbiu estrondosamente. O livro não foi publicado até muito tempo depois da morte de Maquiavel, em 1527, quando alguém se ocupou de fazer uma edição, e depois outra, sucessivamente. Apesar de não considerar seu livro um feito extraordinário, ele não previra essa reação tão brutal, tão agressiva contra sua obra.

Outro exemplo é Vladimir Nabokov com *Lolita*. O livro fez grande sucesso na Europa em geral, mas na França foi um tremendo best-seller. Vladimir Nabokov fugiu para os Estados Unidos em 1940, mas quando tratou de publicar seu livro, por volta de 1950, depois da Segunda Guerra Mundial, foi proibido. Teve de comparecer, acompanhado de seu editor, perante um tribunal, uma espécie de tribunal inquisitorial, para jurar com a mão sobre a Bíblia que nunca tinha tido relações sexuais, nem de qualquer tipo, com uma menor de idade, com uma adolescente, e que o romance era uma obra de ficção. E então o juiz disse: "Muito bem, se é tudo mentira, então o senhor pode publicar seu livro, distribuí-lo, vendê-lo; se é mentira, então está bem, perfeito." E o livro, é claro, se transformou em um best-seller. Nabokov teve de ser muito forte naquele momento, o editor não. Como todos os editores, ele o fazia simplesmente por dinheiro, ao passo que Nabokov o fazia com o coração, como trabalham sempre os grandes escritores: com o coração e com as emoções.

Também há o caso de Émile Zola, que foi denegrido, levado aos tribunais várias vezes.

Há outro caso, pouco conhecido, o de Cirilo Villaverde, que escreveu o primeiro romance verdadeiramente importante da literatura cubana. O livro precisou ser publicado em Nova York, em 1883, porque em Cuba o governo colonial espanhol não o suportou. Por quê? Porque consideravam que era um atentado contra a moral da época — estamos falando de 1883 — porque o romance traz pela primeira vez um triângulo amoroso, maravilhoso, que se mantém até hoje na sociedade cubana, de uma mulata formosa, com muito *sex appeal*, sensual, deliciosa, muito apaixonada por um crioulo, um mulato pobre, alfaiate, quando aparece um espanhol de quem ela não gosta, mas que tem dinheiro. Em torno desse triângulo amoroso se desenvolve todo o romance. Os espanhóis o consideraram uma indignidade, um escândalo e, portanto, não permitiram sua publicação. Então, Cirilio Villaverde escreveu outro livro, ainda mais ofensivo para a época. Seu pai era plantador de café na região oeste de Havana, Bahia Honda, onde havia muitos cafezais de grande qualidade na época. Estou falando de fins do século XIX... Havia escravos africanos trabalhando ali e alguns deles fugiam da fazenda e se transformavam em *marrons*, ou quilombolas. Um *marron*, portanto, era um negro escravo que fugia para o mato. O dono dos escravos contratava um *rancheador*, que era um matador de aluguel que andava a cavalo com mais dois ou três assassinos e se internava no mato para caçar os escravos fugidos. Tinha a missão de regressar após algumas semanas com duas coisas: um diário de todos os lugares por onde havia passado onde houvesse escravos *apalencados* — os *marrons* reuniam-se em *palenques*, comunidades para onde também iam as escravas que tinham filhos — e as duas orelhas de cada escravo que matava. Os escravos não eram levados de volta à plantação; quando eram capturados pelos *rancheadores*, esses os matavam, cortavam-lhes as orelhas e as colocavam em uma bolsa. Para cobrar tinham de levar as orelhas e o diário.

Então, o que Cirilo Villaverde faz? Rouba alguns diários do *rancheador* contratado por seu pai e escreve um romance espetacular, que se chama *Diario de un rancheador*. Nem preciso dizer que ele se converteu na ovelha negra da família, teve de ir para Nova York e publicou também por lá seu livro *Rancheador*. Há filmes sobre essas duas obras, *Cecília Valdés*, um filme maravilhoso de Humberto Solas, e um filme, acho que de Sergio Giral, que se chama *Rancheador*, baseado nessa história de Cirilo Villaverde.

Um escritor não pode esperar; por uma simples razão biológica, é preciso escrever no momento exato o que compete escrever. Cirilo Villaverde não podia esperar até 1902, até que os espanhóis deixassem a colônia, Cuba ficasse livre, se tornasse República, para, finalmente, republicar *Cecília Valdés* e *Rancheador*. Em primeiro lugar, porque ninguém sabe o que vai acontecer amanhã; era 1883 e ele não podia saber o que iria acontecer em 1902; talvez morresse no dia seguinte. Um escritor tem de ter a coragem de assumir o risco, simplesmente não pode esperar que passe o tempo; ninguém pode esperar.

Dessa maneira chegamos a dois conceitos essenciais do ofício do escritor, que devemos ter sempre em mente: cada leitor faz sua própria leitura, quer dizer, ninguém lê o mesmo livro, da mesma maneira que ninguém vê o mesmo filme, que ninguém vê o mesmo quadro, que ninguém ouve a mesma canção — cada um filtra o livro através de suas emoções, de sua história pessoal. Isto é importante: cada leitor constrói seu próprio livro. No meu caso, me parece muito engraçado como algumas pessoas veem antropologia nos meus livros; outras veem muito sexo; outras veem muita política; outras veem jornalismo. Acaba sendo muito engraçado ouvir os leitores, e às vezes os próprios jornalistas, dizerem: "Ora, mas seus livros são muito políticos", ou então: "São muitos sexuais". Na realidade, trata-se de um teste psicológico que estou fazendo, porque acho divertido quando me dizem essas coisas.

O outro conceito essencial é que o escritor está obrigado a mover com cada livro um pouquinho a fronteira do silêncio. Tenho isso é muito claro para mim há muitos anos, desde que trabalhava como jornalista. Fiz jornalismo durante 26 anos e tenho o mesmo tempo como escritor. É preciso ter coragem de enfrentar o risco, uma certa audácia, porque em cada época e em cada sociedade existe uma fronteira de silêncio a serviço das convenções sociais, religiosas e políticas de uma determinada conjuntura e de um determinado grupo social. O escritor corre o risco de atrever-se a dizer algo incorreto para seus contemporâneos. Maquiavel, por exemplo, pagou caro por sua ousadia; continuou pobre, continuou criando frangos em uma granja que tinha nas redondezas de Florença e, além disso, ganhou uma terrível fama de inescrupuloso, oportunista, alpinista social, imoral. Daí vem a palavra "maquiavélico", que designa todos os que agem dessa forma ou se comportam dessa maneira. No entanto, Maquiavel nos deixou O *príncipe*, que é um livro maravilhoso, porque nos ajuda a pensar, a refletir sobre os mecanismos do poder, que era sua grande obsessão. Portanto, acredito que um livro é uma máquina geradora de ideias, promove a dúvida, promove o assombro dentro dos outros.

Finalmente, o ofício de escrever nem sempre é agradável, porque, de algum modo, o escritor funciona como um cirurgião, que procura dentro de nós, dentro da sociedade em que vive, fica horrorizado com tudo o que encontra ali dentro, tira-o e diz: "Veja, é isto o que existe dentro de você; não acredite que seja assim tão bonito, nem que cheire muito bem. Não cheira bem, cheira mal; veja como é desagradável tudo o que tem dentro de si." Então rebusca nas tripas e esfrega tudo que encontra na cara das pessoas. Assim, trata-se de um ofício terrível. Lembremos que muitos escritores, os mais sérios, os mais profundos, os que se levam mais a sério e que levam mais a sério seu trabalho terminaram loucos, bêbados ou suicidas. É terrível. Eu, que sou escritor, me preocupo constantemente com isso; será que eu mesmo acabarei louco, bêbado ou suicida?

Por isso estamos nesse caminho entre dois povos, Cordura e Loucura, e quando nos aproximamos demasiado do povo da Loucura, tentamos regressar um pouco ao povo da Cordura, e assim transcorre a vida, caminhando de um lado para o outro. São poucos os que conseguem manter a cordura e a serenidade até o fim de seus dias. A minha conclusão, portanto, é a de que o ofício de escritor não é aconselhável. Quando um jovem me pergunta, sempre digo: escreva somente se a sua vocação é mais intensa do que a sua vontade; se tem outra coisa para fazer na vida, não escreva.

Cadernos de encargos
(ofícios compartilhados)

Sergio Ramírez

Sergio Ramírez

Escritor e político nicaraguense, autor de *De Tropeles y Tropelías*, formou o Grupo dos Doze, que tomou o poder na queda do ditador Anastásio Somoza. Nasceu na cidade de Masatepe, em 1942. Considerado um dos principais intelectuais latino-americanos, formou-se advogado pela Universidade Nacional Autônoma do país. Entre 1984 e 1990, foi vice-presidente do país, no governo de Daniel Ortega. De 1990 a 1995, foi deputado da Assembleia Nacional, liderando a bancada sandinista, quando fundou o Movimento de Renovação Sandinista, pelo qual se candidatou à presidência nas eleições de 1996. Autor de mais de uma dezena de livros, quase sempre abordando temas relacionados à vida social e política do seu país e da América Latina, hoje é colunista de vários jornais, revistas e websites.

Daniel Defoe, como José Saramago, começou a escrever tarde. Seu primeiro romance, *Robinson Crusoé*, apareceu em 1719, quando já tinha 60 anos, mas daí para a frente vingou-se teimosamente do tempo escrevendo com arrebatamento até a hora de sua morte. Além de ter criado com Robinson uma das personagens arquetípicas da literatura de todos os tempos, se propôs escrever, com pulso de velho sábio, histórias que parecessem verossímeis aos ouvidos e aos olhos e para isso utilizou a precisão fria do notário que inventaria bens, ou do mestre de obras que anota no diário a quantidade exata de argamassa necessária para construir um arco ou um pilar.

Sua vida, contudo, nem tão honrada nem tão pacífica, resulta tão assombrosa quanto os seus livros. Quando decidiu começar a escrever, já havia conhecido as glórias enganosas da política — o abrigo dessa sombra perversa do poder — e suas amargas decepções. E não somente isso. *O meio mais rápido de acabar com os dissidentes*, panfleto contra o teólogo da igreja anglicana Sacheverell que por inútil precaução não assinou, motivou sua reclusão na temida prisão de Newgate, onde tampouco quis desperdiçar o tempo que dedicava a atacar seus inimigos e escreveu outra sátira, o *Hymn to the Pillory*.

Defoe acabou decepcionando-se com aqueles que, sendo mais destacados do que ele, tiraram vantagem dos seus irônicos ou incendiários escritos, nos quais defendeu causas políticas que alguma vez acreditou serem suas; sua melancolia e seu desgosto chegaram a tal ponto que sofreu um derrame cerebral, um acidente que, no entanto, não deixaria sequelas nas suas faculdades mentais. Conseguiu superar as deficiências físicas e decidiu que, dali em diante, não faria outra coisa senão escrever. Escrever na solidão e escondido dos olhos dos muitos credores, posto que morreu endividado até o pescoço.

É realmente possível misturar esses dois ofícios que parecem tão alheios e contraditórios, isto é, os de político e escritor? Ao fazer eu mesmo essa pergunta, devo responder com minha própria vida. Na Nicarágua, assim como em qualquer outro país da América Latina, o peso do agir público se torna incontornável na vida de um adolescente, ainda que esse adolescente queira ser escritor. Quando, aos 17 anos, iniciei a viagem desde a minha pequena cidade natal, Masatepe, pela mão do meu pai, até a cidade de León, para matricular-me na escola de direito, ele, que vinha de uma família de músicos pobres, se preparava, de alguma maneira, para entregar-me à vida pública. Queria que eu fosse advogado, que tradicionalmente têm sido aqueles que conduzem a vida política, não somente os litígios nos tribunais. São oradores, tribunos, ministros, legisladores, presidentes e, de alguma maneira, intelectuais na primeira fila dos acontecimentos.

Estávamos, porém, na Nicarágua dos Somoza, uma família que chegou ao poder pela intervenção militar dos Estados Unidos e que naquele momento já estava havia mais de 20 anos no governo. A ideia da política que tinha meu pai estava ligada à permanência imutável daquela dinastia que, de acordo com as contas que ele fazia, não teria fim. Quando cheguei à universidade e fiquei ali sozinho, em um mundo novo, comecei a compreender que a vida era diferente. Havia agitação nas ruas, galeras de estudantes se lançavam para protestar quase todos os dias contra a ditadura. Nesse mesmo ano, na tarde de 23 de julho de 1959, um pelotão de soldados disparou contra nós — eu já estava na rua protestando. Houve quatro mortos, fruto daquela brutalidade insensata, dois deles meus companheiros de sala de aula, e mais de 60 feridos.

Essa era a Nicarágua dos Somoza que meu pai considerava natural e que minha geração queria mudar desde a raiz. Éramos radicais, naturalmente. Hoje costumamos esquecer que radical vem de raiz e não quer dizer mais do que querer mudar as coisas desde a raiz. Hoje isso passa por torpeza ou falta de visão prática. Um tributo dos novos tempos àquela velha filosofia do liberalismo fundacional, segundo a qual cada um deve cuidar da sua parte, porque o todo se ajeita sozinho.

Éramos radicais para enfrentar um poder astuto e implacável que o velho Somoza, fundador da dinastia, tinha deixado como herança para os dois filhos, Luis e Anastásio, após ser morto a tiros por um jovem poeta de 26 anos chamado Rigoberto López Pérez, em 1956 — precisamente na cidade de León, onde eu me tornava revolucionário e escritor. Nasci na época do velho Anastásio Somoza e fui para a universidade sob o governo do seu filho mais velho, Luis Somoza Debayle. Marchei para um exílio voluntário nesse contexto e fui protagonista da derrocada do último deles, Anastásio Somoza Debayle, que já preparava o reinado do filho, Anastásio Somoza Portocarrero. No dia 20 de julho de 1979, 20 anos depois, entramos triunfantes na Praça da Revolução, em Manágua. O último Somoza, o último marujo, tinha fugido e todo o exército pretoriano, debandado. O poder fora conquistado por uma geração aguerrida, que não estava disposta a fazer concessões ao passado. Às vezes me inquieto ao imaginar que devo ter nascido demasiado cedo ou demasiado tarde e por isso não participei daquele acontecimento. "Foi o melhor dos tempos, foi o pior dos tempos; foi tempo de sabedoria, foi tempo de loucura; foi uma época de fé, foi uma época de incredulidade; foi uma temporada de fulgor, foi uma temporada de brumas; foi a primavera da esperança, foi o inverno do desespero" (como começa Dickens sua *História de duas cidades*).

José Saramago disse uma vez que não acredita no papel do escritor como missionário de uma causa, mas que, de qualquer maneira, ele tem deveres de cidadão. Há pouco tempo ouvi-o dizer, em um encontro realizado em Santillana del Mar dedicado à sua própria obra e às de Carlos Fuentes e Juan Goytisolo,[1] que o que se exige do escritor com relação a tais deveres se parece com o "caderno de encargos" no qual os mestres de obra anotam o que devem fazer a cada dia. Julien Green,[2] no diário do último ano da sua vida, *Le grand large du soir* (1997-1998), refere-se a anotações, datadas de 1873, no caderno de encargos

---

[1] Juan Goytisolo (1931), escritor espanhol que escreveu novelas, contos, livros de viagens e ensaios. Nos anos 1960, consagrou-se como um escritor experimentalista, sempre com ênfase na crítica social. (*N. do O.*)

[2] Julian Hartridge Green (1900-1998), escritor franco-americano, muito identificado com a cultura francesa, escreveu livros de forte conteúdo religioso de orientação católica, em geral ambientados em pequenas cidades da França. Autodestruição e sexualidade também estavam entre seus temas prediletos. Foi membro da Academia Francesa de Letras. (*N. do O.*)

de um restaurador suíço comissionado para reparar um afresco no teto de uma igreja em Boswil, Aargau:
Modificar e passar verniz no sétimo mandamento: 3,45 francos.
Alargar o céu e ajustar algumas estrelas; melhorar o fogo do inferno e dar ao diabo um aspecto razoável: 3,68 francos.
Retroceder o fim do mundo, dado que se encontra demasiado próximo: 4,48 francos.

Modificar os mandamentos, alargar o céu e ajustar as estrelas, reavivar as chamas do inferno, disfarçar o diabo com as vestes do pastor, retardar o fim do mundo. Nem mais, nem menos. Um caderno de encargos como também levava consigo Voltaire. Quando Voltaire fracassou em sua quimera de reformar o poder monárquico para que a razão brilhasse com todas suas luzes — não por acaso aquela deveria ser a era da razão total — dedicou-se com fervor à causa da defesa dos cidadãos, escrevendo a assombrosa quantidade de 18 mil cartas, publicadas muito tempo depois de sua morte, em 89 volumes. Nelas, combatia a injustiça e os abusos de poder, denunciava as sentenças judiciais mal resolvidas e as execuções atrozes de prisioneiros; foi o que hoje em dia chamaríamos de *ombudsman*. Se fosse nosso contemporâneo, Voltaire teria um blog.

Essa experiência compartilhada de intelectual e político vem de muito tempo atrás na tradição da vida pública da América Latina. E, em algum momento, foi também uma tradição europeia. Francis Bacon foi lord chanceler do rei James I e John Milton, secretário do Conselho de Estado durante o governo Cromwell; preso depois da restauração, Milton teve tempo suficiente na prisão para dedicar-se a finalizar *O paraíso perdido*.

É também uma tradição espanhola. Ao escrever seus *Episódios nacionais*, dom Benito Pérez Galdós[3] demonstrou que lhe concernia não

---

[3] Benito Pérez Galdós (1843-1920), novelista, dramaturgo e cronista espanhol, um dos principais expoentes do realismo do século XIX. Seus primeiros textos trazem um padrão mais maniqueísta entre personagens liberais e conservadores, mas foi se interessando pelos costumes e hábitos, terminando por se tornar um mestre do romance histórico. Possuía grande sensibilidade para a linguagem popular. Alguns de seus romances são majoritariamente dialogados. Livrou-se dos artifícios retóricos e abraçou um estilo direto e fluente. Uma de suas obras mais famosas é o romance *Dona Perfecta*, de 1876, um libelo contra a intolerância ideológica. Mas sua obra-prima é considerada a série *Episódios nacionales*, cujo ambiente é a história política da Espanha no século XIX. (N. do O.)

somente a história, mas a política viva, porque se filiou ao Partido Republicano e pronunciou discursos contra a monarquia e o clero a partir da tribuna de deputado da coalizão republicano-socialista. Acreditava ainda no poder regenerador da literatura; assim, diz sobre sua peça de teatro *Electra*:

> em *Electra* pode-se dizer que condensei a obra da minha vida, meu amor à verdade, minha luta contra a superstição e o fanatismo e a necessidade de que, esquecendo de nosso desgraçado país as rotinas, os convencionalismos e as mentiras que nos desonram e aviltam ante o mundo civilizado, possa realizar-se a transformação de uma nova Espanha, que, apoiada na ciência e na justiça, venha a resistir às violências da força bruta e às sugestões insidiosas e malvadas sobre as consciências.

Nesse sentido, podem-se citar também dom Manuel Azaña,[4] escritor, orador e jornalista, presidente da República espanhola; Rafael Alberti,[5] deputado comunista de Las Cortes nos tempos da transição para a democracia, ao final do franquismo; e Pablo Neruda, que foi senador pelo Partido Comunista de Chile e candidato simbólico à presidência.

O romancista André Malraux, que lutou ao lado da República na Espanha, homem de ação, foi o paradigma do que mais tarde chamaríamos "o internacionalista", um tanto na tradição romântica de Stendhal, internacionalista também sob as bandeiras napoleônicas na Europa, não importava o fato de que Napoleão repreendesse os oficiais

---

[4] Manuel Azaña Díaz (1880-1940), escritor espanhol e um dos políticos e oradores mais importantes da vida política espanhola no século XIX. Sua obra mais conhecida é *La velada em Benicarló*. Seus diários são considerados documento de grande importância para a compreensão da sociedade da época. Foi presidente da Espanha entre 1931 e 1933 e entre 1936 e 1939. (*N. do O.*)

[5] Rafael Alberti Merello (1902-1999), escritor espanhol especialmente reconhecido como poeta. Membro do Partido Comunista, integrou a Aliança dos Intelectuais Antifascistas, que se opôs a Franco. Com a derrota do republicanismo exilou-se primeiramente na França, tendo seguido em 1940, diante da ameaça alemã, juntamente com Pablo Neruda, para o Chile. Regressou à Espanha em 1977, depois da morte de Franco, quando se elegeu deputado pelo PC. (*N. do O.*)

de seu exército por se dedicarem à vã distração de ler romances nos acampamentos em vez de aprender com os livros de história. Mas Malraux acabou congelado na imobilidade oficial que confronta o poder. Volto aqui aos ditos de seu amigo Julián Green, que o descreve solitário nos corredores sombrios e desertos do Ministério de Cultura no Palais Royal: "Preferiu sempre a ação, mas achava-se recluso no seu passado por sua fidelidade a De Gaulle".

Os escritores dos Estados Unidos, tão longe do poder e tão alheios à política, quando se apresentam como candidatos são vistos como raridades excêntricas: Upton Sinclair,[6] que tinha escrito *A selva*, perdeu as eleições porque seu adversário, pouco honesto, como tantas vezes acontece nas campanhas políticas, fazia com que fossem lidos no rádio parágrafos de seus romances nos quais os personagens falavam mal da Igreja, dos partidos e até dos meninos escoteiros. Ou Norman Mailer,[7] derrotado como candidato a prefeito de Nova York, ou Gore Vidal, ovelha negra de uma família de aristocratas, em várias ocasiões candidato perdedor ao Senado. Quando nos Estados Unidos há um presidente que não despreza os escritores nem os considera perigosos, costuma reuni-los na Casa Branca em alguma *soirée* particular, para dar-se um banho de intelecto. Os escritores, porém, nunca foram "inquilinos da Casa Branca", como se diz no jargão político. Apesar de tudo o que foi dito, o general Lewis Wallace, pertencente ao Union Army e governador do território do Novo México, foi quem escreveu o romance

---

[6] Upton Sinclair, Jr. (1878-1968), escritor americano vencedor do Prêmio Pulitzer, muito popular na primeira metade do século XX. Seus romances expuseram as injustiças do capitalismo, retrataram o impacto da Grande Depressão e abraçaram o ativismo social. Em 1934 concorreu, sem vencer, ao Governo da Califórnia pelo Partido Democrata. Sua plataforma baseava-se no combate à pobreza. Seus opositores qualificaram-no de comunista. Tornou-se, para a cultura americana, uma espécie de símbolo do reformador socialista quixotesco. (*N. do O.*)

[7] Norman Kingsley Mailer (1923-2007), escritor americano considerado um dos pais do Novo Jornalismo, a não ficção criativa, ao lado de Tom Wolfe e Truman Capote. Seu livro *Os nus e os mortos* foi um best-seller bastante elogiado pela crítica. Em 1968, ganhou o Pulitzer com *Os exércitos da noite*; ganhou-o novamente em 1979 com *A canção do carrasco*. Expoente da contracultura nos anos 1960, foi um dos fundadores do jornal *The Village Voice*. Sua biografia de Marilyn Monroe, de 1973, alcançou estrondoso sucesso e polêmicas. Candidatou-se à Prefeitura de Nova York em 1969. (*N. do O.*)

Ben-Hur (1880), no qual se baseou o popular filme de 1959, não sei se para a glória das armas ou das letras.

Na Alemanha, sempre existiu uma filosofia secular por trás da literatura, capaz de interpretar as grandes marés da história e os sacolejos que essas marés produzem na alma dos seres humanos; a obra de Goethe é um exemplo. Ninguém está mais distante da imagem do político que aturde com seus discursos do que Henrich Böll, um eremita contrário ao *establishment* político, um inconformado sem concessões, inimigo até a morte de toda manifestação terrena de poder. Mas Goethe? Goethe foi conselheiro secreto de Carlos Augusto, duque de Weimar. Era um ducado pequeno, é verdade, mas pertenceu ao aparelho de poder e há quem coloque na sua conta não poucos abusos, tais como a venda de prisioneiros, pequenos ladrões e vagabundos, para a Inglaterra, para servirem de mercenários na luta contra os revolucionários norte-americanos. Parece uma calúnia, um murmúrio que brota dos túneis da história, mas têm sido escritas sobre esse Goethe tão desconhecido, o conselheiro secreto, metido nas entranhas do poder, histórias sempre obscuras.

Os escritores alemães têm tido o poder singular, ou a pretensão, de serem juízes da história de seu país, ou visionários. Thomas Mann, exilado nos anos sinistros do nazismo, e Heinrich Böll, o profeta que orientava quem retornava das trincheiras a encontrar-se com seu destino em ruínas. E Günter Grass, capaz de obrigar a sociedade alemã a mirar-se em um espelho irritante que lhe devolve um rosto que não quer ver; "o *Späteraufklärer*", como se autodesignava, o visionário tardio, o último apóstolo de uma era de desrazão, que agora sacode, com algum desdém, o barro que salpica o uniforme de membro das Waffen-SS que vestiu quando adolescente.

Por viver nas entranhas do poder, ou na sua sombra, sempre se paga um preço. Bacon foi julgado sob a acusação de enriquecimento ilícito e despojado de seu cargo de lord chanceler; Milton teve de defender publicamente as ações mais infames de Cromwell, incluindo os massacres na Irlanda. Foi *whig* e *tory*,[8] balançando-se no trapézio da

---

[8] Respectivamente, membro do Partido Liberal e do Partido Conservador. (*N. do T.*)

esquerda à direita, além de agente secreto na unificação da Escócia com a Inglaterra, como fora Christopher Marlowe, que figurava na planilha de Sir Francis Walsingham, chefe dos serviços de espionagem de Isabel I, por ocasião da sua morte em uma briga de cantina. Espião como o poeta William Wordsworth, admirador da Revolução Francesa e mais tarde participante de missões de espionagem na Alemanha.

Na América Latina, a ação política, sobretudo a que se atribui uma vontade transformadora, tem comprometido os intelectuais desde os tempos das lutas pela independência e esse papel nunca deixou de ter congruência. Penso em Antonio José de Irisarri, o crioulo guatemalteco que escreveu romances satíricos como a *Historia del perínclito Epaminondas del Cauca por el bachiller Hilario de Altagumea*, aventureiro radical e conspirador de ofício, que foi chanceler do governo do general Bernardo O'Higgins no Chile e depois foragido da justiça, ao ser condenado à morte, pelo que regressou à América Central esquecida, desde então um quintal de ruídos confusos.

Penso, sobretudo, em Domingo Faustino Sarmiento, presidente da Argentina, homem de poder e homem de letras, que, com uma visão política e literária, criou, por meio do seu romance *Facundo*, o mito de civilização e barbárie na América, dualidade que ainda nos aturde.

A personagem do romance de Sarmiento é Facundo Quiroga caudilho de La Rioja e capitão de *montoneras*,[9] que encarna o *gaucho*, habitante dos pampas — já dizimado — que se dissolve na lenda, porém mestiço próximo e concreto, um mestiço selvagem. A barbárie que representa Facundo deve ser substituída pelo ideal civilizatório de inspiração europeia. É a visão de James Fenimore Cooper em *O último dos moicanos*, um choque de índios contra europeus do qual os últimos saem vencedores porque são os mais bem-dotados, na mais pura linha de darwinismo social. O progresso civilizador americano passava necessariamente por esse crivo; e a raça que vencia o selvagem era a europeia, nem sequer mestiça, tanto nos Estados Unidos quanto na Argentina.

---

[9] Na Argentina, chamam-se "montoneras" as unidades ou tropas de extração rural, não necessariamente regulares, que eram conduzidas pelos caudilhos locais que participaram das guerras civis argentinas do século XIX. (*N. do T.*)

O intelectual que é homem de ação na América possui necessariamente uma visão ecumênica, já desde os tempos da independência, como é o caso de Baltasar Bustos, principal personagem do romance *La campaña*, de Carlos Fuentes. Trata-se do homem de letras que participará diretamente de todas as guerras da independência, de Buenos Aires a Santiago, Lima, Caracas, Veracruz, sempre em busca de Simón Bolívar, o mítico libertador, e em busca também de uma mulher, Ofélia Salamanca, que, na grande alegoria da escrita de Fuentes, continuará sendo a América nunca encontrada, a liberdade que foge e se multiplica em miragens e que, como dona Bárbara, continuará sendo o espaço rural por conquistar. Mais uma vez, o velho dilema entre civilização e barbárie levantado por Sarmiento.

Se na América Latina os escritores carregamos a paixão da vida pública, é porque a vida pública encontra em nós uma qualidade incontornável. Afastar-se dela seria deixar um vazio sem fim na paisagem. Não é a vida privada encarnando a história das nações, como pensava Balzac, mas a vida pública metendo-se pelos interstícios da vida privada. Os escritores chegam a converter-se em cronistas iluminados e juízes implacáveis da história, composta, ao mesmo tempo, de episódios inesgotáveis que jamais deixarão de ser um depósito de material para o romancista, proezas e episódios esquecidos, personagens de estranha singularidade, injustiças sem fim. Cabe ao romancista exumá-los e devolvê-los à vida.

Os escritores entusiastas dos fatos da vida pública, dependentes da sorte das nações e dos que as habitam, vítimas da opressão e dos arbítrios do poder, movidos por uma paixão que andou a cavalo pelos caminhos da independência, quando os próceres eram filósofos e letrados que carregavam *A nova Heloísa* em seus alforjes de campanha e liam Tocqueville nos altos da marcha, muitos deles seriam depois caudilhos que esqueceram as letras e os sonhos libertários porque o poder não quer estorvos de consciência, nem sequer quando se trata de executar o progresso.

Os próceres que subiram nos cavalos eram tudo isso ao mesmo tempo, como bons enciclopedistas. Eram uma conjunção e um resumo de ofícios: estrategistas militares; filósofos iluministas; ideólogos liberais; doutrinários maçons; juristas imaginativos; legisladores ousados;

tribunos de salão e oradores de barricada; jornalistas panfletários; párocos rebeldes aos cânones; proprietários de terras arruinados ou comerciantes interessados pela liberdade de comércio; aristocratas rebelados. Escreviam, além de proclamas, odes e sonetos. Constituíam o todo criador, antes que cada parte cidadã se decompusesse nas suas partes insidiosas e que os atores se enfrentassem entre si com iniquidades e intrigas e antes que das quimeras magníficas de unidade se passasse às toscas fragmentações dos territórios independentes.

Eram jovens contestadores e radicais, filhos de obras proibidas, filosofia e romances que eram contrabandeados em barris de farinha; e porque se tratava de exemplares tão escassos, havia quem os copiasse a mão nos mesmos livros, no quarto forrado com lona, onde transcreviam também sua correspondência e anotavam suas contas e a lista da roupa suja para entregar às lavadeiras. Filhos, portanto, de ideias que causavam estragos e eram vistas como dissidentes, inimigas da monarquia absoluta e da fé guardada pelo Tribunal do Santo Ofício, que sustentava a monarquia. Ideias acusadas de serem despropositadas, com o que se queria fazer acreditar que não tinham relação com a realidade interna que até então ninguém ousava perturbar. Ideias liberais, subversoras do poder da aristocracia proprietária de terras e do clero dono dos privilégios do regime de "propriedade de mãos mortas", termo que parece inofensivo por inerme, mas que implicava a acumulação de um imenso poder econômico por parte da hierarquia eclesiástica. A franca maçonaria, na qual militavam os sediciosos, era uma internacional de conspiradores, uma irmandade clandestina. Ideias, enfim, exóticas.

Ideias transplantadas para a América com todos os símbolos que as encarnavam. Veja-se o barrete frígio dos *sans-culottes* nas barricadas da Revolução Francesa, que foi extraviado nos escudos de armas das novas repúblicas, desde a Argentina até Cuba e a Nicarágua, já metido na nova paisagem, porque no escudo da Nicarágua o barrete frígio foi colocado em um pau em cima da cordilheira de cinco vulcões, como se estivesse sobre uma barricada, um para cada pobre e indefesa nova nação centro-americana. O barrete frígio vermelho-sangue, como depois a foice e o martelo. E os ares tropicais se cobriram, como se sabe, com acordes dos hinos nacionais republicanos, que copiavam nos seus acordes marciais a Marselhesa.

Eu me reconheço na qualidade dupla do intelectual que imagina e que também pensa, que inventa e predica, que não coloca freio à criação, mas tampouco à qualidade ética de sua escrita, uma qualidade que vem daqueles intelectuais ilustrados da época da independência, que também eram escritores e filósofos e que tanto tiveram a ver com as ideias que engendraram as lutas libertárias. O escritor que, como Voltaire, ou como Saramago, ou como Fuentes, não deixa nunca de estar pendente dos temas cidadãos, ou o escritor como cidadão que sempre se vê obrigado a denunciar as situações de injustiça, porque para isso carrega sempre com ele seu caderno de encargos. Isso quer dizer que nunca teria me sentido atraído pela política se a revolução não estivesse disposta a sacudir as estruturas de uma sociedade injusta, como a que existia na Nicarágua, e disposta a derrubar um poder obsceno e sanguinário.

Uma revolução é um momento de convocação para o embate, quando muitos deixam seus ofícios habituais, abandonam os cenários da vida comum e passam para outro, distinto e inesperado, que modifica suas vidas e as marca para sempre. O grande poeta nicaraguense Salomón de la Selva, que lutou na Primeira Guerra Mundial sob a bandeira da Inglaterra, expressa muito bem essa ideia em "Vergonha", um dos poemas do livro O *soldado desconhecido*:

> Este era sapateiro,
> Esse fazia barris,
> e aquele trabalhava como garçom,
> em um hotel do porto...
> Todos falaram o que eram antes de serem soldados;
> e eu?
> O que seria eu que já não me lembro?
> Poeta? Não! Dizê-lo
> me provocaria vergonha.

Minha experiência na revolução foi insubstituível. No fim, uma experiência de poder. Outros escritores tiveram menos sorte com o poder, quando o procuraram. Rómulo Gallegos, eleito presidente da Venezuela em 1948, pelo prestígio de ter escrito *Doña Bárbara*, foi defenestrado aos nove meses pelos militares de polainas lustradas, que pareciam saídos das páginas de *Canaima* para os tempos em que a barbárie e a selva eram sinônimos na literatura. Gallegos pretendia pôr em prática um projeto de reforma da sociedade venezuelana, tão rural ainda, uma reforma como a que Santos Luzardo, personagem de *Doña Bárbara*, queria promover no mundo feudal nos *llanos*[10] de gado de Apure. Os militares, porém, não tiveram êxito em defenestrar um escritor ilustre. Poucos anos depois, o ditador, o general Marcos Pérez Jiménez, um dos golpistas, encarregou Camilo José Cela, que por acaso estava em Caracas, de escrever, sob remuneração, uma contraparte de *Doña Bárbara*. Desse encargo saiu o romance cheio de falsos venezuelismos chamado *La Catira*.

É o mesmo projeto de instituições modernas e democracia representativa que o escritor Juan Bosch quis implantar, como por mágica, na República Dominicana, ao ser eleito presidente de maneira avassaladora em 1962, após a queda da feroz ditadura do generalíssimo Rafael Leónidas Trujillo. Aos nove meses de governo, foi derrubado pelos militares de Trujillo, que ainda estavam rondando, porque eram demasiado realistas para as artes da magia democrática de Bosch.

Sabe-se também que Mario Vargas Llosa foi derrotado nas eleições presidenciais do Peru por um personagem que parece ter saído das páginas de *A casa verde*, o imigrante japonês Fushia, que, doente de lepra, viaja em jangada pelo rio Maranhão, no profundo da Amazônia, para ir morrer na ilha de São Paulo. Trata-se, como se pode observar, de romancistas que acabam capturados nos fios da sua própria imaginação. Mas Fujimori, o imigrante japonês que chegou à presidência do Peru, deu vida a um personagem ainda mais atraente, Vladimiro Montesinos, o todo-poderoso chefe dos serviços secretos que guardava fitas de vídeo nas quais ele mesmo aparecia corrompendo juízes, magistrados, deputa-

---

[10] Os *llanos* constituem uma vasta região de planícies e savanas localizada na bacia do rio Orinoco, na Venezuela. (*N. do T.*)

dos, empresários, jornalistas, militares, sempre com um envelope cheio de dinheiro na mão enquanto as câmeras secretas trabalhavam. Há ali outro romance esperando, *La cueva de Montesinos*.

Na América Latina vivemos ainda em uma realidade rural, em um mundo anacrônico que é contemporâneo e próximo; e essa dimensão, desolada e esplendorosa, se expressa necessariamente na imaginação. Do rural nasce o que tem sido denominado "realismo mágico". E o rural, envolto na sua velha aura, surpreendente, nos persegue ainda dentro das grandes cidades, como México, São Paulo, Buenos Aires e Caracas. A linguagem latino-americana dos livros é ainda, em grande medida, a linguagem elíptica dos cronistas das Índias, uma linguagem fruto do assombro diante do desconhecido que pela primeira vez se enxerga e se toca.

Há uma ambição de voltar a contar a história, ou reinventá-la, ou corrigi-la. E, para falar dos assuntos da vida privada, amor, ciúmes, iniquidades, traições, ambições, adultério, passamos sempre pelo viés da vida pública, que é o cenário; é a história com h minúsculo dentro da História com H maiúsculo.

Eva Perón, a atriz provinciana que termina no auge do poder e que encarna o mito no seu próprio cadáver, é personagem de um mundo subjacente que é de toda maneira rural, embora brilhe com luzes urbanas, tal como o descreve Tomás Eloy Martinez no romance *Evita*. E o mesmo acontece com Isabel Perón, a dançarina de cabaré que chega a ser presidente da Argentina e que tem como conselheiro pessoal um bruxo que joga as cartas de tarô a cada manhã para aconselhá-la nas decisões de Estado e que dispõe de seu próprio esquadrão da morte para eliminar os inimigos assinalados pela cabala. Bem poderiam ser personagens do Caribe, próprios das conhecidas repúblicas bananeiras. São, em todo caso, personagens da nossa vida política; a ficção somente os copia.

Tudo é anacrônico, porém contemporâneo e, portanto, real. Acontece, ou pode acontecer, tanto em Buenos Aires como em Manágua, onde o velho Somoza ordenava, nos anos 1950, que falsificassem os votos para fraudar as eleições de Miss Nicarágua em favor de sua candidata, que talvez fosse sua amante, e fazia conviverem, em um zoológico doméstico, os prisioneiros políticos e os leões africanos e as panteras, encarcerados em gaiolas vizinhas. Ou em Honduras, onde o ditador Tiburcio Carías havia instalado, nos porões do Palácio Presidencial, uma cadeira elétrica de voltagem moderada, suficiente para queimar as carnes de um prisioneiro sob tortura sem eletrocutá-lo. Entre nós, as dimensões do poder continuam sendo fantasmagóricas, ou esperpênticas, como gostava Ramón del Valle-Inclán.[11]

Não se deve esquecer, contudo, que muitas vezes a História contada pelos romancistas resulta mais definitiva do que a contada pelos historiadores. O prefeito de Ciénaga, no departamento de Magdalena, ao inaugurar um modesto obelisco no local do massacre dos trabalhadores das plantações de banana, acontecido em 1928, em frente à antiga estação da ferrovia, episódio que passou às páginas de *Cem anos de solidão*, relembrou no seu discurso as três mil vítimas daquele dia, número que somente existe no romance, na boca de José Arcadio Segundo, e que seguramente nunca chegou a ser tão grande. Mas agora é uma cifra oficial da História.

Ter passado pela vida pública deixa uma marca indelével em um escritor que se aventura além da imaginação e busca alterar a realidade a partir dos fatos, o que é, afinal de contas, outra maneira de imaginar. Alterar a história fazendo-a, não somente contando-a. Quando me perguntam sobre qual tem sido a influência do exercício da política na minha produção literária, respondo eventualmente que nenhuma. A política, no governo, torna-se assunto de processos, de agendas, de jogos protocolares e, sobretudo, impõe muita distância em relação às pessoas. Ainda na revolução, os que governam, pela força da rotina e dos espaços congelados que cria o poder, vão se distanciando da gente e da realidade circundante. Os filtros do palácio, as intermediações burocráticas, os relatórios, as cifras terminam sendo a realidade.

Contudo, a resposta é diferente quando se refere ao poder. Há três temas que são fonte e razão do ofício do escritor e que estão no título

---

[11] Ramón María del Valle-Inclán y Montenegro (1866-1936), escritor, poeta e dramaturgo espanhol, considerado um dos autores-chave da cultura espanhola. (N. do O.)

de um dos livros de contos de Horacio Quiroga: o amor, a loucura e a morte; assuntos que Gabriel García Márquez reduz apenas a dois, o amor e a morte, mas que eu prefiro aumentar para quatro: o amor, a loucura, a morte e o poder.

O poder termina modificando a vida de quem o exerce e dos que estão sob seu domínio. É uma paisagem circundante que não pode passar despercebida, um jogo com os dados lançados. As pessoas comuns, querendo ou não, vivem em uma atmosfera que, ao se modificar, faz mudarem suas próprias vidas, sobretudo quando os câmbios são abruptos e as vidas se convertem, nas mãos das velhas Parcas, armadas de poder, no que tão simplesmente começou-se a chamar de joguetes do destino. O efeito do poder sobre as vidas privadas, eis a fascinação.

Há outra fascinação no fato de ser parte dessa máquina capaz de alterar a vida das pessoas e poder contá-lo depois, contar como se movem suas bielas e como funcionam suas correias de transmissão e suas engrenagens. O raro privilégio de viver, como testemunha e como protagonista, nas entranhas do poder e conhecer de dentro seu sistema digestivo. Embora o poder de uma revolução tenha os atributos de um cataclismo, não deixa de ser o mesmo poder de sempre, de pelo menos dez mil anos atrás, com suas regras cegas, seus jogos, suas seduções, sua sensualidade, seu erotismo, seus vícios, suas leviandades, suas misérias e seus segredos.

Noam Chomsky, um dos americanos mais lúcidos deste século, diz que apesar de o ser humano vir desenvolvendo sua capacidade científica e tecnológica, suas respostas à natureza, e seu domínio sobre ela, suas paixões e debilidades são as mesmas de sempre, as mesmas de milhares de anos atrás. É por isso que Ésquilo e Sófocles soam tão frescos aos nossos ouvidos; sobretudo quando seus dramas nos falam das lutas pelo poder, parece até que foram contemporâneos nossos, morando em Lima, na Cidade do México, em Bogotá ou em Manágua.

O poder começa a deteriorar os ideais que o acalentaram desde o dia em que se assume. É um ser vivo e responde às leis da vida, como tudo o que nasce, cresce e morre. Íntegros no início, os ideais, em toda a sua virtude romântica, como diz Boris Pasternak em *Doutor Jivago*, perdem algo quando se transformam em leis; e quando essas leis se aplicam, perdem ainda muito mais da sua virtude originária. É a maneira pela qual, como escritor, tenho visto o poder: como um fascinante processo que impulsiona, deslumbra, discrimina e, logo depois, enfrenta e divide. Por outro lado, existe a procura do consenso, que equilibra e harmoniza, que cria estabilidade democrática; mas uma revolução feita por jovens — e nunca há revoluções feitas por velhos — dificilmente procura consensos, sobretudo quando o projeto transformador se baseia no pressuposto da totalidade. Mudar tudo, alterar tudo.

Eis aqui uma grande contradição. Uma revolução forjada no seu momento, com base nos elementos históricos do momento, em um cenário determinado e feita por jovens que privilegiam os ideais, desprezam os castigos inclementes da realidade e convertem a ideologia em uma virtude sem fissuras é necessariamente um processo radical. Não há, portanto, revoluções moderadas. Isso faria com que as revoluções nascessem velhas e seria um contrassenso. É a hora de incendiar o universo, acelerar o cataclismo, magma e lava derretida brotando da terra aberta em chamas. Mas o poder, pétreo como é, cumpre suas regras. E o poder pensado para sempre, isso que chamamos de projeto histórico, resulta impossível. Um paradoxo no qual consumimos nossa própria vida.

A política militante é a experiência da minha vida como escritor. Haverá quem tenha tido uma experiência de escritor na sua vida de político. E pelo fato de o escritor ter dominado minha vida, nunca fui esse animal político do qual ouvi falar, que cai e se levanta como se nada tivesse acontecido, a pele de lagarto resistente a qualquer faca amolada. Esses são os que têm a fibra dos caudilhos. Na América Latina, os caudilhos representam uma realidade persistente porque, gostaria de repeti-lo, nossa cultura continua tendo um profundo substrato rural.

Da política fica para mim, como para Voltaire, o gosto pelo ofício de homem público, que sempre quer dar opinião enquanto existam problemas que a demandem, o espírito crítico que nunca me tornará alheio ao debate. Mas também ficam o gosto pela tolerância e a desilusão com as ideias eternas, os credos invioláveis e as verdades para sempre. Fica o gosto cidadão, de que fala Saramago.

Fica para mim, para sempre, a fé nas utopias. Acredito que a sociedade perfeita não é possível, mas nunca deixarei de crer que a justiça, a equidade e a compaixão são possíveis; que os mais pobres têm o direito de viver com dignidade de sentar-se à mesa no banquete da civilização, de participar do desenvolvimento tecnológico e do bem-estar, que são dons de toda a humanidade. Essa é a utopia, que voltará triunfante algum dia, quando o pêndulo que hoje anda longe regressar da sua viagem à escuridão e ao desamparo.

As torres da cidade do sol brilham sempre no horizonte. E por maior que seja a distância, temos de vê-las sempre como se pudéssemos tocá-las com as mãos. Imaginar, que é uma forma de aproximar-se da utopia.

Passagens entre a vida e a literatura

Milton Hatoum

Milton Hatoum

Escritor brasileiro, nasceu em Manaus, em 1952, e atualmente reside em São Paulo. Lecionou literatura na Universidade Federal do Amazonas. Foi professor visitante da Universidade da Califórnia, em Berkeley. Participou de antologias de contos brasileiros no México e na Alemanha e publicou contos nas revistas *Europe* e *Grand Street*. Autor dos premiados *Relato de um certo Oriente*, *Dois irmãos* e *Cinzas do norte* (Jabuti — Melhor Romance — 1990 e 2001 e Jabuti — Livro do Ano — Ficção — 2006), seus livros já venderam mais de 200 mil exemplares no Brasil e foram traduzidos em oito países.

Foi um prazer ter conhecido o Sérgio Ramírez e é um prazer também voltar a Porto Alegre. Não foi uma volta muito fácil por causa da neblina, ou da cerração, ou da névoa... Já nem sei qual é a melhor palavra para a invisibilidade. Mas o fato é que vim de São Paulo e aos 50 minutos de voo fomos avisados de que não poderíamos pousar em Porto Alegre. E então comecei a pensar nas fronteiras de fato. O piloto disse: "Nós vamos voltar para São Paulo" e eu disse a mim mesmo: "Daqui a pouco ele vai me levar de volta para Manaus, com escala em Brasília..." Na verdade pousamos em Caxias do Sul. Ficamos sobrevoando Porto Alegre até que... Bom, a névoa cobria o aeroporto. A cidade estava linda, visivelmente iluminada, mas o aeroporto era uma mancha de névoa. E enquanto sobrevoávamos Porto Alegre, comecei a conversar com a passageira ao meu lado — meu nervosismo beirava o pânico e para não ficar desesperado comecei a conversar. Ela disse: "Que bom que vamos pousar em Caxias do Sul porque eu moro lá" e eu disse: "Sorte sua". Ela me perguntou de onde eu era. "Moro em São Paulo, mas nasci em Manaus." Então ela disse: "Você nasceu em Manaus? Você é dos confins do Brasil?" Nós já estávamos pousando e eu respondi: "Sim, mas você também é dos confins, porque Caxias do Sul para mim é o fim do mundo." Ela riu e perguntou: "Mas você sabe o que é um confim?" E eu: "Bom, imagino... É uma linha em que dois territórios se encontram num limite", foi a definição que dei para a minha vizinha de voo. Ela disse: "O confim é exatamente isso." E aí citou o texto de um filósofo e eu acabei sabendo que essa moça de Caxias do Sul era professora de filosofia. A conversa ficou mais interessante porque ela começou a falar dos confins por um viés filosófico e citou um autor italiano, que foi também político, prefeito de Veneza, um filósofo chamado Massimo Cacciari. E graças ao mau tempo e a Caxias do Sul, li hoje um texto de Cacciari, indicado por essa moça de Caxias do Sul, em que ele fala uma coisa muito bonita sobre o confim. Ele diz: "O confim é uma linha ambígua porque pode ser limiar, soleira. No limiar, na soleira você pode ser acolhido ou expulso, no limiar você pode ser eliminado. Mas o confim é também uma linha que circunda um território e o protege." Mais adiante ele escreve: "O confim é o limite e a essência de um lugar e o nosso lugar é onde as coisas tornam-se contato e relação." E essa história dos confins, que acabou sendo nebulosa, que envolveu a névoa e o sobrevoo por Porto Alegre, me trouxe aos confins, que são também fronteiras imaginárias, porque na literatura as fronteiras nunca são fixas nem rígidas; as fronteiras são antes passagens entre a vida e a literatura.

Antes de começar a escrever, antes mesmo de pensar em ser escritor, eu vivi naqueles confins onde está, de fato, a essência do meu lugar, do meu modo de ser, da minha própria vida.

Eu cresci em Manaus, numa época em que não havia TV. Isso é muito importante, porque hoje — aliás, já faz algum tempo — a TV é uma das grandes concorrentes da literatura. Uma concorrente muito poderosa, porque reduziu o contato das crianças com a palavra oral, com a experiência dos narradores orais. Essa experiência, materializada nas narrativas dos contadores de histórias, reflete também as emoções, as sensações que moldam as fantasias da ficção. Nós vivemos por meio da experiência, que instaura uma relação com os outros e com outras culturas. É um espelho no tempo e esse espelho reflete múltiplas imagens do passado. Essas imagens, sensações, atos e emoções do passado dão espessura à nossa memória e estimulam nossa imaginação. Então a minha experiência na infância foi muito ligada à cidade de Manaus, à vida na cidade, à vida diurna e noturna da cidade. Por sorte, não havia limites rígidos nem proibições castradoras. Pela cidade portuária passavam muitos estrangeiros e aos domingos os mais velhos contavam histórias. Reuniam as crianças e falavam de suas experiências. Tanto que o primeiro livro que li não foi um livro impresso, e sim um livro imaginário, formado de vozes que depois tentei recuperar através da memória e da linguagem. Acho que isso foi fundamental: ter tido um contato, vamos dizer, epidérmico com a minha cidade, porque hoje, para muitos jovens e crianças que moram em São Paulo, a relação com a cidade é muito rala. Não se descobrem novos lugares ou paisagens. Claro que há uma questão de escala. São Paulo é uma metrópole sem fim, mas a rotina limita muito o conhecimento do espaço urbano.

Manaus era uma cidade relativamente pequena no final dos anos 1950 e começo dos anos 1960 e isso contribuiu para que eu conhecesse muitos lugares. Conheci um bairro chamado Cidade Flutuante, que era de fato uma pequena cidade construída sobre as águas do rio Negro. Meu avô me levava lá. Imaginem uma cidade aqui, sobre o rio Guaíba. A Cidade Flutuante era enorme: um labirinto de passarelas estreitas de madeira que serviam de acesso a casas, bares, quiosques e pequenas lojas e restaurantes. Eu e meu avô passeávamos por ali, ouvindo histórias e tomando guaraná de frente para o rio. Isso certamente ficou registrado na minha memória.

Talvez o fato de ser filho de um imigrante — a imigração também nos dá uma dimensão mais complexa do lugar e do país onde vivemos — tenha sido importante na minha formação. Eu ouvia a língua árabe com muita frequência, ouvia minha avó falar em francês — era uma libanesa que tinha estudado num liceu francês de Beirute, uma dessas libanesas que se consideram ocidentais ou afrancesadas... Ela fazia questão de falar francês na presença do meu avô, às vezes só para provocá-lo. Os dois discutiam por causa da língua francesa, mas ela acabou me ajudando a falar e ler em francês. Então esse pequeno mundo, ao qual se somavam também judeus marroquinos e outros imigrantes, caboclos e pessoas do interior, era uma espécie de pequeno Brasil diversificado nessa casa de Manaus. Aos poucos fui aprendendo a conviver com outros idiomas, com pessoas de outras origens, o que me deu também um senso de tolerância religiosa que hoje não encontramos com frequência no mundo. Porque todos esses discursos violentos e brutos, discursos terríveis contra essa ou aquela religião, são sintomas de ignorância e de intolerância.

Em certo momento comecei a ler alguns livros que foram importantes para mim. O primeiro livro que de fato foi importante na minha formação foi um volume de contos de Machado de Assis. Tive a sorte de não ter começado pelos romances do Bruxo. Se aos 12 ou 13 anos tivesse lido os romances de Machado, talvez tivesse odiado a obra dele. Mas comecei lendo os contos; o primeiro se chamava "A parasita azul" (da coletânea *Histórias da meia-noite*). Eu não sabia que estava lendo um conto que era uma espécie de marco, de linha divisória ou transição da prosa de Machado. A partir desse conto ele se torna, de fato, um contista excepcional; escreveu várias obras-primas depois de "A parasita azul", mas eu fiquei impressionado com esse relato. Quando minha mãe comprou a obra completa, li na lombada *Histórias da meia-noite* e achei o título atraente, pensei que tivesse algum mistério, pavor, alguma coisa de terror e comecei a ler os relatos desse volume. No fundo é uma história bem machadiana: um triângulo amoroso. Há um caso de disputa por uma moça. Um jovem que volta de Paris para a fazenda do pai no interior de Goiás se apaixona por uma moça que, na verdade, foi sua primeira namorada. Ele disputa essa moça com um amigo e depois o consola, dando a ele um cargo político.

Mais tarde, no Colégio Pedro II, li alguns livros fundamentais: romances de Érico Veríssimo, Graciliano Ramos, Jorge Amado, contos de Flaubert. Comecei a entender que o meu lugar, o meu confim, não se limitava a Manaus nem ao Amazonas. Comecei a atravessar fronteiras através da imaginação, através da literatura. Travessias para o sertão do Nordeste, para Salvador ou para o coração da história do Rio Grande do Sul, quando li *O continente*; ou para a França e o Rio de Janeiro do século XIX. Essas narrativas me mostravam que o meu lugar não era único, nem exclusivo. Então, uma das coisas que a literatura mostra o tempo todo é que você, leitor ou narrador, deve sair do seu lugar. De alguma maneira, a literatura é um diálogo com o mundo e com nós mesmos. E naquele momento comecei a pensar em sair do meu lugar.

Em 1964, quando eu tinha 12 anos, eclodiu o golpe militar. Eu não sabia o que significava. Era muito jovem, mas já estudava no Colégio Pedro II. Via meu pai sair aos domingos, no fim da tarde; ele esperava escurecer e saía sozinho no Fusca. Um dia perguntei: "Para onde você vai?" e ele respondeu: "Tenho de fazer um negócio." "Mas domingo?" "Sim, domingo." Pedi para acompanhá-lo, forcei a barra, ele concordou e disse: "Você não pode contar para ninguém." Estacionou o carro próximo a um edifício neoclássico, saiu com uma sacola — depois eu soube que era uma sacola cheia de comida, destinada a meu tio. Esse tio era um grande amigo de Almino Affonso, que tinha sido ministro do Trabalho e da Previdência Social no governo de Goulart. Meu tio, portanto, era "subversivo" e viveu algum tempo na clandestinidade. Depois, em 1965, quando um dos meus professores desapareceu e algumas prisões foram efetuadas, participei de um jornal estudantil chamado *O Elemento 106*, que aparece no meu terceiro romance (*Cinzas do Norte*). O professor que tinha desaparecido inspirou um dos personagens do livro. Um dia explodiu uma bomba no Colégio Pedro II e, como ninguém dedurou o autor desse atentado, o professor de português nos deu um castigo: a leitura de *Os sertões*. Foi, de fato, um castigo terrível. Enfrentar *Os sertões* aos 14 anos não é fácil. Por muito pouco não odiei o livro; no fim, a leitura da obra-prima de Euclides da Cunha me levou a outra viagem: a viagem à língua portuguesa e sua retórica complicada, às frases longas e retorcidas que forjam o estilo monumental de Euclides. Fiquei impressionado com a terrível descrição da guerra de Canudos. Um professor de história me ajudou a contextualizar *Os sertões* e a entender as razões da sangrenta guerra fratricida. Até então, eu pensava que os brasileiros eram cordiais e dóceis e não sabia que no meu próprio estado e na Amazônia outras batalhas não menos sangrentas tinham sido realizadas. Guerras civis, como aconteceu aqui no Rio Grande do Sul. E em certo momento achei que aquele pequeno mundo de Manaus tinha ficado pequeno demais para mim.

Como eu sonhava em ser arquiteto, saí de Manaus para estudar arquitetura. Primeiro morei em Brasília. Saí muito jovem, ainda era garoto, tinha 15 anos. Fui morar sozinho em Brasília, onde caí de cara no movimento estudantil, militando contra a ditadura. O tempo da ingenuidade e o paraíso da infância foram definitivamente enterrados. Brasília foi, para mim, um laboratório. O colégio de aplicação onde estudei — Centro Integrado de Ensino Médio — foi, talvez, a melhor escola da minha vida. Mais importante do que a Universidade de São Paulo. Lá eu li muita coisa que não conhecia. Participei de um grupo de teatro, ganhei um concurso de poesia e publiquei meu primeiro poema no

Correio Braziliense. Fiquei maravilhado com o colégio porque éramos 350 alunos e 60 professores; havia ateliês de artes plásticas, grupos de teatro, laboratórios de fotografia. Era um colégio altamente politizado e, naquele momento da minha vida, talvez por uma intuição qualquer, não entrei num dos movimentos ou células de resistência contra a ditadura que se tornariam clandestinos. Eu e dois amigos de Manaus que morávamos em Brasília não nos filiamos a um partido político, mas militamos durante muito tempo como qualquer brasileiro jovem daquela época militou: indo às passeatas, fazendo panfletagem, participando de reuniões, às vezes se arriscando. Nós três fomos presos. Um deles — no qual também me inspirei para compor um personagem do *Cinzas do Norte* — foi preso no Rio e depois levado para Brasília num avião da FAB, que voava baixo. De vez em quando um militar ameaçava abrir a porta do avião e jogar meu amigo no mar.

Em 1970 me mudei para São Paulo, onde comecei a ler de forma mais disciplinada e ingressei na Faculdade de Arquitetura e Urbanismo da USP. Na FAU, eu e alguns amigos publicamos uma revista chamada *Poetação*, uma revista de poesia, tradução e desenho. Fomos execrados pelos trotskistas da FAU, que tachavam a revista de burguesa, inconsequente, fútil. Era uma revista inofensiva, clandestina, com tiragem de 500 exemplares. Acho que ninguém lia, só nós mesmos. Quatro estudantes compunham o comitê de redação e acho que éramos os únicos leitores. Uma revista típica da década de 1970. Mesmo assim, a esquerda radical criticou violentamente a *Poetação* e eu comecei a entender que o dogmatismo na política e na religião é uma coisa perigosíssima e passei a frequentar cursos de literatura, de teoria literária, na Universidade de São Paulo. Tive a sorte de ter sido aluno de grandes críticos: Davi Arrigucci Jr, Leyla Perrone-Moisés, o saudoso João Alexandre Barbosa... Grandes mestres da teoria literária, que nunca complicavam a coisa ao explicar, ao analisar um texto literário. Lembro que perguntamos ao Davi: "Quais são os romances importantes que devem ser lidos?" Aquela pergunta de jovem com pretensões literárias: "O que eu tenho de ler para ser escritor?", como se isso fosse suficiente. E ele nos deu uma lista dos *great books*, que comecei a ler de forma mais sistemática e disciplinada.

Foi nessa época, nos anos 1970, que escrevi os primeiros contos. E acho que foi uma tentativa muito frustrada de começar a escrever, porque eu não gostei de nada que escrevi, achei aquilo horrível, todos os contos eram fracos, o tempo ia passando e eu dizia para mim mesmo: "Acho que não vou ser escritor, não. Vou me dedicar à arquitetura porque é uma profissão mais segura. Uma profissão que certamente daria felicidade aos meus pais." Por acaso, ganhei uma bolsa e fui morar na Espanha. Então comecei de novo a pensar na literatura. Foi na Espanha que escrevi um texto, um "romance" muito longo, contando de forma muito crua e muito direta toda a experiência dos anos 1970. Tinha a pretensão de ser um romance político, mas não era um romance. Era uma crônica dos acontecimentos na minha vida nos anos 1970 e isso certamente não era ficção. Porque existe uma diferença entre a crônica dos fatos vividos e a transcendência desses fatos. A literatura é a transfiguração do vivido, é a transcendência dos fatos, da vida. Tudo aquilo que eu escrevera era apenas uma lembrança muito específica e sequencial da minha vida nos últimos dez anos. E, de fato, não servia para nada. Ou não servia para ser publicado, não me emocionava, não tinha a complexidade de um romance... Era apenas um diário, como os blogs de hoje, que registram o cotidiano. Era um pouco isso, com personagens muito planos, muito caricatos, sem nenhuma complexidade interna. Era, de fato, imprestável. E eu nunca fui piedoso com os textos que não davam certo, com os textos que não me convenciam. Para não hesitar, é melhor ser brutal: rasgar e jogar tudo fora. Se não, vai achar que aquilo é maravilhoso, que pode ser aproveitado. E tem coisas que, de fato, não podem ser aproveitadas.

Tentei, muitas vezes, copiar escritores. Como plagiei! Como disse Jorge Luis Borges sobre Macedonio Fernández: eu o admirava até o plágio. Eu plagiei vários escritores e me esquecia de mim mesmo. Então, uma das etapas importantes de quem quer ser escritor é passar do plágio para aquilo que um escritor francês chamava *"la petite musique"*. Céline dizia: "Você tem de encontrar sua voz, sua musiquinha." Encontrar a voz do narrador, que é uma questão central na obra romanesca. E isso, acho, foi o mais difícil, porque quando você começa a escrever, os fantasmas o pressionam... Essa biblioteca que está por trás, essa pequena biblioteca assedia e pressiona muito. E quando se é jovem, não se tem muito o senso do ridículo. Você acha que pode ser um Proust, que pode ser um Kafka, que pode ser um Flaubert. Depois, quando começa a amadurecer, você encontra sua própria voz à medida que escreve, à medida que reescreve. Foi assim que surgiu, já aos 35 anos, meu primeiro romance: *Relato de um certo Oriente*. Comecei a escrevê-lo na Europa, acho que na França, e depois terminei em Manaus.

Eu estava havia muitos anos fora de Manaus: passara dez anos em São Paulo, toda a década de 1970, e mais quatro anos na Europa, então pensei: "Bom, quando se começa a sonhar em outra língua é porque as coisas começam a mudar na sua cabeça." Inclusive pensei na possibilidade aberrante de escrever em francês, mas disse a mim mesmo: "Antes que isso aconteça, quero voltar para o meu país." Não sei se fiz uma boa coisa, sinceramente. Depois de tudo o que aconteceu no Brasil e de tudo o que está acontecendo... A gente nunca sabe. O fato é que voltei, ingressei na Universidade Federal do Amazonas como professor de francês e em Manaus terminei meu primeiro romance. O *Relato* ganhou o Prêmio Jabuti e foi traduzido para várias línguas, mas em nenhum momento pensei em viver de literatura.

A experiência de sentir o Brasil de longe foi fundamental para mim. Acho que não teria escrito esse primeiro livro se não tivesse me distanciado do meu país, me distanciado dos confins. Porque o Brasil se tornou um confim. E essa distância me ajudou a pensar no Brasil, a ler livros que queria ler e ter uma vida, de fato, mais livre. Em vez de ter cinco trabalhos de *freelancer* no Brasil, eu tinha uma pequena bolsa de estudos e fazia bicos, como muita gente da minha geração naquela época. Quando os mais velhos da minha família morreram, percebi que as vozes do passado podiam ser evocadas pela literatura. Então, vamos dizer que nesse primeiro romance eu tentei recriar, reinventar todo um passado que estava mais ou menos adormecido na minha memória. De fato, tive um trabalho enorme para montar aquele carrossel de vozes que compõem os narradores do *Relato*. Deu tanto trabalho que às vezes os leitores se confundem. Perdi leitores com isso também. As traduções inglesa e francesa acrescentaram o nome do narrador na abertura de cada capítulo. Perguntei por que tinham feito isso. Os editores responderam: "Porque assim os leitores sabem quem está narrando." Mas mesmo assim não vendeu o que um livro comercial teria vendido. Demorei cinco anos para terminar esse livrinho. Sabia que queria escrever outros romances, mas tinha consciência de que seria difícil ser escritor e professor. Fui fazer análise, deitei no divã... E comecei a falar de literatura, dos meus planos, do que eu queria escrever e a psicanalista disse: "Faz o seguinte: não volta mais aqui e vai escrever, porque é isso que você deve fazer. A psicanálise não vai te ajudar muito. Você tem de colocar para fora todas essas coisas, todos esses fantasmas." E, no fundo, o que a gente escreve é uma espécie de biografia de fantasmas, uma biografia de espectros. Por isso a literatura e a psicanálise têm tantas coisas em comum. Ambas lidam com narradores, com a memória, com a relação sempre ambígua entre a realidade e a representação, entre verdade e mentira.

Passei muito tempo tentando escrever um segundo romance, mas, infelizmente, não tenho facilidade para escrever. Li naquela época os três primeiros volumes da correspondência de Flaubert, uma leitura muito importante para mim. Duas mil páginas... Foi algo que fiz com paciência, mas também com muito fervor, com muita paixão. Porque a grande crítica literária de Flaubert está na sua correspondência, é lá que ele discute a literatura, o fazer literário. É lá que ele discute a dificuldade de lidar com as palavras, os temas que aborda, a linguagem, os personagens, as leituras dele e dos amigos... Ele dialoga o tempo todo com a literatura, não só a francesa, mas com vários clássicos do Ocidente e do Oriente. Flaubert era um homem apaixonado pelo Oriente, tinha a alma lá. Isso me ajudou, já que essa dificuldade é própria das pessoas que escrevem, e o fato de saber ler me ajudou bastante, porque uma das coisas fundamentais para quem escreve é a leitura. Não se pode escrever sem saber ler. E isso é fundamental: saber ler para depois construir alguma coisa.

Tentei durante muitos anos escrever outro romance, mas não saía nada. E 1997, depois de vários acontecimentos em Manaus — acontecimentos negativos, coisas adversas na minha vida — saí de novo da cidade, deixei os confins — dessa vez para sempre, pois não pretendo mais morar em Manaus — e fui para São Paulo. Larguei a universidade e tudo o que foi possível largar, só não larguei a memória do tempo em que morei lá. Escrevi o *Dois irmãos* em pouco mais de três anos e esse livro para mim foi decisivo: ou terminaria esse romance ou de fato ficaria encalhado como autor de um único livro, o que não seria um problema. Há escritores como o mexicano Juan Rulfo, um dos grandes autores latino-americanos, que publicou apenas um romance e um livro de contos. Mas eu tinha assunto, tinha questões e ideias para escrever outro romance e me arrisquei. Com o *Dois irmãos* tive sorte e comecei a viver de literatura.

Aos 40 e poucos anos o passado não é só a infância; é, também, a vida aos 20 anos, aos 25. Você vai envelhecendo e o passado também vai se aproximando, aos poucos, como uma espécie de sombra que acompanha a sua vida. *Cinzas do Norte* foi a realização de um projeto frustrado em 1980: o meu primeiro romance que não deu certo. Então, mais de 20 anos depois, achei que tinha a maturidade, as leituras necessárias e que as questões técnicas deviam ser enfrentadas para escrever o *Cinzas do Norte*. Para quem conhecia o Amazonas, a destruição da floresta já era algo irreversível na década de 1970. A destruição de tudo. Uma visão pessimista e amarga que está no próprio título do romance. Explorei isso na figura do artista — Mundo — quando ele faz a obra "campo de cruzes", um cemitério simbólico em uma área de Manaus que foi desmatada e que existiu naquela época. Esse é o romance do desencanto, vamos dizer assim. O romance da desilusão. É uma dívida cara que eu tinha com Flaubert. Uma narrativa da desilusão, do desencanto.

Finalmente, escrevi um livro por encomenda; na verdade, uma novela: *Órfãos do Eldorado*. Uma narrativa inspirada num mito que é amazônico e universal, como tantos mitos. O Eldorado é uma espécie de promessa de felicidade, uma promessa que, no Brasil, é sempre adiada. E a única coisa que poderia sobrar desse Eldorado é uma história de amor. Quando pensei no mito, pensei também em construir a história de um velho que contasse a sua própria vida em recortes e saltos temporais e que essa vida terminasse numa busca insensata, talvez insana, por uma mulher que sumiu da cidade, por uma mulher que estivesse em algum Eldorado, em alguma cidade perdida. E a novela foi, de fato, uma espécie de purgação de um desencanto muito arraigado e muito profundo que estava me amargurando. Porque, infelizmente, no Brasil, até mesmo em relação à floresta amazônica, em relação ao meio ambiente, sem falar na política, tudo ficou meio travado. O velho sistema de privilégios e favores, o sistema movido pela impunidade e pela imunidade de políticos e poderosos, nada disso foi rompido. Acho que essa série de desencantos foi um pouco mitigada no *Órfãos do Eldorado*, no reencontro do narrador com a mulher amada, um reencontro ambíguo, pois o leitor pode imaginar que se trata de um delírio, uma alucinação do narrador.

Penso que todas essas passagens complicadas e problemáticas entre a vida e a literatura foram sofridas, embora escrever não seja, para mim, um ato de sofrimento ou um ato de dor o tempo todo. Se eu sofresse oito horas por dia, todos os dias, não aguentaria. Ninguém aguenta. Na verdade, acho que a literatura me dá alguns prazeres. Apesar do esforço físico e mental, a literatura justifica a vida. E o prazer que sinto quando leio um bom livro é até mais intenso do que o prazer de escrever.

Filme livro, filmo livre

Beto Brant

Beto Brant

Diretor de cinema brasileiro, Roberto (Beto) Brant nasceu em Avaré (São Paulo), em 1965, e estudou cinema na Fundação Armando Álvares Penteado. Com um estilo pessoal, se apropria das fórmulas narrativas do cinema policial norte-americano com tramas provocativas, essencialmente brasileiras. Sua filmografia foi amplamente premiada. O primeiro curta-metragem, *Jó*, foi considerado o melhor na categoria no Festival de Havana. Seu primeiro longa, *Os matadores*, rendeu a estatueta do Kikito de Ouro de Melhor Diretor no Festival de Gramado e a Lente de Cristal no Festival de Cinema Brasileiro de Miami. Depois viriam *Ação entre amigos*, *O invasor*, *Crime delicado* e *Cão sem dono*. Brant conquistou também o prêmio de Melhor Diretor no Festival de Brasília, por *O invasor*, e o Troféu Passista de Melhor Diretor, no Festival de Recife, por *Ação entre amigos*.

Meu pai é um cara maravilhoso e, quando eu era garoto, ele me chamava para ver faroestes no domingo à noite. Filmes do John Ford[1] e do Sergio Leone,[2] mas também faroestes B — lembro de um ator chamado Audie Murphy.[3] E eu devia ter uns 10, 12 anos. Meu pai morava em São José dos Campos quando era menino e tenho uma foto dele montado num cavalo, assim, sem sapato, sem freio, sem sela. Era um daqueles garotinhos que seguravam na crina do cavalo e pulavam para cima. Era um cara que conhecia pássaros — *conhece*, porque ainda está vivo, forte e doce. E nos levava muito para passear de carro.

Tenho quatro irmãos. Viajávamos muito de carro: viemos para Porto Alegre, fomos para Pernambuco, fomos para o Mato Grosso, fomos para tudo quanto é lugar. Meus pais tinham um sítio em Jundiaí, no interior de São Paulo, onde morava um casal de italianos, seu Natal e dona Páscoa, meeiros que cuidavam de um vinhedo. Eu

---

[1] Cineasta americano falecido em 1973 conhecido pelo gênero *western*, ou faroeste, sendo *No tempo das diligências* um de seus títulos mais famosos. John Wayne foi um dos atores mais presentes em sua filmografia. Começou no cinema mudo e também filmou documentários, épicos e produções para a TV. (N. do O.)

[2] Cineasta italiano nascido em 1929 e falecido em 1989. Ficou conhecido por popularizar o gênero *western spaghetti* e pelos dramas épicos. Em 1964 dirigiu o clássico *Por um punhado de dólares*, estrelado por Clint Eastwood. Em 1984, celebrizou-se com o épico gângster *Era uma vez na América*. (N. do O.)

[3] Soldado largamente condecorado na Segunda Guerra Mundial, ator e galã norte-americano, participou de mais 30 *westerns* produzidos com baixo orçamento. Tornou-se muito popular. Dentre seus títulos mais célebres estão *A glória de um covarde*, de 1951, e *O passado não perdoa*, de 1960. Faleceu em 1971. (N. do O.)

passava as férias lá, podando, enxertando e colhendo uvas. Meus pais e meus irmãos voltavam para a cidade e eu ficava na casa do seu Natal. Adorava aquela coisa da terra, de mexer na terra, de andar a cavalo e tudo mais. Certa vez, eu e seu Natal enchemos alguns cestos com um tipo de uva escura, que depois seguiam para uma grande tina de madeira. Então ele me mandou tirar os sapatos e eu, moleque, com 12 ou 13 anos, fiz vinho. Fiz vinho! Meses depois, provei. Meu primeiro trago.

Eu tinha um tio que ia sempre ao sítio e, ao cair da tarde, sentávamos debaixo de um cambará e conversávamos. Ele era sociólogo de formação e trabalhava com recursos humanos em empresas, mas ele tinha certa frustração porque gostava mesmo era de literatura, de sociologia. Ficava com um copo de uísque na mão, fumando Pall Mall, a tarde caindo, e me falava de Eric Hobsbawm,[4] dos rebeldes malditos, do banditismo social. E aquele assunto ficou comigo.

Meu pai foi arrimo de família, meu avô morreu muito cedo e ele foi trabalhar, ser contador e tratar de ganhar dinheiro. Abriu mão dos planos de estudar engenharia. Era o homem mais velho de uma família de dez irmãos. Meus tios mais novos foram estudar medicina e ciências sociais. Tenho uma tia que hoje dirige uma ONG chamada Cenpec (Centro de Estudos e Pesquisas em Educação, Cultura e Ação Comunitária), engajada na melhoria da educação pública. Quando participavam do movimento estudantil no final dos anos 1960, o regime endureceu e ela e meu tio foram queimar os livros no quintal de casa. Fizeram uma fogueira com os livros "subversivos".

Pois bem, fui para Jaboticabal, no interior de São Paulo, estudar agronomia. Passaram-se dois meses e a ideia de transformar em capital a minha relação com a natureza começou a me assustar. Tinha

---

[4] Eric John Earnest Hobsbawm, respeitado historiador britânico, de origem judaica, nascido no Egito em 1917, expoente da escola marxista. Dedicou-se a muitos temas, com destaque para a história do marxismo, das classes operárias, dos levantes de massa, do capitalismo, de bandidos, da invenção das tradições nacionais e do jazz. (N. do O.)

levado o meu violão, sabia pouquíssimas músicas, mas era o suficiente para me distrair. Também tinha levado algumas revistas que contavam o que estava acontecendo no mundo enorme que existia fora daquele lugarzinho onde eu me preparava para transformar a minha relação com a natureza em algo que produzisse mais, que racionalizasse, que castrasse. Então voltei para São Paulo, completamente perdido. Um primo meu, Luiz Roberto Galízia, ator de teatro e um dos fundadores do grupo Ornitorrinco,[5] junto com Maria Alice Vergueiro e Cacá Rosset, encenava em São Paulo uma peça do Brecht, *Mahagonny*.[6] Uma das coisas mais enlouquecidas que já assisti e que me levou a gostar de teatro. Comecei a apreciar e a estudar teatro, mesmo porque achava que a história convencional, como é ensinada na escola, é a perspectiva do poder, da conquista, de um povo que se submete a outro por questões mercantilistas. É o movimento do ser humano pelo seu interesse mercantilista. Através do teatro, eu via uma possibilidade de buscar esse conhecimento de história partindo da perspectiva do ser humano: uma perspectiva humanitária, uma perspectiva do amor, dos afetos, dos encontros, dos desagravos. É outro tipo de história e fez com que eu me encantasse pelo teatro. Nesse momento da minha vida, tudo se abriu.

Então encontrei com um amigo dos tempos de colégio, Guto Fragelli, que começava a fazer seus primeiros filmes com Super-8. Ele começou a me dar noções da sintaxe do cinema, do significado do plano,

---

[5] Grupo de teatro que estreou em 1977, encenando textos clássicos e de vanguarda com grande irreverência e interdisciplinaridade. Foi criado por Luiz Roberto Galízia, Cacá Rosset e Maria Alice Vergueiro, todos da Escola de Comunicações e Artes da Universidade de São Paulo, ECA/USP. (*N. do O.*)

[6] Eugen Berthold Friedrich Brecht (1898-1956), alemão, foi um dos mais importantes dramaturgos do século XX e influenciou profundamente o teatro contemporâneo. Foi ativo militante de esquerda e usou o teatro como arma de politização. A ópera em três atos, criada em parceria com Kurt Weil, *Ascensão e queda da cidade de Mahagonny*, estreou em 9 de março de 1930, em Leipzig, tornando-se um dos maiores escândalos teatrais da República de Weimar: tratava-se de uma ácida crítica à sociedade burguesa e ao domínio do lucro sobre a cultura. (*N. do O.*)

do enquadramento. São Paulo, naquela época, tinha muitos cineclubes. Vimos os filmes de Fassbinder,[7] Herzog[8] Fellini,[9] Pasolini,[10] Bergman,[11] Kurosawa,[12] Buñuel.[13] Essa foi a minha escola, que se ampliou do tea-

---

[7] Rainer Werner Fassbinder (1945-1982) foi um dos mais importantes expoentes do Novo Cinema alemão. Gay assumido, morreu prematuramente de overdose de drogas aos 36 anos. Produziu mais de 40 filmes e também foi ator, compositor, produtor e editor de cinema e administrador de teatros. Dentre suas obras mais notáveis estão *As lágrimas amargas de Petra von Kant*, *Berlim Alexanderplatz* (com 15 horas de duração) e *Querelle*. Seus filmes tratam com frequência de personagens marginais da sociedade burguesa e da cultura alemã. A angústia do sujeito diante das convenções sociais predomina em sua narrativa, seguidamente marcada por personagens femininos de grande força dramática. (N. do O.)

[8] Werner Herzog, cineasta, nasceu em Munique, em 1942. É um dos expoentes do Novo Cinema alemão. Dirigiu filmes hoje cultuados, como *Nosferatu* (1979), *Woyzeck* (1979) e *Fitzcarraldo* (1982). Klaus Kinski foi seu ator-fetiche. Muitos de seus filmes encerram sua tensão dramática na história de personagens algo mágicos, que se defrontam com desafios quase impossíveis, guardam talentos especiais e vivem situações obscuras. (N. do O.)

[9] Frederico Fellini (1920-1993) foi um célebre cineasta italiano que influenciou profundamente o cinema e a cultura ocidental. Seus personagens envolvem-se com frequência em situações absurdas surgidas do cotidiano. Desejo e fantasia fundem-se nas suas histórias. É dono de extensa filmografia. Dentre seus títulos mais famosos estão *A doce vida* (1960), *Satyricon* (1969), *Amarcord* (1973), *A voz da lua* (1990). (N. do O.)

[10] Pier Paolo Pasolini (1922-1975), cineasta italiano, é responsável por influente filmografia no qual a crítica política e o erotismo são elementos que se combinam frequentemente. Tinha predileção por trabalhar com atores amadores. Homossexual assumido, foi assassinado em 1975 por um garoto de programa, mas nunca foi inteiramente descartada a suspeita de crime político. *Teorema* (1968), *Decameron* (1971) e *Saló ou os 120 dias de Sodoma* (1975) estão entre seus títulos mais famosos. (N. do O.)

[11] Ernst Ingmar Bergman (1918-2007), dramaturgo e cineasta sueco de grande influência no Século XX. Seus filmes tratam de temáticas fortemente existencialistas e humanistas. Teve um romance com a atriz Liv Ullmann, que dirigiu em vários filmes. *Morangos Silvestres* (1957) e *Fanny e Alexander* (1982) estão dentre seus títulos mais famosos. (N. do O.)

[12] Akira Kurosawa (1910-1998), célebre cineasta japonês. Em 1989 recebeu o Oscar pelo conjunto de sua obra. *Dersu Uzala* (1975), *Kagemusha* (1980) e *Ran* (1985) estão dentre seus filmes mais aclamados em todo o mundo. (N. do O.)

[13] Luis Buñuel (1900-1983), cineasta espanhol, naturalizado mexicano. Dono de extensa e importante filmografia. Foi influenciado pelo surrealismo francês. Suas obras representam paixões exacerbadas, refletem aspectos rebeldes e anticlericais, flertam com o comunismo. Sempre esteve cercado de muitas controvérsias. Seu filme de estreia, *O cão andaluz*, de 1928, teve codireção de Salvador Dalí, de quem foi amigo e com quem também rompeu. Dentre outros títulos célebres estão o polêmico *Viridiana* (1961), vencedor da Palma de Ouro de Cannes, *A bela da tarde* (1967), protagonizado por Catherine Deneuve, *O discreto charme da burguesia* (1972), que lhe deu o Oscar de Melhor Filme Estrangeiro, e *Esse obscuro objeto do desejo* (1977). (N. do O.)

tro para o cinema. E aí foi nascendo aquela grande vontade de filmar. Naquele momento, o nosso sonho era do tamanho de um curta. Realizei primeiramente três curtas. Um deles era uma adaptação de um episódio do livro *O céu em minhas mãos*, do escritor argentino Mempo Giardinelli. Foi quando comecei a parceria com meu grande amigo Renato Ciasca. Começamos com esse filme, *Aurora*, e seguimos fazendo filmes até hoje. O projeto seguinte foi sobre um anarquista italiano — sou descendente, dentre outros, de uma italiana, minha avozinha Serafina Murano, mãe do meu pai. Eu estava lendo, naquela época, um livro da Zélia Gattai, *Anarquistas graças a Deus*, e aqui evoco a Zélia, que se foi nestes dias. A Zélia descrevia muito uma região de São Paulo, perto da Paulista, e falava desse sujeito, esse imigrante italiano que não reconhecia o poder. O personagem evocava aquela "seiva" debaixo da árvore do meu tio e também aquela idade, 18, 19 anos, quando você não quer reconhecer o modelo civilizatório, tudo aquilo que não lhe agrada, não daquele jeito. Você tem um sonho igualitário. Então desenvolvi esse projeto. Pesquisei a vida de Gino Amleto Meneghetti, pesquisei tudo, processos, biografias e reportagens. O resultado foi o curta *Dov`è Meneghetti?* Eu tinha em mãos uma documentação que se aproximava da realidade, mas no final preferi contar a lenda, inspirada nos quadrinhos de Luiz Gê.

Depois dos primeiros curtas, conheci o escritor Marçal Aquino, que é natural de Amparo, cidade localizada numa região de café no interior de São Paulo, onde filmamos o curta sobre o Meneghetti. O pai dele era administrador de sítios e fazendas. Um dos irmãos do Marçal começou a trabalhar como caminhoneiro e logo cedo o Marçal subiu no caminhão e foi andar com o irmão. Daí vêm as histórias de estrada, as histórias de interior. Também é importante mencionar sua formação de jornalista sintonizado com a história política do país. Li uma resenha de um livro dele, *As fomes de setembro*, cujos contos tinham a ver, de certa forma, com aquele faroeste do meu pai, com aquele "pisar na uva" do seu Natal, com aquele Eric Hobsbawm do meu tio, e então o procurei para fazermos filmes, para fazermos cinema. A partir daí, construímos uma parceria que resultou em cinco filmes e temos agora um projeto chamado *Eu receberia as piores notícias dos seus lindos lábios*, livro publicado em 2005.

Quando me tornei amigo do Marçal, por meio do *As fomes de setembro*, passamos a nos frequentar. E ele começou a me mostrar os contos dele que faziam parte de projetos de novos livros. O conto "Matadores", que deu origem ao filme, faz parte do livro *Miss Danúbio* e era um texto muito curto para se transformar num longa. Então fomos para a fronteira do Brasil com o Paraguai, perto de Ponta Porã, uma região muito violenta por ser uma fronteira seca, onde há muito contrabando de grãos, de gado, de armas, de carros e uma máfia muito forte, muito poderosa, que se elege para cargos públicos. Fomos até Ponta Porã, onde nos recomendaram não filmar. Chegamos a Bela Vista, que é uma cidade próxima, onde morava meu tio-avô Fiori, irmão da minha avó Serafina Murano, que se formou médico, foi trabalhar em Bela Vista e casou-se por lá. Do outro lado da fronteira, havia outra Bella Vista, a paraguaia. Foi nessa primeira pesquisa que tive contato com a cidade, com os personagens do livro. Fizemos uma imersão no cenário do filme. Quando voltamos para São Paulo, reescrevemos o roteiro.

O que mais me motivava a fazer esse filme era a ideia de que aquilo que eu tinha acalentado no início da minha vida, a concepção do campo como um lugar de harmonia, de paz, de serenidade, de respeito, de cumplicidade, de colaboração, se desfazia diante da brutalidade de uma terra sem lei, onde os cidadãos são reféns de quem exerce o poder na cidade. Para que filmássemos lá, precisamos primeiro nos apresentar na cidade. Visitamos o Lions Clube, a maçonaria, o prefeito e a rádio. Tive de dizer que estava fazendo um filme sobre pistolagem de aluguel. Não podia omitir, não podia mentir. Tive de mostrar a cara. Por que os grandes centros recebem tanta gente vinda desses lugares? Justamente pela falta de liberdade. O jornal, a televisão, a rádio, tudo pertence à oligarquia política da cidade. Ou seja, qualquer pessoa que seja dissonante, que pense diferente, que queira se expressar é violentamente ameaçada. Então, a princípio, a ideia foi pintar o que era prosaico, bucólico na minha imaginação, com outras tintas. Redescobrir aquele lugar, reinventá-lo na minha memória. Para fazer o papel do pistoleiro mais velho, o Alfredão, que lembra muito aquele personagem de faroeste, o pistoleiro que está prestes a se aposentar até que alguém volta e o convoca para um último trabalho, chamei o Wolney de Assis, ator gaúcho, grande nadador, que foi para São Paulo no começo dos anos 1960, trabalhou no Teatro Oficina, fez peças com Zé Celso, com Renato Borghi e conheceu lá a atriz Berta Zemmel, que é sua esposa até hoje. Ele era um sujeito muito voluntarioso e muito forte. Numa reunião na qual estavam convocando pessoas para a militância política — na verdade não era uma reunião de convocação, mas uma reunião da classe teatral — e na qual ele demonstrou ser uma pessoa autêntica, com muita disposição, com a tal febre pela justiça, uma pessoa ligada a uma organização clandestina o abordou e disse: "Você banca o que está dizendo?" E recrutou-o para a luta armada. Ele abandonou o teatro, abandonou a identidade, passou 17 anos na absoluta clandestinidade, com todos os fantasmas que podem decorrer dessa situação. Enfim, liguei para ele para fazermos o filme e, até esse momento, não conhecia toda a sua história. Estudara teatro com ele durante três anos, em uma escola escondida no bairro da Bela Vista (Bixiga), em São Paulo, mas foi apenas no nosso convívio na fronteira que descobri esse passado, que ele começou a me relatar os seus fantasmas. A partir daí, ele se tornou uma pessoa muito importante na criação do meu segundo filme, *Ação entre amigos*, que era uma ideia antiga do Marçal de confrontar várias abordagens sobre o ressentimento provocado pela luta armada. São quatro amigos nos dias de hoje que se reúnem para uma pescaria, mas, na verdade, um deles encontrou um torturador dado como desaparecido, um agente do Dops que torturou e matou a mulher com quem vivia e que estava grávida dele, causando-lhe um rancor profundo. Cada um desses amigos reconstruiu a vida de um jeito diferente e o filme é justamente a discussão, a perspectiva de cada um. Quem viveu de fato aquele período na clandestinidade gostou muito do filme por ser um relato emocional, não um relato histórico. Na véspera da filmagem, fui a um encontro na USP, uma homenagem a Aurora, uma estudante assassinada quando militava no movimento estudantil no final dos anos 1960. Projetaram um trecho do filme do Renato Tapajós[14] em que ela aparece. Depois, um amigo dela, o jornalista Ottoni Fernandes, relatou sua exe-

---

[14] Jornalista e escritor reconhecido, autor de obras como *A infância acabou* e *Em câmara lenta*, Renato Tapajós também se dedica ao cinema. Paraense, nascido em 1943, radicou-se em São Paulo. Lutou contra a ditadura militar e ficou preso por cinco anos. (N. do O.)

cução sob tortura. Essa descrição, naquele momento, foi muito contundente para mim. No *Ação entre amigos*, essa mesma cena é relatada pelo protagonista. Está claro, então, que o filme tem um compromisso com essa geração, uma juventude que deu a cara para bater contra a tirania do governo militar.

Uma vez, durante uma entrevista, o Marçal fez um comentário sobre a violência e a falta de segurança e o entrevistado, um empresário, falou: "Comigo não. Eu estou seguro. Vou para o trabalho de helicóptero, meus filhos têm guarda-costas, estou me sentindo tranquilo." Aí o Marçal perguntou: "Como você se sente tranquilo, cara? Quem é a pessoa que cozinha na sua casa, o cara que limpa o seu jardim, que dirige o seu carro? Seus guarda-costas? Por todos os lados, você está dentro de uma cidade. Não tem como se isolar, você faz parte de tudo." Motivado pela reação do empresário, o Marçal começou a escrever um livro que narra a história de um sujeito que executa o serviço sujo, mas vem cobrar, quer participar do mundo de privilégios no qual os patrões vivem. Esse é o ponto de partida do livro e do filme *O invasor*.

Nós sempre procuramos estabelecer um diálogo com o livro e nesse diálogo eu me inspirei muito na figura de um amigo, o Germano. Carlos Eduardo Germano, crescido na Baixada Santista, baixo, atarracado, de bigode estreito, pulseiras douradas, com dois índios tatuados no braço. Era um sujeito com mãos muito grandes, que não admitia nenhum gesto de injustiça na sua frente. Adorava brigar para defender as pessoas injustiçadas. Ele foi, por muito tempo, cobrador de dívidas. Casou-se com uma mulher que tinha uma pequena fábrica. As compras com nota fiscal eram tratadas com ela e as compras sem nota, com ele. Gostava muito de passear na periferia, levar presentes para as crianças, comprar fumo. Certa vez o convidaram para assaltar bancos, porque dirigia muito bem, mas ele não se corrompia. Gostava de parecer um sujeito temível. Meu cunhado, que é advogado, tirou ele diversas vezes da cadeia, por isso ficamos amigos. Ele era muito encrenqueiro, mas não era uma pessoa do mal. Era muito carismático, chegava numa roda e logo estava relatando, contando, tinha um domínio de gíria, um jeito próprio de falar. Ele acabou contraindo Aids e tinha de se tratar em Santos, no posto de saúde. Ia até lá para pegar o coquetel e, quando chegava, não encontrava o coquetel porque os postos de saúde vendiam para as clínicas particulares. E Germano alegrava todos os doentes que estavam lá e ainda ameaçava o médico ou a enfermeira para que dessem o coquetel para todo mundo. Então, tinha esse jeito meio esquisito de fazer a justiça dele, que não era uma justiça do Estado, mas uma justiça do coração dele. Era um sujeito ameaçador, mas muito carismático, e eu queria colocar essa ambiguidade no Invasor, na figura interpretada pelo Paulo Miklos. Outra participação muito importante na composição do personagem foi o Sabotage, um mito do hip-hop, muito esperto, muito criativo na rima, no olhar ligeiro, na ironia da sua condição social. Ele não parava de escrever rimas. Desde pequeno, quando trabalha no tráfico, já escrevia suas músicas. Aí o *patrão* viu que ele tinha de ser artista e contratou músicos para gravar um CD. Foi nessa época que eu o conheci. Ele já estava fora do tráfico e chegou à produtora vertendo rimas. A primeira coisa que eu fiz foi dar a ele o roteiro. Voltou dois dias depois dizendo: "O barato é louco, Betão!" E a partir daí recriei todos os diálogos do filme. Fiz sessões com o Paulo Miklos e o Sabotage. Perguntava ao Sabotage como ele falaria o diálogo que estava no roteiro. Acho que os *rappers* são verdadeiros heróis, porque são pessoas que, de alguma forma, denunciam o sistema perverso de recrutamento de garotos, além de fazer a crítica social feroz de quem vive o dia a dia da periferia. O *rapper* tem de bancar sua posição. Então a maioria deles tem a cara muito fechada, são pessoas com o seu drama de resistência, de enfrentamento. E o Sabotage era um cara extremamente irreverente, muito bem-humorado, porque, na verdade, conhecia o outro lado, sabia o que era. A participação dele foi determinante no filme. Para muita gente, o filme é divertido; para outras, é esquisito, perturbador, porque mexe com a consciência, com a ética de cada um.

    Depois de ter feito esses três filmes, que ocuparam quase dez anos da minha vida e que pretendiam abordar a violência em diversos planos da sociedade, eu mesmo fiquei bastante nauseado. Sem vontade de voltar ao tema. Acho *O invasor* um filme muito duro. Tem aquela menina que dorme no final — as opções dela são continuar dormindo e tocar a vida sem saber ou acordar e se dar conta do mundo em que vive. E me dar conta do mundo em que vivo para mim foi duro. Comecei a equacionar meu olhar com essas variáveis que tinham se escancarado na minha vida.

A partir desse meu incômodo, acabei fazendo um filme autorreflexivo, sobre a arte, sobre fazer cinema. Acho que *Crime delicado* é um filme que faz uma reflexão sobre a construção da imagem. A vida nos atropela, é maior do que o desejo de controlar. Uma coisa em *Crime delicado* da qual gosto muito é a participação do artista plástico mexicano Felipe Ehrenberg,[15] que está morando no Brasil. Após o terremoto no México em 1985, em vez de ficar reclamando e escrevendo artigos de protesto a favor das vítimas, ele foi morar no bairro atingido e ajudar com as próprias mãos. E relatou essa experiência na obra *Violentus violatus*. Durante cinco anos, refletiu sobre a violência: a violência dos corpos mutilados, a violência de segmentos da polícia que comercializavam esse terror. Fez várias manifestações, várias pinturas, performances e instalações, até que ele também sucumbiu. Chegando aos 60 anos, precisava buscar outro caminho para sobreviver, para ressurgir daquilo que o estava angustiando muito. Depois de anos sob a motivação de Tânatos, buscou Eros para se salvar. Escapou da morte e foi buscar a vida através do erotismo. Começou a estudar a representação do nu na história da pintura e concluiu que era preciso anular a distância entre o pintor vestido e a modelo vulnerável, cancelar o poder exercido por um sobre o outro. Ele se pôs nu junto com a modelo e pintou seu próprio corpo interagindo com o corpo dela. Então fui ao encontro desse percurso particular da sua biografia. Da mesma forma, também fiz um filme sobre o erotismo. Pedi a ele que, em vez de simplesmente reprimir, quero dizer, excluir a violência, que tomasse o corpo da Lilian Taublib — que é a atriz do filme e tem uma perna amputada — com a marca da violência e reinventasse sua obra diante da câmera, que encontrasse na força do erotismo a afirmação da vida diante da dor causada pela violência.

E, por fim, filmei *Cão sem dono*, a história de um homem em desacordo, que intermedia sua relação com o mundo através do intelecto,

---

[15] Pintor, escultor e gravurista, nascido em 1943. (*N. do O.*)

o que lhe causa sofrimento e o afasta da possibilidade de buscar a felicidade. Mas ele amadurece. É um filme que fizemos em Porto Alegre, com muito carinho, com muito amor. Viemos, eu, o Marçal, o fotógrafo Toca Seabra, Renato Ciasca, que dirigiu comigo, a produtora Bianca Villar, e filmamos em Porto Alegre, com todo o elenco, a equipe, em parceria com o Gustavo Spolidoro e a Clube Silêncio. Foi uma experiência muito legal, que me deu uma intimidade com esta cidade, uma vontade de estar nela. Convido todos que não viram ainda a verem esse nosso olhar afetuoso sobre Porto Alegre.

Representação da realidade e distanciamento crítico no cinema brasileiro contemporâneo

José Padilha

José Padilha

Nascido no Rio de Janeiro, tem 42 anos, é casado com a artista gráfica Jô Resende e pai de Guilherme, de 4 anos. Largou os estudos de física e formou-se em administração pela Pontifícia Universidade Católica (PUC-Rio). Começou a trabalhar na produção de cinema nos anos 1980. Dirigiu o premiado documentário *Ônibus 174* e *Tropa de elite*, com o qual ganhou o Urso de Ouro no Festival de Berlim. Em ambos foi, além de diretor, roteirista e produtor. Foi roteirista e produtor de *Os carvoeiros* e produtor de *Estamira para todos e para ninguém* e *Estamira*.

Desejo iniciar por uma história que talvez o Beto (Brant)[1] não conheça, porque eu nunca contei a ele. Aconteceu há uns quatro ou cinco anos. O Marçal Aquino, roteirista dos filmes do Beto, escrevera um livro: *Cabeça a prêmio*. Eu estava querendo fazer um filme de ficção, tinha encontrado o Beto em Miami e ele me apresentou ao Marçal. Arrumei o livro. Liguei para o Marçal e disse que adoraria fazer um filme baseado no livro, que tem a ver com o Pantanal, um lugar que conheço. Pedi-lhe que escrevesse o roteiro. O Marçal disse: "Cara, eu não escrevo o roteiro." Eu: "Como, Marçal, não escreve o roteiro?" "Não, cara, olha só, eu vou te explicar: eu conto a história para o Beto, aí o Beto conta de novo para mim e eu anoto." É mais ou menos o que vimos aqui. O Beto é um grande contador de histórias.

Bem, eu não ousaria falar sobre mim mesmo, pois não sou tão bom nisso quanto o Beto. Pretendo falar sobre a maneira pela qual penso o cinema que faço. Mas vou fazer isso falando sobre outro assunto que não eu.

Há um filósofo que aprecio, o poeta americano Walt Whitman, que no poema "Leaves of Grass" escreveu mais ou menos assim: "Eu me contradigo? Tudo bem, eu me contradigo. Sou amplo, contenho multidões." Acho que ele usa essa palavra, multidões. A arte é assim: não existe uma maneira correta de fazer cinema, não existe uma posição estética correta no cinema, não existe uma posição ideológica correta no cinema. O cinema é muito maior do que cada uma das possíveis

---

[1] Beto Brant e José Padilha conferenciaram na mesma sessão do Fronteiras do Pensamento. (*N. do O.*)

posições individuais. Por isso, falarei sobre a maneira como fiz alguns filmes, que é apenas uma dentre muitas maneiras de se filmar.

Gostaria de propor uma classificação, de dividir os filmes em dois grupos distintos. Há filmes que criam o seu próprio universo, como *Guerra nas estrelas*, *Blade Runner*, *2001: uma odisseia no espaço*. Esses filmes não falam sobre processos sociais do dia a dia. Criam um universo que existe internamente, apenas dentro do enredo. Não colocam uma questão epistemológica. Não se pode perguntar até que ponto *Blade Runner* representa uma determinada sociedade, porque o filme não se propõe a representar sociedade alguma. Não existe uma sociedade na qual *Blade Runner* esteja claramente baseado. *Alien* também é assim. Por outro lado, há filmes baseados numa realidade que existe independentemente deles e que são, de certa maneira, representações dessa realidade. Quando você lida com filmes assim, uma série de questões relativas à representação e de caráter epistemológico pode ser colocada. Vou falar apenas sobre o segundo tipo de filme.

Vou restringir mais ainda o meu universo de discurso: vou falar sobre quatro filmes, que abordam, ou representam, o mesmo universo: o da violência urbana no Rio de Janeiro. Os filmes são: *Notícias de uma guerra particular*, de João Salles e Katia Lund; *Cidade de Deus*, de Fernando Meirelles; e dois dos meus: *Ônibus 174* e *Tropa de elite*. Como estou falando sobre a minha forma de fazer cinema, os dois filmes que não dirigi serão importantes para fins de comparação. Isso talvez passe uma ideia melhor de como trabalhei os dois filmes que dirigi em relação aos dois filmes que não dirigi. Nesse sentido, eu vou falar um pouco sobre mim.

A primeira coisa que deve ser observada nesse universo de filmes que representam uma realidade é não cair no erro de imaginar que, embora sejam representações, são representações no mesmo sentido de uma teoria científica ou uma etnografia. Não são. Filmes se estruturam pela lógica da dramaturgia, que é diferente da lógica da ciência. Eu tenho formação em ciência e estou sempre consciente dessa diferença. Se quiser entender a Cidade de Deus, você não deve ver o filme *Cidade de Deus*. Deve ler a etnografia que Alba Zaluar fez sobre a Cidade de Deus; nela você vai encontrar estatística, vai encontrar um campo de observação muito maior do que o campo de observação de um filme. Nesse trabalho há uma metodologia que questiona a verossimilhança dos enunciados. *Cidade de Deus* não se propõe a fazer isso. O filme cria uma dramaturgia que exprime ou traduz, de certa forma, uma realidade que existe ou existia na Cidade de Deus, para o universo do cinema. E essa tradução é intermediada pela lógica da dramaturgia, não pela lógica da pesquisa científica.

Essa distinção é muito importante porque vejo muito — e conversei sobre isso com Bráulio Mantovani, roteirista do *Cidade de Deus* — um tipo de cobrança que tem a ver com a ideia de que o cinema é uma etnografia, quando não é. O crítico vê o filme e diz: "O traficante não é exatamente igual ao Zé Pequeno." E daí? O Zé Pequeno não tem de ser igual a um traficante específico do mundo real, porque o personagem é uma dramatização, é uma expressão artística calcada em uma realidade, não é a mesma coisa que a realidade.

Uma maneira de analisar essa questão é comparar o documentário com a ficção. Eu sou primeiro documentarista. Fiz muito mais documentários do que filmes de ficção; só fiz um filme de ficção. Quando estou filmando um documentário, enfrento restrições que não existem quando faço um filme de ficção. Como fiz *Ônibus 174*, por exemplo? *Ônibus 174* é um documentário sobre algo que já tinha acontecido, então eu podia, como documentarista, pesquisar os fatos. Antes de começar a filmar, fui às delegacias levantar documentos, fazer uma historiografia do Sandro do Nascimento, entender de onde ele veio. Por isso, antes de filmar, pude estruturar o documentário quase como se fosse um filme de ficção. O que não se consegue fazer em um documentário quando se está acompanhando algo que está acontecendo na hora. Nesse caso, a estrutura "acontece", não é planejada. Quando "roteirizei" o *Ônibus 174*, muitas vezes me peguei pensando: "Do ponto de vista da dramaturgia, seria legal se o Sandro tivesse feito isso, em vez daquilo. O filme ficaria muito mais dramático..." Todavia, como estava fazendo um documentário, e os documentários têm de se submeter à realidade, evidentemente não podia imputar ao personagem algo que ele não fez apenas para melhorar a dramaturgia. O documentarista tem a tarefa de estruturar dramaticamente uma história real; não pode contrariar os dados levantados em suas pesquisas. No documentário, os fatos conhecidos limitam a história. A história tem que ter verossimilhança, conexão com a realidade, caso contrário não é um documento. Na ficção, por outro lado, o cineasta tem liberdade para inventar o que quiser. Na ficção, a lógica da dramaturgia não está necessariamente submetida ao real.

Mesmo em um documentário, porém, há liberdade para estruturar. Posso escolher começar a contar a história pelo ônibus, depois fazer um *flashback* para o passado do Sandro. Ou posso começar no passado do Sandro e ir até o ônibus. Posso optar por diferentes formas de apresentação sem deturpar os fatos. E esse tipo de opção é da ordem da dramaturgia. São opções feitas a partir da lógica da dramaturgia, e não da lógica da etnografia. Em um filme de ficção tem-se muito mais liberdade, porque se está escrevendo uma história. Mesmo assim, os filmes de ficção baseados na realidade também são representações da realidade.

Qual é o universo representado por esses quatro filmes dos quais estou falando? Os quatro filmes falam sobre uma estrutura social que lida com quatro grupos sociais que existem no Rio de Janeiro. O primeiro grupo é o dos usuários de drogas. Há o subgrupo das pessoas que consomem drogas recreativamente; têm a opção de consumir ou não, não são viciados nem dependentes psicológicos e químicos. E, também dentro do grupo dos usuários, há os dependentes psicológicos e químicos.

O segundo grupo social é o dos traficantes. Pessoas que vendem drogas ilegais em territórios definidos. E esses traficantes disputam esses territórios entre si, de forma violenta. Dominam violentamente as comunidades nos territórios onde operam. Esse grupo está presente nos quatro filmes.

O terceiro grupo social é a polícia. No Rio de Janeiro, a polícia é uma organização que tem uma cultura interna de corrupção. Existem subgrupos dentro da polícia convencional que promovem diferentes combinações de corrupção e violência.

O quarto grupo social é formado justamente por um desses subgrupos, pelas "tropas especiais", uma divisão da polícia que tem uma cultura da não corrupção financeira, que não aceita suborno. Mas eles têm uma cultura que promove outro tipo de corrupção: a corrupção da violência extrema contra os indivíduos do grupo dois — traficantes — e do grupo três — a própria polícia — além de enorme desrespeito aos direitos humanos. O Bope (Batalhão de Operações Policiais Específicas) é isso. Todos os quatro filmes são representações da interação entre esses quatro grupos sociais.

Há um quinto elemento que é o Estado. O que o Estado faz? Proíbe a venda de drogas. Coloca os usuários na clandestinidade e transforma — não estou dizendo se é certo ou errado, é um fato — as pessoas que vendem drogas em criminosos. Induz a corrupção da polícia, por remunerá-la e treiná-la muito mal. O policial recebe 500 reais por mês para entrar em guerra com traficantes armados com granadas e fuzis. É por isso que são instituídas as tropas especiais. Apesar de o Estado proibir a venda de drogas e induzir a corrupção da polícia, cria o grupo quatro, o Bope, com um *ethos* próprio de não corrupção, mas de violência exagerada. Sabe que esse grupo existe e opera dessa maneira. Mesmo assim, é permissivo com os usuários. Se analisarmos a legislação antidrogas no Brasil, perceberemos que o usuário recebe no máximo uma admoestação verbal do juiz, ao passo que o menino pobre da favela é condenado por um crime hediondo e colocado em cadeias superlotadas, onde é submetido à tortura promovida pelo Estado. As cadeias que filmei e visitei me impressionaram muito, porque mostram claramente que o Estado tortura. Então, existe uma transação econômica em que um indivíduo vende drogas e o outro compra. O que compra recebe uma admoestação verbal e o que vende tem a vida destruída. Existe uma assimetria no tratamento do consumo de drogas: a permissividade com o usuário e a violação dos direitos humanos dos presos, que é a conduta do Estado no Brasil, conduta que contribuiu para transformar pequenos criminosos em criminosos violentos. Esse, basicamente, é o universo do qual tratam os filmes aos quais me referi.

Agora vamos avaliar a forma pela qual esses filmes tratam o universo em questão. O primeiro dos filmes, que considero muito importante, é *Notícias de uma guerra particular*, que começou a cinematografia da retomada desse assunto. *Notícias de uma guerra particular* fala sobre os traficantes, sobre a polícia e sobre as "tropas especiais". O filme mostra que o Estado institui as "tropas especiais", que é permissivo com os usuários, que os direitos humanos dos presos são violados e que o Estado transforma pequenos criminosos em criminosos violentos. Mostra tudo isso, mas ignora o usuário: não há nenhuma argumentação ou diálogo em *Notícias de uma guerra particular* que discuta o fato de que a economia do tráfico é sustentada pela decisão do usuário de comprar drogas. O filme os exclui da guerra e a vemos como uma guerra entre polícia e traficantes. É uma guerra particular, mas não é nossa. Nós, que usamos drogas, que somos condescendentes com o uso da droga, não fazemos parte dessa guerra. Ao fazer isso, o filme adota uma perspectiva de fora da guerra, o que é bastante importante para a maneira pela qual pensei os meus filmes, porque no *Notícias de uma guerra particular* a história não é narrada por personagem nenhum, não há personagens. São entrevistas: corta do delegado para o traficante, para o policial etc. À medida que o filme se desenvolve, ele transmite a ideia dessa guerra particular, mas não foca num personagem; não é um filme de personagens. Foi o primeiro filme feito sobre o universo das drogas e da violência, e o considero muito importante, que lançou essa cinematografia. É um grande filme.

Antes de comentar o segundo filme, desejo declarar que sou favorável à liberação das drogas. Não pensem, portanto, que sou um careta, um conservador.

Cidade de Deus fala unicamente sobre o grupo social dos traficantes. E é um filme extremamente importante porque ajuda a explicar um fenômeno. Um fenômeno que acontece no Rio de Janeiro do qual as pessoas tomam pouco conhecimento. Por que as armas dos traficantes são tão pesadas? Por que em *Os matadores*, por exemplo, o personagem atira de revólver e em *Tropa de elite* o cara atira de AR-15? Um revólver mata uma pessoa, já uma AR-15 atravessa três carros e mata uma pessoa. Por que os traficantes têm granadas? Isso é tema de *Cidade de Deus*. Os traficantes têm granadas porque disputam o território da venda de drogas. O que explica o armamento pesado do tráfico não é a guerra do tráfico contra a polícia, é a guerra do tráfico com o tráfico. Um traficante se arma para atirar no outro. Isso é o resultado das pesquisas atuais de sociólogos como Michel Missi e Luiz Eduardo

Soares. *Cidade de Deus* mostra essa conexão, narrada por um personagem de fora do tráfico: o narrador é o Buscapé, que é um rapaz que não vira traficante e, portanto, se coloca na postura de alguém que não faz parte desse universo. Convive com ele, mas não o integra. Relata o que ocorre nesse universo com um olhar crítico. E a redenção do filme está justamente no fato de esse personagem não partilhar da realidade do tráfico: Buscapé vira um jornalista de sucesso.

A partir desses dois filmes, tive a ideia de fazer filmes com uma visão de dentro. Não quis fazer dois filmes narrados de fora. Queria que a realidade fosse apresentada da perspectiva de um personagem que faria parte dela. Não quis inserir o meu ponto de vista na montagem do filme, embora a neutralidade total seja impossível. Enfim, não quis construir e estruturar uma narrativa a partir do meu ponto de vista.

O que o *Ônibus 174* faz? Em primeiro lugar, é preciso reconhecer que aborda um grupo social que não está na análise dos outros filmes. Fala sobre meninos de rua e pequenos criminosos, não sobre traficantes. Menino de rua é diferente de traficante. Fala sobre a tropa de elite e sobre a polícia, mas não sobre traficante e usuário de drogas. *Ônibus 174* propõe uma narrativa que recupera a perspectiva do criminoso. A questão que proponho é: como esse personagem surgiu? De onde veio Sandro Rosa do Nascimento? Como contar essa história, que todo mundo viu na televisão, do ponto de vista do cara que está dentro do ônibus? Do ponto de vista do pequeno criminoso que se tornou um criminoso violento?

Fui para o Cedoc, na Rede Globo, depois de uma briga danada para eles me darem acesso, e assisti com a minha assistente — porque eles não me deixavam levar o material para a produtora — às 40 horas que tinham de imagens. Anotei tudo o que o Sandro falava de dentro do ônibus. Depois contratei um surdo — porque o som não era bom — para fazer a leitura labial do que ele dizia. A televisão não deixou ele falar, tinha sempre um repórter falando em cima dele, então não era possível ouvi-lo direito. Então eu literalmente fiz o filme a partir do que ele falou. Ele dizia assim: "Mataram a minha mãe quando eu era pequeno, mataram os meus amiguinhos na Candelária, me botaram preso não sei onde..." e contou a história dele no filme.

Transcrevi aquilo e corri atrás. Fiz uma pesquisa para ver onde ele foi preso, em que lugares esteve, e reconstituí a história através do relato do Sandro.

Essa é uma proposta dramatúrgica diferente das propostas de *Cidade de Deus* — não estou dizendo que é melhor, apenas que é diferente — e de *Notícias de uma guerra particular*. Ela interage de outra maneira com o espectador. Há enorme carga de emoção. É a história do Sandro, é a história da violência urbana vista pelos olhos do Sandro. Por que fazer isso? Porque para mim a história do Sandro e o Sandro ilustravam uma tese sobre esse universo. A primeira metade de uma tese que eu tinha sobre esse universo que queria retratar nos meus filmes. Existe, no senso comum, a ideia de que a violência urbana do Rio de Janeiro, de São Paulo, de Vitória se explica pela miséria. Então, se há muita miséria, há muita violência — quanto mais miséria, mais violência. Quanto mais diferença de classes, mais violência. Mas tem um problema nessa tese: ela é falsa. Os dados da ONU nos remetem a cidades com muito mais miséria do que Rio de Janeiro ou São Paulo e que têm muito menos violência.

Existe algo no Rio de Janeiro que transforma miséria em violência exacerbada com grande eficiência. Algum processo se opera na cidade e transforma miseráveis em pessoas violentas. Que processo é esse? A primeira resposta que dei para isso foi *Ônibus 174*. Quem é Sandro Rosa do Nascimento? A mãe morre e ele vira menino de rua muito jovem. É um drama particular, mas no minuto em que ele vai para a rua, o responsável por ele é o Estado, ele interage com as instituições estatais. E o que o Estado faz por ele? Ele vê a polícia, que representa o Estado, matar seus amigos na Candelária. Apanha de policiais na rua. É mandado para o Padre Severino, instituição para menores que é uma pocilga. É torturado e obrigado a conviver com criminosos perigosos, é tratado com extrema violência. Quando completa 18 anos, é preso, colocado numa cadeia, numa cela onde cabem cinco pessoas. Fui ver essa cela e fiquei impressionadíssimo: ele vivia lá com cerca de 30 pessoas. Isso é tortura. As pessoas enlouquecem nesse lugar. Foi isso que o Estado fez com ele. Quando você vê aquele cara no ônibus e começa a acompanhar a história dele, entende de onde veio o seu comportamento violento. O que transformou a miséria do Sandro naquela violência no ônibus? O Estado. Nós fazemos isso. Se tratamos dez mil pessoas com extrema violência, produziremos um grande número de adultos violentos, e é o que fazemos, continuamente, com os pequenos miseráveis, os pequenos criminosos, as pessoas mais pobres, os meninos de rua.

Essa é uma das coisas que transformam miséria em violência, uma das explicações para a violência urbana brasileira. Estruturei o filme inteiro assim, mas nunca disse isso explicitamente. Não sei se estou certo ou errado, mas gosto de enunciar as premissas dos meus filmes nos próprios filmes.

Há duas coisas que não gosto de fazer por método: a primeira é enunciar a premissa do meu filme no filme. "Olha, o meu filme é sobre o Estado, que pegou uma criança, um menino de rua, e o transformou em um indivíduo violento." Simplesmente construo o filme a partir dessa premissa, que permanece implícita, mas está na base da minha narrativa dramatúrgica. A segunda coisa que tento não fazer são julgamentos morais. "O Sandro é bom" ou "o Sandro é ruim", isso não me interessa. Mostro o Sandro com a arma na cabeça de uma refém, um personagem cruel e agressivo, e corto para o Sandro sendo vítima da polícia na Candelária. Não acho que eu tenha o papel de julgar moralmente as pessoas. As pessoas têm uma história, interagem com um organismo social, que em grande parte explica o que elas são. Um mesmo indivíduo pode ser muito mau num momento da vida e muito bom em outro. Pode ser algoz e pode ser vítima. Eu tento desenvolver essa duplicidade nos meus personagens.

Fiz o *Ônibus 174* do ponto de vista do Sandro. Mas pensei que ainda faltava um filme. Nenhum filme tinha falado sobre o usuário. Fiquei com desejo de fazer um filme que retratasse também o usuário. E mais. Nenhum filme tinha falado direito sobre a corrupção da polícia e sobre a sua conexão com a violência. Como se forma um policial? Como um policial vê o mundo? Foi esse sentimento que me levou ao *Tropa de elite*.

No *Tropa de elite* tentei falar sobre os quatro universos e isso tem um custo, pois dilui a história. É um filme de relações. Mas achei importante tentar. E o fiz pela ótica inversa daquela do Sandro. Em vez de fazer um filme sobre como alguém como o Sandro vê o mundo, resolvi fazer um filme sobre como um policial da tropa de elite vê o mundo e como se forma essa visão de mundo, que é o lado oposto do Sandro na sociedade.

Construí, junto com o Rodrigo Pimentel, que foi membro da tropa de elite, da polícia convencional, e com o Bráulio Mantovani, um roteiro. Fizemos uma opção clara, parecida com a do *Ônibus 174*. Colamos o espectador, por meio da dramaturgia, num personagem ambíguo. O Sandro é um personagem ambíguo, que mata uma pessoa com três tiros nas costas no final do filme. Enfia a arma na boca de uma pessoa e aterroriza outras dentro do ônibus e o espectador acompanha isso, vê essas imagens.

Quem é o capitão Nascimento? De certa forma, é o oposto do Sandro. O Sandro é o criminoso violento formado pelo Estado, o capitão Nascimento é o policial violento formado pelo Estado. Dei aos dois personagens o mesmo sobrenome (o sobrenome do Sandro é Nascimento).

O capitão Nascimento é um sujeito que passou a vida inteira investindo na ideia de que a violência se controla pela violência. Na ideia de que ele é superior aos outros porque não aceita corrupção de bandido nem de policial e que, por isso, pode fazer a lei com as próprias mãos, julgando-se num patamar moralmente acima dos outros. Assumi esse personagem. Mas o retratei num momento de crise. Fiz várias entrevistas com pessoas ligadas ao Bope e constatei que essa crise era recorrente. Os sujeitos entram no Bope com 18, 19 anos — mais tarde já não se forma um profissional daquela maneira. Quando completam 30, 32, 33 anos, com esposa e filhos, vêm as dúvidas. E se eu levar um tiro? E se acontecer alguma coisa? Quem vai cuidar da minha família?

A mulher do capitão Nascimento começa a rejeitá-lo porque não quer mais se submeter a esse risco. E ele começa a perceber que a sua ideologia não permite a ele nem mesmo manter a família coesa. Começa a ver que o Estado, que o formou, não tem estrutura para sustentá-lo. Essa é a premissa dramática do filme, é a mensagem do filme. Se você acredita que violência se controla com violência, vai acontecer mais ou menos isso.

Foi a partir daí que criamos o Matias. Ele tem um problema: tenta conciliar esses quatro mundos, quer conviver com todos ao mesmo tempo. Convive com uma ONG onde traficantes se abrigam, frequenta a faculdade, onde interage com usuários, integra a polícia convencional e passa para o Bope. Ele tenta viver, tenta ser parte desses quatro grupos sociais ao mesmo tempo, mas os quatro grupos sociais são incompatíveis. Não é possível conciliar a ética interna do Bope, que mata uma criança que está vendendo maconha na favela, com a ética do aluno da faculdade, rico, que acha engraçado fumar maconha. E o personagem acredita que pode integrar todos esses grupos sociais ao mesmo tempo. Assim, Matias funciona como uma metáfora da nossa sociedade, porque fazemos o mesmo que ele. Tentamos conciliar todos esses grupos sociais ao mesmo tempo. Mas o Matias fracassa, vai entrando em conflito com essas realidades tão diferentes e consigo mesmo, até que se torna violento como o Nascimento. O filme foi construído para explicar a origem do capitão Nascimento, que passa a ser o André Matias. Essa é a estrutura básica do *Tropa de elite*.

Ao optar por contar o filme inteiro da ótica da polícia, fiz uma escolha de dramaturgia. Às vezes alguém diz que a ONG não está bem representada ou que os estudantes não se comportam exatamente daquela maneira. Não mesmo. Os estudantes do meu filme são os estudantes tal qual os policiais os veem. A ONG é tal qual é vista pelo Nascimento.

Os meus filmes são pensados para ser como uma pintura do Francis Bacon, para carregar uma deformação. Todos os meus filmes têm uma lente que deforma os personagens, porque adotam o ponto de vista de um dos personagens em detrimento dos outros. *Ônibus 174* é feito do ponto de vista do Sandro, *Tropa de elite*, do ponto de vista do Nascimento. De novo, em *Tropa de elite* não me preocupei em fazer julgamento moral. Mostrei o Nascimento com a arma, torturando as pessoas na favela, matando as pessoas na favela, torturando uma menina inocente — a namorada do traficante — ameaçando enfiar um cabo de vassoura no ânus de um adolescente — o que, aliás, já aconteceu no Rio de Janeiro várias vezes. Tudo isso está em primeiro plano, expandido.

Acredito, como Stanley Kubrick, que o cinema não tem de fugir nem da violência nem do sexo e um filme sobre violência deve mostrar violência. Não me preocupo em sublinhar depois da cena: "Tortura é ruim, tá, pessoal?" Não julgo moralmente o meu personagem porque o processo social subjacente existe independentemente do julgamento. A minha ideia é: está aqui. O público vê, o público reage. O filme não se passa só na tela, o filme se passa na cabeça das pessoas também. Essa foi a fórmula com *Ônibus 174* e também com *Tropa de elite*.

Agora percebi que falta um filme, o que estou me propondo a fazer. No âmbito do Estado há a disputa política. No estado do Rio de Janeiro, por exemplo, existem as milícias, que financiam campanhas. É o jogo político que molda o Estado, que determina como ele existe. Esse é o filme que quero fazer agora. O Luiz Eduardo já está escrevendo o roteiro. Quero amarrar todas as pontas dessa equação. Por que o Estado brasileiro constitui aqueles quatro grupos sociais do jeito que constitui, gerando os dramas assistidos nesses quatro filmes? Para mim, a resposta está no processo político, no financiamento de campanha.

Vou chamar esse filme de *Nunca antes na história deste país*; será, então, o terceiro filme da trilogia, porque, na verdade, *Tropa de elite* é um filme que tem de ser visto depois de *Ônibus 174*, é feito para dialogar com *Ônibus 174*. Esse terceiro filme vai amarrar as pontas. Depois, não sei o que vou fazer. Eis uma visão geral da forma pela qual tentei representar esses universos nos meus filmes.

Existe outra questão que tem a ver com a estética e com a dramaturgia. Por que escolher uma dramaturgia ou um estilo de filmagem e não outro? Estávamos conversando sobre isso hoje, eu e Beto, no documentário elaborado pelo seminário. Grosso modo, existe um distanciamento crítico, um posicionamento "brechtiano", que é a ideia de que o espectador de uma peça tem de ser capaz de pensar criticamente sobre a peça que está assistindo, de alguma forma. Existe, em contrapartida, a ideia de fazer um filme com apelo emocional, que pega o espectador pela emoção e não dá em momento algum distanciamento crítico para ele. É uma dinâmica que se pode controlar. É possível projetar um filme para que ele distancie o espectador criticamente. Por outro lado, pode-se também projetar um filme com uma dramaturgia e um estilo que envolva o espectador emocionalmente e não lhe dê distanciamento crítico. Isso é exequível. É uma decisão do cineasta.

A segunda fórmula sempre foi a minha opção. Quero o envolvimento emocional do espectador. Não acredito que esse envolvimento emocional impeça o raciocínio, não compro a ideia de que a razão e a emoção estão em oposição. Essa é uma ideia muito antiga em filosofia, uma noção kantiana, que a razão é uma faculdade e para pensar bem a razão tem de estar livre da emoção. A observação não pode estar poluída, é preciso ser um observador neutro. Pensadores como Foucault invertem essa equação e dizem que a razão pensa para dar conta dos problemas que a emoção propõe. Pensamos para dar sentido à vida, não pensamos livremente. Pensamos, de certa maneira, porque somos forçados a pensar; a vida nos força a pensar. Essa mudança que aconteceu na filosofia, tanto na continental como na analítica, teve base empírica confirmada pela neurologia. Existem pesquisas em neurologia que mostram que o desempenho profissional de alguns cientistas que sofreram danos na área emocional do cérebro caiu radicalmente, mesmo que nenhum dano tenha sido causado à área cognitivo-racional. Esses sujeitos nunca mais conseguiram produzir com a mesma qualidade que produziam antes. A neurologia parece indicar que a emoção faz parte do pensar, até mesmo para o pensar matemático. Esse é o princípio que me orienta. Não estou dizendo que a posição brechtiana está errada, mas quero fazer uma experiência. Quero fazer esses três filmes, da minha trilogia, envolvendo emocionalmente o espectador o máximo que puder. Aposto que se eu fisgar meu espectador pela emoção, se colar o espectador no Sandro, colar o espectador no Nascimento e colar o espectador no Corruptólogo — o personagem do próximo filme — e o espectador se sentir na pele do personagem, vou produzir mais reflexão, mais debates, mais pensamento do que se tentar distanciar o espectador criticamente.

Essa foi a minha opção de estética e de dramaturgia nos dois filmes que comentei aqui. Outros filmes, como *Os carvoeiros* e *Estamira*, não foram feitos a partir dessa mesma opção. Assim, não estou dizendo que essa fórmula seja uma regra. Estou apenas explicando a minha perspectiva.

Cinema além-fronteiras

Wim Wenders

Wim Wenders

Um dos mais destacados cineastas alemães, nasceu em Düsseldorf, Alemanha, em 1945. Foi chamado de Ernst Wilhelm Wenders, pois o nome que seus pais escolheram, Wim, não foi aceito pelas autoridades por não ser "autenticamente alemão" (de fato, procedia da Holanda, da família materna). Os pais escolheram o mais semelhante dentro dos possíveis nomes germânicos e assim ficou Wilhelm, mas só no documento de identidade. Formou-se na Escola Superior de Cinema e Televisão de Munique, depois de ter passado pelas faculdades de medicina e filosofia sem concluí-las. Foi um dos fundadores dos Estúdios Filmverlag der Autoren e formou a produtora Road Movimo. Tornou-se membro da Akademie der Künste, em Berlim, e doutorou-se na Universidade de Sorbonne, em Paris. Como cineasta já rodou mais de 50 filmes. Começou a se destacar com *O medo do goleiro diante do pênalti*, seguido dos longas *O amigo americano Hammett Paris, Texas Tão longe, tão perto Asas do desejo* e *Buena Vista Social Club*, entre outros. Entre seus últimos filmes estão *Medo e obsessão* e *Don't Come Knocking*. Além do trabalho dos críticos, inspirou mais de 20 teses de doutorado e livros que interpretam sua obra. Foi premiado diversas vezes nas categorias de melhor diretor ou melhor filme. Urso de Prata no Festival de Berlim, por *O hotel de um milhão de dólares* (2000), Melhor Diretor no Festival de Cannes, por *Asas do desejo* (1987), e Leão de Ouro no Festival de Veneza, por *O estado das coisas* (1982), além de uma indicação ao Oscar de Melhor Documentário, por *Buena Vista Social Club* (2000). Além de longas-metragens, desenvolveu importante atividade como diretor de curtas, documentários e de programas para televisão. Também é roteirista, produtor, ator, fotógrafo, professor universitário e presidente da Academia do Cinema Europeu.

Meu nome é Wim Wenders. Nasci na Alemanha, pouco tempo depois de terminada a Segunda Guerra Mundial. Cresci num país devastado e bastante triste. Os alemães acumulavam pilhas de vergonha e culpa sobre seus ombros. Então, desde que me entendo por gente, queria deixar meu país para trás. Tornei-me um viajante.

Esse foi o meu primeiro "chamado", minha profissão principal. Sou também cineasta, escritor e fotógrafo, mas somente como viajante, quando vim a conhecer muitos lugares pelo mundo (atravessando muitas fronteiras), fiquei em paz com minha alma alemã e me reconciliei com o passado do meu país. Às vezes, temos de ir para bem longe para poder descobrir, e aceitar, aquilo que está mais próximo de nós.

Não sou intelectual, nem filósofo. Tudo o que sei, aprendi fazendo, mais do que estudando. Aprendi observando e escutando e, claro, também com as viagens.

Não gostaria que ficassem tentando acompanhar um discurso; preferiria que se sentissem convidados a pensar junto comigo. Quero conversar e pensar com vocês sobre "cinema" e "fronteiras", o que, evidentemente, abre um milhão de diferentes possibilidades. Mas hoje só posso levá-los por um caminho, não teremos tempo para explorar os outros. Mais precisamente, é a noção de "cinema além-fronteiras" que tentaremos explorar juntos hoje.

O cinema contemporâneo não parece se preocupar muito com a questão das fronteiras. Quando cheguei a São Paulo no outro dia, chequei a programação de cinema. Não era muito diferente do que outras cidades ofereciam, ou do que tenho visto nas últimas semanas em Los Angeles, Tóquio, Seul ou Berlim. Estamos então falando de "cinema mundial". Contudo, existem dois tipos de cinema mundial. Um que é distribuído mundialmente quase ao mesmo tempo e de maneira muito poderosa e outro tipo, bastante diferente, mais frágil, que está sendo feito hoje mundo afora, mas não necessariamente viaja tão bem pelos países. Com certeza já assisti aos filmes do meu amigo Walter Salles na

Europa, da mesma forma que ele pode assistir aos meus no Brasil. Se olharem com atenção, vão nos ver, e a muitos outros. Mas nem sempre é tão fácil. É preciso procurar.

Não quero começar reclamando nem batendo no cinema americano — isso seria perda de tempo. E, na verdade, gosto de muitos filmes americanos. Para mim, não é isso que está oculto por trás do termo "cinema além-fronteiras".

Os filmes são, há bastante tempo, um produto internacional, precursor da globalização. De qualquer forma, todos estamos acostumados a tudo que é internacional e, portanto, sem fronteiras. Quando cheguei ao Brasil, vi um cartaz que dizia: "Viver sem fronteiras!" Então, na verdade, "fronteira" se tornou uma noção negativa. Onde existe fronteira, há luta, há guerra. Fronteiras significam limitação da liberdade. Supressão. Muros. Cercas... A queda do Muro de Berlim foi uma espécie de manifestação internacional contra muros e fronteiras em geral. Mas, de alguma maneira, sigo em direção oposta a essa corrente em meu pensamento hoje. Meu convite aos que estão discutindo as "fronteiras do pensamento" é para que as analisem de uma perspectiva diferente e mais amigável; pensem os limites e as fronteiras como algo positivo.

Vamos considerar por um instante o "cinema dentro das fronteiras", por assim dizer. Talvez eu consiga provar no final desse processo de pensar juntos que esse tipo de cinema é o que de fato transcende as fronteiras e verdadeiramente vai além.

Ainda não tinha viajado pelo mundo, estava na escola secundária, morando em Oberhausen, uma pequena cidade industrial na Alemanha, quando aconteceu um festival de filmes documentários. Teria de matar aula para ir ao festival por três dias, o que obviamente fiz, mas correndo grandes riscos. Lá pude assistir, num dia, meu primeiro filme cubano, *Memórias do subdesenvolvimento*, de Tomás Gutiérrez Alea.[1] Noutro

---

[1] Tomás Gutiérrez Alea (1928-1996), realizador cubano mais conhecido do século XX. Foi um dos fundadores do Instituto Cubano da Arte e da Indústria Cinematográficas (Icaic) e esteve desde o princípio identificado com a revolução castrista. *Memórias do subdesenvolvimento* foi filmado em 1968. Recebeu a Palma de Ouro por *Los sobrevivientes* em 1979 e o Urso de Ouro por *Morangos e Chocolate*, em 1994. Esse e *Guantanamera* (1995), no qual Alea dispôs-se a criticar a burocracia e a falência do regime castrista, são seus dois filmes mais recentes, ambos tendo conquistado ampla repercussão mundial (N. do O.)

dia foi a vez de *Hora de los hornos*, do argentino Fernando Solanas.[2] Aqueles dias mudaram a minha vida. Até então, eu não sabia nada sobre a América Central ou do Sul; mal conseguia indicar onde ficavam no mapa-múndi. E um pouco mais tarde, acho que no mesmo tributo à América Latina, vi o incrível *O dragão da maldade contra o santo guerreiro*, de Glauber Rocha. Depois descobri seu *Terra em transe*, que ficaria profundamente gravado em meu cérebro e finalmente colocaria o Brasil no meu mapa mental. Depois de assistir a esse filme, soube, como numa revelação, que eu queria, não, eu precisava ir lá! (Até então, o Brasil era para mim uma espécie de lugar metafórico. Quando garoto, queria ser arquiteto e era um fã ardoroso de Oscar Niemeyer. Nas paredes do meu quarto, pregava todas as imagens e todos os documentos que encontrava sobre a fantástica cidade de Brasília, que Niemeyer ia construir no meio da selva. Então, o Brasil para mim não era um país de verdade, mas uma espécie de invenção, um estado mental alterado.)

O mesmo tipo de revelação iria acontecer algumas outras vezes em minha vida. Quando assisti a *Contos de Tóquio*, de Yasujiro Ozu,[3] compreendi que existia um paraíso perdido para a cinematografia e eu precisava procurá-lo no Japão. Houve também, mais cedo, aquela sensação de *movie-going*, quando vi os faroestes de John Ford e Anthony

---

[2] Fernando Ezequiel Solanas (1936), célebre cineasta argentino cuja trajetória está fortemente marcada pela sua militância política. *La hora de los hornos* é seu primeiro longa-metragem, realizado em 1968, clandestinamente, uma trilogia documental sobre a violência política na Argentina e na América Latina. É um dos fundadores, em 1969, do grupo Cine Liberación, que impulsiona um circuito alternativo de difusão. Exilou-se na Espanha e na França. Com o fim da ditadura, regressa à Argentina, em 1983, quando filma o célebre *Tangos, exílio de Gardel*. Em 1988 termina *Sul*, sendo premiado em Cannes. Entre 1993 e 1997, foi deputado na Assembleia Nacional argentina. (N. do O.)

[3] Yasujiro Ozu (1903-1963), proeminente diretor e roteirista japonês, reconhecido por sua técnica narrativa e estilo próprios. Começou realizando comédias e passou a se dedicar a grandes dramas familiares e a temas como a velhice e o conflito de gerações. Defendia planos estáticos, sem movimento de câmera e composições detalhadamente definidas. Considerado mestre do cinema mudo, relutou em aceitar o cinema sonoro. *Tokyo monogatari*, ou *Contos de Tóquio*, foi filmado em 1953 e considerado sua obra-prima. Wim Wenders filmou *Tokyo-Ga* (1985), um documentário sobre Ozu. (N. do O.)

Mann e descobri, ainda garoto, por mim mesmo, o mítico país chamado "América", que teria enorme influência na minha vida.

Os filmes foram as primeiras mensagens que recebi desses territórios desconhecidos. Mas esses não eram típicos *world blockbusters* com que se defrontam garotos e jovens hoje em dia. Aqueles filmes foram verdadeiros mensageiros. Aquele cinema que me fez desejar ir conhecer lugares remotos e distantes havia sido criado no interior de suas fronteiras. Aqueles filmes eram caracterizados por um forte "sentido de lugar". Eram conduzidos por uma história local, surgindo da cultura local e de sua própria linguagem, muitas vezes falada com um sotaque bastante peculiar. Eles exploravam as "cores locais", pertenciam necessariamente a uma paisagem, ou cidade, ou país, e eram específicos desses lugares! Sim, mesmo os faroestes americanos! Esses foram os filmes que fizeram a minha cabeça quando comecei a gostar de cinema. Aquele "sentido de lugar" foi viciante!

Na minha própria filmografia e na minha avaliação de outros filmes, aquele "sentido de lugar" iria se tornar, ao longo dos anos, meu principal norteador, intimamente conectado à noção de "fronteiras".

Na verdade, posso hoje dizer que já não tenho tanto interesse por histórias ou filmes que poderiam acontecer em *qualquer* lugar, que não sejam impulsionados e definidos por suas próprias fronteiras. Quando assisto a um filme que me faz pensar: "Isso poderia ter acontecido da mesma forma em qualquer outro lugar" ou "Essa história não precisa necessariamente ter acontecido no Brasil, na Itália ou em qualquer outro país", perco o interesse.

Muitos filmes do cinema contemporâneo são feitos em verdadeiras terras de ninguém, diante de uma tela azul. Os atores não vão a parte alguma e jamais conhecem alguém. Esse tipo de produto internacional, anônimo, me aborrece completamente. Tenho uma expectativa de que o cinema possa me contar e me mostrar como as pessoas vivem num determinado lugar. Quero conhecer histórias que surgem da experiência.

Tive de descobrir isso por mim mesmo aos poucos. Meus primeiros filmes ainda não tinham aquele "sentido de lugar". Como um jovem e estreante cineasta, estava preocupado com todo tipo de coisas, impressionado com as ferramentas — câmera, *dolly-tracks*, gruas, som — com os atores e, sim, com aquele estranho "poder" que se passa a ter como diretor. Mas tudo isso acabou de maneira abrupta com meu terceiro filme: *A letra escarlate*, baseado em um romance lindo e muito americano escrito por Nathaniel Hawthorne, no qual ele descreve os Estados Unidos do século XVII. O filme estava previsto originalmente para ser rodado na Nova Inglaterra, no lugar ao qual pertencia e para o qual tinha sido escrito: Salem, Massachusetts. Perdemos metade do nosso financiamento na fase de pré-produção, de forma que ficou praticamente impossível filmá-lo. Mas o futuro da nossa companhia dependia de eu conseguir terminá-lo. (Essa companhia pertencia a 15 escritores e diretores que haviam criado uma empresa de fundo mútuo.) Quando finalmente comecei o filme com o que havia sobrado do pequeno orçamento, tive de rodar em várias locações na Espanha, todos os puritanos foram interpretados por católicos protestantes e meu índio americano era um toureiro aposentado. Mesmo assim, poderia ter funcionado. Atores podem superar muitas deficiências. O que não deu certo foi que tivemos de rodar o filme numa pequena cidade de faroeste, próxima a Madri, que tinha servido de locação para os chamados faroeste-espaguete, que muita gente achava que tinham sido realizados na Itália. Mas eu sabia bem que aqueles filmes, na verdade, tinham sido feitos na Espanha.

Rodar uma história que tinha a ver com a costa leste dos Estados Unidos numa cidade de faroeste no meio da Espanha foi o que acabou com a gente. A história não resistiu ao ser transplantada para outro lugar; ela se despedaçou. E eu, como diretor, também fiquei despedaçado; não tinha nem mais certeza se ainda iria fazer outro filme. Pensei: só vou continuar a fazer isso se puder provar a mim mesmo que posso fazer um filme que ninguém mais poderia fazer ou faria, que seja como a minha caligrafia, que só pertença a mim e não deva nada a ninguém... E vai ter de acontecer exatamente no lugar onde precisa acontecer! Esse filme, que seria o meu quarto, foi *Alice nas cidades*.

Um homem perdido nos espaços infinitos da América precisava ir para casa para se reencontrar e acabou na cidadezinha onde eu tinha crescido e onde tinha descoberto o verdadeiro cinema mundial: Oberhausen...

Desse momento em diante tive certeza: seria cineasta conquanto pudesse continuar fazendo filmes com base em duas coisas: na experiência e no sentido de lugar. Viajar, viver com o pé na estrada, tornou-se a principal experiência com que podia contar e filmei em muitos lugares ao redor do mundo, mas sempre tentando ser verdadeiro com cada lugar, deixando o lugar contar sua própria história, que não poderia acontecer em nenhum outro lugar.

O sentido de lugar pode ter duas expressões diferentes. Para os que ficam em casa, pode ser um sentido de pertencimento. Existem cineastas que só exploraram seus próprios lugares, como Fellini, Ozu e muitos outros. E há os que viajam e exploram países estrangeiros onde o sentido de lugar se confunde com o sentido da descoberta. Como cineasta, eu me encaixo mais na segunda categoria mas, nos dois casos o sentido de lugar é fundamental. E o que é isso exatamente? É a convicção de que os lugares têm suas próprias histórias para contar. É verdade, acredito que podemos ouvir os lugares. Quem acha que não consegue, no mínimo pode aprender, pode desenvolver o respeito pela autonomia dos lugares, porque, no fim, não somos nós que formamos nosso mundo e nossos lugares, eles é que nos formam.

Lugares onde passamos nossas vidas. Lugares que visitamos em algum momento. Lugares que descobrimos por acaso. Lugares que nos atraíram por seu nome num mapa. Lugares que jamais voltaremos a ver novamente. Lugares de que nunca poderemos esquecer. Lugares para onde ansiamos retornar. Lugares que nos assustam. Lugares que nos reconfortam. Lugares onde nos sentimos em casa. Lugares que achamos repulsivos. Lugares que nos enchem de admiração. Lugares com os quais sonhamos antes de conhecê-los. Lugares em que nos perdemos e lugares que perdemos. Lugares que nos condicionam. Lugares que nos protegem. Lugares que nos destroem.

Por mais metafóricos que possam parecer, lugares são sempre reais. Você pode passear por eles ou deitar-se no chão. Pode levar uma pedra ou um punhado de areia. Mas não dá para levar o lugar com você. Não se pode nunca possuir de fato um lugar. Nem a câmera pode. Quando tiramos uma foto, estamos apenas pegando emprestada por um instante a aparência do lugar, sua pele, sua superfície.

Alguns dos lugares que fotografei ou filmei estão a ponto de desaparecer ou podem já ter sido varridos da face da terra. Vão sobreviver apenas nas fotografias ou nos filmes. A memória desses lugares estará atrelada às imagens que temos deles.

Já outros sobreviverão a nós, ou mais, sobreviverão a qualquer rastro de nossa existência. Daqui a milhões de anos, quando ninguém mais estiver por aqui, ninguém que tenha a mais pálida semelhança conosco, alguns desses lugares ainda existirão. Os lugares têm memória. Eles se lembram de tudo. Tudo está entalhado na pedra. Mais profundamente do que as águas mais profundas. As memórias dos lugares são como dunas de areia que se movem de um lado para outro. Acho que é por isto que tenho o mais profundo respeito pelos lugares e dou tanto valor a eles. Quero pedir-lhes que não nos esqueçam.

Na verdade, na maior parte das vezes, os lugares estão entre os protagonistas principais de meus filmes, muitos dos quais começaram com o desejo de explorar uma determinada cidade, uma paisagem, um deserto, uma cultura local. Poderia examiná-los todos, se houvesse tempo, mas vou mencionar apenas alguns exemplos.

Quando retornei a Berlim, depois de sete anos na América, tive uma vontade enorme de fazer um filme sobre a cidade. Finalmente! Através de Berlim eu tentaria descobrir, redescobrir meu país natal. Mas não conseguia encontrar uma história que desse conta de compreender a cidade, ou que pudesse, ao menos, narrar a sua história. Não conseguia encontrar personagens que me permitissem realmente mostrar a cidade e sua história em toda sua complexidade, verticalmente, através dos tempos. Pensava em bombeiros, médicos, carteiros, mas todas essas ideias pareciam inúteis, não me ofereciam o que eu precisava. Então, perambulando pelas ruas em busca de uma história ou de possíveis personagens, a cidade os sugeriu para mim. Enquanto vagava, meu olhar cruzou com figuras de anjos flutuando em toda parte. Como monumentos, decorações arquitetônicas, nomes de ruas. Estavam presentes em toda parte. Então aceitei aquela dica. Berlim de fato me sugeriu os protagonistas: anjos da guarda. E filmei *Asas do desejo*. Sem roteiro, apenas com um conhecimento íntimo dos lugares onde queria rodá-lo. "A cidade" realmente evocou o filme.

No caso de *Sob o céu de Lisboa*, o título fala por si. O filme nasceu a partir de uma paisagem sonora — uma *soundscape* — singular, a partir de sua música peculiar, o fado, interpretado pelo Madredeus.

Em *Paris, Texas*, de novo o nome de um lugar define o verdadeiro conflito que sofre o herói. Esse filme também escreveu a si mesmo (mesmo que tivéssemos um escritor envolvido, Sam Shepard) a partir da grande afinidade com a paisagem do oeste americano. Foi só depois que Sam e eu visualizamos o lado ocidental do Texas e o deserto de Big Bend, que faz a fronteira dos Estados Unidos com o México, que chegamos à caracterização de Travis.

Buena Vista Social Club é sobre Havana e a música que nasceu e sobreviveu somente naquele lugar... Nem preciso dizer como esse lugar deixou sua marca nessa aventura.

Até o fim do mundo teve início no encontro com os aborígines australianos e sua cultura. Seu *dreamtime*[4] tornou-se o meu argumento na narrativa e o filme termina no deserto australiano, o lugar dos aborígines. Eles foram meus verdadeiros heróis no que diz respeito ao "sentido de lugar". De acordo com suas convicções, crenças e religiões, pedras, lagos, poços, montanhas são entidades míticas, remanescentes dos grandes deuses que um dia perambularam pela Terra. Eles precisam conservar o conhecimento daquele trecho de terra pelo qual são responsáveis e passá-lo adiante, através dos "cânticos". Tornam-se responsáveis por esse conhecimento com suas vidas. Se pararem de cantar, seu país, sua terra desaparece e eles morrem junto com ela. Aquelas pessoas não podiam sequer conceber a ideia de possuir "a terra". É, ao contrário, a terra que os possui.

Essa é a atitude que todos esquecemos e que precisamos reaprender: estabelecer uma relação diferente com nossa terra, com nosso território, com nossas fronteiras. Nosso "sentido de lugar" é apenas um de nossos sentidos, como cheirar, tocar, escutar etc., mas é o primeiro que estamos prestes e perder nos tempos da globalização. Vários lugares do planeta começam a se parecer cada vez mais uns com os outros; de al-

---

[4] *Dreamtime* é o tempo de criação do mundo, de acordo com a mitologia aborígine. (*N. do O.*)

guma forma, estão se tornando a mesma coisa. A menos que nós os mantenhamos diferentes. E nosso sentido de lugar é que nos permitirá fazer isso.

As pessoas viajam para países estrangeiros, experimentam a comida, bebem a cerveja, visitam as atrações, dirigem por roteiros previamente traçados, indo aos lugares que têm de ser vistos, tiram fotos onde devem tirá-las, para depois ficar olhando para elas quando chegarem em casa, para acreditarem que de fato estiveram lá. Essa é a diferença entre um turista e um viajante. Enquanto o viajante chega, vê, escuta e respeita, o turista continua se sentindo como se ainda estivesse em casa.

Mas nem tudo está perdido. Podemos aprender a preservar e a cultivar nosso sentido de lugar. Existe um tipo de cinema que nos ajuda e nos ensina a respeitar e aceitar as fronteiras. E certamente não é no "cinemão" mundial que vamos encontrar isso. É num outro tipo de cinema que precisamos procurar.

Preciso agora introduzir outra noção. Minha palavra favorita.

Gosto até do som dela: "identidade". Adoro a canção de Monica Tomasi *Samba de identidade*, porque só tem o título e ainda assim é uma grande música. (Poderíamos apenas escutá-la e eu não precisaria descrevê-la.) Mas o que é identidade? Estar bem consigo mesmo, em paz consigo mesmo, manter o eixo, saber quem você é e qual o seu valor. A identidade é formada e definida por fronteiras, por limitações e por escolhas, e não por opções sem limites, decisões aleatórias. A identidade é modelada e produzida pela experiência, não é algo que se tem assim, pronto nas mãos. Experiência, por sua vez, só é possível onde existe abertura, para o outro, para a vida, para a curiosidade, para a aprendizagem, para as fronteiras e também para a liberdade.

O "outro" cinema mundial, o cinema internacional, supostamente sem fronteiras, não é baseado em nenhuma experiência de vida. É baseado, antes de tudo, na experiência de outros filmes. São feitos por pessoas que viveram suas aventuras mais emocionantes em salas de cinema, nas telas, não na vida real, em lugares reais, em cidades, ruas, montanhas, planícies, desertos. Pessoas que só poderiam explorar um sentido de lugar.

Sinceramente, poderia assistir a *Central do Brasil* umas 20 vezes antes de assistir pela segunda vez a outro *Super-Homem*, *Batman*, *Matrix*, *Harry Potter*... sei lá. Claro que vejo esses filmes também e sou afetado pelos efeitos e pela adrenalina, assim como todo mundo. Mas é isso. Uma vez é suficiente. Adrenalina não vai muito longe, não traz nenhum conhecimento, não dá nenhum retorno.

Já o sentido de lugar proporciona esse *feedback*. No nosso próprio lugar, ele permite que nos sintamos aterrissados, ancorados, nos permite crescer e adquirir conhecimento, local e global. Ao mesmo tempo que nos sentimos "em casa" (que é um sentimento sensacional), quando viajamos o sentido de lugar nos permite ver, escutar, estar ali de verdade.

O sentido de lugar permite que contemos histórias a outras pessoas baseadas na única coisa que realmente vale a pena passar adiante: conhecimento, experiência, emoções vividas, exposição à vida. Realmente acredito que só as histórias pessoais valem a pena ser contadas e ouvidas. Narrativas construídas por *think tanks*, desenvolvidas, roteirizadas e executadas por multinacionais não valem a pena ser contadas. Elas podem entreter por um momento, certamente (e muitas vezes é só disso que precisamos), mas não podem alimentar a alma. Os olhos e a mente podem se acostumar com *fast-food*, por exemplo, mas precisam de vegetais frescos, frutas e alimentos integrais para ficarem em forma.

Acredito que o sentido de lugar e o sentido de pertencimento serão coisas de que precisaremos cada vez mais à medida que avançamos em nosso futuro global. Precisamos aprender a cuidar de nossas fronteiras e de nossos limites em um mundo cada vez mais sem fronteiras e sem limites. Só nossas "fronteiras internas" podem nos manter sãos e preservar nosso senso de identidade.

O cinema tem, portanto, uma enorme tarefa. O cinema local. O cinema regional. O cinema nacional. O cinema "específico". Só esse tipo de cinema comunica de verdade. Ensina a ter respeito pelo outro, pelo desconhecido, pelo diferente.

Gostaria que os políticos, na Europa, na Ásia ou na América do Sul, entendessem quanto nossas culturas no futuro irão depender desse sentido de lugar e de vê-lo refletido nas nossas próprias histórias, contadas dentro de nossas fronteiras, em nossa própria linguagem. Só os nossos próprios sons e as nossas próprias imagens podem manter vivas nossas identidades e o sentido de lugar e de pertencimento. Espero, portanto, que os governantes apoiem os cineastas locais, sua cultura de cinema local. Os documentários. Apoiem tudo o que é pequeno. O que é grande só quer ser ainda maior à custa do pequeno.

Na Europa, o cinema nacional estava morrendo em quase toda parte. No início da década de 1980 não eram muitos os que se importavam com o cinema alemão, francês, polonês ou italiano. Todas essas pequenas indústrias pareciam perdidas até que se descobriu o guarda-chuva debaixo do qual esses cinemas locais, regionais, nacionais poderiam sobreviver. Foi a ideia de um "cinema europeu", de coproduções e financiamentos regionais que permitiu que essas pequenas indústrias sobrevivessem e eventualmente voltassem a florescer. Mas ainda estamos engatinhando no que se refere a apreender totalmente a ideia de um "cinema europeu". Temos de desenvolver mais esse conceito nas cabeças dos europeus, para que possam verdadeiramente usufruir algo que, aos olhos de muita gente, é ainda uma coisa abstrata. Mas existe uma grande força por trás disso tudo que não ameaça nossos cinemas nacionais, ao contrário, os apoia e ajuda a preservar sua identidade, sua linguagem, suas idiossincrasias.

Não tenho ideia de quanto desse tipo de solidariedade e de apoio mútuo já se enraizou na América do Sul, mas tenho certeza de que é uma condição fundamental para que cineastas desse vasto e lindo continente possam continuar fazendo filmes regionais, necessários e úteis sobre seus próprios lugares ou sobre seus vizinhos. São estes os filmes que deveriam viajar pelo mundo: filmes que definem nossa identidade para nós mesmos e para os outros, que expõem nossas fronteiras, tornando-as transparentes.

Os Estados Unidos tornaram-se tamanha potência mundial devido à imagem que projetam, ao sentido de identidade americana que foi produzido, sobretudo, pelos filmes. "O sonho americano" é um produto do cinema. Os americanos entenderam o poder da imagem muito antes dos outros. Começaram nos anos 1920 e desde então nós trabalhamos sem parar a partir dessa imagem, que se tornou sua principal indústria, talvez superada apenas pela indústria de armas. Mas as imagens não são as armas mais poderosas do século XXI? Pessoas do mundo inteiro desejavam dirigir carros americanos, fumar cigarros americanos e parecer tão legais quanto os heróis americanos que viam (e ainda veem) nas telas de cinema. Em vários países essa imagem da América (e dos produtos americanos) tornou-se um monopólio. "Ir ao cinema", para muitas pessoas no mundo, é quase o mesmo que "assistir a um filme americano". E, claro, mais uma vez estou presumindo que estamos todos de acordo neste ponto: o que eles fazem no cinema fazem melhor do que ninguém. Ao mesmo tempo que apreciamos o entretenimento, precisamos estar conscientes do estrago que será feito se desistirmos de nossos próprios imaginários. Se desistirmos de nos projetar para o mundo e para o futuro, estaremos também concordando em desaparecer, em deixar nossa identidade se dissolver lentamente.

Nações vão sobreviver e prosperar, no futuro, não apenas por sua força econômica, mas, acima de tudo, pelo seu sentimento de identidade, pela percepção de seu próprio valor, pelo seu sentido de lugar. E nada poderá promover melhor esse sentido do que os filmes. Obviamente, a televisão pode ter participação importante nessa equação, mas já desisti de depositar esperança na televisão como instrumento de preservação da identidade, da cultura e da expressão. É apenas no escurinho do cinema que ainda se dá aquela comunicação misteriosa na qual uma voz conversa com o público, como o mitológico narrador Homero quando cantava a *Odisseia* e suas outras histórias épicas. O cinema ainda preserva essa relação mágica entre o narrador e o ouvinte, a diferença é que agora o ouvinte é também alguém que vê, alguém que escuta *e* vê.

O que veremos e escutaremos no futuro? Será verdade, como o cinemão tenta nos ensinar, que tudo o que queremos é entretenimento? Ou ainda ansiamos por verdade, por ver como outras pessoas vivem e entender melhor como podemos conduzir nossas próprias vidas? Não seria este o verdadeiro significado de "contemporâneo": entender nosso tempo, em ver de ser subjugado por ele?

Acredito firmemente na necessidade desse cinema mundial "real". Esse que acontece dentro das nossas fronteiras, que muitas vezes é pequeno, mas tem grandes ambições: ser o espelho de nossas vidas e de nossas sociedades, para refletir não apenas nossos medos, mas também nossas esperanças e aspirações.

Filmes sobre guerra criam maior prontidão ou aceitação da guerra, preparam uma disposição para a guerra. Filmes sobre violência podem muitas vezes ajudar a entendê-la e por isso são extremamente necessários, mas filmes com violência gratuita (como um ingrediente apelativo, um produto de mercado) só vão gerar mais violência. Filmes sobre a paz ajudam a colocar a paz nas cabeças das pessoas como um estado desejável de compreensão e comunicação; eles preparam uma disposição para a paz. Os filmes que possuem uma identidade ajudam a criar identidades e a mantê-las. Não existe função mais formidável no cinema.

Às vezes é difícil encontrar o jeito de fazer a transição para um determinado filme. Poderia dar a impressão de que quero provar algo com ele ou então dar um exemplo do que disse. Isso está, com certeza, bem longe das minhas intenções. Poderia parecer que estou me impondo ou então tentando dizer: "Vejam, eu sei como o cinema do futuro deveria ser...", o que seria completamente ridículo. Então, acabei decidindo exibir como ilustração dessa conferência um curta que também tem a ver com fronteiras, mas de um modo bem diferente.

Uma das organizações que mais admiro no mundo se chama Médicos Sem Fronteiras. Muitos dos heróis do nosso tempo trabalham para essa organização. Quando estavam para completar seu 20º aniversário, muitas pessoas vieram me pedir que fizesse um filme sobre eles, mas os médicos são muito modestos e humildes para quererem se colocar sob holofotes. Então disseram: "Ok, queremos que se faça um filme, mas não sobre nós, e sim sobre nossas preocupações" Existe uma lista de conflitos e doenças que esses médicos consideram que não recebem suficiente atenção do mundo e da mídia; desastres "invisíveis", por assim dizer. Eles passaram essa lista a vários cineastas, todos espanhóis, exceto eu, o único "gringo". Olhamos para aqueles problemas esquecidos e fizemos um filme chamado *Los invisibles*, produzido pelo grande ator espanhol Javier Bardem.

O tema que escolhi tinha a ver com violência contra mulheres em zonas de conflito. Para os médicos, essa era uma das principais "doenças", um dos crimes esquecidos que eles consideravam que tinha de receber mais atenção médica e psicológica, porque faz incontáveis vítimas. O que muitas mulheres têm que suportar em áreas de guerra ou turbulência é horrível.

Queríamos rodar o filme em Darfur, mas a situação lá ficou demasiado instável e os médicos já não podiam garantir a segurança da equipe de filmagem. Assim, decidimos ir filmar no Congo, país que já suportou 50 anos de guerras civis, depois mais dez anos de conflitos e guerras tribais. Hoje o Congo está bem no meio do centro mais turbulento da África. Rodamos o filme em Kabalo, uma pequena aldeia às margens do rio Congo, onde, cem anos antes, Joseph Conrad escrevera seu inovador romance *Coração das trevas* (que seria a base para o filme *Apocalypse Now*, de Francis Ford Coppola), pois nosso filme também tem a ver com aquele coração das trevas.

Não é nada fácil chegar lá; Kabalo foi excluída do mundo. As estradas foram destruídas, o grande rio Congo já não pode ser navegado, todas as embarcações foram afundadas. A estrada de ferro também está um desastre depois de anos de guerra. Restaram apenas duas velhas locomotivas para cobrir uma área duas vezes maior do que a Alemanha. Tampouco seria fácil viajar até lá agora; é preciso ter a cabeça aberta para entrar naquele território, naquele "coração das trevas". Na verdade, rodei dois filmes lá. No filme sobre as mulheres gastei todo o meu tempo. E é esse filme que desejo mostrar. Mas, entrementes, ficávamos imaginando onde estariam os homens. Não costumávamos vê-los. Finalmente os encontramos e é disso que trata este curta de três minutos.

[exibição do curta]

Ao longo de anos, esses homens não tinham visto nada além de matança, guerras, guerras civis. No primeiro ano de paz que o país finalmente conhecia, eles não conseguiam se desligar da guerra e passavam os dias assistindo a dois, três, quatro filmes em sequência, filmes de karatê ou de violência, muitos filmes de guerra. Agora quero mostrar o filme sobre as mulheres que rodamos em Kabalo.

[exibição do curta]

Em águas profundas
Criatividade e meditação[1]

David Lynch

[1] As perguntas foram feitas pelo jornalista Gilberto Perin. (*N. do O.*)

David Lynch

Eminente realizador, escritor, diretor de fotografia, compositor, pintor e fotógrafo, nasceu numa família de agricultores e teve uma infância itinerante no interior dos Estados Unidos. Como tinha o sonho de ser pintor, foi se especializar na Academia de Belas-Artes da Pensilvânia. Em 1967, casou-se com uma colega e teve o primeiro dos seus três filhos, Jennifer Chambers Lynch, que também se tornou cineasta. Lynch estava totalmente envolvido com artes plásticas e isso se refletiu na linguagem de seus primeiros trabalhos. *Six Men Getting Sick*, *The Alphabet*, *The Grandmother* e *The Amputee* foram seus primeiros curtas-metragens. Em 1971, começou a trabalhar na produção de seu primeiro longa, *Eraserhead*. Anos depois, dirigiu seu primeiro grande filme, *O homem elefante*, que recebeu oito indicações ao Oscar, incluindo a de Melhor Diretor. Em 1984, dirigiria a ficção científica *Duna*, uma superprodução que não teve sucesso comercial. Em 1986, veio *Veludo azul*, *thriller* com toques de fantasia que deu a Lynch nova indicação ao Oscar de Melhor Diretor. Em 1990, ganhou a Palma de Ouro do Festival de Cannes com *Coração selvagem* e no mesmo ano faria sua estreia na televisão como criador de uma série que marcou época, *Twin Peaks*. Em 1997, *A estrada perdida* chegou aos cinemas. É outro *thriller* com toques de fantástico e considerado pelos fãs do cineasta como o seu trabalho mais insano. *A história real* veio logo depois. Posteriormente viria *Cidade dos sonhos*, planejado como série televisiva, mas adaptado para o cinema quando os produtores não gostaram do material apresentado. O filme deu a Lynch o prêmio de Melhor Diretor no Festival de Cannes. Finalmente, *Império dos sonhos* é, por enquanto, seu último longa.

Além dos prêmios, tem recebido grande reconhecimento de diversas organizações. A Fundação David Lynch promove programas de meditação transcendental em escolas para milhares de alunos nos EUA, na América Latina e na África. Desde que foi fundada, há dois anos, forneceu cinco milhões de dólares em subsídios para programas escolares e para financiar pesquisas sobre os benefícios do programa para reduzir o estresse, a ansiedade e auxiliar no tratamento de distúrbios de aprendizagem, aumentar a criatividade, o aprendizado e as notas.

DL: Boa noite. É muito bom estar aqui com vocês esta noite.

GP: A meditação entrou na sua vida em 1973. Seu primeiro longa-metragem, *Eraserhead*, em 1977. Até que ponto ou em que medida a meditação é, ou foi, uma influência nos seus filmes?

DL: Vem aí uma longa resposta. Tenho feito meditação, meditação transcendental, há 35 anos. Meditação transcendental é uma técnica mental e uma forma antiga de meditação revitalizada por Maharishi Maheshi Yogi. Essa meditação é como uma chave que abre a porta para o nível mais profundo da vida, o nível transcendental. Completa liberdade, êxtase infinito, consciência. Sempre existiu e sempre existirá. É o campo unificado da ciência moderna, a unidade de todas as partículas e forças da criação. Qualquer ser humano pode aprender essa técnica. Você recebe um mantra, uma vibração do som bem específica, e o mantra de Maharishi despertará sua consciência interior e você conseguirá, naturalmente, mergulhar nos níveis mais sutis da mente e do intelecto, na fronteira do intelecto [*faz um som de explosão*]. Transcenda. Experimente esse nível profundo. Ao experimentá-lo, você o inspira e seja qual for o diâmetro da consciência que tinha antes de começar, ela começa a expandir-se. Esse campo de consciência possui qualidades: inteligência, êxtase, felicidade, energia e amor universal infinitos, num campo de paz dinâmica. Total positividade. O efeito colateral da expansão da consciência é que a negatividade começa a retroceder. Coisas como ansiedade, estresse, tensão, culpa, depressão, raiva, ódio, necessidade de vingança e medo começam a ir embora. Todos nós temos consciência, mas nem todos possuem o mesmo grau de consciência. No entanto, todos os seres humanos possuem um potencial de consciência infinita. E esse potencial é chamado iluminação. Eu estava pensando que esta frase: "A verdadeira felicidade está dentro de você" tem uma aura de verdade, mas não queria ficar nesse grau de consciência, queria saber como era transcender. Minha primeira meditação foi tão sublime, tão poderosa, que eu disse: "Onde estava essa experiência até agora?" Daí em diante, jamais perdi uma meditação em 35 anos e o que descobri é que realmente a negatividade é inimiga da criatividade. Quanto mais sofremos, menos criativos somos, menos apreciamos o que estamos fazendo. Gostar do que se está fazendo é tão bonito. Existem tantas pessoas que trabalham pelo resultado final, mas não necessariamente curtem o trabalho diário, o fazer. Basta observar o que acontece quando alguém começa a transcender: sente uma enorme felicidade interior, tem muito mais energia, pula da cama para ir trabalhar. O fluxo das ideias aumenta quando o peso da negatividade é retirado; alimenta o artista, alimenta o ser humano; as coisas melhoram a cada dia.

GP: Seus personagens — esta é uma pergunta clássica — são sempre muito angustiados, sombrios. Então, como essa felicidade pode aparecer em filmes tão sombrios?

DL: Em todo lugar a que eu vou as pessoas me fazem a mesma pergunta. Dizem: "David, se você é tão feliz, como consegue fazer esses filmes?" E no início eu tinha de pensar na questão. Mas através dos tempos vemos histórias com conflitos, contrastes, altos e baixos, a condição humana submetida a todo tipo de negatividade. E ao mesmo tempo coisas belíssimas, sublimes atravessam essas histórias. Todas as histórias têm isso. E muitas delas refletem o mundo em que vivemos. Agora mesmo, neste momento, vivemos em um mundo bem sombrio e problemático. Mas acabo dizendo: "O artista não precisa sofrer para mostrar o sofrimento." Você pode ser muito, muito feliz, e contar uma história que tenha sofrimento. É um mito antigo que temos que sofrer, conhecer o sofrimento, viver com sofrimento, sofrer, sofrer, sofrer, para podermos mostrar que existe sofrimento. É a mesma coisa: você não precisa morrer para mostrar uma cena de morte. Apenas compreende melhor quando transcende e expande a consciência. Compreende a condição humana, o sofrimento e tem prazer em narrar histórias.

GP: Qual é o papel da razão nos seus filmes? Você se entrega inteiramente à produção artística, à intuição?

DL: Sempre digo que adoro ideias, que não somos ninguém sem ter uma ideia. Então, o objetivo é pegar, capturar ideias. Às vezes encontramos uma ideia e nos apaixonamos por ela. Quando você pega uma ideia, você a vê, a escuta, você a sente. E você sabe; dá um "bum!" e ali está. Sempre digo que pode ser apenas o fragmento de um todo, mas esse fragmento encanta, faz você escrever sobre ele para que não o esqueça. Esses fragmentos se juntam e formam um *script* e aí você tem a linda tarefa de traduzir isso em cinema e permanecer fiel à ideia. Várias vezes tenho ideias e não sei o que elas significam, mas se você focar em uma coisa, o sentido vem. A intuição é a ferramenta número um do artista. A intuição é tão incrivelmente importante; de certa maneira, é a solução para os problemas. Desconfiar quando algo não está correto, e mesmo saber quando algo não está correto, é uma espécie de bênção. Então, se você consegue intuitivamente enxergar uma maneira de corrigir, é muito, muito bonito. Não é apenas um processo intelectual, não se trata apenas de um processo emocional. Costumam dizer que a intuição é emoção e intelecto fluindo juntos, que é uma coisa elevada. Quando transcendemos, transcendemos o oceano do nosso conhecimento e crescemos nesse processo.

GP: O que você pensa em relação ao público quando se prepara para fazer um filme? O filme é feito primeiro para você?

DL: No início você não pensa muito no público. Sempre digo que pego a ideia pela qual me apaixonei e testo ela, testo com o vento. Então, você testa com o vento e algumas ideias você vê imediatamente e diz: "Não, não é a hora para isso, não vai funcionar." Já algumas ideias você testa e diz: "Emocionante, é isso, a hora é esta!" Dessa forma, você meio que pensa sobre o mundo. Mas quando você traduz as ideias, eu sempre acho que se você for fiel a elas em todos os seus aspectos e não desistir de um aspecto até que ele pareça correto, quando o todo parecer correto, outras pessoas verão isso, esse sentimento de algo correto.

GP: Você imagina então que o cinema pode ser entendido como arte abstrata, música ou pintura?

DL: Sim, o cinema é a mais linda linguagem e, costumo dizer, é som e imagem fluindo juntos no tempo. Ele pode dizer coisas concretas e pode falar de coisas abstratas. E se um filme é quase todo concreto, as interpretações não vão variar muito. Se fica mais abstrato, então as interpretações variam bastante.

GP: Você disse que a luz do sol não elimina a negatividade. Quem pode fazê-lo? A luz de uma câmera de cinema?
DL: Costumam dizer que a negatividade é como a escuridão. Você vê a escuridão e pensa: "Espera um pouco, a escuridão na verdade não é nada, é apenas a ausência de alguma coisa, ausência de luz." Quando o sol aparece, não importa quão escura a noite tenha sido. Sem o menor esforço, a luz do sol elimina a escuridão, apenas por sua natureza. Existe a luz, campo unificado, luz da unidade, luz da pura consciência. A luz pode ser estimulante e quando você estimula um indivíduo, automaticamente começa a reduzir a negatividade, da mesma forma que a luz do sol remove a escuridão. A partir dessa natureza de campo unificado, Maharishi trouxe a tecnologia dos grupos geradores de paz. No início ninguém acreditava; depois que a ciência moderna e a física quântica descobriram, há uns 35 anos, o campo unificado, mais e mais pessoas passaram a acreditar. Vivemos numa era científica e as pessoas estão começando a pensar sobre esse campo. Os grupos geradores de paz, por praticarem a meditação transcendental e essas técnicas avançadas juntos, bem juntos, têm um poder quadraticamente maior do que se fosse o mesmo número de pessoas espalhadas. Então é um grupo que estimula tanta unidade, desde o nível mais profundo até aqui, onde vivemos em diversidade, que traz paz, harmonia, coerência, bênção.

GP: Você iniciou sua vida artística como pintor, nas artes plásticas. Você vê o cinema como imagens de arte em movimento? Acredita que sua arte tenha tido influência dos expressionistas dos anos 1950, como de Kooning, Guston, Kline e Pollock?
DL: Bom, eu adoro Jackson Pollock e todos os expressionistas abstratos dos anos 1950 e existem algumas coisas no mundo da pintura que se aplicam ao cinema. Mas existem muito mais coisas no cinema do que na pintura. Eu amo a pintura. E acho que qualquer meio de expressão é infinitamente profundo. Muitas pessoas disseram, anos atrás, que a pintura estava morta. Nunca vai morrer! É um meio de expressão incrivelmente bonito. Às vezes na pintura você encontra ideias para o cinema e também no cinema encontra ideias para a pintura. Mas são coisas distintas.

GP: O mundo hoje está cheio de informação, com as tecnologias audiovisuais mais acessíveis, câmeras cada vez mais leves, equipamentos de montagem, de edição. Como você vê o papel do cinema, da Internet, da ficção, quando se tornam acessíveis para muito mais pessoas?

DL: Acho que, não sei exatamente o que estava acontecendo, mas estamos vivendo uma grande transição com o filme celuloide desaparecendo, o digital chegando. Dizem que, com a distribuição nas salas de cinema diminuindo, a experiência compartilhada, mesmo as vendas de DVDs declinando, tudo está convergindo para a Internet e há uma certa tristeza nisso. Porque a experiência compartilhada está acabando, a telona, o som envolvente estão acabando. E no cinema, se todos os elementos na sala estiverem corretos, som, tela, podemos realmente, verdadeiramente, penetrar outro mundo e viver aquela experiência. Já numa com uma tela pequena, com um som patético, fica muito difícil ir lá e viver a experiência. A esperança é que as pessoas logo possam ter acesso a sistemas domésticos de entretenimento realmente de boa qualidade. Com bons alto-falantes, um pequeno iPod num projetor e um canhão com uma boa imagem vamos poder de fato entrar em outro mundo.

GP: Você tem feito algumas experimentações no campo da Internet, curtas, séries de televisão... Gostaria que você falasse um pouco sobre isso.

DL: Comecei a entrar na Internet, criei um site, davidlynch.com, e naqueles dias, quando comecei, era nesse site que eu hospedava os meus curtas. E os curtas... Adoro experimentar, então comecei a fazer diferentes experimentações; foi quando me apaixonei pela Sony PD-150, uma câmera digital. As pessoas diziam para eu abandonar aquilo, que não era de boa qualidade e coisa e tal, mas eu me apaixonei pela minha pequena câmera.

GP: A textura também parece um pouco com os filmes feitos nos velhos tempos, com aquela câmera PD...

DL: Sim, sim. A má qualidade é, muitas vezes, muito, muito bonita. Você vê um pouco menos, o que instiga a imaginação. Às vezes, quando as coisas estão muito, mas muito escuras, escuridão em parte do enquadramento, o olhar vai até lá e você começa a sonhar. O desconhecido puxa o sonho e um fluxo de ideias muito bonito.

GP: Muitas vezes seus filmes juntam recursos narrativos clássicos e experimentação não linear. Você trabalha com essas distinções ou as considera irrelevantes?

DL: Bem, tem alguma experimentação, mas é tudo ideia. Quando as ideias surgem, aí você sabe de que se trata e diz: "Ah, aqui tem algo que junta elementos concretos e abstrações." Uma história que tem todos esses elementos é uma história que vai fazer eu me apaixonar. E, sabe, são esses os experimentos. Para captar algo, ser fiel à ideia, muitas vezes você precisa experimentar, para ter o sentimento certo. Com o som tem muita experimentação, até chegar aos que casam melhor com a imagem.

GP: Outra pergunta clássica é sobre Hollywood. O cinema de Hollywood. Como você considera a sua relação com o cinema feito em Hollywood e o cinema feito com a sua linguagem e sua estética?

DL: Eu vivo em Hollywood e amo Los Angeles por causa da luz. E foi essa mesma luz que trouxe os primeiros cineastas para Hollywood, para a Califórnia, porque eles trabalhavam com a luz natural. Eu costumo dizer que, em Hollywood e nas áreas vizinhas, muitas vezes, quando você dirige à noite, pode captar um pouco daquele ar da era de ouro do cinema. Jasmineiros em flor, uma espécie de luz refletindo numa janela, e aquilo tudo volta. Muito lindo, muito lindo. Em Hollywood há muitos estúdios, eu adoro a ideia de pessoas construindo sets de filmagem e trabalhando, atores e atrizes chegando e todo um movimento acontecendo. É muito bacana de se pensar. E as pessoas que chegam a Hollywood também querem fazer seus sonhos virarem realidade. Todas essas coisas estão aí.

GP: *Cidade dos sonhos (Mulholland Drive).*

DL: Sim. Mas com muita frequência os estúdios não dão ao diretor o corte final. Lá, o mais importante é o negócio. Eles querem fazer dinheiro. Eu adoro dinheiro. Mas não é essa a razão de eu fazer filmes.

Eu não poderia, e não sei como alguém pode, dizer que é cineasta ou diretor de cinema e não tem total liberdade criativa para fazer o filme que deseja fazer. Do início ao fim.

DL: Isso aconteceu com *Duna*, que foi um filme que teve esse tipo de problema no final. Como você lida com o fato de alguns filmes fazerem enorme sucesso e outros não, como *Duna*, que não teve a cena final aprovada?

DL: A forma de lidar com isso... Bem, primeiro, a meditação realmente ajuda. Porque os acontecimentos da sua vida talvez sejam os mesmos, mas a forma como você passa por eles com certeza pode melhorar. E *Duna*, o único filme em que não tive o corte final, e sabia disso quando assinei o contrato, eu não deveria ter feito o filme. Mas fiz. Sofri com isso por três anos. E se não fosse por essa felicidade interior, não sei o que poderia ter acontecido. Foi uma experiência horrível saber o filme que eu queria fazer e ter a necessidade de fazer algo comercial desde o início. Saber que não poderia tornar realidade o que eu queria foi um pesadelo. Mas é o único filme em que aconteceu isso.

GP: Sim, justamente. Por favor, tem uma pergunta feita pelo público. Como você relaciona seu filme *Cidade dos sonhos* (*Mulholland Drive*) com *Império dos sonhos* (*Inland Empire*)? E como a formação dos sonhos se tornou material para o roteiro?

DL: Ideias, é como você tem material para um roteiro. Os dois filmes vieram por conta dessa captação de ideias. Quando você tem uma ideia, nas tiras de quadrinhos eles desenham uma lâmpada no cérebro —"bum!", você teve uma ideia. É exatamente assim que acontece: de repente. Agora, aquela explosão de ideia pode ser um parágrafo, quando você a escreve, ou pode se transformar em muitas, muitas páginas. Mas está tudo ali, nas ideias. E é assim que emerge. Agora, eu não sei o que dispara todas essas ideias, mas elas vêm, uma por uma. *Cidade dos sonhos* foi feito, a princípio, para ser o piloto de uma série de televisão, então ficou com o final em aberto. O executivo da rede de televisão ABC viu um copião do piloto enquanto estava tomando um café, falando ao telefone, numa tela de TV do outro lado da sala, às 6h30 da manhã. E detestou, o que foi uma sorte enorme para mim, porque me deu a oportunidade de transformá-lo num longa. Bem, eu tinha zero ideia e levou um ano de burocracias legais para receber o sinal verde e transformá-lo num longa. No dia em que me me deram sinal verde, sabendo que eu teria de encontrar uma forma de juntar todas aquelas pontas e aberturas, sentei em meditação e, como um fio de pérolas, todas as ideias vieram. Então, foi uma linda experiência.

GP: Outra questão que tem a ver com meditação e com as coisas de que você fala no seu livro. A meditação substitui a psicanálise ou seguem caminhos diferentes?

DL: Me fizeram essa pergunta esta tarde. Na psicanálise, o analista tenta resolver os desequilíbrios e as feridas profundas, o estresse e o tormento. Quando você pratica meditação transcendental, começa na superfície, o mantra acende a consciência dentro de você e você começa a mergulhar. Quando transcende uma experiência, o nível mais profundo da vida, o corpo fisiológico também entra em equilíbrio. E eles descobriram através das pesquisas que entra num estado de repouso duas ou três vezes mais profundo do que o sono mais profundo, criando a oportunidade para o estresse ser liberado. Imagino o estresse como arame farpado embolado. Com a meditação ele começa a se desembaraçar e dissolver. É um benefício enorme. Pessoas que já passaram por grandes problemas aprendem essa técnica e, se conseguem praticar com regularidade sua meditação, começam a ver todo o tormento, todas as coisas melhorarem, e alcançam esse equilíbrio poderoso, a felicidade, a segurança interior e a capacidade de seguir em frente e curtir a vida.

GP: A música sempre teve uma importância enorme nos seus filmes. Uma pergunta a respeito disso. Qual a importância do som e da música como condutores da mente e do espírito, não só no cinema?

DL: Bem, nós todos amamos música e a música é uma grande abstração. O cinema é um pouco como a música. Ela precisa de tempo e precisa, sabe esse tipo de compasso. A música também dá início a algo, deixa algo sair, traz de volta e, em função do que está em torno, quando essa coisa volta, vem com muito mais vibração, muito mais intensidade do que quando a música foi tocada no início. Os temas, essas coisas que têm uma estrutura musical, são bastante próximos do cinema. E o som e a música são muito poderosos nesses domínios abstratos, mas sempre digo que você precisa pegar os sons, captar os efeitos do que eles dizem, passadas, vento nas árvores, e casar com a imagem. Os sons que se aproximam da música para casar com a imagem. A música tem de casar com a imagem e quando esse casamento acontece, o todo é muito maior do que a soma das partes. Há um salto de qualidade. E a intuição é uma ferramenta, é um instrumento para promover esse casamento. Costumo dar o exemplo de uma vez que escutei dez violinistas executando uma mesma peça musical. A mesma partitura, mas um violinista, por alguma razão, soube como trabalhar uma determinada nota, soube como puxar essa nota e deslizar para a próxima de tal forma que todo mundo na plateia percebeu que ele ou ela estava bem acima dos demais. Fiquei muito tocado por essa cena. É fantástico e só a intuição faz isso.

GP: Uma pergunta sobre *Veludo azul*, que também tem uma canção bastante expressiva. No final, a personagem principal acorda de um sonho ou de uma meditação transcendental?

DL: Não costumo falar dessas coisas. É como beleza aos olhos de quem a admira.

GP: Então vamos para outra questão. Você poderia falar a respeito de seu relacionamento com os atores, como você seleciona os atores para representarem seus personagens, como funciona no set de gravação?

DL: Com certeza você quer encontrar a pessoa certa para fazer aquele personagem. Muita coisa no cinema é apenas senso comum, como escolher a pessoa certa para o personagem. Eu começo olhando fotos de rostos. Olho o rosto, olho os olhos e penso naquele personagem que veio com a ideia. Tento conseguir umas dez, mesmo que já tenha um favorito ali; pego dez porque muitas vezes as fotos estáticas não falam toda a verdade. Então ou marco encontros com as dez pessoas ou as vejo em cenas de vídeo.

GP: Sem testes?

DL: Sem testes. Testar um ator, eu acho, é uma coisa humilhante. Já fiz algumas vezes, mas acho um tormento. Eles não sabem exatamente o que você quer e eu provavelmente estou querendo começar logo a ensaiar. Assim, ao conversar com eles, posso imaginá-los no filme, vou observando seus rostos e sua maneira de ser, um deles sempre faz tudo certo até o fim e é a pessoa certa. Algumas vezes acontece de me encontrar com pessoas que foram trazidas para um determinado papel e, durante a conversa, bingo!, é a pessoa certa para outro papel.

GP: Hoje em dia, você diria que algum diretor tem influência nos seus filmes? Ou prefere não responder essa pergunta?
DL: Eu prefiro não responder essa pergunta. Mas tem uma porção deles por aí.

GP: E...?
DL: Estou só brincando, sabe?

GP: E poderia dizer quem são, ou não? Você afirma que a meditação transcendental permite que a pessoa mergulhe em uma consciência positiva. Na sua opinião, existe uma natureza humana? Em sua essência, essa natureza é boa?
DL: Essa é uma ótima pergunta. A espécie humana não foi feita para sofrer. A felicidade é a nossa natureza. O indivíduo é cósmico. Isso tem a ver com a frase "Primeiro, chegue até o reino dos céus dentro de você e tudo mais virá como consequência". Primeiro, mergulhe no seu interior. Transcenda. Uma consciência ilimitada, infinita, eterna, imutável, imortal. Deixe-se impregnar por ela. Você desenvolve seu pleno potencial, que é a totalidade. E tudo mais vem em acréscimo. O nível profundo é completamente positivo. Tudo está bem. A meditação transcendental não é uma religião, um culto ou uma seita. Mesmo uma criança de 10 anos pode fazê-la. A meditação tem o poder de transformar a vida de uma pessoa, se estiver com problemas e mesmo quando estiver feliz. A meditação ajuda as pessoas a ficarem mais felizes e mais inteligentes. Os estudos indicam que o QI aumenta com a meditação. Os relacionamentos também melhoram. Descobriram que em escolas em que há muitos problemas, como violência e esse tipo de coisa, em um ano de meditação para a escola inteira, ela

se transforma no tipo de lugar em que todos adoram estar. Porque é uma transformação que vem de dentro nestes tempos de todos os tipos de cura superficial. Havia um homem muito, muito rico que queria ajudar a educação. Pensou-se em muitas coisas e decidiu-se que, talvez, se as salas de aula fossem pintadas com lindas cores, se livros novos fossem comprados e as turmas fossem menores, com atenção individualizada dos professores, chegariam lá. Fizeram um estudo um ano e meio depois e descobriram que não havia feito nenhuma diferença. Todos nós provavelmente já teríamos dito que não faria diferença. As escolas dizem que têm o que importa, o conhecimento e o processo do conhecimento. A educação hoje é o conhecimento e o processo do conhecimento, mas não há nada sendo feito para o conhecedor, o ser humano, o estudante. Dê-lhe uma chance de um mergulho interior. Desenvolva todo o seu potencial. A educação deveria dar ao aluno seu pleno potencial. Entendendo o crescimento, eles começam a entender o conhecimento chegando. A autoestima aumenta. Uma vida que se aprecia, que se estima cada vez mais. Pesos de negatividade vão embora. Lindo.

GP: Mas, neste momento, em todo o mundo, temos tantos lugares de sofrimento, tantas guerras. Você também diz no seu livro que a paz virou algo até um pouco antiquado, que as pessoas não falam mais disso. E também diz que está à procura da paz mundial. Existiria algum imperativo moral, independentemente da época, das crenças ou das nacionalidades, que pudesse guiar as ações humanas? Algo...
DL: A paz verdadeira não é apenas ausência de guerra. A paz verdadeira é ausência de negatividade. Esse campo ilimitado, infinito, eterno, totalmente positivo é o campo da paz dinâmica. Uma paz que produz grupos, seres humanos. As máquinas não podem transcender. A fisiologia humana foi criada para esse processo, para essa experiência de transcendência: iluminação, direito adquirido de cada ser humano. Ele só precisa ser desenvolvido. Seres humanos em grupos. Grupos quadraticamente mais poderosos do que o mesmo número de indivíduos separados. Um grupo fazendo o programa duas vezes por dia pode reforçar ainda mais essa unidade. É tudo poder positivo, capaz de afe-

tar a consciência coletiva. É como se fosse lançado na atmosfera. Pode trazer harmonia, coerência, paz dinâmica, *felicidade*. Já realizaram uns 52 testes no mundo com esse fenômeno. Testes breves, em várias partes do mundo. A cada vez um grupo se encontra, digamos, umas mil pessoas, para praticar durante um mês. Eles avisam: "Vamos fazer isso nesta sala e ver o que acontece. Porque podemos medir certas coisas, como pessoas." Avisam a cidade, avisam a polícia. Um tempo depois, a polícia vem e diz: "Ótimo, vocês podem ir aonde quiserem." Por que eles acham que você é mais um doidão. Mas depois vão ver os resultados do teste e descobrem que o crime e a violência diminuíram às vezes até 70%. Internações hospitalares também diminuíram. Acidentes nas estradas, violência doméstica, tudo diminui. Alguém pode dizer: "Não, deve haver outra razão." Verificadores independentes vêm e dizem: "É sim, é verdade." Mas as pessoas ainda não acreditam. Então eles dizem: "Façam o teste novamente. Testem de novo." E é a mesma coisa, a mesma coisa, a mesma coisa. Cinquenta e duas vezes. Funciona. É um fenômeno do ser humano. Quando a paz verdadeira chega, pode ser porque esse nível profundo foi ativado. A unidade é ativada na diversidade. Paz verdadeira. A fórmula para o tamanho de um grupo é a raiz quadrada de um por cento de uma determinada população. Então, para o Brasil, você precisaria de um grupo de, pelo menos, 1.200 ou 1.400 meditadores avançados. Isso poderia ser uma escola. Os próprios estudantes se transformando em fábrica de produzir paz. Desenvolvendo seu pleno potencial, aprendendo as coisas tradicionais e, ao mesmo tempo, trazendo a paz para o país. É uma coisa real, absolutamente real. E mais e mais pessoas estão vendo isso. E logo, logo teremos a paz no mundo.

GP: Você acredita, então, que a meditação torna as pessoas mais felizes e mais inteligentes ou uma coisa não tem a ver com a outra?

DL: Antes de começar a meditar, eu estava em uma sala... Tinha sido aceito pelo Centro de Estudos Avançados em Cinema do American Film Institute de Los Angeles, Califórnia, em 1970. Essa escola ficava numa mansão de 55 aposentos no alto de uma colina, na parte mais nobre de Beverly Hills. Eu não conseguia acreditar, pensei que tinha morrido e ido para o céu, não acreditava que tivesse sido aceito. E naquela escola tive a oportunidade de me inteirar de todos os espaços, das áreas de serviço, garagens, celeiro, durante quatro anos. No início, tinha todo o equipamento de que precisasse, tinha instalações de que você não faz ideia. E achava que era a pessoa mais feliz da face da terra. Até que, um dia, me sentei e olhei para dentro, e vi que estava vazio, que aquela felicidade era superficial. Talvez a meditação tenha sido uma maneira de descobrir e conseguir aquela felicidade de que as pessoas falam. E é verdade. Dizem que o êxtase chega quando a felicidade vai embora. O êxtase é uma felicidade física, emocional, mental, espiritual, e é poderoso. É uma experiência tão sublime alcançá-lo quando você transcende. Digo no livro que a palavra "única" deveria ser reservada para essa experiência de transcender. Aquele oceano transcendente, de pura consciência, é um oceano de inteligência infinita. Acredita-se que o QI das pessoas aumenta, algumas pesquisas com cérebro demonstram que atingimos o pico por volta dos 16 anos, depois o cérebro vai atrofiando e ficamos cada vez menos inteligentes. Existe uma maneira de fazer saltar o QI e manter nossa mente luminosa, cada vez mais luminosa e vivaz. Temos potencial para inteligência infinita, para consciência infinita. Com as pesquisas das neurociências, descobriu-se outra coisa maravilhosa: quando canta, você usa uma pequena parte do seu cérebro; quando faz exercícios físicos, outra parte pequena é ativada; igualmente quando pinta ou faz algum trabalho artístico; descobriu-se que os seres humanos normalmente usam apenas 5% ou 10% da capacidade cerebral. Usando aparelhos de eletroencefalograma os cientistas descobriram uma coisa magnífica, que quando uma pessoa na máquina de eletroencefalograma está meditando e consegue transcender, "bum", o cérebro fica todo ativado. É a única experiência da vida que envolve todo o cérebro. Eles chamam isso de coerência cerebral total. Quando você transcende atinge a coerência cerebral total. E quanto mais transcende, por mais tempo consegue manter essa coerência. A prova física da iluminação, dos altos estágios de consciência, quando essa coerência total do cérebro é permanente.

GP: Qual a importância do mantra na meditação transcendental?

DL: O mantra, como eu disse, é um pensamento com uma vibração de som específica. Deve haver pelo mundo milhares de mantras. Meu amigo Tommy me disse uma vez que se você meditar entoando a palavra leite, provavelmente acabará numa leiteria. Não queremos ir para a leiteria. Queremos transcender, experimentar o nível mais profundo. Um mantra de Maharishi pode realmente despertar a consciência interior, realmente abre as portas para o nível profundo. Uma técnica como o mantra também tem de dar suporte à vida, em cada nível profundo. Os níveis mais profundos da mente correspondem aos níveis mais profundos da matéria. Os níveis mais profundos do intelecto também correspondem aos níveis mais profundos da matéria. Mais e mais poder, e mais profundamente você chega. O campo unificado é dez milhões de vezes mais poderoso do que o nível atômico. Tudo é poder positivo. A física quântica diz que tudo que existe veio desse campo. Fala em um processo chamado Quebra de Simetria Sequencial Espontânea assim que surgiu o universo. A física quântica dirá que os universos ficam borbulhando como pequenas bolhas em uma lata de refrigerante. O tempo todo. Existe um número quase infinito de universos. E é desse poder que estamos falando. Como pode uma consciência não manifesta manifestar cada coisa que é uma coisa? É a ciência védica que explica exatamente como isso acontece. Mas você pode experimentar e sua vida ficará bem melhor. O mantra abre as portas para essa experiência.

GP: Pergunta mais objetiva agora, menos a ver com meditação. Como você vê a experiência de *Twin Peaks*? Voltaria a trabalhar na televisão? Por quê?

DL: Acho que a nova televisão é a Internet e tudo vai passar por ela. Sempre digo que a ideia de uma história contínua é muito bonita. Um filme de longa-metragem tem uma forma, mesmo que seja esticado; podem-se romper certas regras, mas ele tem uma forma. Tem começo, meio e fim. A história contínua vai cada vez mais fundo no desconhecido. E é uma coisa linda de se pensar. Mas o ambiente desse tipo de produção será a Internet, acho.

GP: Qual é a ideia por trás da Log Lady que abria cada episódio de *Twin Peaks*?

DL: A Log Lady era interpretada por Catherine Coulson, que era casada com Jack Nance, o astro de *Eraserhead*. E ela era parte de uma equipe de seis pessoas que me ajudaram durante 45 anos. Quase que todos os dias. Durante a filmagem de *Eraserhead*, surgiu a ideia de uma mulher com um tronco de madeira e o título do programa seria *Vou testar meu tronco em cada ramo do conhecimento*. A ideia era que Catherine fosse com o tronco consultar vários especialistas, um dentista, um médico; eles só falariam com o tronco e nós receberíamos a informação, como uma plateia. Cheguei a tentar vender a ideia para alguém uma vez, mas foi a primeira e última vez. A ideia morreu, como era de se esperar. Quando estávamos fazendo o piloto de *Twin Peaks*, ela ressurgiu de uma forma diferente. Mas não sabia exatamente como colocá-la em prática, sabia apenas que queria que Catherine Coulson voasse até Seattle e fosse trabalhar levando um ramo leve, entrasse no auditório segurando o tronco. E ela fez isso. E daí surgiu a coisa toda.

GP: Outra pergunta, Sr. Lynch. Como se estabeleceu a relação entre o diretor de publicidade e o cineasta? E o que acha de *merchandising*?

DL: Já falei sobre isso uma vez na Internet. Na minha cabeça, é quase um crime. É um crime. Um filme é uma coisa muito, muito preciosa. Todos os elementos, como eu disse, são tão importantes na criação de um mundo em que possamos entrar. Se o público — que idiota — pensa que estão lhe vendendo um produto, o filme passa a ser a coisa mais patética, horrorosa, e as pessoas deveriam ser levadas embora do cinema.

GP: Ok. Você disse antes que o sofrimento afeta a criação de uma forma negativa. Como explica então que certos artistas, como Van Gogh e Artaud, por exemplo, tenham produzido um trabalho tão genial depois de terem sofrido tanto? Se meditassem, será que isso desequilibraria a genialidade de seus trabalhos?

DL: Essa é uma questão superimportante. Faz parte do mito, eu acho, que Van Gogh sofresse. Ele sofreu bastante. Mas acredito que ele não sofria quando estava pintando. Saía para pintar porque adorava pintar. E esse parece ter sido um dos mais felizes, ou talvez o único momento feliz de sua vida, quando pintava. Era tão excitante para ele pintar. Então, não precisava estar sofrendo para fazer aqueles grandes quadros. Sei que Van Gogh teria sido mais feliz se tivesse sido capaz de transcender, fazer um mergulho interior. E sei também que seu trabalho teria sido tão bom ou até melhor. É uma questão lógica, quanto mais você sofre, menos vai querer criar. Se está mesmo deprimido, não dá nem para sair da cama, quanto mais criar alguma coisa. Se está realmente zangado, isso ocupa todo o seu cérebro, envenena o artista, envenena o ambiente; sobra pouco espaço para a criatividade. Costumo dar este exemplo: se você tem uma dor de cabeça de rachar, sente enjoo, vomita e tem diarreia para completar, qual a quantidade de trabalho que vai conseguir fazer e até que ponto vai conseguir se divertir com ele? Dê à pessoa a chance de acabar com esse mal-estar, acabar com essa negatividade e gozar a vida.

GP: Hoje, o que você estaria interessado em dizer em seu novo projeto?
DL: Não tenho nenhum projeto de longa-metragem para agora. Estou pintando, trabalhando com música e fotografia e luminárias.

GP: E uma pergunta que talvez jamais tenham feito: pode contar quem matou Laura Palmer?[1]
DL: Essa é uma pergunta absurda, e não posso contar não. Mas foi muito, muito bom estar aqui com vocês esta noite. Desejo tudo de bom para vocês. Muitíssimo obrigado.

---

[1] Personagem da série e do filme *Twin Peaks*, cuja morte misteriosa dá partida ao enredo. (N. do O.)

Breaking ground — pedra fundamental

Daniel Libeskind

Daniel Libeskind

Arquiteto polonês, projetou o Museu Judaico de Berlim, na Alemanha, e a Freedom Tower, obra que substituirá as Torres Gêmeas do World Trade Center, em Nova York. Emigrou para os Estados Unidos em 1959, juntamente com os pais e a irmã, sobreviventes do Holocausto. A origem judaica e a identificação com seu novo país são alguns dos elementos recorrentes na sua linha de trabalho. Libeskind criou um novo discurso crítico, de abordagem multidisciplinar, assinando projetos como o Imperial War Museum North, em Manchester, Inglaterra, e uma extensão do Museu de Arte de Denver, nos Estados Unidos, além de diversos prédios residenciais e comerciais.

É realmente um prazer estar aqui. É a primeira vez que venho ao Brasil, e Porto Alegre é a minha primeira experiência neste país incrível que conheço da literatura, dos filmes e de outros lugares. Tenho de dizer que está sendo fantástico; encontrei pessoas maravilhosas; visitei uma cidade animada, interessante e com uma história incrível; um lindo porto, com um potencial fantástico. Visitei o belo museu de Siza,[1] que mostra como Porto Alegre — e, de resto, qualquer cidade — pode se transformar a partir da construção de um prédio, mesmo que seja um pequeno museu. Que diferença faz! Então, a partir da minha experiência, acredito que a arquitetura é muito importante. A cidade é a chave da cultura humana e dos investimentos urbanos; a transformação de uma cidade é algo bastante importante.

Como sabem, sou de Nova York e, como nova-iorquinos, esperamos que grandes mudanças aconteçam na América um dia. Acho que essas mudanças também virão por meio da arquitetura. Durante longo tempo, a arquitetura seguia um tipo de ideologia muito fechada; que se baseava num ideário particular e bastante autoritário. Hoje a arquitetura está se tornando pluralística, mais democrática. Pessoalmente, não sou um arquiteto que trabalha num país totalitário porque alguém me dá um terreno e diz: "Construa aí um belo edifício." Acredito na democracia, com todas as suas dificuldades, e acho que somente através da participação pública, de uma combinação de forças, a cidade pode realmente se desenvolver. Então me permitam iniciar minha apresentação falando do meu primeiro projeto.

Na verdade, não comecei a minha vida profissional como arquiteto. Comecei como músico e acho que a arquitetura não diz respeito

---

[1] Refere-se ao prédio sede da Fundação Iberê Camargo, do arquiteto Álvaro Siza. (*N. do O.*)

somente a prédios. Construir um edifício é como contar uma história. A arquitetura é uma profissão de narração de histórias porque diz algo sobre o passado e sobre o que está acontecendo; ela confere identidade e abre um futuro, um bom futuro. Meu primeiro projeto conjugava muitos dos meus interesses, o que equivale a dizer que a arquitetura é realmente uma arte liberal, ou melhor, é uma combinação das artes liberais. Evidentemente tem a ver com tecnologia. É preciso saber bastante matemática e ciências, mas, primordialmente, a arquitetura é uma combinação de poesia, filosofia, música, dança, astronomia, de todas as coisas que a cultura clássica considera matriz e fundação da civilização.

Minha primeira construção foi o Museu Judaico em Berlim; foi o primeiro prédio que projetei.[2] Eu me mudei para a Alemanha em 1989 e o edifício, após um longo debate e uma longa história, abriu as portas em 11 de setembro de 2001. É uma ironia porque aquele foi o primeiro dia em que fui trabalhar — 11 de setembro de 2001 — fui para o meu estúdio em Berlim e disse: "Hoje não tenho de pensar sobre a História porque, depois de dez, 11 anos, as pessoas agora podem vir ao museu." E quando aquelas imagens de Nova York — do ataque terrorista — começaram a chegar, dei-me conta de que a História nunca chega ao fim. A História não tem um final feliz ou trágico. A História é uma história em constante evolução e aquilo que fazemos molda o futuro, determina como as coisas podem ser. Então, meu primeiríssimo projeto foi um edifício que tem uma história bastante dramática: fala do que aconteceu durante o Holocausto. Foi construído depois da guerra; meus pais sobreviveram ao Holocausto, então não se trata de um edifício que me obrigaria a fazer pesquisas em bibliotecas; ele fazia parte da minha vida. O acesso é por um prédio barroco, muito conhecido em Berlim. Eu queria realmente contrastar histórias; não as queria fundir, criando uma espécie de síntese, mas mostrar os distintos períodos através dos quais o tempo se movimenta. Então, há uma entrada à esquerda. Vê-se a construção barroca e depois o edifício dramático, incomum em vários aspectos: a maneira como é organizado, como funcionam as exposições, como a luz entra no prédio, é tudo uma história que vai

---

[2] É possível visualizar imagens dos projetos de Daniel Libeskind no endereço: http://www.daniellibeskind.com/projects/show-all/ (N. do O.).

evoluindo à medida que se anda pelo museu. Não apenas uma história mental, racional, mas uma história que se sente emocionalmente e acho que isso é extremamente importante.

A Torre do Holocausto é uma parte do museu que projetei na qual não há exposições; convenci o Senado de Berlim — é um edifício público — a criar um espaço anguloso. Tem uma claraboia no alto, porque é um espaço onde não há aquecimento no inverno, nem refrigeração no verão. É uma caixa de ressonância onde as pessoas podem se conectar com o que aconteceu em Berlim, o extermínio das pessoas, por meio da ausência da História, do lapso de tempo. Assim, é um ponto dramático; uma espécie de punhalada no peito do visitante que é parte da experiência do museu.

Outro caminho conduz ao Jardim do Exílio, um jardim bem especial. É um tipo de jardim de cabeça para baixo. As árvores crescem dentro de concreto, não é possível tocá-las — elas ficam no alto — e todo o chão desse espaço tem inclinações, de forma que as pessoas perdem a orientação com relação à cidade e adquirem a ideia de que a própria História é como um barco que navega por mares turbulentos.

Chegamos ao terceiro caminho; são três caminhos que se abrem para diferentes direções. O terceiro caminho é o caminho da continuidade que atravessa a ausência, o abismo, o vazio. É a continuidade para além do drama e da esperança para Berlim, para a Europa, para o mundo, que tem visto tantos genocídios e continua não aprendendo as lições da História. Em parte, é por essa razão que esse lugar é também uma instituição educacional, onde se ensina e se aprende alguma coisa com o passado. Ao longo de todo o edifício, há um corte. Esse corte não é uma passagem por onde se pode andar. Eu o chamei de "O Vazio". É, na verdade, um espaço vazio onde nada é exibido. Um espaço de ressonância. A propósito, me inspirei numa peça musical para criar esse espaço. Sendo um amante da música, pensei em completar o terceiro ato da famosa ópera dodecafônica de Arnold Schoenberg *Moisés e Abraão*, que ele compôs em Berlim, mas não pôde terminar — não havia mais o que dizer; não havia mais um Deus a quem recorrer. Eu a concluí com os sons dos passos dos visitantes ecoando.

Há vários elementos desse edifício, portanto, que o abrem às forças do intelecto, às forças da emoção, para contar uma história multifacetada. O museu não possui janelas convencionais. São basicamente projeções de um mapa da Berlim de 1933, um mapa que mostra a conexão entre as residências de judeus e não judeus que viviam na área e que, claro, não podem ser multiplicadas por seis milhões, mas é um mapa que permite ver, a partir desse prédio barroco, as conexões catastróficas e incomuns das ruas de Berlim. Olhando para ele é possível ver a Torre do Holocausto, o prédio no fundo e o Jardim do Exílio. É, de fato, um edifício que conta a história de uma maneira muito especial. Uma história pela qual tive de brigar, porque o concurso que fizeram não era para um museu judeu, era apenas para um pequeno departamento, um pequeno *Jüdische abteilung*, então tentei construir um prédio que falasse dos grandes eventos da História.

Posteriormente, fui convidado a acrescentar mais elementos ao museu, então construí o Pátio de Vidro, com base na *Sukkah*,[3] que hoje é um sucesso, é um lugar bastante visitado em Berlim, usado para eventos. Mais uma vez, é uma construção que conta a história por meio da unificação alemã, da mudança da Europa. É uma história não apenas sobre uma tragédia irreversível, mas sobre esperança, compreensão, conexão com a História. Fico feliz em dizer que esse museu, onde não há obras de arte, um museu que tem apenas remanescentes, alguns remanescentes da tragédia que aconteceu na Europa, do extermínio de milhões de pessoas, é um dos museus mais visitados, particularmente pelos jovens, jovens alemães e europeus que procuram algo mais do que quadros, pinturas, esculturas, documentos. Entendo — e isso é extremamente importante — que a arquitetura não tem a ver apenas com uma construção; tem a ver com uma experiência, tem a ver com a transmissão dessa experiência. Uma experiência que pode ser transmitida de diferentes maneiras: intelectualmente, por meio de ideias, oralmente, através dos ouvidos, na forma das reverberações que se escutam no espaço vazio, e, claro, emocionalmente.

Desenvolvi vários outros projetos, bem longe de Berlim. Como um grande complexo multiuso na Suíça, localizado bem perto da capital, Berna. Inspirou-me aqui uma fotografia de um filme dos famosos comediantes dos anos 1920 e 1930, os Irmãos Marx. Nada a ver com Karl Marx, o pensador, mas com os comediantes que, no filme *A grande loja*,

---

[3] Espécie de tenda construída para a Festa dos Tabernáculos da tradição hebraica. (*N. do T.*)

realmente invadem uma loja de departamentos e decidem morar lá com seus amigos. Decidem, depois que a loja fecha as portas, que ali será seu lar. Pensei que poderia ser uma boa ideia para um shopping center: é uma boa ideia para um projeto multiuso. Então fiz o croqui. O prédio faz parte da infraestrutura de apoio para a principal rodovia da Europa, que liga França, Alemanha, Áustria e Suíça. É um volume bem grande que abriga múltiplas atividades: hotel, centro de convenções, shopping center, piscina, entretenimento, cinemas, spas, até moradia para idosos — que incorporei como parte do projeto. Mas como tornar sustentável um projeto para uma estrada? Como dar a ele uma identidade?

O prédio é de madeira, um material que não é encontrado com frequência em autoestradas. Pensei comigo: "Está certo!", vamos conectar isso à paisagem, conectar com uma forma ecológica de construção, criando algo na periferia da cidade que não seja apenas mais um caixote de metal, mas um destino, um lugar aonde ir. É um programa bem complexo, com grandes volumes construídos. Não se pode reinventar a lógica dos shoppings, a lógica dos cinemas, mas é possível reinventar os espaços públicos. Esses espaços são muito dramáticos. Rompem com muitas das regras convencionais dos shopping centers; trazem a luz do dia, vistas, uma dinâmica para essa atividade que é verdadeiramente social. Busquei introduzir um componente cultural na atividade de ir ao shopping porque acredito que permite acabar com aquela velha divisão entre cultura e comércio, entre museu e shopping center, entre moradia e trabalho. Estou interessado em eliminar categorias como essas porque vivemos uma vida singular. Não dividimos nossa vida nas categorias artificiais que vêm de uma concepção modernista da arquitetura. E, evidentemente, é possível notar que esses espaços são também culturais. Acho importante compreender isso hoje em dia. Os museus precisam ser bem-sucedidos comercialmente, ao passo que os espaços comerciais precisam ter uma dimensão cultural, um componente cultural. É possível ver isso nesses espaços.

Inaugurei esse espaço há algumas semanas e nos primeiros três dias 250 mil pessoas foram visitá-lo, de trem, de bonde, de carro, porque as pessoas querem ver a arquitetura tendo um papel central no cotidiano. Assim, não são apenas os museus que os arquitetos precisam projetar, mas tudo de que os seres humanos necessitam é parte da arte da arquitetura.

Há grandes espaços para natação, vários spas e piscinas cobertas. É um espaço revestido com tijolos de vidro, uma espécie de catedral da natação. Existe uma expectativa de que muitas pessoas utilizem-no; na verdade, ele se tornou muito popular entre as famílias, as crianças e pessoas solteiras também. A programação das atividades também muda: à noite se transforma em night club, local de entretenimento de outro tipo. Mais uma vez, existe uma nova e inventiva programação na arquitetura que não se limita a repetir fórmulas de cem anos atrás, mas inventa uma nova constelação, uma nova sinergia entre o que pode ser feito e o que me interessa. Claro, há também esses tubos vermelhos para escorregar, iguais ao Black Hole Ride, maior tobogã da Europa: é um lugar muito legal para nadar e se divertir. É possível apreciar a incrível paisagem dos Alpes Suíços, com as vacas e o ambiente pastoral misturados às mais impressionantes instalações e infraestruturas comerciais e culturais. Projetei uma praça principal com o hotel e, à direita, o hotel-residência para idosos. Achei que seria um lugar excelente para as pessoas da terceira idade morarem, não longe e afastadas de tudo, mas exatamente no lugar para onde as pessoas jovens vão. E há a principal estação de trem e a nova estação de bonde. Consequentemente, as áreas vizinhas estão começando a ficar mais povoadas, casas e ruas estão sendo construídas. É uma área que deixou de ser subúrbio, periferia, e passou a ser uma cidade populosa e autônoma que oferece coisas certamente muito diferentes do que é oferecido no centro histórico e medieval que é Berna. Aqui há o novo e o velho funcionando juntos para benefício da população. À noite, é um lugar extremamente bem iluminado; pode ser visto de diferentes ângulos pelos pedestres nas ruas, pelas pessoas que andam de bicicleta, pelos que estão nos transportes públicos ou de carro.

Em outra construção minha, na Coreia do Sul, é possível reparar que baseei as formas do edifício em algo bem diferente. Não sei se já estiveram no país que depois da Guerra da Coreia cresceu muito rapidamente. E eles o construíram com uma espécie de fórmula modernista: um conjunto de "caixotes", prédios que são praticamente iguais uns aos outros. Aproveitei a oportunidade para reformatar a maneira de as pessoas viverem. Criei um bairro de múltiplas atividades, em condições de abrigar moradores com diferentes perfis de renda. Há escritórios, prédios residenciais, centros de cultura e um hotel. Fica bem no Mar do

Leste e dos prédios pode-se avistar o Japão do outro lado. É muito perto! O lugar é incrivelmente bonito, com um formato inteiramente novo; é uma área de edifícios muito altos, às vezes chegam a ter mais de 60 andares. O complexo é composto de edifícios autônomos e de alta densidade, que concentram um grande número de moradores e ainda oferecem os benefícios do transporte público — os moradores não precisam usar automóvel — e vizinhos que se encontram. É uma comunidade do século XXI. Os edifícios têm, além disso, uma conexão com o território — em cada um dos meus projetos, as pessoas entram em contato com o "espírito do lugar" — não pretendo que seja apenas uma visão globalizada do mundo. Justamente por causa da globalização, precisamos de que cada lugar possua uma identidade, tenha um sotaque, uma forma única de se conectar com o que está em torno. Dá para ver pelas arcadas que todo o sistema de vias para pedestres evoca muitas paisagens coreanas. E tem também as novas instalações para a marina. É mais um grande projeto, mas acredito que, de modo geral, já modificou de alguma maneira as expectativas de moradia e trabalho em um lugar como Busan, na Coreia do Sul.

Um projeto bem diferente fica no oeste americano, em Denver, Colorado.[4] Dá para sentir uma espécie de explosão de energia, um tipo de energia bastante conhecido para as pessoas do oeste; foi o que provocou a formação das Montanhas Rochosas, a fricção das placas tectônicas. Baseei esse projeto em uma ideia; não tem a ver com uma forma nem com uma tradição. Está baseado no que chamei de "duas linhas que passeiam". Uma linha é a da natureza que vem das montanhas; e a outra é a da cultura que vem do centro da cidade. É um edifício impressionante, que se projeta em balanço sobre a principal avenida de Denver, reafirmando uma espécie de drama espetacular de vales, encostas, montanhas, natureza. O edifício mantém, além disso, uma conexão com a construção antiga do próprio museu. À direita localiza-se o prédio original, projeto de um famoso arquiteto italiano, Gio Ponti, construído nas décadas de 1960 e 1970. Era um prédio com duas torres interligadas; bastante prático, mas de fato carecia de espaços pú-

---

[4] Trata-se do Museu de Arte de Denver, extensão do prédio já existente, projetado pelo arquiteto italiano Gio Ponti. O anexo foi aberto para o público em 2006. (*N. do T.*)

blicos, faltava um grande átrio, faltava a grandiosidade de um museu. Então criei uma conexão, como se pode ver, com o prédio que já existia, colocando no centro da nova construção um grande átrio. O edifício se eleva quase que de um ponto no chão e se abre, se projeta para o exterior. Fiz isso por uma razão muito particular: muitos edifícios públicos são muito grandes e ocupam uma grande área do terreno, reduzindo o espaço público. Queria criar um edifício que fosse pequeno no nível térreo, de forma que as pessoas pudessem usar o espaço livre de maneira criativa, e fiz o edifício se expandir de maneira realmente dramática à medida que sobe em direção ao céu. Há grandes contêineres à esquerda para exposições itinerantes e do lado direito, para arte ocidental, arte contemporânea e arte da Oceania. É um edifício que permitiu à cidade de Denver receber pela primeira vez grandes coleções — do Louvre, por exemplo — que costumavam ir apenas para Nova York, Chicago ou Los Angeles. Denver foi, durante muito tempo, considerada uma cidade de interior, um centro pecuarista. E Denver não é mais uma cidade de interior.

O prédio é revestido de titânio. O edifício não é apenas um deslocamento de paredes a partir de um plano, mas um espaço completamente modelado. Grandes volumes modelados dão um sentido aos espaços, fazem pensar na natureza de Denver, nas Montanhas Rochosas. É uma forma que tenta capturar o espírito pioneiro da América, que penso que é o mesmo espírito pioneiro da América do Sul. Os espaços públicos podem ser usados de muitas maneiras. Durante a convenção do Partido Democrata em Denver, por exemplo, milhares de pessoas foram para lá para fazer reuniões, tomar café, conversar. Repetindo, um museu é muito mais do que um lugar de arte; é um lugar de conversação, um lugar para convidar o público. Os espaços são também sublocados para empresas, outras instituições, de forma que as pessoas possam admirar arte em um contexto social. Acho que é muito importante que os museus não existam apenas para eles mesmos, mas que atendam às necessidades sociais e éticas de uma comunidade. O edifício não segue apenas as formas das elevações; trata-se, na verdade, do drama dos espaços espetaculares. A propósito, existem pouquíssimas paredes em ângulo reto. Não precisamos realmente continuar pensando em termos dos velhos caixotes, temos maneiras sofisticadas de remeter à vida. A arte do século XXI introduz um conjunto de novas experiências. Temos o topo do prédio em balanço, elevando-se em direção à linha do horizonte, com a escultura de Gormley,[5] o homem do futuro, a mulher do futuro, diante da luz e da sombra da subida.

Do outro lado do museu há outro complexo que também tive a sorte de projetar. É uma história interessante. Houve um concurso internacional com vários arquitetos de renome — Tom Mayne, Arata Isozaki, Steven Holl. À direita pode-se ver uma caixa; é um grande estacionamento. Era parte do concurso projetar um estacionamento para mil carros. Estacionamentos em geral não são muito bonitos, então os arquitetos pensam: "Sem problema, vamos colocar o estacionamento no subsolo e teremos em cima um lindo parque." Mas arquitetura é uma coisa muito prática e sai caro colocar o estacionamento no subsolo. Então criei um projeto — estado da arte em termos de estacionamento — e sugeri o tipo de construção que poderia ser feita: condomínios e lojas, de forma que fosse possível ter um complexo cultural em vez de um prédio isolado. Sugeri também que se fechassem as ruas e que fosse criada uma praça onde as pessoas pudessem ficar; e mais uma vez durante a Convenção do Partido Democrata, muitos eventos da cidade se transformaram em festivais nesse espaço público que, de fato, é bastante próximo da capital do estado, é bem no centro da cidade.

A ideia era introduzir o conceito de boa moradia, uma moradia que oferece novas qualidades. Na verdade, muitos dos apartamentos que foram vendidos primeiro não eram os que tinham a vista para as Rochosas, mas os que davam frente para o museu. A arquitetura, portanto, é um fenômeno que pode incentivar uma nova orientação para a cidade. Nos invernos de Denver, no novo espaço de arte, com esculturas fantásticas, torna-se um lugar muito ativo; mais do que mais um prédio, é um lugar que atrai as pessoas. E, como resultado desse projeto de extensão do museu, há outro museu sendo construído bem ao lado; novas galerias estão sendo abertas; novas moradias estão sendo erguidas. Repito: a arquitetura é uma semente que pode gerar crescimento para uma cidade; não apenas crescimento econômico, que é obviamente necessário, mas também crescimento cultural. A vida cultural pode se expandir e as pessoas podem encontrar um lugar melhor para viver.

---

[5] Antony Gormley (1950), escultor britânico, cujo trabalho costuma tomar o corpo humano como sujeito. (*N. do O.*)

Um projeto bem diferente é o que fica no velho cais do Porto de Dublin, não muito diferente do de Porto Alegre. É um projeto sobre o Grand Canal. Os canais em Dublin estavam em desuso, haviam caído na obscuridade. Houve um concurso para transformar o canal, por meio de uma parceria público-privada, com a criação de um primeiro grande centro de exibições de arte. Dublin é um grande centro cultural; é a cidade de grandes escritores, grandes músicos, mas lá não havia um local que pudesse abrigar uma ópera, grandes performances musicais ou teatrais, então sugeri um projeto no qual o canal se tornaria um espaço público com uma espécie de tapete vermelho desde a beira d'água até um teatro, que funcionaria também como centro de artes. Emoldurei o teatro com edifícios comerciais porque era parte central da ideia. Assim, há o teatro, o tapete vermelho e junto ao tapete — ao seu lado — grandes blocos de prédios de escritórios e lojas, essenciais para tornar o projeto possível, porque as pessoas que tinham condições de financiar a construção dos grandes blocos de edifícios também poderiam patrocinar e contribuir para a manutenção do teatro público. Acho que essa é uma forma bem interessante de conjugar interesses públicos e privados em benefício da cidade.

O teatro é bastante incomum porque abriga em seu interior vários espaços públicos. Há uma cortina de vidro através da qual se entra e procurei colocar diante dela tantas atividades públicas quanto possível, de modo que as pessoas pudessem de fato ver o que estava acontecendo; pode-se também apreciar a vista do canal, além de ver e encontrar as pessoas. A entrada é um espaço social, com clubes e bares, atrás dos quais ergue-se o caixote preto do teatro, que conta com uma acústica bastante especial. Plantei flores na parte frontal, diante do Canal, lembrando aos dublinenses a importância de sua história marítima. De certa maneira, o teatro está "plantado" no conjunto dos prédios de escritórios e esses "canteiros" de escritórios são também estado da arte, em termos técnicos, tecnológicos e de sustentabilidade. Dava para ver a escala do projeto à medida que ia sendo construído. Ele criou um maravilhoso espaço para performances, tornando-se uma espécie de centro, um polo cultural — as ruas estão sendo revitalizadas. Como foi feito? Com parcerias público-privadas, que é realmente uma das melhores maneiras de construir uma cidade, porque a ideia antiga de que os governos têm de financiar sozinhos a cultura e os investidores devem explorar os espaços já instalados é uma concepção antiquada herdada do século passado.

Há também um projeto em construção em Jerusalém — uma cidade que conheço e amo. Foi baseado em uma grande necessidade de levar serviços e desenvolvimento à região central de uma grande cidade histórica. É o Oriya Complex, que inclui uma torre residencial, hotel, comércio, cultura; um complexo bem articulado em várias frentes. Pode-se observar que trabalhamos com vários modelos físicos, não apenas nos computadores. Precisamos criar uma conexão com Jerusalém como cidade; uma cidade cheia de vielas, com diferentes escalas, rodeada de mistério. Uma das maneiras que encontrei para fazer isso foi criar um plano bem interessante. A regulação da construção em Jerusalém é bastante precisa: todas as edificações têm de ser 50% em pedra, 50% em vidro e muitos arquitetos acabam construindo um prédio em pedra com uma torre de vidro. Em meu projeto, tentei conjugar pedra e vidro de maneira bem diferente, de forma a criar um edifício que acho que pode realmente contribuir com algo novo e, ao mesmo tempo, com algo antigo para a cidade que está no coração de tantas pessoas. Trata-se, mais uma vez, de trazer inovação ao centro de uma cidade que, na verdade, não pode mais se expandir, mas precisa encontrar uma forma de desenvolver e cuidar mais do seu centro.

Outro projeto para uma parte bem diferente do mundo fica em Cingapura. Chama-se Reflections e está localizado na baía de Keppel, área muito bonita onde ficava um porto industrial — meio abandonado e não adequado para um bairro residencial. Pediram-me para construir edifícios residenciais horizontais de grande capacidade e alguns arranha-céus, também residenciais. Nessa parte do mundo, os edifícios são em geral bastante altos. Então, projetei uma extensão e um grande boulevard que margeia a água, criando um passeio com residências e atividades aquáticas, para levar as pessoas para a água. Porque, como em Porto Alegre, muitas pessoas não desfrutavam a proximidade da água. Haviam se esquecido de que a água é a fonte da vida. Devo dizer que essas torres em Cingapura são bastante incomuns, não é efeito de distorção da câmera, são mesmo "organicamente" curvadas. Precisei solicitar das autoridades municipais autorização para construir além do gabarito e elas autorizaram porque acreditavam que seria importante ter edifícios diferentes naquela área, que apresentassem uma nova organização interna, não apenas na fachada. Eles foram desenhados de dentro para fora e o resultado é que emolduram a beleza natural de Cingapura de maneira espetacular. Há jardins suspensos, terraços, áreas de lazer, esportes, clubes etc. É um projeto realmente grande, com mais de 1.800 apartamentos. A curvatura indica que cada apartamento é diferente, ou seja, um apartamento não está empilhado em cima do outro; as pessoas ocupam um espaço único no horizonte da cidade, têm uma vista completamente nova, não são parte de uma repetição. Eis algo de que nunca gostei no modernismo: a ideia de que os seres humanos são repetitivos, que se pode apenas repetir uma experiência. Não, as pessoas são singulares; todos temos coração, alma, portanto deveríamos ocupar um espaço para morar ajustado ao nosso entorno e à dimensão humana. Visto de cima — podem-se ver esses edifícios quando se sobrevoa Cingapura — parece um colar, que está dando novo impulso a toda a área da baía Keppel, com mais projetos. Fiquei contente de os investidores terem me pedido para fazer mais dois edifícios desses.

Algo bem diferente fiz em Nevada, nos Estados Unidos. É um dos projetos mais interessantes que executei para a MGM Mirage, uma grande corporação de mídia e entretenimento. É o maior projeto dos Estados Unidos neste momento, orçado em dez bilhões de dólares, e inclui hotéis, cassinos e torres residenciais, mas minha parte é criar um espaço público que faça a ligação entre esses enormes edifícios. A área foi projetada para ser uma base para a parte comercial e os espaços comuns dos edifícios residenciais, hotéis e cassinos, levando uma nova dinâmica para o centro de uma cidade conhecida por seu clima de nostalgia, imitação, falsificação, artificialismo. Mas, pensei, a MGM — produtora de grandes filmes e entretenimento — percebeu que Las Vegas não é apenas um lugar qualquer, é a cidade que mais cresce nos Estados Unidos. As pessoas necessitam viver em lugares reais, não em imitações de Veneza ou Paris. Então o projeto tem muitas características inovadoras: é uma espécie de catedral em termos de escala e seus contornos mudam abruptamente. Combina muitas escalas diferentes, desde o ambiente mais íntimo e acolhedor de uma pequena cafeteria até a grandiosidade de uma área aberta e comum. Acho extremamente importante que possamos viver, em pleno século XXI, não em uma espécie de utopia fajuta, mas em um mundo contemporâneo, com todos os problemas que vemos todos os dias na televisão, mas também com todas as esperanças e todos os potenciais.

Já o Museu Imperial da Guerra é um prédio que traz em seu nome palavras de conotação muito negativa: imperial, guerra e museu. É um museu sobre o conflito e tomei como base o globo terrestre. O globo tem sido despedaçado, fragmentado, por causa dos conflitos; peguei esses cacos e pedaços e os reerigi no Ship Canal de Manchester. Winston Churchill, um de meus escritores favoritos, fez uma vez um comentário interessante. Ele disse: "Não vamos nos enganar. Sempre haverá conflitos. A única coisa que permanecerá no mundo é o conflito." Então, seria melhor aprendermos como estruturar o que permanece, como aprender com o passado.

Criei esse edifício numa área meio vazia de um canal que não estava mais sendo usado, uma área deserta e perigosa. Foi o começo de uma revitalização que está a pleno vapor, fazendo renascer a atividade no velho canal. O edifício é composto de três seções: um fragmento vertical no qual se pode subir para apreciar a vista da cidade; uma forma convexa horizontal, que fica no térreo e é onde acontecem as exposições; e o edifício em forma côncava, que fica em frente ao canal. Acho que um edifício precisa convidar à visitação, mesmo antes de o visitante chegar. Criei uma entrada bem pequena para um edifício bastante grande porque acredito que é muito importante não banalizar o conflito, não pensar nele como algo que acontece em geral. O conflito é tão grande quanto a vida humana e, ao mesmo tempo, é tão grande quanto os sapatos que calçam nossos pés. Então pretendi criar uma tensão entre a grandiosidade das exposições e a unicidade da vida humana, a vulnerabilidade, a delicadeza e a emanação de ideias a partir dessa escala humana. Quando se entra, pode-se subir ao topo do edifício para apreciar o panorama da cidade lá de cima, o que é também uma interessante ilustração do conflito, porque a cidade de Manchester foi bombardeada durante a Segunda Guerra. Assim, pode-se conhecer a cidade, entendê-la, conversar com ela, vendo-a como ser humano — enfim, perceber que a cidade não é apenas um amontoado de aço e vidro. Claro, há objetos emblemáticos, como os círculos no plano. O prédio é em curva convexa por conta das exposições que acontecem no escuro. Quando as pessoas entram, o museu está iluminado e aí acontecem as mostras — os primeiros canhões que lançaram bombas na Primeira

Guerra, o primeiro caça Harrier — depois as luzes se apagam. Acompanhadas por som *low-tech*, são feitas apresentações de vídeo. É um conceito bem interessante e barato. Estudantes universitários podem montar exposições inteiras e mostras com imagens de seus pais em campos de batalha no Iraque ou no Afeganistão, ou de seus avós na Segunda Guerra, ou mesmo de outros conflitos. Torna-se um museu interativo que possui também espaços para exposições de arte, o que contribuiu para uma dramática transformação e revitalização dos arredores. Como efeito do museu está em curso um novo ciclo de desenvolvimento e atividades econômicas. Por meio de parceria com a iniciativa privada, levamos vida a essa fantástica cidade, que tem uma incrível história.

Retorno à Europa continental, mais precisamente a Milão, onde ganhei um concurso. É uma cidade que adoro, onde vivi, onde minha filha nasceu. É um projeto para um novo centro na cidade histórica, onde costumavam acontecer feiras livres, que se mudaram, deixando desocupada uma área de 64 acres. Nesse trabalho fui o planejador da obra e também um dos arquitetos, trabalhando em parceria com meus amigos Zahad Hadid e Arata Isozaki. Elaborei a planta central e reuni algumas ideias de diferentes trabalhos. O centro da planta é um parque — um lugar onde as pessoas podem relaxar e curtir a vida. No centro — bem longe dos prédios históricos — erguem-se edifícios modernos e altos. É um plano que reúne moradia, escritórios, hotéis e centros de cultura. A proposta é trazer uma nova harmonia para o cotidiano de uma cidade de grande dimensão histórica como Milão. Minha parte na área residencial é a dos prédios de alta densidade, que são bastante práticos, mas dão expressão a novas formas e criam possibilidades inusitadas para a vida em uma cidade histórica. Ficam bem no centro, a poucos minutos da Catedral Duomo. Sou também o arquiteto que projetou uma das torres que podem ser vistas à esquerda. Minha ideia era homenagear Leonardo da Vinci, que também foi arquiteto em Milão. Ele pretendia construir um domo na catedral, pois achava que o triângulo estava muito antiquado, então quis construir um novo domo renascentista. Decidi fazê-lo em grande escala urbana, acompanhado de duas torres, para criar um domo como espaço público, que acabou sendo a praça central nesse novo projeto. Minha parte foi criar um arranha-céu que é, mais uma vez, muito expressivo, porém muito racional, com um forte núcleo vertical e suportes laterais em aço. É mais um edifício impactante, que dialoga com a lógica da funcionalidade e da necessidade e, ao mesmo tempo, realmente contribui para a história e se conecta com os grandes prédios tradicionais de Milão. Pode-se observar que os três edifícios — o meu e os outros dois — estão de fato em uma espécie de animada conversação sobre a história de Milão, a história da arquitetura e a história dos espaços públicos.

Tive também a sorte de construir outro projeto, que dediquei a Leonardo da Vinci: a construção do Museu de Arte Contemporânea. Baseei esse projeto na famosa figura da Renascença, o homem vitruviano. Pensei: "Se Leonardo da Vinci estivesse vivo hoje, ele também projetaria em diagonal, em linhas oblíquas, em direções inesperadas." Então, surgiu o Museu de Arte Contemporânea, que é parte da composição das grandes torres, parte do parque, que trará de fato uma nova característica a Milão, que não recebe um novo museu há bastante tempo. É um museu que terá um jardim no topo e alguns elementos que normalmente não são associados a museus, um edifício que tem uma proposta de interagir com o público, levar o público a um lugar diferente, não apenas espacialmente, mas arquitetonicamente. Acredito que será algo que realmente vai complementar as diferentes possibilidades oferecidas pelo lugar.

Em Majorca projetei uma pequena casa. Foi encomendada por um artista que queria que eu desenhasse uma casa mediterrânea bem simples. O projeto tira proveito da luminosidade do Mediterrâneo, que cria para o meu cliente espaços para sua arte. É uma peça complexa na qual — por meio de formas simples — podem-se experienciar muitas coisas diferentes. Existem diferentes modos de se movimentar por ela, sempre apreciando a paisagem natural e vendo a beleza da ilha e do Mediterrâneo. A modulação da luz é fundamental e permitiu criar um espaço residencial cheio de obras de arte, animação e movimento. Foi um bom projeto para o meu cliente, que também é um artista e precisa de espaço para trabalhar e expor seu trabalho. No pequeno também há beleza. Eu venho trabalhando em vários projetos grandiosos, mas é ótimo às vezes poder fazer uma pequena casa. E agora estou construindo outra nos Estados Unidos que é ainda menor! Muito, muito pequena, mas muito radical. Não é uma casa convencional com coisas normais, mas uma casa que realmente reinventa paredes e espaços.

Há pouco tempo comecei um projeto para o Contemporary Jewish Museum, em São Francisco, com base em algumas ideias emblemáticas: a linguagem hebraica e o simbolismo da vida judaica. É baseado no *l'chaim* — que quer dizer "à vida" e é uma palavra-chave na literatura bíblica e no Talmude. É um prédio que se entrelaça. Parte dele é uma antiga usina elétrica que estava cheia de equipamentos, material elétrico e baterias para o sistema de fornecimento de energia depois do terremoto em São Francisco, material que agora está inutilizado. Então, como ocupar um prédio que não foi concebido para pessoas, como construir algo interessante e que permita criar um diálogo entre o velho e o novo? O local é bastante apertado; existem vários edifícios em torno e uma igreja em frente. Tentei criar uma nova energia, uma energia criativa, por trás da fachada. Pode-se observar uma inserção e uma transformação dramática da usina. Há vários elementos simbólicos diferentes: a velha arqueologia e a velha estrutura. Mas há também as novas galerias, que chegam até o topo do edifício, trazendo uma nova luz. Além disso, incluí espaços bem práticos para teatro que podem ser adaptados para outras funções. E a luz, que acredito que, junto com os materiais e as proporções, ajuda a criar o clima do edifício. Há um espaço bem na borda para eventos, exposições, um local para performances musicais. Eu o chamei de "Yud". É um espaço simbólico com 36 aberturas, algo bastante impactante naquele contexto, com a igreja e a praça. Esse prédio, de certa forma modesto, transformou uma parte da cidade. Deu vida à praça, à igreja, aos grandes hotéis que ficam atrás. Tornou-se um novo destino cultural. Acho importante que todo local de cultura crie expectativas no público, mobilize as pessoas, traga algo novo, o que não vinha acontecendo na cidade há bastante tempo. Acho que essa é a razão de se construir alguma coisa.

Para o Museu Real de Ontário, em Toronto, criei um edifício muito impactante, que também faz parte do conjunto de prédios históricos existentes no local. Chamei-o de "Cristal". Toronto é outra cidade que adoro. Minha mulher é de Toronto; já morei lá; um dos meus filhos nasceu lá. Sempre achei que o Museu Real de Ontário deveria ser um grande museu, porque abriga fantásticas coleções de arte e também os maiores dinossauros do mundo; no entanto, o museu da principal rua de Toronto era triste, uma espécie de buraco negro, sem nada interessante. Então decidi reorientar o museu, com uma entrada absolutamente nova, decidi criar um edifício que pudesse estabelecer uma relação dinâmica com a História. O prédio tem a vantagem da iluminação, de forma que mesmo no inverno tem uma luz muito interessante, porque cada um dos volumes do Cristal é modelado de forma única. Certamente incluí um átrio e vários espaços com qualidades e características distintas. O prédio histórico é parte do desenvolvimento desse projeto; é possível ver o velho e o novo, a forma em H e os novos cristais ativando e reorientando o acesso central. Nessa seção do edifício dá para perceber a forma totalmente escultural; as paredes não formam ângulos retos e com isso a luz penetra de modos inesperados, o que acho mais do que adequado; se os museus não nos animam, o que mais nos animará? Assim, o Cristal é um edifício de grandes dimensões e também um elemento urbano. Toronto é uma cidade muito legal, mas não tinha uma arquitetura de impacto há um bom tempo. Com esse museu e a nova ópera, a cidade vai superando a ideia de que é um lugar legal, porém enfadonho. Desenhei até mesmo as cadeiras do Cristal, uma cadeira de aço inoxidável, muito confortável para se sentar. E claro, as conexões entre as galerias, conexões entre os diferentes espaços destinados às exposições de arte, às exposições itinerantes, à coleção de dinossauros. O restaurante é agora um dos mais populares de Toronto, localizado bem no topo do edifício, sendo também bastante importante à noite, porque os visitantes podem ver os dinossauros — a janela do restaurante é uma imensa vitrine através da qual podem ser vistas as atrações do museu, mesmo quando ele está fechado. Ou seja, de repente a pré-história começa a fazer parte de uma cidade moderna e em evolução.

Há um projeto no lugar onde nasci: Varsóvia, na Polônia. Tive a chance de construir uma das torres residenciais mais altas da cidade, um edifício de 70 andares que traria vida nova ao centro de uma grande cidade que foi devastada pela guerra. O projeto inclui lojas, amenidades, novas ruas, em suma, um novo modo de viver. Fica bem ao lado do Palácio da Cultura construído por Stalin, que sempre tentou oprimir as pessoas construindo projetos opressivos. Então pensei: "Vou projetar a asa da liberdade; agora que não há mais comunismo, a asa pode novamente voar livre, a asa polonesa." O diagrama do projeto de engenharia mostra que um apartamento não precisa ser um caixote. O edifício se retorce, gira, para tirar proveito das diferentes vistas de Varsóvia, e possui ainda novos espaços públicos em sua base: o *lobby*, a piscina, coisas que não existiam na cidade enquanto ela esteve sob as sombras do comunismo. Surgiu um novo tipo de espaço, que já tem feito com que vários outros arquitetos pensem em Varsóvia como uma cidade ideal para construir novos prédios. Agora, o Palácio da Cultura de Stalin é apenas uma parte da história da cidade; existe uma nova história sendo construída e considero muito importante que exista sempre uma nova história sendo construída, que não fiquemos atrelados a uma história herdada de uma geração anterior, mas transformemos essa história — isso é História!

Por falar em História, tenho um projeto que é, de diferentes maneiras, o mais complexo, porque foi dedicado a um acontecimento que mudou o mundo. O 11 de setembro de 2001 transformou o mundo em que vivemos: não é mais o mesmo, não apenas por causa do terrorismo, mas por todas as implicações do que aconteceu depois. E, apesar de o ataque ter tido consequências militares, e a despeito das implicações políticas, as consequências da arquitetura, do meu ponto de vista, são culturais. Como fazer para criar um espaço simbólico e significativo na cidade de Nova York? Como criar um espaço que tenha significado não apenas para os proprietários do terreno, mas para a própria cidade? Batizei esse projeto de Fundação da Memória, porque tem a ver com memória. Três mil pessoas perderam a vida, pessoas de 90 nacionalidades. Não somente americanos, mas pessoas de todas as partes do mundo morreram no ataque. Ao mesmo tempo, como preservar essa memória e fazer algo positivo? Não podemos voltar no tempo, mas podemos seguir em frente e fazer algo que tenha sentido. Um dos meus primeiros desenhos mostra como tomei como ponto de partida o entendimento da complexidade do projeto. Não é muito grande, ocupa apenas 64.750 metros quadrados, mas possui 836.100 metros quadrados de área construída, de escritórios, lojas, infraestrutura. A minha ideia era incluir um memorial bem no centro, criar o máximo de espaços públicos, reconectar as ruas, que já estavam desconectadas quando as Torres Gêmeas estavam lá, trazendo algo simbólico para o lugar, algo memorável — como a Estátua da Liberdade, que adoro. Criei a Torre da Liberdade 1776, número simbólico, ano da Declaração da Independência dos Estados Unidos, o primeiro documento a prever o direito à liberdade como um direito de todas as pessoas. Mais uma vez, busquei um projeto que pudesse oferecer algo que funcionasse como solução cultural e urbanística. Na maquete que usei no concurso pode-se ver que não é um projeto isolado; ele dialoga com seus vizinhos: Chinatown, Tribeca, Wall Street, Battery Park, vizinhos bastante diferenciados. Não é um lugar em si mesmo. Como criar então uma reconexão com o entorno? Eis a solução que encontrei: fiz a conexão através da hora — 9h46 — em que a primeira torre foi atingida e 10h28, hora em que a segunda torre desmoronou. Posicionei todos os principais elementos urbanos: Greenwich Street, Fulton Street, espaços públicos, a entrada da praça, o memorial com as pegadas no centro, utilizando essa visão da história a partir de um horário específico. Pois não se trata apenas do espaço, trata-se também do tempo. Para criar o conjunto de prédios, que inclui um museu, um centro de artes e a nova estação da linha Path,[6] além da restauração do horizonte de Nova York, utilizei não apenas um ou dois edifícios, mas um conjunto simbólico, que vai espiralando em torno do lugar. O primeiro prédio é a Torre da Liberdade e quatro outros arranha-céus bem altos serão construídos em torno, de forma a preservar a luminosidade e manter uma permeabilidade que envolve e protege o memorial, que sempre ocupará o centro de nossos pensamentos. Mesmo para as pessoas que não assistiram ao ataque esse lugar deve significar algo mais do que simplesmente o número de mortos. Deve significar algo sobre democracia e liberdade; deve significar, além disso, uma conexão com a própria cidade. No centro, como já mencionei, fica o grande Memorial Plaza, que não foi muito fácil de fazer, dadas as proporções e a densidade das edificações em torno e do que se esperava do lugar; afinal, é Nova York. Eu não tinha um cliente, não era um projeto encomendado por um governo totalitário ou por algum ditador que disponibilizou um terreno para construir algo bacana. Trabalho numa democracia. E em democracias temos o dificultador de ter de conciliar inúmeros interesses diferentes: os das famílias das vítimas; os da Autoridade Portuária de Nova York e Nova Jersey, proprietária e gestora do terreno; e dos diferentes investidores que possuem seus próprios arquitetos. Trabalhei junto com os governadores de Nova York e Nova Jersey porque são os responsáveis pela Autoridade Portuária; com o prefeito de Nova York, porque é o responsável pelas ruas da ci-

---

[6] Linha de metrô e Terminal Hudson, destruído pelos ataques do 11 de Setembro. (*N. do O.*)

dade; com o MTA,[7] encarregado do metrô; com os comerciantes e lojistas; com os consultores urbanísticos e uma miríade de outras pessoas. Então, é um projeto bastante complexo. Meu papel, como principal planejador, alguém que tem uma visão global do projeto, é chegar a um consenso sobre o espaço e levar para esse lugar algo que lhe dê outro significado. O Memorial, que ocupa o centro do espaço, deverá ser concluído em 2011. A Torre da Liberdade também receberá a cobertura em 2011. A essa altura, a linha Path já deverá estar operando e as ruas estarão reconectadas. Assim, em poucos anos poderemos ver a maior parte do espaço voltando à vida. Coloquei, junto às pegadas do Memorial, fontes e lagos para encobrir um pouco a movimentação dos carros e o barulho do trânsito e dar uma quietude espiritual ao lugar, uma espécie de parede fluida e diáfana.

Preciso contar uma história que aconteceu comigo. O Ground Zero foi a maior competição do mundo — começou com algo como quatro mil ou cinco mil arquitetos de vários países, depois foi afunilando, à medida que avançavam as sucessivas fases. Na última fase, eu estava com outros seis arquitetos finalistas olhando o Ground Zero do alto da Liberty Plaza; era um dia chuvoso e muito frio de outubro. A Autoridade Portuária perguntou aos arquitetos: "Alguém quer descer para ver o local lá embaixo?"; os arquitetos disseram que já estava bem para eles olhar lá de cima, pela janela, mas eu me senti compelido, junto com Nina — minha esposa e parceira — a descer. Percorremos com nossas galochas e nossos guarda-chuvas comprados num camelô os 23 metros que nos separavam daquele ponto na base da cidade. E foi aí que meu mundo mudou; minha compreensão do mundo mudou no momento em que me dei conta de que estava no fundo de Nova York, estava pisando em um lugar onde pessoas haviam perdido a vida; centenas de milhares de vidas se foram ali. Ao descer, vi se revelar um muro; um muro que jamais apareceria, porque faz parte da fundação da cidade. A parede fluida. E me dei conta de que esse muro havia resistido ao ataque e funcionou como um enorme dique que impediu que a cidade fosse invadida pelas águas do rio Hudson. Se tivesse vindo abaixo, todo o metrô de Nova York teria ficado debaixo d'água. En-

---

[7] Metropolitan Transportation Authority. (*N. do T.*)

tão, pensei, não se trata apenas do reconhecimento afetivo de um importante elemento da cidade, mas de algo que deveria ser revelado ao público, para que as pessoas compreendessem que aquele era um muro vivo. Existem muralhas antigas na Grécia, em Jerusalém, em Atenas, em várias cidades. Mas aquela era uma fundação ainda viva, continuava a sustentar o lugar. E pensei: "Esse muro deveria ser tornado acessível, as pessoas deveriam poder tocá-lo." É um muro que congela no inverno, que mina água no verão. Queria mostrar as fundações, que geralmente estão ocultas, e como são algo de importância vital. A Cunha de Luz. Nesse plano pode-se ver como a própria Plaza é modelada pela luz. O 11 de setembro de 2001 foi um lindo dia de sol e céu azul. Eu queria uma experiência que relembrasse o que aconteceu naquele momento. Então a Plaza é delineada pela luz — a luz das 9h46 e a luz das 10h28. A Plaza será uma eterna memória da luz da cidade de Nova York. O terminal Calatrava da linha PATH fica bem no eixo do 11 de Setembro, de forma que os comutadores da linha podem se conectar com a História. Mesmo quando o terraço está fechado, a luz desce pelo prédio e vai até o subsolo.

A Torre da Liberdade é uma construção importante não apenas por causa de sua altura simbólica, mas também por ser um espaço público. Procurei permitir que público vá até o topo, que tem a mesma altura das Torres Gêmeas do antigo World Trade Center, equipando-o com mirantes, restaurantes, de modo que as pessoas possam sentir a altura dos edifícios que se perderam. A Torre da Liberdade é uma torre simbólica que forma o novo horizonte de Nova York. Pode-se ver como os edifícios foram organizados, mesmo que se ergam no interior da grade de Manhattan, formando uma espiral que remete à tocha da Estátua da Liberdade. Achei que seria importante que tivéssemos um elemento simbólico em escala urbana que pudesse ser visto de todos os pontos da cidade. Neste exato momento, milhares de pessoas estão no local, 24 horas por dia, sete dias na semana, bem no coração de Nova York, bem no meio das movimentadas ruas de Lower Manhattan. O Ground Zero estará sempre no meio de todas as políticas e de todas as emoções e, ao mesmo tempo, é um projeto que mostra como a democracia e a conciliação podem operar juntas. Consenso não quer dizer mediocridade. Ao observar o meu primeiro croqui, o primeiro croqui que fiz para o concurso, e a última versão, junto com os outros arquitetos, pode-se ver que foi mantida a essência do croqui original. Fui para Nova York como imigrante quando tinha 13 para 14 anos; não falava inglês, meus pais eram trabalhadores e fomos morar no Bronx. Como milhões de americanos, tive muita sorte porque cheguei a Manhattan de navio. Talvez tenha sido um dos últimos, porque depois ficou mais barato viajar de avião. Para podermos ver a cidade com a Estátua da Liberdade, para ver Nova York às cinco da manhã, minha mãe nos acordou — eu e minha irmã — e ficamos no convés, com centenas de outros imigrantes, admirando aquele horizonte incrível — prova de democracia e de complexidade — e a tocha que ilumina o caminho num sentido espiritual. Acredito que isso é Nova York. Não apenas uma cidade cheia de prédios altíssimos. Não apenas mais uma cidade como Xangai ou Pequim. É uma cidade que fala com voz humana sobre temas que nos concernem a todos. Pude ver isso do navio — e foi como construí o projeto: o horizonte de Nova York a partir da histórica entrada pela ponta da ilha de Manhattan, onde a América começou (Nova York foi a primeira capital dos Estados Unidos). Fiquei com a imagem da tocha da liberdade, aquele movimento em espiral, para criar um novo horizonte para Nova York. A Fundação da Memória serve para lembrar para sempre o que aconteceu, mas é também a fundação de uma cidade excitante, que nunca sucumbirá ao pessimismo. Nova York está cheia de otimistas e cheia de fé. Então, eis o novo horizonte: visível de todos os pontos da cidade — desde Nova Jersey, das pontes e, claro, do céu. Isso fala de alguma coisa que vai além de escala e tamanho; fala da importância da vida, da liberdade e da criatividade no mundo.

FRONTEIRAS DO PENSAMENTO©

Planejamento Cultural
Telos Empreendimentos Culturais

Equipe Curatorial
Donaldo Schüler
Fernando Luís Schüler
Gunter Axt
Juremir Machado da Silva

Produção Executiva
Pedro Longhi

Produção
Francisco de Azeredo
Juliana Szabluk
Michele Mastalir
Sonia Montaño
Suzana Guimarães

Transcrição
Francisco de Azeredo
Luís Marcos Sander
Traduzca

*O texto deste livro foi composto em Sabon,
desenho tipográfico de Jan Tschichold de 1964, baseado nos estudos
de Claude Garamond e Jacques Sabon no século XVI, em corpo 11/15.
Para títulos e destaques, foi utilizada a tipografia Frutiger,
desenhada por Adrian Frutiger em 1975.*

*A impressão se deu sobre papel off-white 80g/m² pelo Sistema Cameron
da Divisão Gráfica da Distribuidora Record.*